Administration fiscale 2021

INFORMATIONS COMPARATIVES SUR LES PAYS DE L'OCDE ET AUTRES ÉCONOMIES AVANCÉES ET ÉMERGENTES

I0894910

OCDE
DES POLITIQUES MEILLEURES POUR UNE VIE MEILLEURE

Ce document, ainsi que les données et cartes qu'il peut comprendre, sont sans préjudice du statut de tout territoire, de la souveraineté s'exerçant sur ce dernier, du tracé des frontières et limites internationales, et du nom de tout territoire, ville ou région.

Les données statistiques concernant Israël sont fournies par et sous la responsabilité des autorités israéliennes compétentes. L'utilisation de ces données par l'OCDE est sans préjudice du statut des hauteurs du Golan, de Jérusalem-Est et des colonies de peuplement israéliennes en Cisjordanie aux termes du droit international.

Note de la Turquie
Les informations figurant dans ce document qui font référence à « Chypre » concernent la partie méridionale de l'Ile. Il n'y a pas d'autorité unique représentant à la fois les Chypriotes turcs et grecs sur l'Ile. La Turquie reconnaît la République Turque de Chypre Nord (RTCN). Jusqu'à ce qu'une solution durable et équitable soit trouvée dans le cadre des Nations Unies, la Turquie maintiendra sa position sur la « question chypriote ».

Note de tous les États de l'Union européenne membres de l'OCDE et de l'Union européenne
La République de Chypre est reconnue par tous les membres des Nations Unies sauf la Turquie. Les informations figurant dans ce document concernent la zone sous le contrôle effectif du gouvernement de la République de Chypre.

Merci de citer cet ouvrage comme suit :
OCDE (2022), *Administration fiscale 2021 : Informations comparatives sur les pays de l'OCDE et autres économies avancées et émergentes*, Éditions OCDE, Paris, https://doi.org/10.1787/a1b690b6-fr.

ISBN 978-92-64-96517-1 (imprimé)
ISBN 978-92-64-38171-1 (pdf)

Crédits photo : Couverture © Bruce Rolff/Shutterstock.com.

Les corrigenda des publications sont disponibles sur : www.oecd.org/fr/apropos/editionsocde/corrigendadepublicationsdelocde.htm.

© OCDE 2022

L'utilisation de ce contenu, qu'il soit numérique ou imprimé, est régie par les conditions d'utilisation suivantes : https://www.oecd.org/fr/conditionsdutilisation.

Préface

L'édition 2021 de la série sur l'administration fiscale contient, comme les précédentes, des informations comparatives sur les performances des administrations fiscales des économies avancées et émergentes du monde entier, et a pour objet de décrire les grandes tendances de fond qui se dessinent ainsi que les défis à relever. Cette publication, dont la première édition est parue en 2004, a vocation, et c'est là que réside tout son intérêt, à aider les administrations, les États, les contribuables et les autres parties prenantes à réfléchir aux domaines dans lesquels l'efficience et l'efficacité de l'administration de l'impôt pourraient être améliorées et aux moyens d'obtenir ces améliorations, notamment en apprenant de l'expérience des autres.

Élargir notre horizon n'a jamais été aussi important face à un monde qui s'est transformé de façon imprévisible à divers égards depuis la publication de l'édition 2019, et qui nous met aux prises avec de nouveaux défis tout en nous offrant des solutions inédites. La pandémie de COVID-19 a eu des conséquences sur la vie d'une multitude de personnes à l'échelle mondiale et le spectre des actions engagées par les pouvoirs publics pour apporter un soutien aux citoyens et aux entreprises pendant cette période difficile est très étendu. Parallèlement, en raison des restrictions aux contacts physiques, la pandémie a accéléré la transformation numérique des administrations, et les administrations fiscales sont aux avant-postes de ce processus.

L'une des tendances mises en évidence dans les éditions récentes de la série, comme dans la présente édition, est l'essor de l'administration en ligne observé ces dernières années; les administrations fiscales investissent massivement dans la transition vers la multiplication des démarches en ligne. Il en résulte non seulement une amélioration des services rendus, un allègement des formalités et une amélioration de la discipline fiscale, mais aussi une résilience accrue chez nous tous. Parce que je dirige moi-même une administration fiscale, il m'est immédiatement apparu clairement que l'offre de services numériques nous serait d'une aide précieuse pour apporter une réponse à la crise. Notre aptitude à passer au numérique nous a permis d'endosser rapidement nos nouvelles responsabilités d'aide au déploiement les mesures de soutien gouvernemental par l'ensemble des administrations, et de faire en sorte de continuer à offrir des services efficaces aux contribuables même en période de distanciation sociale et de télétravail.

Si les données présentées dans l'édition 2021 se rapportent aux exercices budgétaires clôturés en 2018 et 2019, et si les effets de la pandémie ne seront attestés que par les données publiées dans les éditions futures, les exemples fournis par les pays qui figurent dans la publication montrent la rapidité avec laquelle les administrations fiscales ont réagi face à leur nouvel environnement. Dans de nombreux cas, les administrations ont du assumer une hausse de la demande de services numériques et améliorer les services existants ou en développer de nouveaux, souvent dans des délais serrés. En tant que Président du Forum de l'OCDE sur l'administration de l'impôt et que Commissaire de l'Agence du revenu du Canada, je tiens à féliciter mes propres équipes ainsi que mes homologues et leurs agents pour le travail exceptionnel accompli durant la pandémie.

Enfin, j'aimerais remercier les agents des administrations fiscales qui ont été associés à la production de ce rapport instructif et riche d'informations de même que le Secrétariat de l'OCDE pour son travail de rédaction et de mise en forme de la présente publication. Je vous encourage à en faire bon usage, ne doutant pas que les informations qu'elle contient nous seront utiles au moment où nous commençons à entrevoir la sortie de la pandémie, et qu'elles nous aideront à prendre conscience de nos atouts et de nos faiblesses ainsi que des défis qui nous sont lancés à titre tant individuel que collectif. La possibilité nous est en effet donnée non seulement de mieux appréhender ce que nous pourrions entreprendre dans nos pays respectifs, mais aussi de repérer les domaines dans lesquels les administrations fiscales nationales peuvent oeuvrer de concert à l'amélioration des services rendus aux contribuables du monde entier.

Bob Hamilton

Président du Forum de l'OCDE sur l'administration de l'impôt

Commissaire de l'Agence du revenu du Canada

Avant-propos

L'édition 2021 est le neuvième numéro de la série sur l'administration fiscale produite par le Centre de politique et d'administration fiscales de l'OCDE. Publiée pour la première fois en 2004, cette série a principalement pour objet de partager des informations pour éclairer le dialogue sur la conception et l'administration des systèmes fiscaux.

L'édition 2021 contient des données internationalement comparables sur certains aspects des systèmes fiscaux et de leur administration dans 59 économies avancées et émergentes, ainsi que des données, des ratios et des tendances relatifs aux performances enregistrées jusqu'à la fin de l'exercice budgétaire 2019. Bien que les données ne tiennent pas compte des effets de la pandémie de COVID-19, les exemples mettent en évidence certaines des réponses élaborées dans un premier temps par les administrations fiscales.

La publication présente les résultats de la troisième édition de l'Enquête internationale sur les administrations fiscales (ISORA), réalisée par plusieurs organisations, dans le cadre de laquelle sont recueillies au niveau national des informations et des données sur les administrations fiscales. Elle est dirigée par quatre organisations partenaires : le Centre interaméricain des administrations fiscales (CIAT), le Fonds monétaire international (FMI), l'Organisation intra-européenne des administrations fiscales (IOTA) et l'OCDE. Comme lors du cycle précédent, la Banque asiatique de développement (BAsD) a également participé à l'enquête ISORA aux côtés des quatre organisations partenaires.

Ce rapport a été approuvé par le Comité des affaires fiscales le 19 juillet 2021 et mis en forme pour publication par le Secrétariat de l'OCDE.

Remerciements

L'OCDE publie la série sur l'administration fiscale depuis 2004. La publication a pris de l'ampleur au fil du temps en termes de couverture, d'influence et d'importance, et elle est désormais largement reconnue dans le monde entier comme une source d'informations faisant autorité sur l'administration de l'impôt.

L'édition 2021 présente les résultats du troisième cycle de l'Enquête internationale sur les administrations fiscales (ISORA) lancé en septembre 2020. Sa publication n'aurait pas été possible sans le concours et l'aide directs d'un grand nombre de personnes, en particulier du personnel des 59 administrations fiscales qui ont communiqué des données et des exemples nationaux, examiné le contenu de la publication et répondu aux commentaires et aux questions sur les données qu'elle contient ainsi que sur le texte qui en constitue la matière.

Les principaux auteurs de cette publication sont Oliver Petzold et Paul Marsh, tous deux conseillers auprès du Secrétariat de Forum sur l'administration de l'impôt (FTA) de l'OCDE. La gestion et l'analyse des données ont été assurées par Oliver Petzold. Peter Green, Chef du Secrétariat du FTA, et Vegard Holmedahl, Conseiller auprès du Secrétariat du FTA, ont apporté leur concours à la rédaction du rapport.

Les auteurs remercient également Raffaele Articolo, lui aussi membre du Secrétariat du FTA, pour son soutien à l'élaboration de la publication, et saluent le travail de l'équipe de coordination du Secrétariat de l'OCDE, en particulier Sonia Nicolas et Nicolás Barra, ainsi que de l'équipe chargée de la communication du Centre de politique et d'administration fiscales de l'OCDE.

Enfin, les auteurs tiennent à remercier les membres du Groupe de travail technique de l'ISORA pour leur coopération et les efforts qu'ils ont consacrés à l'enquête ISORA, ainsi que le FMI qui a élaboré et qui exploite l'Outil d'information financière des administrations fiscales (RA-FIT) utilisé pour recueillir en ligne les données aux fins de l'enquête ISORA.

Suivez les publications de l'OCDE sur :

http://twitter.com/OECD_Pubs

http://www.facebook.com/OECDPublications

http://www.linkedin.com/groups/OECD-Publications-4645871

http://www.youtube.com/oecdilibrary

http://www.oecd.org/oecddirect/

Ce livre contient des...

StatLinks

Accédez aux fichiers Excel® à partir des livres imprimés !

En bas des tableaux ou graphiques de cet ouvrage, vous trouverez des *StatLinks*. Pour télécharger le fichier Excel® correspondant, il vous suffit de retranscrire dans votre navigateur Internet le lien commençant par : *http://dx.doi.org*, ou de cliquer sur le lien depuis la version PDF de l'ouvrage.

Table des matières

Graphiques

Tableaux

Encadrés

Abréviations et acronymes

ABR	Registre Australien des entreprises
ACRA	Autorité comptable et réglementaire
ADI	Administrations numériques intégrales
ADP3G	Plateforme de développement d'applications de 3e génération
AEAT	Administration fiscale espagnole
AGPR	Administration générale de la Perception et du Recouvrement
API	Interfaces de programmation d'applications
APP	Prix de transfert
ALEF	Fabrique de logiciels pour une application agile de la législation
AO	Analyse opérationnelle
ARC	Agence du revenu du Canada
ATO	Australian Taxation Office
BAsD	Banque asiatique de développement
BEPS	Érosion de l'assiette fiscale et transfert des bénéfices
BREEAM	Méthode d'évaluation du comportement environnemental des bâtiments
CDC	Capture des changements de données
CIAT	Centre interaméricain des administrations fiscales
CMA	Composeur-messager automatique
CVS	Code de vérification sécurisé
DGFiP	Direction générale des finances publiques
DMS	Debt Management Services
EIA	Evaluation de l'incidence algorithmique
EMN	Groupes d'entreprises multinationales
eIDAS	Règlement de l'Union européenne sur identification électronique et les services de confiance pour les transactions électroniques
EWSS	Employment Wage Subsidy Scheme
FAI	Forum sur l'administration de l'impôt
FCnet	Financial Criminal Investigation Network

FIOD	Service d’enquête et de renseignements fiscaux néerlandais
FMI	Fonds monétaire international
FTS	Service fiscal fédéral de Russie
GIE	Gestion électronique inductive
GRS	Administration fiscale géorgienne
HITS	Système fiscal intégré
HMRC	Administration fiscale du Royaume-Uni
IA	Apprentissage automatique
IA	Intelligence artificielle
IIA	Conférence nationale de l’Institut des auditeurs internes
ICAP	Programme international pour le respect des obligations fiscales
IOTA	Organisation intra-européenne des administrations fiscales
IRAS	Administration fiscale de Singapour
IRBM	Administration fiscale Malaisienne
IRPP	Déclarations d’impôt sur le revenu des personnes physiques
IS	Impôt sur les bénéfices des sociétés
ISORA	Enquête internationale sur les administrations fiscales
ITA	Autorité fiscale d’Israël
OCDE	Organisation de coopération et de développement économiques
JITSIC	Joint International Taskforce on Shared Intelligence and Collaboration
KIVA	Impôt des petites entreprises
MTD	Rendre l’impôt numérique
NCD	Norme commune de déclaration
NPL	Traitement du langage naturel
NRIC	Registre national d’identification et d’état civil de Perou
NTA	Administration néerlandaise des impôts et des douanes
NTA	Administration fiscale norvégienne
NTCA	Administration nationale des impôts et des douanes (Hongrie)
OBR	Bureau de la responsabilité budgétaire du Royaume-Uni
OCR	Reconnaissance optique des caractères
PA	Procédure amiable
PCU	Prestation canadienne d’intervention d’urgence
PDU	Plateforme de données unifiée
PME	Petite et moyenne entreprise
QMA	Qualified Maquiladora Approach

RA-FIT	Outil d'information financière des administrations fiscales
RAM	Gestionnaire d'autorisations relationnelles
RETA	Outil d'évaluation de l'exposition et de la tolérance au risque
SII	Administration fiscale chilienne
SOL	Clé d'opérations en ligne SUNAT
SPF	Service Public Fédéral belge
SRT	Registre numérique unique des contribuables de Perou
STA	Administration fiscale suédoise
STA	Administration d'État des impôts chinoise
START	Technologie simplifiée de l'administration fiscale
SUNAT	Administration fiscale péruvienne
TIC	Technologies de l'information et de la communication
TNA	Analyse des réseaux de transactions
TRAVI	Bilan du portail des procédures virtuelles
TPS	Taxe sur les produits et services
TVA	Taxe sur la valeur ajoutée
TWSS	Programme de subventions salariales temporaires
UE	Union Européenne
URSSAF	Union de recouvrement des cotisations de Sécurité sociale et d'allocations familiales
VIES	Système d'échange d'informations sur la TVA
VIVI	Missions de vérification virtuelles

Guide du lecteur

Administrations fiscales couvertes par le rapport

L'édition 2021 est la neuvième édition de la série sur l'administration fiscale produite par le Centre de politique et d'administration fiscales de l'OCDE. La série, dont la première édition est parue en 2004, a pour principal objectif de partager des informations qui faciliteront le dialogue entre fonctionnaires des administrations fiscales nationales sur des questions importantes relatives à l'administration de l'impôt, et de recenser les possibilités d'améliorer la conception et l'administration des systèmes fiscaux nationaux.

La présente édition de la série contient des données comparables au plan international sur divers aspects des régimes fiscaux et de leur administration dans 59 économies avancées et émergentes. Il couvre les 53 juridictions membres du Forum sur l'administration de l'impôt (FAI) de l'OCDE. Il contient en outre des informations sur les pays non membres du FAI qui sont membres de l'Union européenne (Bulgarie, Chypre, Croatie et Malte), ainsi que sur le Maroc et la Thaïlande (ce qui élargit la couverture géographique du rapport).

Processus de recueil et de notification des données

La publication présente les résultats du troisième cycle de l'Enquête internationale sur les administrations fiscales (ISORA) lancé en septembre 2020. L'enquête ISORA est une enquête internationale réalisée par plusieurs organisations en vue de recueillir des informations et des données sur l'administration de l'impôt au niveau national. Elle est pilotée par quatre organisations partenaires : le Centre interaméricain des administrations fiscales (CIAT), le Fonds monétaire international (FMI), l'Organisation intra-européenne des administrations fiscales (IOTA) et l'OCDE. Comme lors du cycle précédent, la Banque asiatique de développement (BAsD) a également participé à l'enquête ISORA 2020 aux côtés des quatre organisations partenaires.

Examen des résultats de l'enquête ISORA 2018 et réactions

A l'issue de l'enquête ISORA de 2018, les partenaires avaient examiné les données produites et s'étaient mis en relation avec les administrations participantes pour recueillir leurs réactions concernant le processus suivi.

Il en est ressorti que le taux de réponse à certaines questions était faible, et que dans certains domaines, la qualité des réponses était inégale. Les administrations avaient confirmé que les données étaient utiles à des fins de comparaisons internationales, pour la préparation de missions dans d'autres juridictions et pour la rédaction de notes d'information. Elles avaient indiqué que le processus d'enquête était complexe et chronophage et qu'il serait souhaitable que l'actualisation des données soient plus rapide.

Modifications apportées à la structure et au processus de l'enquête

Au vu de ce bilan, les partenaires étaient convenus de na nécessité de procéder à une révision en profondeur du processus avant le lancement de l'enquête ISORA 2020 afin d'alléger la charge que la réalisation de l'enquête imposait aux administrations fiscales, et aussi d'améliorer la qualité des réponses. Le bilan avait alors permis de déterminer que les réponses à de nombreuses questions resteraient inchangées d'une année sur l'autre, ce qui ouvrait la possibilité de diviser l'enquête en deux parties :

1. ***Questions à poser dans le cadre d'une enquête annuelle ISORA.*** Ces questions portent principalement sur la performance opérationnelle des administrations fiscales, ce qui permet de réduire sensiblement l'ampleur de l'enquête annuelle et d'en faciliter la réalisation. Les données peuvent être mises ainsi plus rapidement à la disposition des administrations participantes. L'enquête ISORA 2020 relève de cette catégorie.
2. ***Questions à poser tous les quatre à cinq ans.*** Il s'agit principalement de questions pour lesquelles il est plus improbable que les réponses varient d'une enquête à l'autre. Un nombre important de questions posées dans le cadre des précédentes enquêtes ISORA relèveraient de cette catégorie. Sachant qu'il est plus probable que les réponses à ces questions restent stables sur une plus longue période, il n'est pas nécessaire de les poser aussi fréquemment, ce qui autorise un allègement de la charge imposée chaque année aux administrations fiscales. Les partenaires en sont encore au stade de la conception de cette enquête supplémentaire ISORA.

Gestion des enquêtes

L'enquête ISORA 2020 a permis de recueillir des données relatives aux exercices budgétaires 2018 et 2019. Les informations tirées de l'enquête ont été recueillies en ligne à l'aide de l'Outil d'information financière des administrations fiscales (RA-FIT) du FMI. La participation était fondée sur le principe du volontariat, et plus de 150 administrations ont répondu à l'enquête. Chaque organisation partenaire, de même que la BAsD, a apporté aux participants un soutien pour la réalisation de l'enquête ISORA, dispensé selon une clé de répartition convenue au départ. Les 59 administrations couvertes par la publication sont celles appartenant au groupe d'administrations ayant bénéficié du soutien de l'OCDE.

Si toutes les données contenues dans la publication ont fait l'objet d'un examen général de la part de l'OCDE, ni l'OCDE, ni aucune autre organisation partenaire ne les a officiellement validées. Il convient donc de considérer toutes les données figurant dans la publication comme des données notifiées par les administrations concernées.

Données mises à la disposition du public

Depuis l'origine, l'OCDE publie toutes les données issues de l'enquête ISORA relatives aux participants dans la série sur l'administration fiscal et son annexe présentant les tableaux de données. La BAsD a elle aussi rendu publiques les données ISORA au niveau des pays concernant ses propres membres dans une publication intitulée en anglais *A Comparative Analysis of Tax Administration in Asia and the Pacific : 2020 Edition* (Banque asiatique de développement, 2020[1]). S'agissant des autres partenaires,

- le FMI a publié des données sous une forme agrégée ; voir la publication du FMI intitulée *ISORA 2016 : Understanding Revenue Administration* (Crandall, Gavin et Masters, 2019[2])

- le CIAT a publié une sélection de données; voir par exemple, la publication du CIAT intitulée *Overview of Tax Administrations : structure; income, resources and personnel; operation and digitalization : ISORA* (Díaz de Sarralde, 2019[3]).

À l'avenir, il y aura des changements. À compter de l'enquête 2020, toutes les données ISORA seront mises à la disposition du public sur le portail de données RA-FIT (https://data.rafit.org/). Toutes les données au niveau des juridictions devraient être disponibles vers la fin 2021.

Comparabilité des données

L'édition 2021 de la série sur l'administration fiscal comporte des données, des ratios et d'autres informations relatives aux performances des administrations fiscales pour les exercices budgétaires 2018 et 2019. Dans certains domaines, des données provenant d'enquêtes ISORA précédentes sont également utilisées pour faire apparaître des tendances sur la période 2014-19.

Néanmoins, comme indiqué précédemment, en raison des changements apportés au processus d'enquête, les dimensions de l'enquête 2020 ont été sensiblement revues à la baisse par rapport à la version 2018. En outre, après examen, un certain nombre de modifications ont été apportées aux questions dans un souci de clarté et d'amélioration de la qualité des données. Il convient donc de faire preuve de prudence lorsque l'on compare les résultats de l'enquête ISORA 2020 à ceux des enquêtes de 2016 et 2018, et de mettre en regard la formulation des questions posées, le cas échéant. Les questions posées aux fins de l'enquête peuvent être consultées à l'adresse suivante : https://data.rafit.org/ sous la rubrique « Publication/Links ».

Conséquence des modifications subies par l'enquête ISORA, certaines données figurant dans l'édition 2019 (OECD, 2019[4]) ne donnent parfois pas lieu à commentaires dans l'édition 2021. Pour ces données, l'édition 2019 reste la source la plus récente.

Par ailleurs, il convient de noter que les données statistiques font souvent l'objet de révisions après la parution de la publication. En conséquence, certaines d'entre elles peuvent ne pas correspondre à celles publiées par les administrations. Il se peut par exemple que les soldes d'ouverture au titre d'une année donnée (t) ne correspondent pas aux soldes de clôture de l'année précédente (t-1) publiés dans les éditions précédentes.

Il convient de faire preuve d'encore plus de circonspection lorsque l'on compare les données ISORA à celles recueillies dans le cadre d'enquêtes antérieures au lancement d'ISORA, c'est-à-dire aux données figurant dans la sixième édition et dans les éditions antérieures. Au moment de la création de l'enquête ISORA et à la demande des participants à l'enquête, les quatre organisations partenaires ont déployé des efforts considérables pour approuver et consacrer l'usage d'un ensemble de termes et expressions utilisés aux fins de l'enquête, et s'entendre sur leur signification. Bien que ces précautions aient amélioré l'intégrité des données et la comparabilité entre administrations, les comparaisons avec les données antérieures à l'initiative ISORA sont parfois restreintes du fait qu'il existe peut-être désormais des définitions pour des termes qui n'avaient pas été définis auparavant, ou que les termes ont quelquefois évolué.

En outre, lorsqu'une seule et même administration cumule les fonctions d'administration des impôts et des droits de douane, il convient de noter que les données présentées dans la publication se rapportent uniquement aux activités relevant de l'administration des impôts. Il se peut donc que les données ne soient pas directement comparables avec les principaux indicateurs de performance publiés par l'administration en question du fait que ceux-ci prennent parfois en considération les données relatives aux impôts et aux droits de douane.

Structure de la publication

La série propose un examen des composantes essentielles des systèmes modernes d'administration de l'impôt et repose sur des analyses de données et d'exemples fournis par les administrations fiscales mettant en évidence les grandes tendances et les innovations récentes ainsi que sur des exemples de bonnes pratiques et des mesures et indicateurs de performance.

Structure

Le corps de la publication s'articule autour de neuf chapitres : (i) une introduction suivie de chapitres consacrés (ii) aux responsabilités de l'administration fiscale et à la perception de l'impôt; (iii) à l'enregistrement et à l'identification; (iv) à la liquidation de l'impôt; (v) aux services; (vi) à la gestion des vérifications et de la discipline fiscale; (vii) à la perception de l'impôt; (viii) aux différends; et (ix) au budget et au personnel.

La publication contient également deux annexes :

- On trouve à l'annexe A les tableaux synthétisant les réponses à l'enquête ISORA 2020 communiquées par les administrations fiscales[1], celles-ci constituant la base de l'analyse exposée dans le présent rapport :
  - La première série de tableaux contient un certain nombre d'indicateurs dérivés des données communiquées dans le cadre de l'enquête ISORA (tableaux commençant par « D »). Les formules et les données utilisées pour calculer les indicateurs sont présentées en dessous de chacun de ces tableaux.
  - La deuxième série de tableaux présente les données brutes issues de l'enquête ISORA 2020. Il s'agit des tableaux commençant par « A ».
  - Le dernier tableau contient des données externes qui ont été utilisées pour calculer certains des indicateurs présentés dans le tableau D.* Ce tableau commence par « E ».
- On trouve à l'annexe B des informations détaillées sur les administrations ayant pris part à la production de la publication.

Tableaux et graphiques

Les tableaux et graphiques figurant dans la publication sont tous accompagnés de liens hypertexte (StatLinks de l'OCDE) qui dirigent le lecteur vers les feuilles de calcul Excel correspondantes contenant les données sous-jacentes. Ces liens sont stables et resteront inchangés au fil du temps.

En règle générale, les notes concernant les sources qui suivent les chiffres figurant dans le corps de la publication renvoient le lecteur aux données sous-jacentes contenues dans l'annexe A. Dans certains cas, elles peuvent faire référence aux éditions précédentes de la série.

Les symboles et abréviations utilisés dans les tableaux de données sont expliqués en bas de chaque tableau. Le lecteur est invité à noter que, lorsqu'aucune donnée n'est présentée pour une juridiction donnée dans un tableau, cela tient principalement au fait que la question n'est pas applicable à cette juridiction, ou au fait qu'une réponse négative a été donnée à une question ouvrant une sous-partie de l'enquête de sorte que la juridiction n'était pas tenue de répondre aux questions suivant cette question préliminaire.

Forum sur l'administration de l'impôt

Les lecteurs qui souhaitent en savoir plus sur les travaux de l'OCDE concernant l'administration de l'impôt doivent se rendre à l'adresse www.oecd.org/tax/forum-on-tax-administration/.

Avertissement

Les administrations fiscales s'acquittent de leurs missions dans des environnements divers, et la manière dont chacune d'entre elles gère le système d'imposition diffère en fonction du cadre politique et législatif ainsi que des pratiques et de la culture administrative. De ce fait, il ne serait ni réaliste, ni souhaitable, d'appliquer une vision normalisée de l'administration de l'impôt à un cas particulier. C'est en ayant cela à l'esprit que le présent rapport et les observations qu'il contient doivent être interprétés. Il y a lieu de veiller, lorsque l'on étudie les pratiques en vigueur dans un pays, à prendre pleinement en considération les facteurs complexes qui ont façonné la démarche qu'elles incarnent. De même, il convient de tenir compte des défis et des priorités spécifiques que chaque administration doit gérer.

Note

1. S'agissant du Japon, étant donné que ce pays publie des chiffres exprimés en millions, trois zéros ont été ajoutés aux montants en devise indiqués dans les tableaux pour les besoins de l'enquête, laquelle impose que les montants en devise soient communiqués en milliers.

Références

Banque asiatique de développement (2020), *A Comparative Analysis of Tax Administration in Asia and the Pacific : 2020 Edition*, Banque asiatique de développement, Manille, http://dx.doi.org/10.22617/TCS190240. [1]

Crandall, W., E. Gavin et A. Masters (2019), *ISORA 2016 : Understanding Revenue Administration*, International Monetary Fund, Washington, www.imf.org/en/Publications/Departmental-Papers-Policy-Papers/Issues/2019/03/07/ISORA-2016-Understanding-Revenue-Administration-46337 (consulté le 1er septembre 2021). [2]

Díaz de Sarralde, S. (2019), *Overview of Tax Administrations : structure ; income, resources and personnel ; operation and digitalization. ISORA*, Inter-American Center of Tax Administrations (CIAT), Panama City, www.ciat.org/overview-of-tax-administrations-structure-income-resources-and-personnel-operation-and-digitalization-isora-santiago-diaz-de-sarralde-miguez-spanish-only/?lang=en (consulté le 1er septembre 2021). [3]

OCDE (2019), *Tax Administration 2019 : Comparative Information on OECD and other Advanced and Emerging Economies*, Éditions OCDE, Paris, https://dx.doi.org/10.1787/74d162b6-en. [4]

Résumé

Au total, les 59 administrations fiscales participant à la neuvième édition de la série de l'OCDE sur les administrations fiscales perçoivent des recettes nettes se chiffrant à 12 300 milliards EUR (2019). Ce sont des organisations grandes et complexes employant environ 1.8 million d'agents. Elles s'occupent des dossiers de quelque 860 millions de contribuables assujettis à l'impôt sur le revenu des personnes physiques et à l'impôt sur les bénéfices des sociétés qui ont avec elles plus de 500 millions de communications directes, par téléphone, par messagerie électronique ou par courrier, et plus d'1.1 milliard d'échanges via leurs espaces en ligne. Les administrations fiscales disposent pour ce faire d'un budget de fonctionnement se chiffrant au total à environ 79 milliards EUR, soit moins de 1 % du montant des recettes collectées.

Graphique 0.1. **Principaux chiffres relatifs aux administrations couvertes par la présente publication**

Jurisdictions couvertes par cette publication	59
Agents employés	1 840 000
Contrôles/vérifications menés à bien	23 000 000
Demandes directes	110 000 000
Appels téléphoniques reçus	330 000 000
Nombre de contribuables actifs redevables au titre de l'IRPP et de l'IS	860 000 000
Contacts via le compte en ligne du contribuable	1 160 000 000
Nombre de déclarations (IRPP, IS et TVA) reçues	1 350 000 000
Budget de fonctionnement (en EUR)	79 000 000 000
Arriérés recouvrables en fin d'année (en EUR)	750 000 000 000
Total des arriérés en fin d'année (en EUR)	2 100 000 000 000
Recettes nettes collectées (en EUR)	12 300 000 000 000

Note : les chiffres sont fondés sur des données recueillies dans le cadre des éditions 2020 de l'Enquête internationale sur les administrations fiscales (ISORA). Il s'agit de chiffres minimum étant donné que toutes les administrations n'ont pas été en mesure de communiquer des informations pour toutes les données. Ces chiffres se rapportent à l'exercice budgétaire 2019. Lorsque les données relatives à l'exercice budgétaire 2019 n'étaient pas disponibles, ce sont les données relatives à l'exercice 2018 qui ont été utilisées.

Source : calculs du Secrétariat de l'OCDE fondés sur les données contenues dans la publication.

La série, qui présente des informations comparatives sous la forme de 75 tableaux portant sur les performances des administrations fiscales et leurs données de profil, a vocation à aider les administrations fiscales à déterminer les domaines dans lesquels de nouvelles améliorations sont possibles et à mieux faire comprendre au grand public les dimensions et la nature de l'administration de l'impôt à l'échelle mondiale. La présente édition est également une tentative pour mettre en évidence, à partir des données recueillies grâce à l'Enquête internationale sur les administrations fiscales (ISORA) et d'exemples, plus d'une centaine, communiqués par les administrations fiscales, les changements les plus importants auxquels celles-ci doivent faire face. L'accent est placé en particulier sur l'intérêt de plus en plus vif porté par les administrations fiscales aux solutions envisageables pour adopter des approches plus volontaristes en matière d'incitation à la discipline fiscale et de gestion de la conformité, ainsi que sur les défis à relever pour s'adapter à l'évolution des besoins en ressources.

Accélérer la transformation numérique

Les éditions précédentes de la série ont montré une tendance marquée à se tourner vers l'administration électronique, se concrétisant par un recours de plus en plus fréquent aux déclarations en ligne, au paiement en ligne et aux déclarations fiscales entièrement ou partiellement préremplies. La présente édition montre comment cette tendance s'est poursuivie : les canaux numériques occupent désormais une place prépondérante dans les échanges avec les contribuables et le nombre d'administrations qui utilisent ou développent des applications mobiles continue de croître. Les administrations fiscales ont déclaré que plus d'1.1 milliard de communications s'effectuent via les espaces en ligne des contribuables.

Un grand nombre d'administrations fiscales ont également indiqué que leurs services commençaient à présent à intégrer l'apprentissage automatique et l'intelligence artificielle dans leurs relations avec les contribuables. Ces solutions permettent de se rapprocher d'un service délivré 24 heures sur 24, 7 jours sur 7, souvent grâce à l'utilisation d'assistants numériques tels que les robots conversationnels, déjà en fonction dans environ 50 % des administrations couvertes par la publication.

Cette transformation contribue également à améliorer sensiblement le respect de leurs obligations par les contribuables, et les signes indiquant que le rythme de la transformation numérique ne cesse de s'accélérer se multiplient. Cette édition met en lumière trois grands thèmes de la transformation numérique concernant respectivement les relations avec les contribuables, la gestion du risque de non-respect des obligations fiscales et l'impact de la pandémie de COVID-19.

Relations avec les contribuables

Le souci de favoriser les attitudes positives des contribuables à l'égard de leurs obligations, autrement dit de les encourager à déclarer leur revenu imposable et à acquitter leurs impôts, demeure au cœur des activités déployées par l'administration fiscale pour instaurer la discipline fiscale volontaire. Le présent rapport met au jour les différentes voies suivies par les administrations pour tenter d'influer sur les comportements des contribuables, notamment par des :

- **Initiatives visant à améliorer l'accessibilité des services de l'administration fiscale** : les administrations fiscales s'efforcent en permanence d'améliorer leurs processus d'interactions, que les échanges aient lieu en ligne, en personne ou par téléphone, afin de faciliter aux contribuables l'entrée en contact avec leurs services. Ces efforts servent également à aider les contribuables à mieux comprendre leurs obligations ainsi que les moyens de s'y conformer. Ils sont de plus en plus complétés par des actions volontaristes prenant la forme de campagnes d'éducation des contribuables.

- **L'importance croissante de l'identité et de la vérification numériques** : les administrations fiscales assurent de plus en plus de services par des moyens numériques, et l'identité et la vérification numériques prennent de plus en plus d'importance. Les administrations fiscales mettent à profit leur expertise et les séries de données dont elles disposent pour donner aux contribuables accès non seulement à leurs propres services, mais aussi à d'autres systèmes des administrations publiques.
- **Collaboration avec des prestataires de services tiers :** l'intégration des services et des processus dans les systèmes traditionnels utilisés tant par les contribuables dans leur vie quotidienne que par les entreprises est une tendance qui s'affirme dans l'ensemble des administrations fiscales. Si elle concourt à l'amélioration de la discipline fiscale, elle contribue aussi à alléger la charge administrative pesant sur les entrepreneurs et à leur dégager du temps qu'ils peuvent consacrer au développement de leur entreprise. Ces modes de collaboration devenant plus répandus et plus sophistiqués, les administrations fiscales commencent à adopter des approches stratégiques pour gérer le recours à des prestataires de services et faciliter le travail de ces derniers notamment en autorisant l'accès aux systèmes internes de l'administration fiscale par le biais d'interfaces de programmation d'applications (API).

Gestion du risque de non-respect des obligations fiscales

Il existe depuis de nombreuses années des dispositifs conçus d'emblée pour favoriser le respect de leurs obligations fiscales par les salariés soumis à l'impôt sur le revenu des personnes physiques : ils prennent la forme de retenues à la source et de déclarations établies par les employeurs. Ces dispositifs systémiques, adoptés par la quasi-totalité des administrations fiscales, ont contribué à optimiser le respect de la législation pour cette fraction importante de la base d'imposition. Le fait que les données soient de plus en plus accessibles et partagées permet à présent de les étendre à d'autres sources de revenu et à d'autres catégories de contribuables, notamment en proposant des déclarations préremplies pour l'impôt sur les bénéfices des sociétés et la taxe sur la valeur ajoutée.

Les technologies numériques offrent aussi aux administrations fiscales la possibilité d'aborder dans une optique plus préventive la gestion des risques. En s'efforçant d'intervenir à des stades plus précoces, elles peuvent prévenir le non-respect de leurs obligations fiscales par les contribuables au lieu de découvrir les manquements après le dépôt des déclarations fiscales. C'est ce que l'on peut déceler à travers :

- **L'utilisation accrue de vastes séries de données intégrées** : qui a alimenté une forte intensification de l'utilisation des outils et techniques d'analyse destinés à améliorer la gestion des risques et à favoriser le respect des obligations fiscales dès le stade de la conception du système. Plus de 80 % des administrations fiscales déclarent se servir de la science des données et des outils d'analyse pour exploiter les données électroniques fournies par des tierces parties, y compris par d'autres administrations fiscales, ainsi que les données électroniques générées par leurs propres services, pour orienter leurs activités d'examen de la conformité.
- **L'utilisation croissante de l'intelligence artificielle et de l'apprentissage automatique** : près de 75 % des administrations fiscales indiquent recourir à des techniques d'avant-garde, ou avoir engagé la phase de mise en œuvre préalable à l'utilisation future de ces techniques, pour exploiter les données selon des modalités réduisant la nécessité d'une intervention humaine. Bien que l'on en soit encore en général à un stade précoce de l'évolution, celle-ci produit déjà des gains d'efficience qui libèrent des ressources susceptibles d'être redéployées vers d'autres domaines.

- **Une tendance persistante à opérer une segmentation des contribuables pour établir des interactions personnalisées** : la puissance de l'analyse des données offre aux administrations fiscales la possibilité d'appréhender de façon plus ciblée leurs échanges avec les contribuables. Ceux-ci peuvent passer par des canaux s'adressant à un grand nombre de personnes ou à des groupes spécifiques de contribuables tels que les grandes entreprises ou les particuliers fortunés. Les exemples fournis par les administrations fiscales font désormais apparaître une tendance croissante à la segmentation dans d'autres domaines, aidant à donner forme à des actions et des interventions plus ciblées tant sur le plan de la discipline fiscale que des services, y compris au niveau individuel.

Impact de la pandémie de COVID-19

Si les données contenues dans cette édition se rapportent aux exercices budgétaires se terminant en 2018 et 2019, et sont donc antérieures à la pandémie, les exemples par pays mettent en évidence certains changements radicaux apportés par les administrations fiscales à leur modèle de fonctionnement en réaction à l'avènement d'un environnement nouveau. Ces exemples montrent comment la tendance à la transformation numérique s'est accélérée en raison de la pandémie COVID-19, sous l'effet des restrictions aux déplacements et aux interactions qui ont contraint les administrations fiscales à assurer leurs principaux services sous forme numérique.

Les relations étroites que les administrations fiscales ont nouées avec les citoyens et les entreprises ainsi que la longue expérience et les compétences qu'elles ont acquises en matière d'exploitation à grande échelle de vastes séries de données ont conduit de nombreux États à se tourner vers les services fiscaux pour les aider à mettre en place des mesures de soutien de plus large portée. L'expérience accumulée par des administrations tenues de s'adapter en permanence à la transformation numérique de l'économie, que ce soit pour répondre aux attentes des contribuables ou pour gérer des risques inédits de non-respect des obligations fiscales, a été un atout lorsqu'il a fallu réagir rapidement face aux contraintes engendrées par la pandémie de COVID-19.

Un grand nombre d'administrations fiscales font valoir que la pandémie les a obligées à mettre en œuvre des solutions numériques à grande échelle, et souvent à anticiper sur des calendriers de mise en œuvre définis antérieurement. Le fait que ces solutions aient été mises en œuvre sans effets notables sur la fourniture de services essentiels et, comme l'illustrent quelques éléments parcellaires, qu'elles aient obtenu des taux de satisfaction élevés parmi les contribuables et les autres parties prenantes, est un marqueur de la résilience des administrations fiscales. Les prochaines éditions de la série proposeront un examen plus détaillé des conséquences de leur adoption.

Ressources des administrations fiscales

Des contraintes budgétaires continuent de peser sur les administrations fiscales. Si la majorité d'entre elles déclarent accroître leurs dépenses de fonctionnement en valeur absolue, cette information n'est peut-être à prendre au pied de la lettre car elles se voient investies de compétences élargies et soumises aux pressions résultant du changement technologique et de l'évolution de la structure de leur personnel. Le montant des dépenses de fonctionnement et d'investissement consacrées aux technologies de l'information et des communications est aussi très variable. Si ces variations trouvent souvent leur origine dans des différences entre les approches suivies en matière d'approvisionnement et de stratégie, se pose aussi la question de savoir si, dans certains cas, les niveaux de dépenses ne sont pas un peu faibles pour répondre à la demande de services plus sophistiqués et à la transformation numérique en cours. Parce que l'importance que revêt la préparation du personnel en place aux défis à venir continue d'être reconnue, de nombreuses administrations définissent de nouvelles stratégies en matière de formation et de perfectionnement du personnel, y compris en adaptant des programmes de formation à un environnement virtuel pour permettre aux agents d'améliorer leurs compétences à tout moment et en tout lieu.

Coopération internationale

Le développement continu de la coopération internationale, de sa portée comme de son intensité, est au centre d'une grande partie des activités des administrations fiscales. Le présent rapport vise à attirer l'attention sur le fait que la coopération internationale et le partage des connaissances entre administrations fiscales comptent plus que jamais à l'heure où les pays subissent des changements importants, ayant un coût élevé, et où la transformation numérique de l'économie transcende de plus en plus les frontières nationales.

Les administrations fiscales œuvrent de concert à la mise en œuvre effective des principales mesures issues du Projet BEPS de l'OCDE et du G20 et à l'élaboration d'un Programme international multilatéral de l'OCDE pour le respect des obligations fiscales dans le cadre duquel contribuables et administrations fiscales s'emploient, en coopération et dans un cadre multilatéral, pratiquement en temps réel, à évaluer les risques et à trouver des parades face aux principaux risques fiscaux internationaux.

L'essor de l'utilisation des données massives, qui permet de conduire des analyses de plus en plus poussées, est nourri par l'échange de renseignements au niveau international, lequel s'est aussi sensiblement développé. L'échange automatique de renseignements issus de la déclaration pays par pays, l'échange de renseignements sur les décisions fiscales et l'adoption de la Norme commune de déclaration de l'OCDE/du G20 font que les administrations fiscales disposent désormais d'importants volumes de données sur les activités transnationales, permettant un accroissement de l'efficacité des activités des administrations nationales.

pose aussi la question de savoir si, dans certains cas, les niveaux de dépenses ne sont pas [illegible] pour répondre à la demande de services plus sophistiqués et à la transformation numérique en cours. Parce que l'importance que revêt la préparation du personnel [illegible] continue d'être reconnue, de nombreuses administrations définissent de nouvelles stratégies en matière de formation et de perfectionnement du personnel, y compris en adoptant [illegible] de formation à [illegible] afin de permettre aux agents d'améliorer leurs compétences à tout moment et en tout lieu.

[illegible]

Le développement continu de la coopération internationale dans le domaine fiscal [illegible] sont manifestes [illegible] administrations fiscales. Le présent rapport [illegible] sur le fait que la coopération internationale et les échanges de connaissances entre administrations fiscales [illegible] plus que jamais [illegible] les pays [illegible] des changements importants [illegible] l'économie transfrontière de plus en plus les frontières nationales.

[illegible]

[illegible]

Chapitre 1

Introduction

Le présent chapitre propose un aperçu du contenu de l'édition 2021 de la série de l'OCDE sur l'administration fiscale.

Les éditions précédentes de la série ont montré comment, au fil du temps, les administrations fiscales ont changé en réaction à l'évolution de l'environnement dans lequel elles exercent leurs fonctions. L'édition 2021 poursuit la description de cette évolution et contient d'autres éléments d'information sur la manière dont les administrations fiscales :

- accroissent leurs capacités technologiques pour offrir aux usagers de nouvelles modalités de services
- renforcent la collaboration et l'intégration au sein du système des administrations publiques
- développent leurs compétences dans le domaine de l'exploitation des vastes banques de données qu'elles détiennent
- créent de nouvelles techniques de gestion de la conformité
- renforcent leurs capacités en matière de perception de l'impôt.

Le rythme rapide des évolutions technologiques en général dans l'ensemble de l'économie, notamment l'expansion des réseaux sociaux, des plateformes mobiles, de l'infonuagique, des technologies des données massives et des techniques d'analyse avancées, sont autant de facteurs qui créent de nouvelles perspectives et de nouvelles attentes tant de la part des citoyens que des entreprises.

Les administrations fiscales du monde entier mettent en œuvre de nouvelles technologies numériques pour améliorer la qualité des services aux contribuables, réduire les dépenses de fonctionnement et les charges liées au respect de la discipline fiscale et aussi accroître les recettes. Outre une amélioration progressive des fonctions essentielles de l'administration fiscale déjà observable, des signes de plus en plus nombreux d'une transformation amenant un changement plus fondamental de la nature même de l'administration fiscale sont également perceptibles. Ce changement se traduit par l'adoption d'une vision plus systémique de la gestion du respect des obligations fiscales, dans le cadre de laquelle les administrations fiscales s'efforcent de s'inspirer plus fidèlement des systèmes traditionnels que les contribuables utilisent pour gérer leurs activités, effectuer des transactions et communiquer afin de réduire les erreurs, de minimiser les charges et d'ancrer plus solidement la discipline fiscale dans le système.

Encadré 1.1. **La transformation numérique : quelques exemples de pays**

Malaisie – La transformation numérique de l'administration fiscale malaisienne (*Hasil Transformation*)

L'administration fiscale malaisienne (*Inland Revenue Board of Malaysia* - IRBM) a lancé une nouvelle initiative en faveur de la transformation numérique de ses services baptisée *Hasil Transformation.* L'une des principales composantes de ce projet est la mise en place d'un système fiscal intégré (« *Hasil Integrated Tax System* » – HITS), qui doit permettre à l'IRBM de mieux gérer ses sources de données et de mettre en œuvre des processus de bout en bout en utilisant des informations en temps réel. Les autres volets de ce projet visent à renforcer les capacités d'analyse des données afin d'assurer une gestion plus efficace des risques de non-conformité, grâce à l'utilisation des indications recueillies sur les comportements pour améliorer le respect des obligations fiscales (notamment à l'utilisation des déclarations pré-remplies), et d'offrir aux contribuables une meilleure expérience en tant qu'usagers des services de l'administration fiscale.

La principale caractéristique du système HITS réside dans le fait qu'il génère en temps réel un flux continu d'informations simplifiées transitant par une plateforme sécurisée. Grâce à ce système, l'IRBM a repensé ses processus dans le but d'améliorer l'automatisation et la productivité dans l'ensemble du

Encadré 1.1. **La transformation numérique : quelques exemples de pays** *(suite)*

système. Ces avancées mettent à profit les toutes dernières innovations et les technologies conviviales du Web et sont totalement intégrées à divers processus de bout en bout mis en place au sein de l'IRBM.

Cette dernière a opéré cette intégration du système fiscal dans le but de réduire de 70 % le traitement des tâches par lots et, en même temps, d'utiliser pleinement les ressources disponibles. Les initiatives en faveur de la transformation numérique de l'IRBM présentent les avantages suivants :

- amélioration de l'expérience des usagers grâce à une réduction effective des coûts administratifs résultant d'une exécution facilitée de leurs obligations par les contribuables
- transformation des processus et capacité de faire face aux risques fiscaux majeurs
- mise en place d'une plateforme interactive faisant office de guichet unique pour favoriser une communication interactive dans les deux sens entre l'administration fiscale et les contribuables
- amélioration des activités axées sur la discipline fiscale grâce au repérage des domaines dans lesquels les ressources devraient être orientées au moyen d'une évaluation des risques en temps réel.

Pays-Bas – Fabrique de logiciels pour une application agile de la législation – *Agile Law Execution Factory* (ALEF) (*Nieuwe geautomatiseerde software bouwen*)

Il est extrêmement difficile, donc chronophage et coûteux, d'adapter les systèmes informatiques existants à une modification de la législation fiscale. C'est pourquoi l'administration néerlandaise des impôts et des douanes (NTA) a élaboré une nouvelle méthode de développement de logiciels permettant de concilier nécessité d'être agile et aptitude à suivre rigoureusement toute évolution du cadre législatif.

La pièce maîtresse de cette nouvelle méthode de travail mise en place au sein de la NTA est ALEF. ALEF est un environnement de gestion de la création, de l'essai et de l'administration de règles de décision. ALEF a été élaboré à l'aide d'un logiciel de traitement du langage naturel.

Dans ALEF, les règles peuvent être spécifiées dans un langage naturel contrôlé, appelé *RegelSpraak*, et la logique de ces spécifications immédiatement testée à l'aide des exemples préexistants dans ALEF. Grâce à ALEF, ces règles peuvent ensuite être automatiquement transformées en un outil de décision pour une prise de décision automatisée. Le graphique 1.1 présente un exemple de règle de calcul énoncée en langage naturel contrôlé *RegelSpraak*.

Graphique 1.1. **Pays-Bas : Exemple de règle de calcul énoncée en langage naturel contrôlé *RegelSpraak***

Rule result tax amount first bracket 01
valid from 2014
legal source: https://wetten.overheid.nl/jci1.3:c:BWBR0011353&hoofdstuk=2&afdeling=2.3&artikel=2.10a&z=2021-01-01&g=2021-01-01

The result tax amount of the first bracket of a taxpayer must be set at the maximum value of A and B
If he meets all of the following conditions:
- applying table 2.10a is equal to 'no'
- the taxable income Box-1 minus the applied different rate is smaller or equal to the MAXIMUM AMOUNT TO WHICH THE FIRST DISC IS APPLIED

The following applies:
A is rounded down to whole euros (the taxable income Box-1 minus the applied different rate times the PERCENTAGE OF THE FIRST DISC)
B is 0.

Source : administration néerlandaise des impôts et des douanes (2021).

Encadré 1.1. **La transformation numérique : quelques exemples de pays** *(suite)*

L'utilisation d'ALEF et du langage *RegelSpraak* a procuré les avantages suivants :

- Comme chaque règle énoncée en langage *RegelSpraak* peut être rattachée à sa source juridique, il est facile pour un juriste de valider la règle en se référant aux texte législatif sur lequel elle repose.
- La charge que représente l'analyse de l'impact des modifications de la législation s'en trouve dès lors allégée. Lorsque la législation est modifiée, les règles sur lesquelles ces modifications ont des conséquences sont facilement repérables.
- Les règles énoncées en langage *RegelSpraak* sont lisibles par tous. Il est ainsi possible d'expliquer si besoin aux contribuables la logique gouvernant le traitement de l'application des règles d'imposition.
- La formulation des règles en langage *RegelSpraak* est indépendante de la technologie utilisée. À l'avenir, ces règles pourront être utilisées pour générer du code pour d'autres plateformes, sans qu'il soit nécessaire de modifier les spécifications.
- La qualité des spécifications tend à s'améliorer, ce qui réduit les risques d'incompréhension ou d'interprétation erronée.

Se reporter à l'annexe 1.A pour trouver un lien vers les documents de référence.

Source : Inland Revenue Board of Malaysia (2021) et administration néerlandaise des impôts et des douanes (2021).

Ces évolutions sont également le signe que, grâce aux nouvelles technologies et aux nouveaux outils, des perspectives inédites s'ouvrent dans le domaine de l'administration des impôts, du soutien aux contribuables et du renforcement de la discipline fiscale. De nombreuses administrations fiscales commencent en particulier à étudier les avantages que peuvent procurer, pour l'exercice de leurs fonctions, l'apprentissage automatique et l'intelligence artificielle. Elles commencent également à réfléchir à l'« intégration » de la technologie déployée au sein de l'administration fiscale dans le soutien que des tiers, comme des fournisseurs de logiciels, apportent aux contribuables. Les partenariats et formes de collaboration de cette nature peuvent à la fois faciliter le service aux contribuables et assurer l'ancrage de la discipline fiscale en amont.

Encadré 1.2. **Canada : Intégrer l'intelligence artificielle dans les projets de l'administration fiscale**

Afin de favoriser l'expérimentation et un déploiement responsable de solutions d'intelligence artificielle (IA), l'Agence du revenu du Canada (ARC) continue de renforcer la gouvernance et la surveillance de l'IA. Dans le cadre d'une série de mesures en matière de gouvernance, l'ARC a adopté en janvier 2021 une Directive sur l'intelligence artificielle.

Celle-ci définit les rôles et responsabilités au sein de l'ARC et repose sur l'utilisation obligatoire de l'outil d'évaluation de l'incidence algorithmique (EIA). Ce dernier obéit à trois finalités. Il s'agit d'un outil conçu dans un souci d'ouverture qui fait office de source de données centralisée sur les projets en matière d'IA développés au sein de l'ARC, accessible par tous les utilisateurs soucieux d'améliorer des projets transversaux. Afin d'évaluer l'incidence algorithmique et, éventuellement, de cibler les ressources, les projets d'IA sont classés en fonction des priorités absolues de l'ARC.

Encadré 1.2. **Canada : Intégrer l'intelligence artificielle dans les projets de l'administration fiscale** *(suite)*

Enfin, l'outil EIA sert à évaluer et calculer les indicateurs de risque associés aux projets d'IA au cours des phases de développement et de production, y compris en fonction des mesures d'atténuation et de considérations éthiques. Grâce aux données recueillies, l'ARC est en mesure de s'appuyer sur l'EIA pour rendre compte de ce qui se passe dans tel ou tel secteur. Parce que la gouvernance de l'IA est un processus qui n'a pas encore atteint le stade de la maturité et continue de se transformer en réponse à l'évolution rapide du contexte de l'IA, l'EIA est appelé à évoluer aussi au service d'une supervision éclairée et de la promotion de la transparence.

Source : Agence du revenu du Canada (2021).

Ces évolutions sont perceptibles dans les données recueillies dans le cadre de l'édition 2020 de l'Enquête internationale sur les administrations fiscales (ISORA). Parallèlement, les administrations fiscales des pays couverts par cette enquête ont été invitées à fournir des exemples de pratiques novatrices qu'elles mettent en œuvre à l'appui de la réalisation de leurs objectifs. Elles ont fourni plus d'une centaine d'exemples instructifs couvrant un large éventail de sujets. Si ces exemples ne constituent pas une base de comparaison entre administrations fiscales au même titre que les données, ils apportent néanmoins un éclairage supplémentaire sur les données et donnent un aperçu de la ligne stratégique qui guidera à l'avenir les administrations fiscales.

Il va sans dire que la pandémie de COVID-19 a été une onde de choc qui a infléchi cette feuille de route. Elle a joué le rôle de catalyseur et accéléré un grand nombre de changements au sein des administrations fiscales et celles-ci ont dû s'adapter à de nouvelles méthodes de travail tant à l'intérieur de leurs propres services que dans leurs relations avec les contribuables. Certaines ont également endossé des rôles qui n'étaient pas traditionnellement de leur ressort lorsqu'elles mettent à profit leurs compétences essentielles et les séries de données dont elles disposent pour apporter un soutien à l'économie. Dans la présente édition de la série sur les administrations fiscales, on trouvera des statistiques et des exemples mettant en exergue certaines des innovations rapides que les administrations fiscales ont été contraintes d'adopter à cause de la pandémie. Les prochaines éditions mettront inévitablement davantage en lumière cette évolution à mesure que le monde abordera l'ère post-pandémie et que les administrations fiscales devront réfléchir aux évolutions à long terme que cette crise a entraînées.

Indépendamment de la pandémie, les missions essentielles d'une administration fiscale demeurent les mêmes, à savoir le recouvrement en temps voulu du montant exact des impôts dus pour financer les services publics. ***Le chapitre 2*** aborde cette question de façon plus détaillée et fournit des statistiques sur l'éventail et le montant des impôts et taxes dont les administrations assument la responsabilité. Le travail des administrations fiscales visant à s'assurer que tous les contribuables visés sont enregistrés est primordial pour garantir un recouvrement efficace. ***Le chapitre 3*** décrit les travaux menés par les administrations fiscales dans ce domaine et montre également comment leurs compétences sont mises à profit au service des objectifs gouvernementaux de plus large portée en matière d'identité numérique.

Dans ***le chapitre 4***, il est question de la liquidation de l'impôt, qui englobe toutes les activités liées au traitement des déclarations fiscales et au paiement de l'impôt. La réflexion porte sur l'utilisation des canaux électroniques pour le dépôt des déclarations et le paiement de l'impôt et passe par une description des efforts déployés par les administrations fiscales pour fournir des déclarations préremplies et une analyse des taux de respect des délais, que ce soit pour le dépôt des déclarations et le paiement de l'impôt.

Cette édition fait ressortir la tendance, pour les administrations fiscales, à prendre de plus en plus l'initiative dans l'instauration de conditions favorisant le respect de la discipline fiscale, en s'appuyant sur l'utilisation des données produites grâce à la transformation numérique pour en tirer des indications sur les travaux relatifs à la conformité et pour en faire le socle d'approches novatrices.

Encadré 1.3. **Chili : Utiliser les données pour renforcer les stratégies en matière de discipline fiscale**

Au Chili, le modèle de gestion de la discipline fiscale qui a été adopté a vocation à mettre à la disposition de tous les services de l'administration fiscale (*Servicio de Impuestos Internos* – SII) des données structurées, fiables et actualisées pouvant être utilisées pour améliorer l'analyse des risques et aboutir à des décisions plus pertinentes. Les principaux outils employés sont :

- Un ***catalogue des risques*** : il sert à répartir les obligations fiscales gérées par le SII en différentes catégories, puis à utiliser les informations existantes sur la gestion de ces obligations pour identifier et classer divers risques, qui peuvent ensuite être visualisés de manière simple et interactive.
- Un ***tableau de bord du processus de hiérarchisation des priorités et de consolidation*** : ce processus est au cœur du modèle de gestion de la discipline fiscale dans lequel les données entrantes sont des analyses se rapportant au système fiscal, et les résultats produits des décisions concernant le traitement des contribuables dont on considère qu'ils présentent les risques les plus élevés. Compte tenu de la complexité et du volume des informations disponibles, la simplicité de l'outil d'affichage des informations est remarquable en ce qu'il permet de mettre en évidence des situations anormales, nouvelles ou présentant un intérêt sur le plan institutionnel.
- Une ***cartographie des écarts de conformité*** : elle fait ressortir les niveaux mesurés de conformité aux principales obligations fiscales. Elle offre une vision synthétique de la classification des contribuables en fonction des risques, des catégories de contribuables présentant un intérêt sur le plan institutionnel, de la taille des contribuables, de leur localisation géographique et de nombreux autres indicateurs.

Source : Chili – Servicio de Impuestos Internos (2021).

Le chapitre 5 vise à apporter un éclairage sur les stratégies technologiques sophistiquées suivies par les administrations fiscales pour encourager les contribuables à se servir « d'applications en libre service ». Celles-ci constituent un volet d'une mutation plus fondamentale dans le cadre de laquelle l'administration de l'impôt devient un processus fluide tendant à exclure de plus en plus d'emblée le non-respect de la législation dès le stade de la conception, pour contribuer à alléger les formalités. ***Le chapitre 6*** a pour objet de porter plus loin la réflexion et de décrire plus en détail comment la conception même de la discipline fiscale évolue en direction d'un ciblage des contribuables qui ne respectent pas leurs obligations.

Le ***chapitre 7*** propose une étude de la manière dont les administrations fiscales gèrent le recouvrement des créances fiscales et un examen des caractéristiques d'une fonction moderne de recouvrement des créances fiscales. Ces fonctions sont essentielles pour maintenir un niveau élevé de discipline fiscale volontaire et entretenir la confiance des citoyens dans le système fiscal en général. Ce chapitre présente également des exemples d'approches suivies par les administrations pour éviter l'accumulation d'arriérés d'impôt. Il est toutefois inévitable que des différends surviennent entre les contribuables et l'administration fiscale, et le ***chapitre 8*** est consacré aux processus destinés à protéger les droits des contribuables et à garantir la présence de mécanismes de contrepouvoir face à l'administration fiscale.

Les ressources allouées aux administrations fiscales et les effectifs affectés à l'accomplissement de leurs missions sont les éléments sur lesquels reposent l'ensemble de ces travaux. On trouve dans le ***chapitre 9*** des informations sur les ressources dont disposent les administrations fiscales et sur les tendances observées en la matière. Ce chapitre décrit également les difficultés rencontrées par les administrations pour accroître leurs capacités alors même qu'elles gèrent des effectifs qui, en règle générale, tendent à être moins nombreux et, en moyenne, plus âgés. Ces difficultés ont été aggravées par les contraintes liées à la pandémie et le chapitre s'ouvre par un examen des effets à long terme de ces contraintes. Une fois encore, la technologie peut contribuer à l'amélioration de l'efficacité des agents.

Annexe 1.A

Liens vers les supports à l'appui (consulté le 1er septembre 2021)

- Encadré 1.1. – Pays-Bas : lien vers une vidéo expliquant le fonctionnement d'ALEF https://youtu.be/yo_tCMYT0H0

Chapitre 2

Responsabilités et perception de l'impôt

Le présent chapitre a pour objet d'examiner les performances des administrations fiscales dans l'accomplissement de leur mission principale de perception de l'impôt et l'exercice des responsabilités qui leur ont été confiées pendant la crise du COVID-19. À cet effet, il contient des informations relatives au montant total des recettes fiscales nettes perçues ainsi que d'autres chiffres clés concernant les activités des administrations couvertes par la présente publication.

Introduction

La mission première d'une administration fiscale est de percevoir des recettes fiscales au nom des citoyens afin de financer les services publics. Avec le temps, d'autres responsabilités ont progressivement été confiées à l'administration fiscale dans de nombreux pays La confiance dans la capacité avérée de l'administration fiscale à mettre en œuvre des processus administratifs complexes à grande échelle contribue sans aucun doute grandement à la prise de décisions en ce sens, et a probablement aussi été un facteur essentiel qui a incité de nombreux États à confier à leur administration fiscale des responsabilités supplémentaires à l'appui du déploiement de mesures de soutien de plus large portée pendant la crise du COVID-19. Le présent chapitre propose un aperçu des recettes fiscales nettes perçues ainsi que quelques autres chiffres clés relatifs aux performances des administrations fiscales, et porte sur le rôle joué, de façon plus générale, par les administrations fiscales.

Responsabilités des administrations fiscales

À quelques exceptions près, les pays ont unifié la collecte des impôts directs et (de la plupart des impôts) indirects, qui est assurée par un seul et même service de l'administration fiscale ; voir tableau 2.1. pour connaître les catégories de recettes dont les administrations fiscales couvertes par la présente publication assument la responsabilité.

Tableau 2.1. **Catégories de recettes dont le recouvrement incombe à l'administration fiscale, 2019**

Pourcentage de juridictions dans lesquelles le recouvrement des catégories de recettes suivantes incombe à l'administration fiscale

Impôt sur le revenu des personnes physiques	Impôt sur les bénéfices des sociétés	Taxe sur la valeur ajoutée	Droits d'accise – intérieurs	Impôt sur les véhicules à moteur	Impôts fonciers	Impôt sur la fortune	Impôts sur les mutations par décès, les successions et les donations	Autres impôts sur les biens et services	Cotisations de sécurité sociale	Droits de douane
98	100	93	59	53	42	20	53	47	41	42

Source : Tableau A.1 Catégories de recettes dont l'administration assume la responsabilité et retenue à la source par l'employeur.

Cependant, comme on l'a vu dans les éditions précédentes de la série sur l'administration fiscale, les États ont assigné aux administrations fiscales d'autres domaines de compétence (y compris de responsabilités partagées dans certains domaines), en dehors de leurs fonctions traditionnelles en matière fiscale.

Ceux-ci consistent en règle générale à procurer des avantages financiers aux contribuables (assimilables à des prestations sociales, par exemple) ou à recouvrer des sommes dues au Trésor public au titre de prêts consentis ou de créances détenues par l'État (prêts étudiants ou allocation pour enfant à charge par exemple). Dans d'autres situations, il s'agit de missions/ de fonctions moins directement liées au système fiscal, comme par exemple la surveillance de certaines activités de jeu ou la tenue de registres concernant la population.

Étant donné que la version 2020 de l'Enquête internationale sur l'administration des recettes (ISORA) ne comportait pas de questions détaillées sur les responsabilités supplémentaires attribuées aux administrations fiscales, les lecteurs intéressés souhaiteront peut-être consulter le chapitre 2 de la précédente édition de la série *Tax Administration 2019* (OCDE, 2019[1]) où ils trouveront un panorama plus détaillé des missions de plus large portée confiées aux administrations fiscales

Encadré 2.1. **Norvège : Le Registre national de la population est, dans sa version modernisée, plus rapide, plus simple et ouvert 24 heures sur 24, 7 jours sur 7**

Il offre davantage de services numériques

Depuis quelques années, l'administration fiscale norvégienne a engagé une modernisation du Registre national de la population. Le nouveau registre, déployé à l'automne 2020, contient davantage d'informations, est plus facilement accessible et offre de nouveaux services numériques. Les citoyens peuvent désormais exécuter de nombreuses formalités importantes en ligne, par exemple adresser une déclaration de naissance, notifier un changement d'adresse au service postal norvégien, obtenir un « certificat de capacité matrimoniale » pour un mariage ou déclarer un décès.

Plus de 2 000 organisations des secteurs public et privé utilisent les informations du nouveau Registre national de la population. Les entreprises peuvent désormais recevoir une notification à chaque fois qu'une modification est apportée au Registre et elles peuvent y rechercher, ou en extraire, des informations de natures diverses. La modernisation du Registre leur permet d'offrir à leur tour aux Norvégiens des services numériques nouveaux et conviviaux.

Une meilleure gestion des identités

Le nouveau Registre national de la population a aussi été conçu pour améliorer la gestion des identités. Toutes les personnes qui séjournent en Norvège, qu'elles soient nées en Norvège ou qu'elles viennent s'y installer de façon permanente ou temporaire, se voient délivrer soit un numéro national d'identité permanent, soit un numéro d'identification temporaire appelé numéro D. Dans le nouveau registre, les ressortissants de pays tiers qui s'installent en Norvège peuvent eux aussi fournir leurs informations personnelles en une seule fois.

Accès à ses propres informations

En mars 2021, l'administration fiscale norvégienne a ouvert aux citoyens l'accès numérique au nouveau Registre national de la population. Toute personne âgée de plus de 18 ans peut désormais se connecter, consulter les informations la concernant et signaler toute erreur éventuelle à l'administration fiscale. C'est un point essentiel car l'exactitude des informations consignées dans le registre protège les droits de tous les habitants du pays dans la mesure où elle leur garantit la fourniture de services appropriés par les administrations publiques.

Source : Administration fiscale norvégienne (2021)

Avec la survenue de la crise du COVID-19, les administrations fiscales ont vu leurs responsabilités, au sens large, portées à un degré inédit du fait que de nombreux États s'en sont remis à elles pour apporter un soutien aux citoyens et aux entreprises. Ces responsabilités nouvelles dépassent souvent le cadre des fonctions normalement exercées par l'administration fiscale et, généralement, elles se concrétisent par :

- une **aide financière**, destinée aux citoyens ou aux entreprises, qu'elle soit distribuée de façon très ciblée ou accessible au plus grand nombre
- la **fourniture de services**, par les agents ou les services de l'administration fiscale, à l'appui des réponses de l'ensemble de l'administration à la crise du COVID-19
- une **assistance en matière d'information**, utile aux pouvoirs publics, reposant sur le partage d'informations ou l'utilisation des capacités de l'administration en matière d'analyse des données.

Les raisons qui ont incité à se tourner vers l'administration fiscale pour répondre à la crise du COVID-19 tiennent au fait que celle-ci :

- dispose d'un réseau préexistant de relations étroites avec les citoyens et les entreprises
- a de longue date l'expérience de la conduite d'activités à cette échelle
- peut s'appuyer sur des agents qualifiés et spécialisés qui interagissent quotidiennement avec les citoyens
- possède de vastes séries de données ainsi que des moyens d'analyse et une solide expérience du traitement et du partage des données.

Encadré 2.2. **Exemples nationaux : Aider les citoyens et les entreprises pendant la pandémie de COVID-19**

Canada : Prestation canadienne d'intervention d'urgence (PCU)

Le gouvernement canadien a mis en place la prestation d'intervention d'urgence (PCU) afin d'apporter un soutien financier temporaire aux employés et aux travailleurs indépendants directement touchés par la pandémie de COVID-19.

Il était important pour lui de faire en sorte que le dispositif soit simple, rapide et confortable pour les Canadiens et les Canadiennes, et que le soutien financier nécessaire soit disponible le plus rapidement possible. L'Agence du revenu du Canada (ARC), en tant qu'organisme chargé de l'administration du dispositif, a mis en œuvre une gestion agile pour gérer les risques et accélérer le versement de la prestation. Les demandes adressées à l'ARC ont été reçues sur un portail en ligne sécurisé, via des lignes téléphoniques automatisées ou par les agents d'un centre d'appel car, pour la première fois, l'ARC n'avait pas prévu de version sur papier. À l'issue de la première semaine, 3.5 millions de demandes seulement ont été approuvées, et les travailleurs ayant opté pour le dépôt de leur demande directement auprès de l'ARC ont reçu un versement dans un délai de cinq jours ouvrables. Les personnes éligibles ont reçu 2 000 CAD toutes les quatre semaines (soit l'équivalent de 500 CAD par semaine) pendant la période comprise entre le 15 mars 2020 et le 26 septembre 2020. Après le 27 septembre 2020, le gouvernement canadien a orienté la plupart des Canadiens qui avaient encore besoin d'une aide au revenu vers un programme simplifié d'assurance-emploi.

L'ARC a conçu, développé et déployé le dispositif de la PCU dans une configuration virtuelle suivant un processus totalement agile et itératif de bout en bout. Le dispositif s'accompagnait d'une solide stratégie de communication et s'appuyait sur des partenariats renforcés au sein de l'ARC ainsi qu'avec des partenaires externes au sein de l'administration canadienne et des institutions financières. Le résultat a été la distribution de milliards de dollars aux Canadiens au titre de ce système d'intervention d'urgence.

Irlande : Dispositif de subvention salariale

En Irlande, le programme de subventions salariales temporaires (*Temporary Wage Subsidy Scheme* – TWSS) a été une mesure d'urgence pour faire face à l'impact de la pandémie sur l'économie. Il obéissait à l'objectif du gouvernement de distribuer d'urgence une aide aux employeurs et aux employés qui en avaient tant besoin tout en préservant le lien les unissant en prévision de la reprise économique. Par ailleurs, ce dispositif a allégé le fardeau pesant sur le ministère de la Protection sociale qui traitait déjà d'autres versements liés à la COVID-19.

Grâce à la mise en place, en janvier 2019, de la déclaration en temps réel dans le cadre du système de retenue à la source, lorsque la pandémie s'est aggravée en mars 2020, le ministère des Finances a pu rapidement réorganiser le système de retenue à la source, en collaboration avec les éditeurs de logiciels de paie, afin d'apporter rapidement un soutien aux employeurs et

Encadré 2.2. **Exemples nationaux : Aider les citoyens et les entreprises pendant la pandémie de COVID-19** *(suite)*

aux salariés touchés. Les employeurs ont pu demander à bénéficier du dispositif de subventions salariales via le système de déclaration des salaires et l'administration fiscale a procédé au versement correspondant le jour suivant la réception de la notification des salaires. Ce processus a permis de s'assurer qu'aucune charge administrative supplémentaire ne pesait sur les employeurs, et que la subvention pouvait être traitée et versée aux employeurs avant qu'ils ne versent eux-mêmes leur dû aux salariés, de façon à procurer ainsi aux entreprises un flux de trésorerie dont elles avaient grand besoin, tout en préservant le lien entre employeurs et salariés.

Les principaux résultats, en termes de recettes, pour 2020 témoignent du niveau du soutien octroyé aux entreprises et aux salariés grâce au système de subventions salariales :

Dispositif temporaire de subventions salariales
2.8 milliards EUR de subventions
664 500 salariés
66 600 employeurs

L'utilisation du système de déclaration en temps réel aux fins du dispositif de subventions salariales est également un moyen, pour l'administration fiscale, de mener en continu des actions destinées à garantir le respect des obligations fiscales, et de s'assurer que tout manquement à ces obligations est décelé et corrigé rapidement.

Les montants versés aux salariés au titre du programme de subventions salariales temporaires ont été considérés comme non imposables, et pris en compte comme tels dans le calcul préalable de l'impôt dû par les salariés, qui est établi en fin d'année et accessible à chacun d'entre eux à partir du 15 janvier 2021. Le recouvrement des moins-perçus éventuels s'opère par l'imputation, à compter de 2022, des montants correspondants, sans intérêt, sur les crédits d'impôt futurs des salariés, les reports étant possibles sur un période maximum de quatre ans.

Le dispositif des subventions salariales temporaires a fonctionné du 26 mars 2020 au 31 août 2020, date à laquelle il a été remplacé par un nouveau dispositif d'indemnisation du chômage partiel appelé *Employment Wage Subsidy Scheme* (EWSS).

Singapour : Apporter une aide par anticipation aux contribuables qui rencontrent des difficultés financières

L'administration fiscale de Singapour (*Inland Revenue Authority de Singapour* – IRAS) a revu les cadres régissant l'aide aux contribuables qui rencontrent des difficultés financières afin de leur procurer une assistance par anticipation, octroyée plus particulièrement aux personnes bénéficiaires d'une aide financière du ministère du Développement social et de la Famille.

Ce réaménagement a porté principalement sur deux axes :

- ***Collaboration interinstitutions avec le ministère du Développement social et de la Famille.*** L'administration fiscale a obtenu des données sur les contribuables bénéficiant d'une aide financière du ministère du Développement social et de la Famille à l'aide desquelles les services de recouvrement de l'administration fiscale ont pu :
  - moduler ces actions, notamment en contactant les contribuables en amont pour leur proposer une aide au paiement de l'impôt ou la suspension des actions de mise en recouvrement
  - faire preuve de plus de compassion et d'empathie dans les relations avec ces contribuables.

Encadré 2.2. **Exemples nationaux : Aider les citoyens et les entreprises pendant la pandémie de COVID-19** *(suite)*

Indépendamment de l'identification des contribuables concernés à l'aide des données communiquées par le ministère de la Protection sociale et de la Famille, l'administration fiscale a aussi établi une classification permettant de repérer les contribuables à faible revenu dont la situation justifie un traitement plus empathique.

- ***Plus d'empathie dans les relations avec les contribuables*** : aux contribuables bénéficiant d'une aide financière du ministère de la Protection sociale et de la Famille ou classés dans la catégorie des contribuables à faible revenu, l'administration fiscale peut accorder des modalités de paiement plus souples, notamment un échelonnement sur une période plus longue, un report d'imposition, voire une remise d'impôt. Le cadre s'applique à toutes les catégories d'impôts dus par un contribuable, en partant du principe que si un individu n'a pas la capacité d'acquitter un impôt, il est peu probable qu'il soit en mesure d'en payer d'autres.

Source : Agence du revenu du Canada (2021), Irlande – *Office of the Revenue Commissioners* (2021) et *Inland Revenue Authority of Singapore (*2021).

Le graphique 2.1 présente une synthèse des missions supplémentaires confiées à 32 administrations couvertes par la note de l'OCDE publiée en 2021 sous le titre *: Administration fiscale : la résilience numérique dans le contexte du COVID-19* (OCDE, 2021[2]). Il en ressort qu'aider des organismes publics à procurer un soutien financier et leur fournir des informations sont des tâches figurant parmi les nouvelles missions le plus fréquemment confiées à l'administration fiscale, suivis de l'octroi d'aides financières directes.

Graphique 2.1. **Responsabilités supplémentaires confiées aux administrations fiscales dans le cadre de la crise du COVID-19 et des mesures de relance et/ou de reprise**

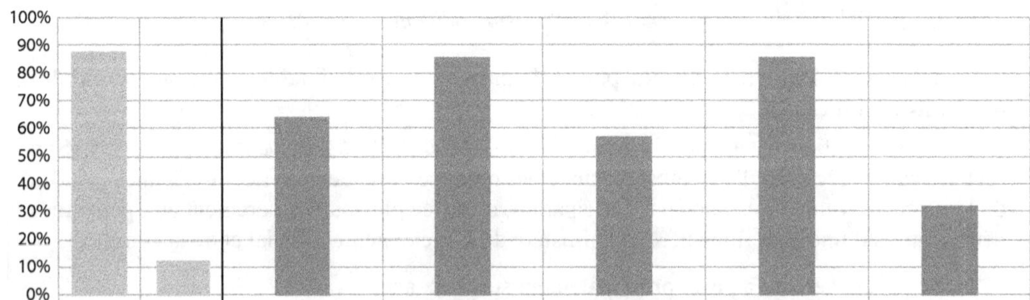

StatLink https://dx.doi.org/10.1787/888934301474

Source : OCDE (2021), « Administration fiscale : la résilience numérique dans le contexte du COVID-19 », *Les réponses de l'OCDE face au coronavirus (COVID-19)*, https://doi.org/10.1787/addaac0c-fr.

La note publiée en 2020 par l'OCDE, uniquement en anglais, sous le titre *Tax Administration Responses to COVID-19 : Assisting Wider Government* (OCDE, 2020[3]) fait également référence à certaines des nouvelles missions confiées aux administrations fiscales et décrit un certain nombre d'écueils, au stade de la mise en œuvre, et de stratégies d'atténuation possibles. Elle décrit aussi brièvement les perspectives que peuvent ouvrir l'exercice de ces responsabilités nouvelles, notamment grâce à l'utilisation de processus agiles de développement et de mise en œuvre de nouveaux services et outils numériques.

Près de la moitié des administrations couvertes par cette note de 2020 ont indiqué avoir modifié leurs méthodes de développement informatique pour être en mesure de déployer rapidement des solutions informatiques, la grande majorité d'entre elles faisant référence à des pratiques agiles de développement de projets adoptées au stade de l'élaboration de solutions informatiques ou de l'amélioration des solutions existantes pendant la crise du COVID-19. D'une manière générale, toutes les administrations qui ont revu leurs pratiques en matière de gestion de projets ont considéré que cette démarche avait été couronnée de succès et prévoient de pérenniser ces pratiques à l'avenir.

Encadré 2.3. Exemples nationaux : Assistance à d'autres secteurs de l'administration

Australie : Partager des données sur les entreprises à l'appui des efforts en faveur de la remise en état après sinistre et de la reprise économique

Tout au long de l'année 2020, l'administration fiscale australienne (*Australian Taxation Office* – ATO) a fourni aux administrations locales, d'État et fédérales des données essentielles sur les entreprises tirées du Registre australien des entreprises (*Australian Business Registrar* – ABR) pour les aider à entrer en contact avec celles relevant de leur compétence.

- Lors des feux de brousse de 2019/20 en Australie, 55 organismes publics ont utilisé des données provenant de l'ABR pour planifier leurs actions, hiérarchiser les priorités et réagir face à la crise. Au lendemain de la catastrophe, les données sur les entreprises ont servi à repérer celles se trouvant à l'intérieur et autour des zones portant les cicatrices des feux de forêt, qui avaient besoin de toute urgence de financements et de soutien publics.
- Face à la crise du COVID-19, les données tirées de l'ABR et les données sur l'imposition ont été communiquées aux ministères des États australiens afin de les aider à modéliser la pandémie en croisant les données relatives aux types d'emploi et/ou à la localisation des travailleurs et des entreprises présentant les facteurs de risque les plus élevés de contamination, de transmission et de propagation du virus.

Les organismes publics éligibles ont accès par de multiples canaux aux données de l'ABR, principalement consultables via l'ABR Explorer qui est un outil gratuit de notification et d'analyse et permet aux utilisateurs du secteur public de disposer de données en libre-service et de formuler des requêtes personnalisées, de visualiser et de recouper les lieux d'implantation des entreprises à l'aide de cartes satellites, de convertir des données sur les entreprises en graphiques et diagrammes servant à observer les évolutions dans le temps, que ce soit par code postal ou par type d'entreprise. Parce qu'il autorise le téléchargement d'ensembles prédéfinis de données stockées dans l'ABR, cet outil offre aux utilisateurs la possibilité d'intégrer les données dans leurs différents systèmes. Les organismes de petite taille ne disposant pas de données et de capacités informatiques matures sont ainsi en mesure d'adresser des requêtes simples, mais efficaces, à l'aide de programmes informatiques courants pour déceler et mettre en évidence des changements et appréhender des tendances observables au niveau des communautés et des activités des entreprises.

Encadré 2.3. **Exemples nationaux : Assistance à d'autres secteurs de l'administration** *(suite)*

Nouvelle-Zélande : Portail d'échange d'informations avec le ministère du Développement social

En Nouvelle-Zélande, l'administration fiscale néozélandaise (*New Zealand Inland Revenue)* a aidé le ministère du Développement social à déployer le dispositif de subvention salariale dans le cadre de la réponse du gouvernement néo-zélandais à la crise du COVID-19. Si la gestion de ce dispositif est assurée par le ministère du Développement social, la vérification des dossiers de demande repose toutefois sur des données détenues par l'administration fiscale.

Dans un premier temps, l'accompagnement au traitement des demandes de subventions salariales a exigé la mobilisation d'effectifs très nombreux. Grâce au partage d'informations avec le ministère du Développement social, de nombreuses demandes ont pu être approuvées automatiquement. Pour celles pour lesquelles cela n'a pas été possible, l'administration fiscale a mis en place un numéro d'appel gratuit, et ainsi répondu à plus de 350 000 appels d'agents du ministère de la Protection sociale au cours de la période ayant pris fin le 30 juin 2020.

Afin de faciliter le déploiement du dispositif de subvention salariale, l'administration fiscale a créé début juin 2020 un portail, ouvert au personnel du ministère de la Protection sociale, lui donnant accès aux informations utiles directement à la source moyennant des autorisations d'accès adéquates.

Le portail est une avancée pour les usagers car leurs demandes peuvent ainsi être traitées plus rapidement, une avancée pour le ministère de la Protection sociale dont la capacité d'administrer le dispositif se trouve renforcée, et une avancée pour l'administration fiscale, qui reçoit désormais beaucoup moins d'appels des agents du ministère de la Protection sociale souhaitant valider des informations.

Source : Australia Taxation Office (2021) et Nouvelle-Zélande – Inland Revenue Department – Te Tari Taake (2021).

Recettes perçues

La présente section porte sur les recettes nettes perçues par les administrations fiscales ainsi que sur un certain nombre d'autres chiffres clés concernant leurs activités. Il convient de noter que ces chiffres reposent sur des données relatives aux exercices budgétaires 2018 et 2019. L'impact de la crise du COVID-19 sur les recettes perçues n'apparaît donc pas encore, mais il sera visible dans la publication de l'année prochaine.

Les recettes nettes perçues par les administrations fiscales représentent en moyenne 20 % du PIB

Dans sa base de données des Statistiques des recettes publiques mondiales (voir www.oecd.org/tax/tax-policy/global-revenue-statistics-database.htm), l'OCDE s'efforce généralement de publier des données internationalement comparables sur les recettes fiscales perçues par ses membres et un certain nombre d'autres juridictions à tous les niveaux d'administration. Comme les informations contenues dans la base de données des Statistiques des recettes publiques mondiales reposent sur des données notifiées au niveau d'un pays, et non d'une administration, les administrations fiscales ont été invitées, dans l'enquête ISORA, à fournir toute une série d'informations sur leur activité de perception de recettes. Celles-ci montrent bien l'importance de l'administration fiscale pour l'économie de chaque pays.

En 2019, les recettes nettes perçues par les administrations fiscales figurant dans le présent rapport représentent, en pourcentage du produit intérieur brut (PIB), entre moins de 10 % et plus de 30 % dans le cas de la Croatie, du Danemark, de l'Estonie, de la Hongrie, de la Lettonie, de la Norvège, des Pays-Bas, de la Slovénie et de la Suède. En moyenne, elles représentent 20 % du PIB (voir graphique 2.2.).

Graphique 2.2. **Recettes nettes perçues, en pourcentage du produit intérieur brut, 2019**

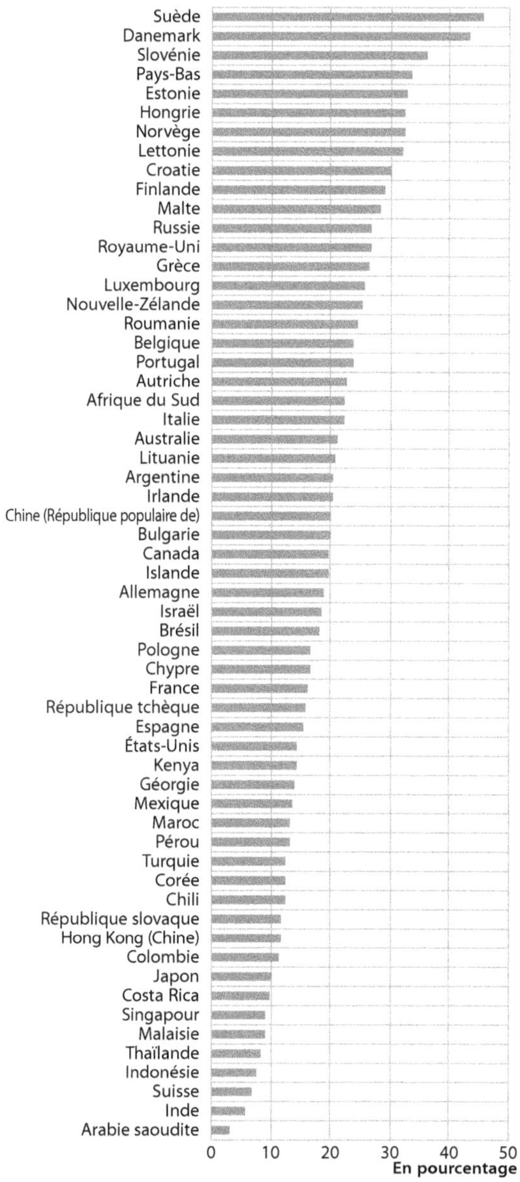

StatLink https://dx.doi.org/10.1787/888934301493

Source : Tableau D.1 Ratios de recettes.

Graphique 2.3. **Recettes nettes perçues, en pourcentage des recettes publiques totales, 2019**

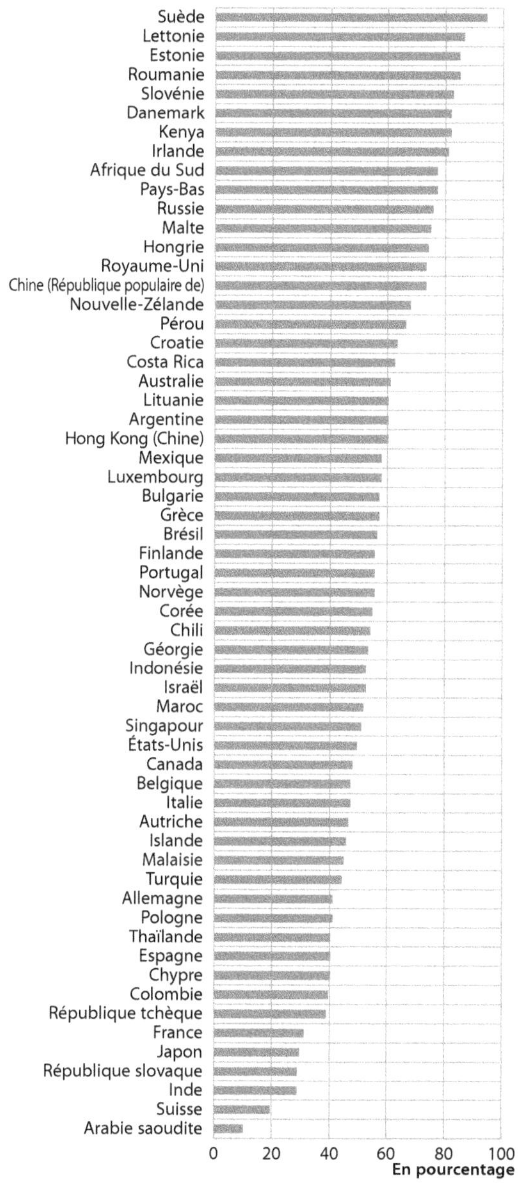

StatLink https://dx.doi.org/10.1787/888934301512

Source : Tableau D.1 Ratios de recettes.

Les recettes nettes perçues par les administrations fiscales représentent en moyenne 56 % des recettes totales du pays

Trente-huit administrations fiscales déclarent percevoir des recettes nettes supérieures à 50% du montant total des recettes publiques en 2019, ce qui fait de l'administration fiscale le premier organisme public de recouvrement des recettes publiques dans près des deux tiers des juridictions couvertes par le présent rapport. En moyenne, les recettes nettes moyennes perçues par les administrations figurant dans ce rapport représentent 56% des recettes totales du pays (voir graphique 2.3).

L'impôt sur le revenu des personnes physiques représente 28% des recettes nettes recouvrées et constitue la principale catégorie d'impôt collecté pour environ 45% des administrations fiscales couvertes par le présent rapport. La taxe sur la valeur ajoutée (23%), l'impôt sur les bénéfices des sociétés (20%) et les cotisations de sécurité sociale (11%) constituent les autres grandes sources de recettes, comme le montre le graphique 2.4. Dans de nombreux pays, les cotisations de sécurité sociale ne sont pas perçues par les administrations fiscales et sont donc sous-représentées dans les chiffres des recettes nettes moyennes de tous les pays couverts par la présente publication. Lorsqu'elles sont perçues par l'administration fiscale, elles constituent souvent la principale source de recettes fiscales (voir tableau D.2).

Graphique 2.4. **Recettes nettes moyennes perçues (en pourcentage) par principaux types de recettes, 2019**

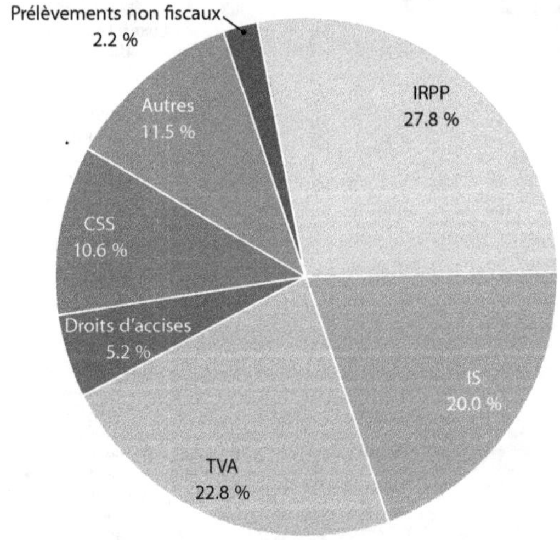

StatLink https://dx.doi.org/10.1787/888934301531

Source : Tableaux D.1 Ratios de recettes et D.2 Structure de l'impôt et part des cotisations sociales.

Rationalisation de la perception des recettes fiscales : le prélèvement à la source

Les mécanismes de prélèvement à la source peuvent s'inscrire dans le cadre d'approches fondées sur le principe de la conformité dès la conception qui favorisent la discipline fiscale en général tout en allégeant sensiblement la charge pesant sur un grand nombre de contribuables dans la mesure où ceux-ci s'engagent à se plier à toute régularisation qui pourrait se révéler nécessaire après le paiement (lorsque la retenue à la source donne lieu à un trop-perçu ou au contraire à un moins-perçu). Contrairement à ce qui se passe dans un système de déclaration spontanée suivie du paiement de l'impôt, dans le mécanisme du prélèvement à la source, l'impôt est payé directement à l'administration fiscale, généralement par un tiers qui verse un revenu net au bénéficiaire (comme par exemple quand la retenue à la source est prélevée par un employeur sur le salaire versé à un employé), ou par un intermédiaire se situant entre le payeur et le client. Le dispositif de prélèvement à la source le plus répandu dans le monde concerne l'imposition des revenus du travail. Les autres exemples sont notamment les retenues à la source sur les intérêts, dividendes ou redevances. Selon le régime fiscal sous-jacent et la nature des paiements, la retenue à la source peut se décliner en une palette de dispositifs allant d'un système simple d'imposition à un taux fixe universel à un système plus complexe adapté à la situation plus globale du contribuable.[1]

Outre qu'ils permettent d'alléger les formalités, les systèmes de prélèvement à la source peuvent aussi favoriser la diminution du nombre de déclarations inexactes et de trop-perçus du fait que les tiers ou les intermédiaires chargés de collecter les impôts pour l'administration n'ont aucun droit sur les montants prélevés. Les défaillances restent certes possibles dans un tel système en cas d'erreur dans l'application des règles ou d'erreurs commises par les tiers ou les intermédiaires, sachant que ce sont eux qui fournissent les informations alimentant le système. Cependant, l'automatisation accrue, les méthodes plus perfectionnées de recoupement des données et les approches à l'échelle de l'ensemble de l'administration sont autant de moyens de lutter contre ces risques.

Pour permettre de comprendre l'importance de la retenue à la source dans le cas de l'imposition des revenus des personnes physiques, les administrations ayant pris part à l'enquête ont été invitées à estimer le pourcentage du total de l'impôt sur le revenu des personnes physiques faisant l'objet d'une retenue à la source effectuée par des tiers et versée ultérieurement à l'administration. Quarante-six administrations qui ont été en mesure de fournir ces informations estiment que 78 % du total des recettes de l'impôt sur le revenu des personnes physiques ont été retenus à la source (voir tableau D.18).

Encadré 2.4. **Irlande : Modernisation du système de retenue à la source**

La modernisation du système de retenue à la source a été la réforme la plus radicale depuis son adoption en 1960. Depuis le 1er janvier 2019, les employeurs et les prestataires de produits de retraite communiquent à l'administration fiscale des informations détaillées sur les salaires et les prestations versés aux salariés et aux bénéficiaires de pensions ainsi que sur les déductions obligatoires opérées à chaque fois que ces versements sont effectués. La pierre angulaire de la modernisation du système a été l'intégration pleine et entière des obligations déclaratives dans le logiciel de paie de l'employeur. Les changements opérés ont entraîné des gains d'efficience et des améliorations considérables en termes d'exactitude et de transparence pour quelque 180 000 employeurs et prestataires de produits de pensions ainsi que 2.6 millions de salariés et bénéficiaires de pensions et pour l'administration fiscale.

La satisfaction des employeurs est attestée par les résultats d'une enquête sur la modernisation du système de retenue à la source menée auprès d'eux en 2019. Il en ressort par exemple que 78 % des employeurs admettent que la gestion de la paie prend moins de temps, et 80 % qu'elle se déroule de façon plus fluide grâce au nouveau système.

Les salariés de leur côté peuvent, en se rendant sur leur espace personnel, avoir une vision en temps réel de leur salaire et des modalités d'imposition, de sorte que la transparence est totale sur le fait que les déductions effectuées par l'employeur ont été notifiées à l'administration fiscale, tout comme les cotisations de sécurité sociale l'ont été au ministère de la Protection

Encadré 2.4. **Irlande : Modernisation du système de retenue à la source** *(suite)*

sociale. En fin d'année, chaque salarié a accès à un premier calcul qui lui permet de savoir si le montant de l'impôt qu'il a acquitté au titre de l'année écoulée est correct. Les prélèvements au titre de l'impôt sur le revenu et de l'assurance sociale notifiés en temps réel pour 2019 se chiffrent au total à 31.6 milliards EUR, soit un excédent de 178 millions EUR par rapport à l'objectif fixé. Les mesures prises par l'administration fiscale dans le prolongement de la mise en œuvre de la modernisation du système de retenue à la source (à partir du 1er janvier 2019) se sont immédiatement traduites par la perception, par les employeurs, d'un surcroît de recettes estimé à 52 millions EUR en 2019.

Source : Irlande – *Office of the Revenue Commissioners* (2021).

Perspectives : l'impact de la crise du COVID-19 sur les recettes fiscales perçues

Comme indiqué dans l'introduction, les informations contenues dans ce chapitre se rapportent à la situation antérieure à la crise du COVID-19. Même si les informations relatives à l'exercice 2020 (première année au cours de laquelle un impact de la crise du COVID-19 sera visible) ne seront recueillies que dans le cadre de l'enquête ISORA 2021, on peut toutefois s'attendre à ce que la crise du COVID-19 ait eu un impact significatif sur les recettes fiscales perçues en 2020. Il y a plusieurs explications à cela :

- **La baisse de l'activité économique :** Face au COVID-19, de nombreux pays ont mis en place des mesures de confinement et la fermeture forcée de nombreuses entreprises aura des répercussions négatives sur le chiffre d'affaires et sur le bénéfice imposable d'un grand nombre d'entreprises, répercussions qui pourraient entraîner une augmentation temporaire du nombre de cas d'insolvabilité et de faillites.
- **La hausse du chômage** : le repli de l'activité économique peut aussi avoir des conséquences sur les niveaux d'emploi du fait que les entreprises licencient du personnel ou cessent de recruter.
- **Les mesures de soutien gouvernemental :** Pour soutenir la consommation et le système de santé, de nombreux pays ont opté pour des réductions temporaires des taux normaux et réduits de TVA. (OCDE, 2020[4])
- **Les mesures de soutien administratif :** Beaucoup d'administrations fiscales ont pris part à cet effort en prenant des mesures pour alléger le fardeau pesant sur les contribuables et pour aider les entreprises et les personnes physiques confrontées à des problèmes de liquidités ou éprouvant des difficultés à se conformer à leurs obligations fiscales. Parmi les mesures adoptées, figurent l'allongement des délais de paiement, les reports d'échéance, un accès facilité aux échéanciers et la prolongation de la durée de ces échéanciers.[2] Si, dans de nombreux cas, il peut en résulter des décalages dans le calendrier de la perception des impôt dus, dans certaines situations, la dette supplémentaire accumulée peut devenir irrécupérable.

Le rapport intitulé *Revenue Statistics in Latin America and the Caribbean 2021* le confirme (OCDE et al., 2021[5]). Dans le chapitre spécial de ce rapport, il est question des réponses d'ordre budgétaire apportées à la crise du COVID-19 en Amérique latine, et dans ce contexte, il apparaît que :

Les recettes fiscales ont chuté brutalement au cours du premier semestre avant que des signes annonciateurs d'un redressement se manifestent en fin d'année. Les recettes fiscales tirées des deux impôts principaux au niveau régional, à savoir la TVA et l'impôt sur le revenu, se sont fortement contractées au premier semestre sous l'effet de la baisse de l'activité économique et des allégements fiscaux octroyés dans le cadre de l'ensemble des mesures prises en réponse à la crise du COVID-19. Au second semestre, le recul des recettes fiscales a commencé à s'inverser progressivement à mesure que les pays assouplissaient les mesures de santé publique et que les contribuables apuraient leurs dettes fiscales dont les échéances avaient été différées plus tôt dans l'année.

En outre, le Centre interaméricain des administrations fiscales (CIAT) a publié en avril 2021 un rapport analysant l'impact de la crise du COVID-19 sur les recettes fiscales perçues dans vingt-trois pays membres du CIAT. À partir des données fournies par ces derniers, il a calculé que le montant des recettes recouvrées a diminué en moyenne de 9.3 % en 2020 (Díaz de Sarralde Miguez et al., 2021[6]).

Notes

1. Pour de plus amples informations sur les systèmes de retenue à la source mis en place dans les juridictions, voir *Tax Administration 2019* (OCDE, 2019[1]), tableaux A.73 et A.74.
2. Pour une description détaillée des mesures de soutien prises par l'administration fiscale, voir la note publiée en 2020 sous le titre *Réponses de l'administration fiscale au COVID-19 : mesures prises pour soutenir les contribuables* (CIAT/IOTA/OCDE, 2020[7]).

Références

CIAT/IOTA/OCDE (2020), « Réponses de l'administration fiscale au COVID-19 : Mesures prises pour soutenir les contribuables », *Les réponses de l'OCDE face au coronavirus (COVID-19)*, Éditions OCDE, Paris, https://doi.org/10.1787/69d26e77-fr. [7]

Díaz de Sarralde Miguez, S. et al. (2021), *Revenue Report COVID-19 (RRC) Year 2020*, CIAT, www.ciat.org/Biblioteca/Estudios/2021_Revenue_Report_Covid-19_CIAT.pdf (consulté le 1er septembre 2021). [6]

OCDE (2021), « Administration fiscale : la résilience numérique dans le contexte du COVID-19 », *Les réponses de l'OCDE face au coronavirus (COVID-19)*, Éditions OCDE, Paris, https://doi.org/10.1787/addaac0c-fr. [2]

OCDE (2020), « Tax administration responses to COVID-19 : Assisting wider government », *OECD Policy Responses to Coronavirus (COVID-19)*, Éditions OCDE, Paris, http://dx.doi.org/10.1787/0dc51664-en. [3]

OCDE (2020), *Tax policy responses to COVID-19; table with measures takes by countries*, www.oecd.org/tax/covid-19-tax-policy-and-other-measures.xlsm (consulté le 1er septembre 2021). [4]

OCDE (2019), *Tax Administration 2019 : Comparative Information on OECD and Other Advanced and Emerging Economies*, Éditions OCDE, Paris, https://dx.doi.org/10.1787/74d162b6-en. [1]

OCDE et al. (2021), *Revenue Statistics in Latin America and the Caribbean 2021*, Éditions OCDE, Paris, https://dx.doi.org/10.1787/96ce5287-en-es. [5]

Chapitre 3

Enregistrement et identification

Un dispositif complet d'enregistrement et d'identification des contribuables est essentiel au bon fonctionnement d'un système fiscal. Ce chapitre examine certains aspects importants pour les processus d'enregistrement et d'identification.

Introduction

Un dispositif complet d'enregistrement et d'identification des contribuables est essentiel au bon fonctionnement d'un système fiscal. Il constitue le fondement des mécanismes d'autoliquidation, des régimes de taxe sur la valeur ajoutée et de retenue à la source, mais aussi des systèmes de déclaration de tiers et de rapprochement. Ce chapitre analyse cinq aspects importants pour l'enregistrement et l'identification des contribuables : les niveaux d'enregistrement, les canaux d'enregistrement, l'intégration avec d'autres composantes de l'administration, la gestion de l'identité et l'identité à l'échelle internationale.

Niveaux d'enregistrement

On ne saurait sous-estimer l'importance fondamentale d'un système efficace d'enregistrement fiscal. Les administrations fiscales ont besoin de processus solides pour gérer les contribuables qui « font partie du système » et pour pouvoir repérer ceux qui ne se sont pas encore enregistrés. En outre, elles doivent être en mesure de suivre et de déterminer les actions et les interventions nécessaires pour calculer l'impôt dû par les personnes physiques et morales, même dans les systèmes où la déclaration n'est pas obligatoire.

Le graphique 3.1 livre des informations sur le taux de contribuables individuels enregistrés en pourcentage de la population totale. Ce taux semble être le plus élevé dans les juridictions qui déclarent utiliser le système fiscal à d'autres fins que le seul recouvrement de l'impôt, ce qui englobe la gestion des programmes sociaux.

Graphique 3.1. **Enregistrement des contribuables redevables de l'impôt sur le revenu en pourcentage de la population, 2019**

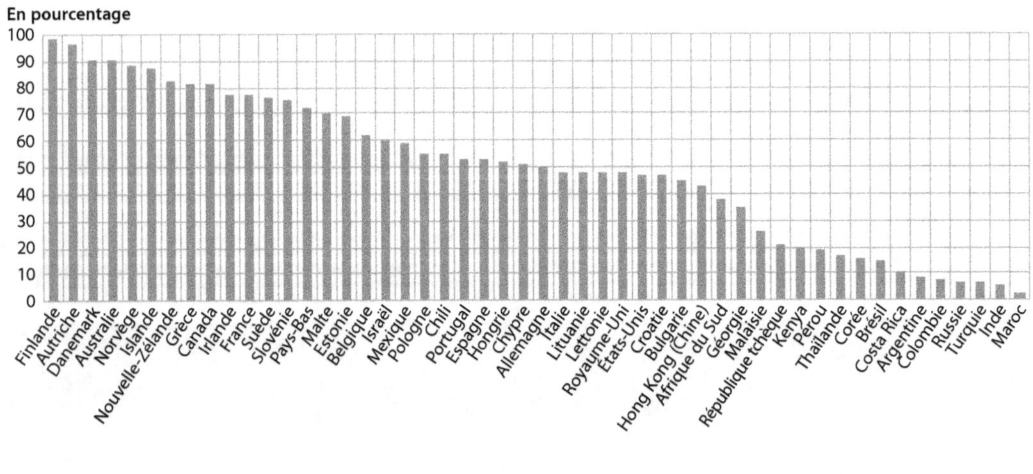

StatLink https://dx.doi.org/10.1787/888934301550

Source : Tableau D.10 Enregistrement des contribuables redevables de l'impôt sur le revenu.

Encadré 3.1. **Géorgie : Registre des salariés**

En 2020, l'administration fiscale géorgienne (Georgia Revenue Service, GRS) a lancé un nouveau programme intitulé « Registre des salariés ». Ce programme vise à détecter les employeurs qui communiquent des informations incomplètes ou trompeuses sur le nombre de salariés qu'ils emploient. En 2020, ce programme a été testé sur une base volontaire, et en 2021, les employeurs auront l'obligation de renseigner le Registre des salariés.

Dans le cadre du programme, au début, à la fin ou en cas d'interruption d'une relation d'emploi, l'employeur doit remplir le Registre des salariés et communiquer à la GRS les renseignements personnels du salarié (numéro d'identification, prénom/nom, sexe, nationalité, date de naissance, etc.). Il le fait en se connectant à une page web personnalisée et sécurisée. L'employeur est également tenu de mettre à jour le registre lorsque les informations personnelles d'un salarié changent.

Grâce à cette base de données, la GRS peut transmettre des informations précieuses à d'autres organismes publics, des données sur les taux de chômage, des renseignements sur les contribuables qui peuvent prétendre aux prestations de sécurité sociale ou aux aides dans le contexte du COVID-19.

Source : Administration fiscale géorgienne (2021).

Canaux d'enregistrement

Si la majorité des administrations sont les seules responsables du système d'enregistrement à des fins fiscales dans leur juridiction, les éditions précédentes de cette série ont montré que dans de nombreux pays, les procédures d'enregistrement peuvent aussi être engagées en dehors de l'administration fiscale par l'intermédiaire d'autres organismes publics (OCDE, 2019[1]).

Graphique 3.2. **Disponibilité des canaux d'enregistrement pour les contribuables, 2019**

Pourcentage d'administrations qui mettent à disposition le canal d'enregistrement concerné

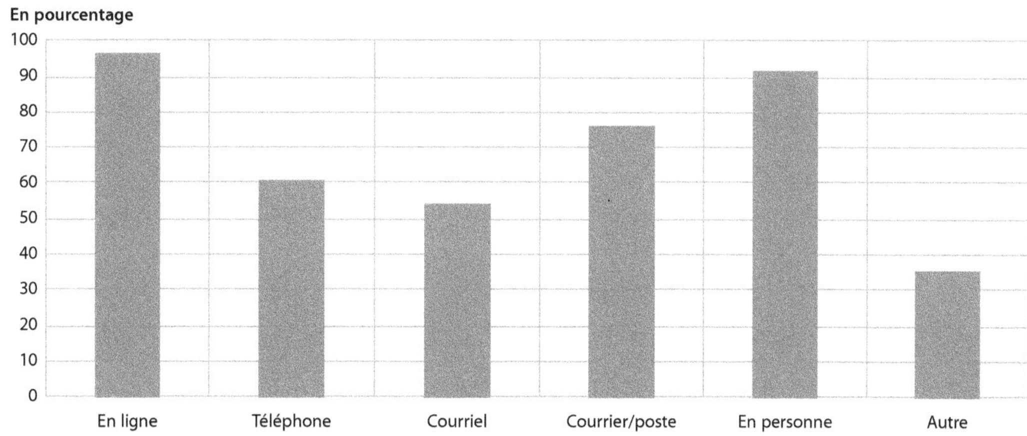

StatLink https://dx.doi.org/10.1787/888934301569

Note : Les canaux d'enregistrement ne sont pas toujours disponibles pour tous les types d'impôts ou pour tous les segments de contribuables.

Source : Tableau A.39 Canaux d'enregistrement.

S'agissant des modalités d'enregistrement des contribuables, presque toutes les administrations déclarent proposer plusieurs canaux aux contribuables et toutes les administrations, sauf deux (97 %), signalent qu'il est possible de s'enregistrer en ligne. Par rapport aux données de l'édition 2017 de cette série (OCDE, 2017[2]), ce résultat traduit une augmentation de 25 points de pourcentage. De fait, internet est devenu le canal d'enregistrement le plus largement proposé (voir graphique 3.2) et, dans une juridiction, l'Arabie saoudite, les contribuables ne peuvent s'enregistrer qu'en ligne (voir tableau A.39).

Si l'enquête sous-jacente ne permet pas de déterminer si le canal d'enregistrement en ligne est disponible pour tous les types d'impôts ou pour tous les segments de contribuables, elle illustre néanmoins l'impact de la transformation numérique sur les processus des administrations fiscales. L'enregistrement en ligne permet également aux non-résidents de s'enregistrer depuis l'étranger, comme le montre l'exemple chilien présenté dans l'encadré 3.2.

Encadré 3.2. **Exemples nationaux : Utilisation de la technologie pour faciliter l'enregistrement des contribuables**

Chili : Plateforme d'enregistrement et de paiement de la TVA pour les services numériques

À compter du 1er juillet 2020, les services à distance payants fournis par des opérateurs qui soit ne résident pas au Chili, soit n'y sont pas domiciliés, sont assujettis à la taxe sur la valeur ajoutée (TVA). En conséquence, l'administration fiscale chilienne (Servicio de Impuestos Internos, SII) a mis en place une plateforme de TVA sur les services numériques à l'intention des contribuables étrangers sans résidence ou domicile au Chili qui fournissent des services à distance à des personnes physiques ou morales établies au Chili, dès lors que ces personnes physiques ou morales ne sont pas déjà enregistrées à la TVA.

Cette plateforme, disponible en espagnol et en anglais, est conçue pour simplifier le processus de déclaration et de paiement de la TVA sur les services numériques par les contribuables étrangers. Elle réunit également toutes les informations relatives à cette nouvelle taxe en un même lieu.

Pour accéder à la plateforme, les contribuables étrangers doivent s'inscrire en ligne et peuvent ensuite :

- déclarer le nombre de transactions effectuées au cours d'une période fiscale (mensuelle ou trimestrielle, au choix du contribuable) et la valeur de ces transactions. L'impôt dû est calculé automatiquement par le système
- vérifier leur statut de déclaration pour les périodes actuelles et passées
- vérifier leurs créances en souffrance, pour savoir s'il existe des différences entre leur déclaration et leur paiement
- examiner et corriger leur enregistrement
- accéder aux dernières instructions réglementaires relatives à la taxe numérique
- obtenir des conseils sur l'utilisation du service numérique
- notifier leurs transactions avec des personnes physiques ou morales chiliennes qui ont déclaré spontanément leur enregistrement à la TVA, et qui sont donc exclues de cette mesure

Voir à l'annexe 3.A les liens vers les documents de référence.

Encadré 3.2. **Exemples nationaux : Utilisation de la technologie pour faciliter l'enregistrement des contribuables** *(suite)*

Suède : Le projet TAIS

En 2021, la Suède a adopté une nouvelle législation qui étend les obligations fiscales suédoises aux salariés titulaires de contrats temporaires qui n'ont pas de résidence fiscale permanente dans le pays. La procédure d'enregistrement déjà en place pour les clients non suédois était manuelle, basée sur des documents imprimés, mais les volumes considérables à traiter entraînaient des retards, parfois de plusieurs semaines. Le processus ne soutenait pas la comparaison avec l'enregistrement fiscal des clients suédois, qui est numérique, rapide et fluide. Dans le même temps, le risque de fraude et d'erreur était accru par l'utilisation de personnel temporaire non suédois dans les secteurs à forte intensité de main-d'œuvre et par la complexité des règles conventionnelles et fiscales internationales, parfois difficiles à comprendre.

Pour y remédier, l'administration fiscale suédoise (STA) a créé le projet TAIS en recourant à l'intelligence artificielle (IA) et à l'apprentissage automatique afin d'améliorer le processus d'identification fiscale des personnes non suédoises. Dans le cadre de ce projet, la Suède avait pour but d'offrir un meilleur service client, de répondre plus efficacement aux pics de volume et de mieux gérer le paysage juridique complexe.

Au départ, en 2019, la STA a identifié différents segments de clients et conçu un nouveau service numérique automatisé à partir de ces segments. Des profils distincts de clients ont été établis, afin d'isoler ceux qui cherchent à frauder (en s'appuyant sur l'expérience des agents du service de vérification interne). C'est la première fois que la STA s'efforçait d'intégrer des segments de clients fraudeurs dans la conception d'un service. La STA a ainsi pu éviter une solution irréaliste qui ne tiendrait pas compte de la fraude et de l'évasion fiscales.

Puis, en juin 2020, la STA a lancé trois services électroniques fondés sur ces segments pour aider à entraîner le nouveau modèle d'apprentissage automatique (IA) pour la gestion des risques. En parallèle, la capacité de traiter manuellement toutes les demandes entrantes a été conservée et utilisée pour entraîner le nouveau modèle, et la STA a déployé des services d'assistance reposant sur l'IA et sur des algorithmes pour gérer des informations non standard (documents provenant d'organismes étrangers et documents d'identité, par exemple).

À terme, l'objectif est d'utiliser les résultats de la gestion des risques fondée sur l'IA pour permettre à un plus grand nombre de clients de s'enregistrer en suivant un processus entièrement automatisé et quasiment en temps réel, même si les informations requises proviennent en partie de documents non structurés. La STA s'attend à ce que l'IA atteigne de bons niveaux de précision début 2022.

Source : Chili – Servicio de Impuestos Internos (2021) et Administration fiscale suédoise (2021).

Intégration avec d'autres composantes de l'administration

Compte tenu du rôle central que jouent l'enregistrement et l'identification des contribuables pour étayer le système fiscal et, partant, la collecte des recettes nécessaires pour financer les programmes et services publics, il est impératif que les administrations fiscales disposent de registres fiscaux actualisés. Comme l'ont montré les éditions précédentes, la grande majorité des administrations ont mis en place des programmes formels pour améliorer la qualité de leur registre fiscal (OCDE, 2019[1]).

Il n'est donc pas surprenant que d'autres organismes publics puissent souhaiter utiliser le registre de l'administration fiscale pour leurs besoins propres, à savoir fournir des services aux citoyens ou veiller au respect des lois et réglementations.

Cette question a acquis une importance particulière pendant la crise du COVID-19, lorsque plusieurs États ont pris conscience de la possibilité d'utiliser les informations détenues par les administrations fiscales sur de larges pans de la population et de l'économie, comme l'adresse des contribuables et leurs références bancaires, pour contacter les citoyens et les entreprises ou pour verser directement des prestations ou des aides (OCDE, $2020_{[3]}$).

Encadré 3.3. **Brésil : Utilisation de la chaîne de blocs pour échanger des informations issues des registres avec d'autres composantes de l'administration**

Le registre brésilien des contribuables est le registre le plus fiable au Brésil. À ce titre, les données qu'il contient doivent être partagées avec d'autres organismes publics, de manière sécurisée et rentable. L'utilisation de la chaîne de blocs comme outil d'échange de données est apparue comme un moyen de satisfaire à ces exigences, et elle a déjà servi de support à l'échange de données avec les autorités douanières.

Source : Administration fiscale brésilienne (2021).

De nombreuses administrations procèdent également à l'intégration de leurs systèmes informatiques avec d'autres organismes publics afin que l'enregistrement fiscal fasse partie des autres démarches engagées par les contribuables, parallèlement à l'enregistrement d'une société ou de la naissance d'un enfant; et/ou utilisent le même identifiant pour permettre aux contribuables d'accéder à d'autres services publics.

Dans ce contexte, de nombreux pays utilisent, mettent en œuvre ou envisagent de mettre en place un système d'identification unique et sûr pour les citoyens et les entreprises afin de favoriser une plus grande intégration des systèmes et des services.

Encadré 3.4. **Australie : Identité numérique**

L'Australian Taxation Office (ATO) participe au Programme d'identité numérique du gouvernement australien, qui vise à faciliter l'accès sécurisé des Australiens aux services publics en ligne. L'ATO était responsable de la mise en œuvre de deux composantes clés constitutives de l'écosystème de l'identité numérique :

- myGovID – le fournisseur d'identité numérique de l'administration qui permet aux particuliers de prouver qui ils sont, via une application mobile, et de se connecter à une gamme de services publics en ligne
- Gestionnaire d'autorisations relationnelles (RAM) – le service d'autorisations de l'administration qui permet aux utilisateurs d'être autorisés à agir pour le compte d'une entreprise

myGovID et RAM ont été développés et validés par rapport au Cadre d'identité numérique fiable du gouvernement, qui définit les normes, règles et critères d'accréditation régissant l'écosystème d'identité.

Ensemble, myGovID et RAM donnent actuellement accès à plus de 70 services en ligne dans 30 organismes publics. La flexibilité et la facilité d'utilisation offertes par myGovID ont joué un rôle essentiel pour permettre aux entreprises et aux fiscalistes d'accéder aux paiements dans le cadre du programme de relance économique en réponse à la crise du COVID-19 et d'adopter des modalités de travail flexibles ou à distance pendant la pandémie.

Encadré 3.4. **Australie : Identité numérique** *(suite)*

Parmi les améliorations à apporter à myGovID figure la possibilité de tirer parti de la biométrie (par exemple, vérification du visage et tests pour s'assurer que les données biométriques proviennent d'une personne vivante), ce qui renforcera la confiance dans l'identité des personnes qui accèdent aux services en ligne. La réduction des cas de fraude et de la charge pesant sur les agents du centre de contact fait partie des autres avantages attendus.

Ces améliorations du programme d'identité numérique permettront aux contribuables de demander et de recevoir automatiquement un numéro de dossier fiscal en ligne. Jusqu'à présent, il fallait le faire en personne, une notification étant envoyée par courrier sous 28 jours.

D'autres possibilités d'utilisation de myGovID sont actuellement à l'étude en vue de faciliter les interactions numériques entre les utilisateurs et l'ATO.

Voir à l'annexe 3.A les liens vers les documents de référence.

Source : Australian Taxation Office (2021)

Gestion de l'identité

Toutes les administrations fiscales, par obligation légale ou en vertu de saines pratiques commerciales, déploient des efforts considérables pour assurer la sécurité des renseignements sur les contribuables. Outre les procédures internes visant à empêcher les tentatives illégales d'obtenir des informations et à garantir la protection des droits des contribuables, toutes les administrations ont mis en place des procédures pour s'assurer que la personne à qui elles ont affaire est bien le contribuable. De plus en plus, ces approches, qui très souvent ont été étendues à l'authentification en plusieurs étapes, utilisent des informations biométriques propres au contribuable.

Les administrations fiscales sont confrontées aux mêmes difficultés que d'autres organisations lorsqu'elles traitent avec des personnes physiques ou morales qui peuvent faire un usage abusif de renseignements personnels pour se faire passer pour des contribuables afin de commettre des fraudes. Compte tenu du caractère permanent et, dans de nombreux cas, organisé de cette activité, les administrations doivent consacrer des efforts considérables à la lutte contre les usurpations d'identité liées à la fiscalité. Les informations ainsi dérobées peuvent servir à obtenir frauduleusement des remboursements d'impôt ou de TVA ou à bénéficier de crédits d'impôt.

Encadré 3.5. **Pérou : Utilisation de la biométrie pour identifier les citoyens et établir un registre numérique unique des contribuables**

L'administration fiscale péruvienne, la SUNAT, voulait créer un registre numérique unique des contribuables (SRT) permettant de transmettre à distance la clé d'opérations en ligne SUNAT (SOL), qui est une signature électronique privée donnant accès aux services virtuels offerts par la SUNAT.

Auparavant, l'enregistrement se faisait hors ligne parce qu'il fallait identifier le citoyen en personne. Afin d'améliorer le service aux citoyens et d'accroître l'efficience, la SUNAT a voulu mettre en place un processus de vérification numérique pour identifier le citoyen à l'aide de tout appareil connecté (tel qu'un téléphone portable).

Encadré 3.5. **Pérou : Utilisation de la biométrie pour identifier les citoyens et établir un registre numérique unique des contribuables** *(suite)*

La vérification biométrique à distance des empreintes digitales, un service fourni par le Registre national d'identification et d'état civil (NRICS), a été la solution retenue. Avec ce service, une photographie est prise des empreintes digitales, qui sont téléchargées et examinées par le NRICS. Lors de la validation de l'empreinte digitale, les citoyens complètent leur inscription en fournissant des informations sur leur activité économique, leurs coordonnées et d'autres renseignements nécessaires pour s'inscrire au SRT et générer la clé SOL.

Ce service a été mis en œuvre dans un premier temps pour les particuliers, de sorte que les citoyens peuvent désormais obtenir leur numéro SRT et leur clé SOL en quelques étapes.

Le déploiement a eu lieu en août 2020, en tant que service opérationnel 24 heures sur 24, 7 jours sur 7, et 105 000 citoyens se sont déjà inscrits, soit près de 31.6% des personnes inscrites au STR. Source d'économies substantielles en temps et en argent pour les citoyens, ce registre a constitué une solution de rechange lorsque le COVID-19 a empêché de se rendre dans les bureaux de la SUNAT.

Voir à l'annexe 3.A les liens vers les documents de référence.

Source : Pérou – Superintendencia Nacional de Administración Tributaria (2021).

Identité à l'échelle internationale

Alors qu'auparavant les entreprises multinationales et celles impliquées dans le commerce international étaient les seules concernées, de plus en plus de petites et moyennes entreprises et de particuliers perçoivent désormais des revenus provenant d'autres pays que leur pays de résidence. La multiplication des places de marché en ligne et l'essor de l'économie du partage aggravent ce problème, car il n'a jamais été aussi simple, par exemple, de louer des maisons de vacances ou de vendre des biens à l'étranger via des plateformes en ligne.

Les administrations fiscales doivent relever de multiples défis pour accompagner cette croissance des activités transnationales et y répondre, y compris en matière de gestion des flux internationaux d'informations sur les contribuables. Les éditions précédentes de la série sur l'administration fiscale (OCDE, 2019[1]) ont mis en lumière deux dispositions internationales visant à aider les administrations à résoudre ces problèmes :

- Le règlement de l'Union européenne sur l'identification électronique et les services de confiance pour les transactions électroniques (eIDAS), adopté en 2014, entend renforcer la confiance que les contribuables et les administrations fiscales peuvent avoir dans le traitement des flux d'informations et permettre de mieux gérer les questions d'identité et d'enregistrement à l'échelle internationale.
- La norme mondiale sur l'échange automatique de renseignements – la Norme commune de déclaration (NCD) qui, conjointement avec la Loi relative au respect des obligations fiscales concernant les comptes étrangers adoptée par les États-Unis (loi FATCA), prévoit l'échange de renseignements relatifs aux comptes financiers des non-résidents avec les autorités fiscales du pays de résidence fiscale du titulaire du compte.

Suite au rapport de 2019 intitulé « The Sharing and Gig Economy : Effective Taxation of Platform Sellers » (Économie du partage et économie à la demande : imposer efficacement les vendeurs sur les plateformes) (OCDE, 2019[4]), l'OCDE a publié en 2020 un ensemble de règles types qui, une fois transposées dans le droit, imposent aux plateformes numériques de recueillir des informations sur les revenus perçus par ceux qui utilisent ces plateformes pour proposer des services personnels, d'hébergement et de transport, et de communiquer ces informations aux administrations fiscales. L'un des principaux objectifs de ces règles types est d'aider les contribuables à se conformer à leurs obligations fiscales et d'offrir un cadre cohérent pour aider les entreprises à communiquer des informations aux autorités fiscales. Cela va dans le sens de la finalité des règles types, qui est de rationaliser les régimes déclaratifs pour les administrations fiscales et les opérateurs de plateformes (OCDE, 2020[5]).

Les règles types sont complétées par un Code de conduite, publié par le Forum sur l'administration de l'impôt de l'OCDE, afin de faciliter l'adoption d'une approche standard de la coopération entre les administrations et les plateformes en vue de fournir des informations aux vendeurs en ligne et de les aider à se conformer à leurs obligations fiscales tout en minimisant la charge liée à la discipline fiscale (OCDE, 2020[6]).

Encadré 3.6. **Espagne : Certificats électroniques de résidence fiscale**

Les certificats de résidence fiscale ont été introduits en 2010 en Espagne et peuvent être demandés par voie électronique. Avec ce système, le contribuable reçoit un document pdf de l'administration fiscale espagnole (Agencia Estatal de Administración Tributaria, AEAT) qui contient un code de vérification sécurisé (CVS) garantissant l'intégrité du document. Le CVS peut être vérifié sur la plateforme électronique de l'AEAT.

En mars 2020, en raison du confinement consécutif à la crise du COVID-19, il n'était plus possible de traiter les formulaires papier d'autres pays nécessitant une signature physique et un tampon. Afin de trouver une solution rapide à ce problème, l'AEAT a décidé d'étendre l'utilisation des formulaires électroniques de résidence fiscale. L'AEAT a informé les autres pays de la solution adoptée et a joint aux certificats un document en espagnol et en anglais expliquant la garantie offerte par le CVS, ainsi que la manière de vérifier la validité des certificats fiscaux émis par l'AEAT et présentés par les contribuables à d'autres administrations fiscales.

En résumé :

1. Le contribuable demande et obtient le certificat de résidence fiscale par l'intermédiaire d'un site web hébergé sur la plateforme électronique de l'AEAT.
2. Lorsqu'il remplit le certificat de résidence fiscale étranger, le contribuable indique que le certificat espagnol est joint en tant que document distinct (c'est-à-dire le certificat espagnol muni du CVS).
3. L'administration fiscale étrangère peut vérifier le document par l'intermédiaire d'un site web créé à cette fin.

Les résultats satisfaisants de cette approche, conjugués à la nécessité de minimiser la manipulation de formulaires papier pour prévenir le COVID-19, ont incité l'AEAT à conserver ce système.

Voir à l'annexe 3.A les liens vers les documents de référence.

Source : Agence fiscale espagnole (2021).

Références

OCDE (2020), « Tax administration responses to COVID-19 : Assisting wider government », *OECD Policy Responses to Coronavirus (COVID-19)*, Éditions OCDE, Paris, http://dx.doi.org/10.1787/0dc51664-en. [3]

OCDE (2020), *Code of Conduct : Co-operation between tax administrations and sharing and gig economy platforms*, OCDE, Paris, www.oecd.org/tax/forum-on-tax-administration/publications-and-products/code-of-conduct-co-operation-between-tax-administrations-and-sharing-and-gig-economy-platforms.pdf (consulté le 1er septembre 2021). [6]

OCDE (2020), *Règles types de déclaration à l'intention des vendeurs relevant de l'économie du partage et de l'économie à la demande*, OCDE, Paris, https://www.oecd.org/fr/fiscalite/echange-de-renseignements-fiscaux/regles-types-de-declaration-a-l-intention-des-vendeurs-relevant-de-l-economie-du-partage-et-de-l-economie-a-la-demande.htm (consulté le 1er septembre 2021). [5]

OCDE (2019), *Tax Administration 2019 : Comparative Information on OECD and Other Advanced and Emerging Economies*, Éditions OCDE, Paris, https://dx.doi.org/10.1787/74d162b6-en. [1]

OCDE (2019), *The Sharing and Gig Economy : Effective Taxation of Platform Sellers : Forum on Tax Administration*, Éditions OCDE, Paris, https://dx.doi.org/10.1787/574b61f8-en. [4]

OCDE (2017), *Tax Administration 2017 : Comparative Information on OECD and Other Advanced and Emerging Economies*, Éditions OCDE, Paris, https://dx.doi.org/10.1787/tax_admin-2017-en. [2]

Annexe 3.A

Liens vers les documents de référence (consultés le 1er septembre 2021)

- Encadré 3.2. – Chili :
  - Lien vers une vidéo sur la plateforme d'enregistrement et de paiement de la TVA applicable aux services numériques : https://youtu.be/MZ60ijG6S4U
  - Lien vers la Plateforme de TVA sur les services numériques : www.sii.cl/vat/index.html
- Encadré 3.4. – Australie : Lien vers des exemples illustrant l'identité numérique : www.oecd.org/tax/forum-on-tax-administration/publications-and-products/australia-digital-identity.pdf
- Encadré 3.5. – Pérou : Lien vers une vidéo sur l'utilisation de la biométrie pour identifier les citoyens : https://youtu.be/1XyjzScWUhM
- Encadré 3.6. – Espagne :
  - Lien vers un échantillon de certificats électroniques de résidence fiscale munis d'un CVS, comprenant des notes explicatives : www.oecd.org/tax/forum-on-tax-administration/publications-and-products/spain-example-document-issued-with-CSV-and-explanatory-notes.pdf
  - Lien vers un site web sur lequel les contribuables peuvent demander et obtenir le certificat de résidence fiscale via la plateforme électronique de l'AEAT : https://sede.agenciatributaria.gob.es/Sede/procedimientoini/G305.shtml
  - Lien vers un site web où les administrations fiscales étrangères peuvent vérifier la véracité des certificats de résidence fiscale espagnols : https://sede.agenciatributaria.gob.es/Sede/certificaciones/consulta-certificados-expedidos.html

Chapitre 4

Liquidation de l'impôt

Ce chapitre examine la fonction de liquidation de l'impôt, qui englobe toutes les activités liées au traitement des déclarations fiscales et aux paiements. Il formule des commentaires sur l'utilisation des canaux électroniques pour le dépôt et le paiement, décrit les efforts déployés par les administrations fiscales pour fournir des déclarations préremplies et examine le taux de respect des délais de dépôt des déclarations et de paiement de l'impôt. Il donne également des exemples de l'impact de la technologie et des techniques fondées sur la science des données sur les processus de remboursement.

Introduction

La fonction de liquidation de l'impôt englobe toutes les activités liées au traitement des déclarations d'impôt, y compris l'émission des avis d'imposition, les remboursements et les déclarations. Elle inclut également le traitement et la comptabilisation des paiements. Ces activités de « traitement », comme on les appelle dans de nombreuses administrations, constituent un domaine d'intérêt qui connaît des évolutions notables, les administrations cherchant à réduire les coûts des processus faisant intervenir des volumes de données importants.

Les progrès du dépôt et du paiement en ligne par les contribuables aident les administrations à réduire leurs coûts et à améliorer les services qu'elles fournissent aux contribuables. Cette fonction est également très impliquée dans la gestion d'un éventail de plus en plus large de données que les administrations collectent par voie électronique auprès d'un nombre croissant d'organisations tierces. En plus d'actualiser les informations sur l'utilisation des canaux électroniques pour le dépôt et le paiement, ce chapitre :

- décrit les efforts déployés par les administrations pour fournir des déclarations préremplies aux particuliers et aux entreprises, y compris l'élargissement de cette approche aux « régimes sans déclaration » dans certains cas
- examine les taux de respect des délais de déclaration et de paiement
- donne des exemples de la façon dont la technologie et l'application des sciences des données améliorent les processus de remboursement.

Encadré 4.1. **Chili : Donner aux contribuables un aperçu de leurs obligations en matière d'information, de déclaration et de paiement**

L'administration fiscale chilienne (Servicio de Impuestos Internos, SII) donne aux contribuables une vue d'ensemble de leurs obligations fiscales sur leur espace personnel hébergé sur le site. Les « responsabilités fiscales » sont un visionneur personnalisé à l'intention des contribuables, contenant des informations sur trois des quatre groupes d'obligations fiscales définis par le SII. En voici la liste :

1. obligations d'information (obligation de présenter des déclarations sous serment au titre de l'impôt sur le revenu)
2. obligations déclaratives
3. obligations de paiement (créances fiscales et impôts fonciers dus).

L'objectif principal est d'alerter le contribuable, de manière simple, sur ses obligations fiscales avant la date d'échéance.

Les « responsabilités fiscales » présentent les obligations en cours avec un codage par couleur en fonction de leur statut : « achevé » en gris, « dans les délais » en vert, « non-respect partiel » en jaune et « non-respect total » en rouge.

Rassemblées depuis différents systèmes, ces données centralisent l'information et permettent aux contribuables de prendre connaissance de leurs obligations, de soumettre des formulaires ou de payer l'impôt dû. Ces informations sont également à la disposition des fonctionnaires de l'administration fiscale, et les systèmes opérationnels sont mis à jour lorsque des transactions sont effectuées.

Source : Chili – Servicio de Impuestos Internos (2021).

Utilisation de canaux électroniques pour le dépôt et le paiement

Alors que le numérique transforme la vie quotidienne, il n'est pas surprenant que l'adoption des systèmes de dépôt et de paiement par voie électronique continue de progresser.

Le tableau 4.1 présente les taux moyens de déclaration électronique dans les juridictions qui ont communiqué des données sur les canaux utilisés par les contribuables pour déposer leurs déclarations. En 2018 et 2019, plus de neuf entreprises sur dix ont déposé leurs déclarations par voie électronique. Pour les déclarations d'impôt sur le revenu des personnes physiques, ce chiffre dépasse désormais 80%. En outre, il convient de noter que, dans un grand nombre d'administrations, 100% des déclarations sont d'ores et déjà déposées en ligne (tableau D.13).

Tableau 4.1. **Taux moyens de déclaration électronique (en pourcentage) par type d'impôt**

Type d'impôt	2018	2019
Impôt sur le revenu des personnes physiques (51 juridictions)	82.1	84.4
Impôt sur les bénéfices des sociétés (53 juridictions)	92.1	92.7
Taxe sur la valeur ajoutée (46 juridictions)	95.9	96.7

Note : Le tableau présente les taux moyens de dépôt électronique des déclarations pour les juridictions qui ont été en mesure de fournir ces informations pour les années 2018 et 2019. Le nombre de juridictions pour lesquelles des données étaient disponibles est indiqué entre parenthèses.

Source : Tableau D.13 Dépôt électronique.

Si l'on examine l'évolution des taux de déclaration électronique sur la période 2014-19 ressortant du tableau 4.2, il apparaît clairement que ces taux ont sensiblement augmenté – entre 13 et 18 points de pourcentage – pour les trois principaux types d'impôts. Il convient de noter que le tableau ne prend en compte que les informations provenant des juridictions qui ont été en mesure de fournir des données pour les deux années 2014 et 2019, ce qui explique les différences entre les moyennes de 2019 présentées dans les tableaux 4.1 et 4.2.

Tableau 4.2. **Évolution des taux de déclaration électronique (en pourcentage) entre 2014 et 2019 par type d'impôt**

Type d'impôt	2014	2019	Différence en points de pourcentage
Impôt sur le revenu des personnes physiques (31 juridictions)	66.1	82.8	+16.7
Impôt sur les bénéfices des sociétés (34 juridictions)	76.7	94.2	+17.5
Taxe sur la valeur ajoutée (30 juridictions)	84.7	98.6	+13.9

Note : Le tableau présente les taux moyens de dépôt électronique des déclarations pour les juridictions qui ont été en mesure de fournir ces informations pour les années 2014 et 2019. Le nombre de juridictions pour lesquelles des données étaient disponibles est indiqué entre parenthèses.

Source : Tableau D.13 Dépôt électronique des déclarations et OCDE (2017), *Tax Administration 2017 : Comparative Information on OECD and Other Advanced and Emerging Economies*, tableau A.8, https://doi.org/10.1787/tax_admin-2017-en.

Si l'on examine la part des paiements électroniques dans le tableau 4.3, environ 80% des paiements, mesurés en nombre et en valeur, sont effectués en ligne. Le pourcentage de paiements en ligne en valeur est légèrement supérieur au pourcentage de paiements en ligne en nombre, ce qui laisse penser que ce sont surtout les gros contribuables qui utilisent ce canal de paiement. En raison d'une modification de la définition de la question de l'enquête sous-jacente, il n'est pas possible de suivre l'évolution des taux de paiement électronique.

Tableau 4.3. **Taux moyens de paiement électronique (en pourcentage) en nombre et en valeur des paiements**

Type de mesure	2018	2019
Pourcentage en nombre de paiements (49 juridictions)	79.6	81.9
Pourcentage en valeur des paiements (48 juridictions)	84.8	86.1

Note : Le tableau présente les taux moyens de dépôt électronique des déclarations pour les juridictions qui ont été en mesure de fournir ces informations pour les années 2018 et 2019. Le nombre de juridictions pour lesquelles des données étaient disponibles est indiqué entre parenthèses.

Source : Tableau D.18 Part des paiements électroniques et retenue à la source par des tiers.

Dans un certain nombre de juridictions, le volume des déclarations déposées sur formulaire papier et des paiements effectués par des moyens non électroniques demeure élevé. Dans les juridictions qui ont communiqué des données, plus de 75 millions de déclarations papier ont été déposées (tableaux A.44 à A.46). On peut s'attendre à ce que ce chiffre diminue encore au fil du temps, car de plus en plus d'administrations prennent des mesures pour encourager les contribuables à utiliser les plateformes électroniques lorsque c'est possible. Cela permettra non seulement de réduire les coûts administratifs, mais aussi d'alléger la charge administrative pesant sur les contribuables.

Déclarations préremplies

Au cours des deux dernières décennies, la préparation de déclarations préremplies a été l'une des innovations majeures en matière de conception des déclarations fiscales, principalement pour les contribuables soumis à l'impôt sur le revenu. Cette approche consiste pour les administrations à « préremplir » la déclaration ou le compte en ligne du contribuable avec des informations provenant de tiers. La déclaration préremplie peut être vérifiée par le contribuable et déposée par voie électronique ou sur papier. Le volume d'informations prérenseignées étant généralement déterminé par l'éventail des sources de données électroniques dont dispose l'administration, il est essentiel, dans cette approche, que le cadre législatif prévoie la communication de données détaillées et actualisées par des tiers couvrant l'ensemble des informations pertinentes afférentes aux contribuables.

Les partisans de la déclaration préremplie ont d'abord encouragé son utilisation dans les régimes fiscaux individuels qui autorisaient relativement peu de déductions et de crédits, et qui se prêtaient à une vérification à l'aide de sources de données tierces. Les progrès des technologies fondées sur des règles, les obligations de communication d'informations et l'application des techniques fondées sur la science des données permettent désormais d'envisager une application plus large de cette approche. Par exemple, les réponses à l'enquête montrent que, dans de nombreux pays, les déclarations d'impôt sur le revenu des personnes physiques (IRPP) sont désormais préremplies avec différentes informations sur le revenu, ainsi que sur les dépenses déductibles comme les dons, les frais de scolarité et d'études et les primes d'assurance (graphiques 4.1 et 4.2). L'encadré 4.2 décrit les dernières évolutions intervenues dans certains pays.

Dans un nombre croissant de juridictions, la déclaration au titre de l'IRPP est désormais totalement préremplie, et le contribuable doit ensuite soit l'accepter (éventuellement par accord tacite passé un certain délai), soit fournir des informations supplémentaires qui peuvent conduire à un ajustement à la hausse ou à la baisse (tableau A.45). Dans leur forme la plus aboutie, des déclarations préremplies complètes sont produites pour la majorité des revenus des contribuables.

Graphique 4.1. **Catégories d'informations provenant de tierces parties utilisées pour préremplir les déclarations au titre de l'IRPP, 2019**

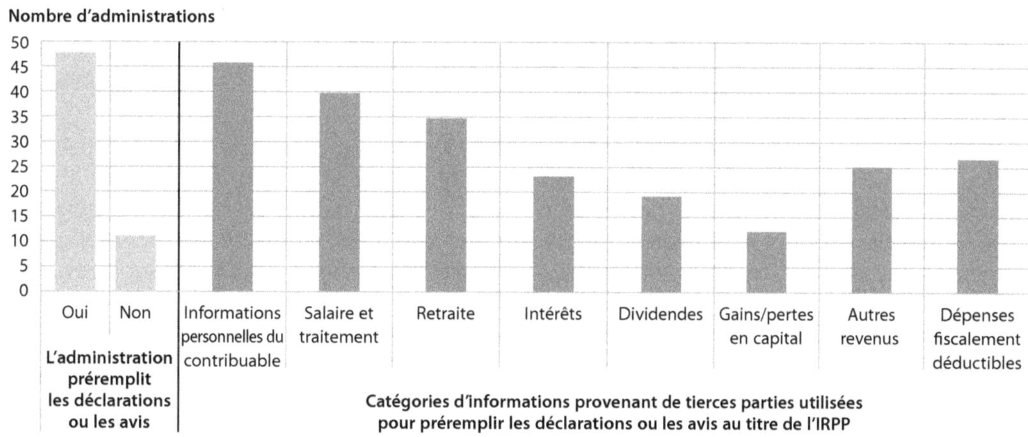

StatLink https://dx.doi.org/10.1787/888934301588

Source : Tableau A.42 Préremplissage des déclarations.

Graphique 4.2. **Catégories de dépenses fiscalement déductibles utilisées pour préremplir les déclarations au titre de l'IRPP, 2019**

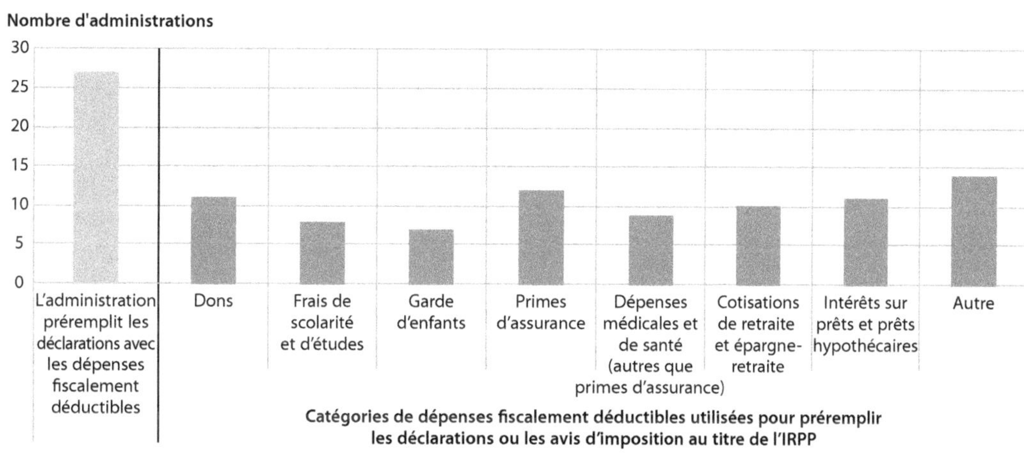

StatLink https://dx.doi.org/10.1787/888934301607

Source : Tableau A.42 ADD Catégories de dépenses fiscalement déductibles utilisées pour préremplir les déclarations ou les avis d'imposition au titre de l'IRPP.

En outre, l'existence de systèmes de facturation électronique permet aux administrations fiscales d'envisager l'utilisation de déclarations préremplies non seulement pour l'IRPP, mais aussi pour l'impôt sur les bénéfices des sociétés (IS) et la taxe sur la valeur ajoutée (TVA) (tableaux A.44 et A.46). Voir également les exemples du Pérou et de l'Espagne présentés dans l'encadré 4.2.

Encadré 4.2. Exemples nationaux : Régimes de déclarations préremplies et d'absence de déclaration

Chine (République populaire de) : Utilisation des TI pour procéder au rapprochement annuel inédit

Du 1er mars au 30 juin 2020, la Chine a procédé au premier rapprochement annuel de l'impôt sur le revenu des personnes physiques. Avec environ 100 millions de contribuables dont les connaissances fiscales sont limitées, l'administration fiscale chinoise a fait appel à l'informatique en nuage, aux données massives, à l'Internet et à d'autres technologies avancées pour faciliter la bonne mise en œuvre du premier rapprochement annuel de l'impôt sur le revenu des personnes physiques.

En créant le plus grand nuage de transactions de l'histoire de l'administration électronique du pays, l'autorité fiscale chinoise a pu traiter plus de 120 000 transactions simultanées par seconde, assurant le bon fonctionnement du Bureau de la fiscalité électronique pour les contribuables pendant la période de rapprochement annuelle.

Sur le plan conceptuel, l'administration fiscale chinoise a créé un « fichier individuel de données fiscales » pour des centaines de millions de contribuables à travers le pays, reposant sur l'authentification en temps réel des informations d'identité et sur le partage de données avec d'autres ministères. En s'appuyant sur des données massives, il a fourni aux contribuables des services de préremplissage pour le rapprochement annuel de l'impôt sur le revenu des personnes physiques et un service de rappel personnalisé, afin de remédier au déficit de connaissances des contribuables.

Prenant l'intelligence artificielle comme point de départ, le modèle de traitement des remboursements d'impôt fondé sur un « examen préliminaire automatique et un examen manuel » a été mis en œuvre, réduisant de 90% la charge de travail des agents de l'administration fiscale. Grâce à la technologie numérique, une application consacrée à l'impôt sur le revenu des personnes physiques a été lancée, facilitant l'exécution numérique de toutes les opérations clés, ainsi que le transfert électronique des remboursements d'impôt et des paiements complémentaires.

Norvège : Établissement automatique de l'avis d'imposition sur le revenu

En 2019, dans le cadre de la transformation de son modèle d'activité, l'administration fiscale norvégienne a mis en place un nouveau processus automatique de fin d'année, de sorte que les personnes qui perçoivent uniquement des revenus déclarés à l'administration n'ont rien à faire à la fin de l'exercice fiscal.

En raison des modifications législatives apportées au processus de collecte d'informations sur les revenus d'emploi et d'investissement, depuis l'exercice fiscal 2018-19, les personnes qui ont perçu des salaires ou des revenus d'une institution financière peuvent les visualiser sur leur compte myIR, le service en ligne sécurisé de l'administration fiscale. À partir de 2020-21, les clients peuvent consulter des informations préremplies pour tous leurs revenus pertinents couvrant une année complète.

Grâce à ces innovations, les personnes dont les revenus proviennent de salaires, de dividendes ou d'intérêts n'ont rien à faire en fin d'année pour déterminer si elles peuvent prétendre à un remboursement d'impôt ou si elles ont un solde à payer. L'administration fiscale s'en charge pour eux.

Comme l'administration fiscale reçoit plus fréquemment des informations, les incohérences et les erreurs peuvent être plus rapidement détectées. En aidant les contribuables à bien faire les choses au cours de l'année, les employeurs et les organismes qui paient un revenu d'investissement ont moins d'erreurs à gérer.

Encadré 4.2. Exemples nationaux : Régimes de déclarations préremplies et d'absence de déclaration *(suite)*

À partir des retours d'information des contribuables, diverses améliorations ont été apportées au cours de la deuxième année d'imposition automatique des revenus. Parmi les nouveautés introduites par l'administration fiscale en 2020 figurent l'envoi anticipé des avis d'imposition pour que les clients sachent rapidement à quoi s'en tenir, et l'utilisation d'outils analytiques pour accélérer les remboursements aux groupes de contribuables qui en ont le plus besoin.

Norvège : Une solution pour communiquer les données de tiers issues de la location de biens

En 2020, l'administration fiscale norvégienne (NTA) a mis en place une solution technique lui permettant de recevoir des données et des informations clés des opérateurs de plateformes de location de biens immobiliers, y compris une vue d'ensemble des paiements effectués par des tiers. Cette solution était motivée par une nouvelle réglementation exigeant la communication d'informations sur la location de biens.

Les données reçues servent à préremplir les déclarations de revenu qui, conjuguées à des conseils spécifiques à l'intention des contribuables, aident le contribuable à renseigner correctement sa déclaration. Les données reçues de tiers peuvent également être utilisées à des fins d'analyse et de contrôle.

La NTA a réussi à faire en sorte que tous les opérateurs connus lui communiquent des données, mais faute de numéro d'identification fiscale ou d'adresse correcte, celles-ci ne peuvent pas toujours être pleinement exploitées. Pour remédier à ce problème, la NTA collabore actuellement avec les opérateurs déclarants afin qu'ils fournissent des adresses et des numéros d'identification fiscale corrects.

La plupart des données communiquées seront utilisées à l'avenir pour préremplir les déclarations de revenu, et la NTA escompte des avantages à long terme synonymes d'amélioration de la discipline fiscale et d'augmentation des recettes, par exemple en simplifiant la tâche des contribuables. Cette solution devrait contribuer à établir des règles du jeu plus équitables pour les entreprises.

Pérou : Renseignement des déclarations de TVA à l'aide des registres électroniques des contribuables

Les transactions soumises à la TVA suivent un processus en trois étapes : (i) émission de reçus ; (ii) enregistrement de la transaction ; et (iii) établissement de la déclaration fiscale. La technologie a permis de dématérialiser ces processus. Grâce à la facturation électronique, les contribuables établissent des rapports de ventes électroniques et l'administration fiscale simplifie le processus déclaratif au moyen de déclarations virtuelles. Cette simplification contribue à réduire le coût de la discipline fiscale et améliore la qualité des informations figurant dans les déclarations fiscales.

Dans le but d'améliorer l'expérience des contribuables et de simplifier les procédures, l'administration fiscale péruvienne (SUNAT) rapproche les informations provenant de registres électroniques, comme les rapports de ventes, et celles issues des relevés de retenue de TVA à la source et des déclarations fiscales mensuelles en ligne. En moyenne, 87.28 % des renseignements fournis par les contribuables sont acceptés.

La SUNAT continue de travailler à de nouvelles améliorations dans le but de créer des déclarations fiscales partiellement préremplies à l'aide des factures électroniques émises, ce qui pourrait conduire à supprimer les rapports de ventes électroniques. La SUNAT prévoit de mettre en œuvre cette mesure à compter de 2022.

Voir à l'annexe 4.A les liens vers les documents de référence.

Encadré 4.2. **Exemples nationaux : Régimes de déclarations préremplies et d'absence de déclaration** *(suite)*

Russie : Suppression des déclarations pour la taxe sur les transports et la taxe foncière

Depuis l'exercice fiscal 2020, les entreprises en Russie ne sont plus tenues de soumettre des déclarations au titre de la taxe sur les transports et de la taxe foncière.

Le Service fiscal fédéral de Russie utilise les données fournies par d'autres organismes publics (notamment le ministère de l'Intérieur, l'agence de l'aviation, le ministère du Commerce, le cadastre, le registre des bateaux, etc.) pour calculer automatiquement le montant des impôts dus par les sociétés et les en informer. Dans la mesure où certains allégements fiscaux applicables (déduction, amortissement, etc.) ne sont pas toujours pris en compte, lorsque le montant effectivement payé par le contribuable diffère du montant généré par le système, le contribuable est invité à fournir, dans les 10 jours suivant la date de réception de la notification, des explications et/ou des documents confirmant que : (i) son calcul est exact; (ii) l'impôt a été payé intégralement et en temps voulu; et (iii) l'application de taux d'imposition réduits et d'avantages fiscaux était justifiée.

La technologie de traitement et de stockage centralisés des informations sur les véhicules imposables, les terrains et leurs propriétaires évite aux autorités fiscales de devoir demander et traiter chaque année plus d'un million de déclarations pour ces taxes, gage d'optimisation et d'efficacité. En outre, elle allège la charge pour les contribuables en réduisant au minimum les coûts de conformité.

Espagne : Déclaration de TVA préremplie

Afin d'étudier la possibilité d'étendre la déclaration préremplie à la TVA, l'administration fiscale espagnole (AEAT) a mené en 2020 un projet pilote auprès des contribuables inscrits dans le système de fourniture immédiate de renseignements (SII), qui doivent consigner leurs registres de TVA dans le bureau électronique de l'AEAT. Ce service a été baptisé « Pre-303 » d'après le formulaire 303 utilisé pour soumettre la déclaration d'autoliquidation de la TVA ; il est proposé par le bureau électronique de l'AEAT via un formulaire sur le web.

En résumé, le service met à la disposition des contribuables inscrits dans le SII les registres de TVA agrégés, établis en regroupant les montants conservés par l'AEAT dans les registres SII. Ces montants agrégés sont ceux qui doivent être renseignés dans la déclaration de TVA. Les contribuables peuvent alors reporter les informations des registres agrégés dans la case correspondante de la déclaration de TVA et, si nécessaire, les modifier avant de les soumettre en ligne. En outre, un tableau d'équivalence entre les registres agrégés et la déclaration de TVA est créé pour faciliter le transfert de données.

En février 2021, ce service a été étendu à tous les contribuables assujettis à la TVA et renommé « Pre303. Un servicio para todos » (Pre-303. Un service pour tous). Les informations préremplies varient selon le type de contribuable et les données que l'AEAT obtient de plusieurs sources : autoliquidations antérieures, recensement, informations fournies par des tiers, etc. En conséquence, 3.5 millions de contribuables recevront une déclaration préremplie comprenant des données du recensement et certaines données économiques. Sur ce total, 41 000 contribuables inscrits dans le SII et 600 000 bailleurs recevront une déclaration entièrement préremplie.

Ce nouveau service améliorera la certitude et allégera la charge administrative pour les contribuables en réduisant le temps nécessaire pour remplir la déclaration.

Voir à l'annexe 4.A les liens vers les documents de référence.

Source : Chine – Administration d'État des impôts (2021), Nouvelle-Zélande – Inland Revenue Department – Te Tari Taake (2021), Administration fiscale norvégienne (2021), Pérou – Superintendencia Nacional de Administración Tributaria (2021), Service fiscal fédéral de Russie (2021) et Agence fiscale espagnole (2021).

Respect des délais pour le dépôt des déclarations

Même en tenant compte des innovations liées aux régimes de déclaration préremplie ou d'absence de déclaration, le dépôt d'une déclaration de revenu reste le principal moyen par lequel l'impôt est calculé et devient exigible. En conséquence, le taux de respect des délais de dépôt des déclarations est considéré comme une mesure efficace de la santé du système fiscal et de la performance de l'administration fiscale proprement dite.

Le tableau 4.4 résume les taux de respect des délais pour les administrations qui sont en mesure de fournir des renseignements ventilés par type d'impôt. Hormis l'IS, les taux sont compris entre 85 % et 90 %. Les taux plus faibles concernant l'IS peuvent s'expliquer par une plus grande complexité du système d'imposition des sociétés et par les délais liés à la préparation des états financiers et des rapports annuels.

Tableau 4.4. **Taux moyens de respect des délais de dépôt des déclarations (en pourcentage) par type d'impôt**

Type d'impôt	2018	2019
Impôt sur le revenu des personnes physiques (43 juridictions)	86.8	86.2
Impôt sur les bénéfices des sociétés (44 juridictions)	78.7	79.9
Taxe sur la valeur ajoutée (44 juridictions)	86.8	86.6
Retenue à la source par les employeurs (32 juridictions)	88.5	88.0

Note : Le tableau présente les taux moyens de respect des délais de dépôt des déclarations pour les juridictions qui ont pu fournir ces informations pour les années 2018 et 2019. Le nombre de juridictions pour lesquelles des données étaient disponibles est indiqué entre parenthèses.

Source : Tableau D.12 Respect des délais de dépôt.

Le tableau 4.5 montre l'évolution des taux de respect des délais pour le dépôt des déclarations. Les chiffres sont restés globalement stables entre 2014 et 2019, mais devraient s'améliorer à mesure que le dépôt électronique des déclarations et les services aux contribuables, comme le préremplissage, continuent de progresser. Il convient de noter que le tableau ne prend en compte que les informations provenant des juridictions qui ont été en mesure de fournir des données pour les deux années 2014 et 2019, ce qui explique les différences entre les moyennes de 2019 présentées dans les tableaux 4.4 et 4.5.

Tableau 4.5. **Évolution des taux de respect des délais de dépôt des déclarations (en pourcentage) entre 2014 et 2019 par type d'impôt**

Type d'impôt	2014	2019	Différence en points de pourcentage
Impôt sur le revenu des personnes physiques (34 juridictions)	86.1	87.7	+1.6
Impôt sur les bénéfices des sociétés (34 juridictions)	80.2	82.4	+2.2
Taxe sur la valeur ajoutée (38 juridictions)	86.0	86.0	±0.0
Retenue à la source par les employeurs (26 juridictions)	87.7	85.8	-1.9

Note : Le tableau présente les taux moyens de respect des délais de dépôt des déclarations pour les juridictions qui ont pu fournir ces informations pour les années 2014 et 2019. Le nombre de juridictions pour lesquelles des données étaient disponibles est indiqué entre parenthèses.

Source : Tableau D.12 Respect des délais de dépôt et OCDE (2017), *Tax Administration 2017 : Comparative Information on OECD and Other Advanced and Emerging Economies*, tableau A.6, https://doi.org/10.1787/tax_admin-2017-en.

relatives au respect des délais pour le dépôt des déclarations aboutit à deux constats spécifiques :

- Premièrement, l'éventail des résultats en matière de respect des délais de dépôt ressortant du graphique 4.3 révèle un écart significatif entre les principaux types d'impôts pour un certain nombre de juridictions, qui dépasse parfois 50 points de pourcentage.
- Deuxièmement, les taux globaux de respect des délais de dépôt, compris en moyenne entre 80 % et 88 % en 2019 (tableau 4.4), sont probablement inférieurs au niveau souhaitable et donnent matière à préoccupation étant donné que la plupart des systèmes fiscaux des répondants reposent sur la discipline volontaire des contribuables. Si l'on examine les données sous-jacentes, environ 100 millions de déclarations n'ont pas été déposées à temps.

Graphique 4.3. **Fourchette de résultats en matière de respect des délais de dépôt des déclarations pour les principaux types d'impôts, 2019**

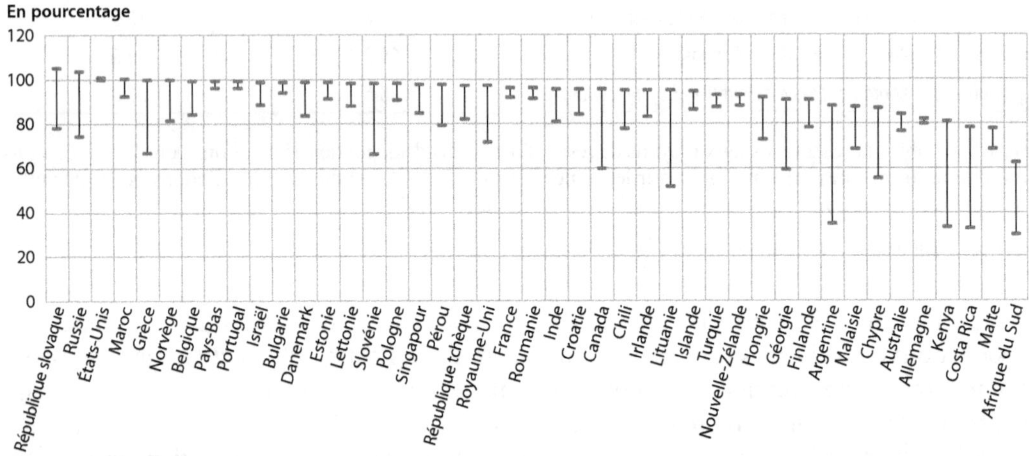

StatLink https://dx.doi.org/10.1787/888934301626

Note : Le respect des délais est exprimé en pourcentage des déclarations attendues et peut donc dépasser 100 %. Le graphique illustre, pour chaque juridiction, la fourchette des résultats en matière de respect des délais de dépôt des déclarations en 2019 pour les quatre catégories d'impôts suivantes : IRPP, IS, retenues à la source par l'employeur et TVA (le cas échéant). Il ne couvre que les juridictions pour lesquelles des informations étaient disponibles pour au moins trois types d'impôts. Les données relatives à Malte portent sur l'année 2018.

Source : Tableau D.12 Respect des délais de dépôt.

Graphique 4.4. **Taux de respect des délais de dépôt des déclarations concernant l'IRPP et l'IS, 2019**

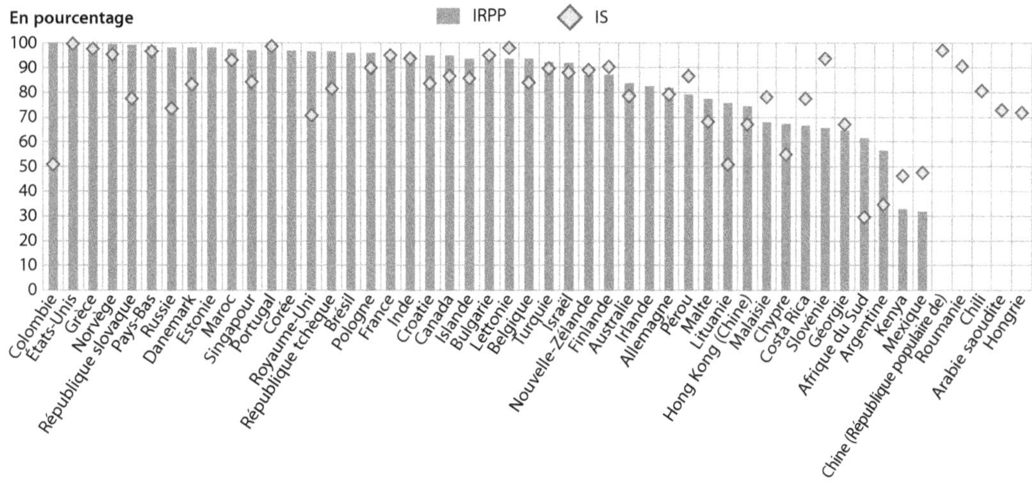

StatLink https://dx.doi.org/10.1787/888934301645

Note : Les taux pour Malte se rapportent à l'année 2018.

Source : Tableau D.12 Respect des délais de dépôt.

Respect des délais de paiement

Le paiement de l'impôt représente l'une des interactions les plus courantes entre les contribuables et les administrations fiscales, en particulier pour les entreprises qui sont généralement tenues d'effectuer divers paiements à intervalles réguliers, couvrant à la fois leurs propres obligations fiscales et celles de leurs salariés. Les administrations continuent d'élargir l'éventail des options de paiement électronique à la disposition des contribuables et d'accroître leur utilisation. Ces progrès font non seulement baisser les coûts pour l'administration, mais peuvent aussi accroître le pourcentage des paiements effectués dans les délais et réduire le nombre d'arriérés de paiement en améliorant l'accès et l'expérience du contribuable.

Les tableaux 4.6 et 4.7 résument les taux de respect des délais de paiement pour les administrations qui sont en mesure de fournir des informations par type d'impôt. Ces tableaux montrent que :

- En moyenne, les taux de respect des délais de paiement pour l'IS, la TVA et les retenues à la source par les employeurs sont supérieurs aux taux de respect des délais de dépôt des déclarations, tandis que pour l'IRPP, c'est l'inverse qui se produit. Cela signifie que les entreprises sont plus susceptibles de respecter les délais de paiement que ceux de dépôt des déclarations, tandis que les particuliers sont plus susceptibles de déposer leur déclaration dans les délais plutôt que de payer en temps voulu.
- Alors que les taux moyens de respect des délais de paiement en 2019, compris entre 82 % et 92 %, peuvent sembler élevés, leur amélioration devrait rester au cœur des préoccupations des administrations compte tenu du montant des recettes en jeu.
- L'évolution des résultats en matière de respect des délais de paiement entre 2014 et 2019 suit une trajectoire comparable à celle des délais de dépôt.

Tableau 4.6. **Taux moyens de respect des délais de paiement (en pourcentage) par type d'impôt**

Type d'impôt	2018	2019
Impôt sur le revenu des personnes physiques (34 juridictions)	83.8	82.5
Impôt sur les bénéfices des sociétés (35 juridictions)	85.6	85.8
Taxe sur la valeur ajoutée (36 juridictions)	88.7	88.9
Retenue à la source par les employeurs (30 juridictions)	91.5	91.3

Note : Le tableau présente les taux moyens de respect des délais de paiement pour les juridictions qui ont pu fournir ces informations pour les années 2018 et 2019. Le nombre de juridictions pour lesquelles des données étaient disponibles est indiqué entre parenthèses.

Source : Tableau D.17 Respect des délais de paiement.

Tableau 4.7. **Évolution des taux de respect des délais de paiement (en pourcentage) entre 2014 et 2019 par type d'impôt**

Type d'impôt	2014	2019	Différence en points de pourcentage
Impôt sur le revenu des personnes physiques (16 juridictions)	80.4	80.4	±0.0
Impôt sur les bénéfices des sociétés (16 juridictions)	90.4	88.5	-1.9
Taxe sur la valeur ajoutée (19 juridictions)	93.0	94.1	+1.1
Retenue à la source par les employeurs (14 juridictions)	89.1	90.9	+1.8

Note : Le tableau présente les taux moyens de respect des délais de paiement pour les juridictions qui ont pu fournir ces informations pour les années 2014 et 2019. Le nombre de juridictions pour lesquelles des données étaient disponibles est indiqué entre parenthèses. Les données relatives au Costa Rica ont été exclues du calcul car elles fausseraient les ratios moyens.

Source : Tableau D.12 Respect des délais de dépôt et OCDE (2017), *Tax Administration 2017 : Comparative Information on OECD and Other Advanced and Emerging Economies*, tableau A.9, https://doi.org/10.1787/tax_admin-2017-en.

Graphique 4.5. **Fourchette de résultats en matière de respect des délais de paiements, 2019**

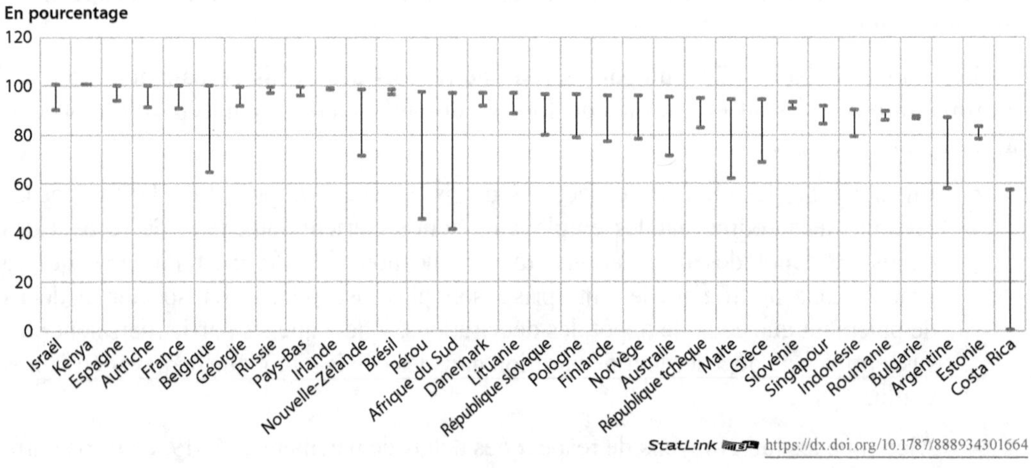

StatLink https://dx.doi.org/10.1787/888934301664

Note : Le respect des délais de paiement est exprimé en pourcentage des paiement estimés attendus à l'échéance et peut donc dépasser 100%. Le graphique illustre, pour chaque juridiction, la fourchette des résultats en matière de respect des délais de paiement en 2019 pour les quatre catégories d'impôts suivantes : IRPP, IS, retenues à la source par l'employeur et TVA (le cas échéant). Il ne couvre que les juridictions pour lesquelles des informations étaient disponibles pour au moins trois types d'impôts.

Source : Tableau D.17 Respect des délais de paiement.

Premièrement, l'éventail des résultats en matière de respect des délais de paiement ressortant du graphique 4.5 met en évidence un écart significatif entre les principaux types d'impôts pour un certain nombre de juridictions, dans certains cas supérieur à 50 points de pourcentage. Ces résultats sont similaires à ceux relatifs au respect des délais de dépôt.

Remboursements

Au regard de la conception des principaux impôts administrés (IRPP, IS et TVA), il est inévitable qu'un certain nombre de contribuables paient un montant d'impôt supérieur à ce qu'ils doivent. Les versements d'impôt excédentaires représentent un coût pour les contribuables en termes de « valeur temporelle de l'argent », et un problème lancinant pour les entreprises dont les marges sont étroites et pour qui les flux de trésorerie sont primordiaux. Tout retard dans le remboursement d'impôts légitimement trop payés peut donc entraîner des « coûts » importants pour les contribuables.

Pendant la crise du COVID-19, l'importance du remboursement rapide des trop-versés était un enjeu majeur pour de nombreux gouvernements, car de nombreux contribuables étaient (ou sont encore) confrontés à de graves problèmes de trésorerie. Les administrations fiscales y ont répondu en hiérarchisant les demandes de remboursement ou en adaptant les procédures de remboursement, voire en les automatisant totalement dans certains cas (CIAT/IOTA/OCDE, 2020[1]).

Tableau 4.8. **Traitement des remboursements de TVA, 2019**

Pourcentage de juridictions dans lesquelles...			
les remboursements de TVA sont effectués de façon automatique et immédiate	les remboursements de TVA sont effectués immédiatement sous réserve de disponibilité des fonds	les remboursements de TVA sont portés au crédit du compte du contribuable, jusqu'au moment où le contribuable peut légalement en demander le paiement	les remboursements de TVA sont portés au crédit du compte du contribuable, jusqu'au moment où le contribuable peut légalement en demander le paiement, sous réserve de disponibilité des fonds
57%	2%	37%	4%

Source : Tableau A.30 Remboursements de TVA.

Assouplir les contrôles des risques effectués avant de procéder à certains remboursements est une autre option, mais les administrations fiscales doivent rester attentives aux possibilités de fraude. Les régimes fiscaux dans lesquels les remboursements d'impôt sont fréquents revêtent un attrait particulier pour les fraudeurs (notamment par le biais d'attaques criminelles organisées) et peuvent donc représenter un risque important pour les administrations, ce qui nécessite des approches efficaces fondées sur les risques pour identifier les demandes de remboursement potentiellement frauduleuses.

Les progrès technologiques et l'application de la science des données offrent aux administrations fiscales de nouvelles options pour faire face aux risques et simplifier les processus, réduisant ainsi les charges administratives et de conformité (encadré 4.3.).

Encadré 4.3. Exemples nationaux : Utilisation de la technologie pour accélérer le processus de remboursement

Géorgie : Module d'évaluation des risques pour la validation des remboursements de TVA

En février 2019, le Service des recettes publiques de Géorgie (GRS) a mis en place un système de remboursement automatique de la TVA. Dans un premier temps, le système vérifiait les déclarations de TVA par le biais d'un processus automatisé fondé sur les risques permettant de repérer les déclarations présentant un crédit de TVA. Les déclarations identifiées comme à faible risque, soit plus de 90 % de l'ensemble des déclarations, se voyaient attribuer une « carte verte », qui est un compte permettant aux contribuables de gérer leurs crédits selon leurs besoins, soit en demandant leur remboursement par le biais du système, soit en les imputant à des arriérés d'impôt. Les déclarations à haut risque étaient traitées manuellement.

Depuis sa mise en place, le système a été modifié et amélioré, avant d'être entièrement automatisé en novembre 2020, les montants de TVA étant automatiquement crédités sur le compte bancaire du contribuable sans qu'il soit nécessaire d'en faire la demande.

Avant d'autoriser le remboursement automatique, les contribuables et les déclarations de TVA sont soumis à de multiples contrôles et évaluations, et notamment à un processus de validation. Les données des déclarations d'impôt fournies par les contribuables sont comparées à celles disponibles dans la base de données électronique unique du GRS afin de repérer les incohérences.

Le processus de validation a pour objectif, d'une part, de détecter les erreurs contenues dans les déclarations de TVA au tout début du processus et, d'autre part, de promouvoir la discipline fiscale. Lors de l'examen des déclarations à risque repérées par le module de validation, les contribuables sont contactés par les agents du service des impôts et ont la possibilité de corriger les erreurs commises. En conséquence, 3 % seulement des déclarations présentant un crédit de TVA sont finalement contrôlées.

L'importance du système de remboursement automatique de la TVA s'est affirmée pendant la pandémie de COVID-19. Il devrait contribuer à aider les entreprises et donc à soutenir l'économie nationale en augmentant les flux de trésorerie. D'après les statistiques pour 2020, plus de 30 000 demandes de remboursement de TVA ont été validées et soldées pour une valeur totale supérieure à 900 millions GEL (tableau 4.9.).

Tableau 4.9. **Géorgie : Évolution des remboursements de TVA, 2019-20**

	2019	2020
Nombre de demandes	5 307	34 153
Valeur de la TVA remboursée	320 047 876	928 327 011

Source : Service des recettes publiques de Géorgie (2021).

Israël : Mécanisme de remboursement de la TVA pour les touristes

Avec le processus de remboursement précédent, les touristes devaient remplir manuellement des formulaires au point de vente et des vérifications supplémentaires étaient effectuées au moment du départ (avec remplissage et saisie manuelle de toutes les données d'achat), ce qui provoquait parfois des files d'attente à l'aéroport et un refus de remboursement en raison d'erreurs.

Encadré 4.3. Exemples nationaux : Utilisation de la technologie pour accélérer le processus de remboursement *(suite)*

Dans le nouveau système, lorsqu'un touriste effectue un achat dans un point de vente agréé, les données de la transaction sont vérifiées en temps réel. La caisse enregistreuse intelligente du point de vente se connecte au service en ligne de l'administration fiscale et envoie les détails de la transaction. Le système effectue divers contrôles, comme la vérification de l'entreprise, la validité du visa de tourisme, etc., et imprime la confirmation de la transaction.

Désormais, les contrôles et la vérification du droit au remboursement sont effectués automatiquement au moment de l'achat. Le touriste est alors certain de recevoir un remboursement.

En outre, le temps nécessaire pour contrôler la demande et procéder au paiement a été réduit d'environ 9 minutes en moyenne à moins d'une minute, et le processus peut être effectué en libre-service. Enfin, les erreurs ont également diminué de 99 %. À mesure que le nombre d'entreprises proposant ce service augmentera, il sera possible de réduire les effectifs nécessaires pour gérer les remboursements de la taxe, et le service aux touristes sera plus efficace.

Nouvelle-Zélande : La procédure de crédit d'impôt pour les dons

Dans le cadre des efforts constants déployés par la Nouvelle-Zélande pour mettre à profit la technologie et les outils analytiques, deux nouveaux outils ont apporté une contribution significative au processus de paiement des crédits d'impôt au titre des dons en 2020. Il s'agit de la reconnaissance optique des caractères (OCR), qui sert à numériser des documents, et de *Decision Manager*, un outil du système START qui utilise des capacités d'analyse pour prendre en charge et recommander les actions les plus appropriées.

Inland Revenue a recours à l'OCR pour lire les reçus de dons et au *Decision Manager* pour vérifier les reçus dans les cas simples. Les deux outils, utilisés en association, traitent les demandes de crédit d'impôt pour don et procèdent à leur paiement sans intervention humaine. Pour les clients qui soumettent leurs demandes en ligne et dont les informations fournies ne posent pas de problème, les remboursements interviennent en quelques jours. Environ 60 % à 70 % des demandes ont été reçues en ligne en 2020.

On estime que ces changements ont permis d'économiser environ 2 000 heures de temps de traitement. En 2019, le processus était manuel et mobilisait environ 80 personnes en permanence pour saisir les reçus de dons dans les systèmes de l'administration fiscale, de sorte que les remboursements prenaient des semaines.

Singapour : Modèles d'analyse pour la notation des déclarations de TPS

L'administration fiscale de Singapour (IRAS) contrôle les déclarations relatives à la taxe sur les produits et services (TPS) avant et après remboursement. Parallèlement à l'application des règles internes au stade du préremboursement, l'analytique de données est mise en œuvre après les remboursements.

Forte des résultats positifs générés par l'utilisation de l'analytique de données à l'appui du processus d'analyse des risques, l'IRAS a depuis 2018 intégré l'analytique de données dans son processus de traitement des remboursements. Aussi, les règles internes comme l'analytique de données sont pleinement intégrées et désormais déployées au stade du préremboursement, pratiquement en temps réel. Ce nouveau processus permet de mieux détecter en amont les demandes erronées ou à haut risque, en appréhendant de nouveaux domaines à risque. Dans le même temps, il a permis de réduire d'environ 30 % le nombre de remboursements à faible risque nécessitant un examen manuel, de sorte que la Division TPS peut se concentrer sur le contrôle des cas plus risqués.

Encadré 4.3. **Exemples nationaux : Utilisation de la technologie pour accélérer le processus de remboursement** *(suite)*

En outre, l'IRAS a amélioré son processus d'inscription des entreprises à la TPS en intégrant un modèle d'analytique de réseau pour noter les demandes d'inscription reçues. Dans le cadre de cette nouvelle approche, les demandes qui présentent un plus faible risque de conformité sont traitées automatiquement, tandis que celles présentant un risque élevé de conformité et de fraude sont signalées pour examen. Davantage d'entreprises bénéficient désormais d'une inscription plus rapide à la TPS. En réduisant le nombre d'examens manuels, l'administration peut consacrer plus de temps aux demandes qui nécessitent vraiment une attention particulière. Depuis sa mise en œuvre fin décembre 2020, le pourcentage de demandes traitées automatiquement par le système est passé de 10 % à 40 %. Le modèle est en cours d'amélioration afin d'augmenter le nombre de dossiers traités automatiquement.

Source : Service des recettes publiques de Géorgie (2021), Autorité fiscale d'Israël (2021), Nouvelle-Zélande – Inland Revenue Department – Te Tari Taake (2021) et Inland Revenue Authority of Singapore (2021).

Références

CIAT/IOTA/OCDE (2020), « Réponses de l'administration fiscale au COVID-19 : Mesures prises pour aider les contribuables », *Réponses de l'OCDE aux Coronavirus (COVID-19)*, Éditions OCDE, Paris, https://doi.org/10.1787/69d26e77-fr. [1]

OCDE (2017), *Tax Administration 2017 : Comparative Information on OECD and Other Advanced and Emerging Economies*, Éditions OCDE, Paris, https://dx.doi.org/10.1787/tax_admin-2017-en. [2]

Annexe 4.A

Liens vers les documents de référence (consulté le 1er septembre 2021)

- Encadré 4.2. – Pérou : Lien vers une présentation expliquant la proposition de préremplissage des déclaration de TVA à partir des données contenues dans les registres électroniques des contribuables : www.oecd.org/tax/forum-on-tax-administration/publications-and-products/peru-proposal-for-filing-VAT-return.pdf
- Encadré 4.2. – Espagne :
  - Lien vers le site web de l'administration fiscale espagnole, qui rassemble toutes les informations relatives au service Pre-303, y compris les questions fréquentes et autres services : https://sede.agenciatributaria.gob.es/Sede/iva/pre-303.html
  - Lien vers des vidéos (en espagnol) concernant l'aide au remplissage du formulaire 303 pour les travailleurs indépendants : https://youtu.be/JvfNjEftqf8 et les bailleurs : https://youtu.be/Ey8j7ko9xAs

Chapitre 5

Services

Ce chapitre examine les progrès que les administrations fiscales ont pu faire dans la réalisation de leurs objectifs en matière de discipline grâce aux services efficaces et efficients qu'elles proposent aux contribuables, souvent au moyen d'outils numériques. Ceux-ci favorisent en effet le respect volontaire des obligations fiscales par les contribuables en facilitant la lisibilité de celles-ci, la déclaration des revenus imposables et les paiements.

Introduction

Pour les administrations fiscales, le respect volontaire des obligations est de loin le moyen le plus rentable d'atteindre leurs objectifs en matière de discipline. Pour y parvenir, elles doivent proposer aux contribuables tout un éventail de canaux de communication efficaces et faciles à utiliser, dans une logique aussi bien réactive que proactive. Par le passé, les administrations transmettaient souvent ces communications – instructions, rappels, outils de calcul et de déclaration – à une multitude de contribuables en même temps. Elles indiquent cependant qu'elles ont, désormais, de plus en plus recours à des outils innovants qui permettent une plus grande personnalisation des communications en fonction de la situation particulière de chaque contribuable et que celles-ci sont transmises au moyen de canaux de communication de plus en plus nombreux et divers. Pour favoriser l'adoption du libre-service, ces outils sont opérationnels en temps réel, 24 heures sur 24 et 7 jours sur 7.

Les exemples fournis par les administrations font apparaître trois grandes tendances émergentes :

- une nette évolution dans la volonté de mieux comprendre les préférences des contribuables pour en tenir compte lors de conception des services (y compris ceux destinés aux intermédiaires fiscaux)
- le développement des options en libre-service afin de donner plus de contrôle aux contribuables au moment où ils le souhaitent
- l'adoption croissante d'une approche décloisonnée des services, au sein de l'administration fiscale elle-même et entre les différents organismes publics.

Cette évolution résulte en grande partie de la transition vers les services numériques, à laquelle la pandémie de COVID-19 a servi de catalyseur. La plupart des administrations rapportent désormais qu'elles proposent de plus en plus de prestations en libre-service, y compris la possibilité de s'enregistrer, d'introduire sa déclaration et de payer ses impôts en ligne, ainsi qu'une gamme d'outils interactifs. Certaines d'entre elles indiquent qu'elles réfléchissent, avec des prestataires tiers, aux moyens qui leur permettraient de prendre en charge des logiciels intégrés ou d'autres dispositifs offrant aux contribuables davantage de fonctions d'aide intégrée ainsi que d'autres d'options en libre-service.

Encadré 5.1. **Exemples nationaux : créer une offre de procédures en ligne**

Chili : 100 % des procédures sont disponibles en ligne

L'administration fiscale chilienne (Servicio de Impuestos Internos, SII) a mis en place un nouveau système informatique couvrant tous les aspects du cycle de vie des contribuables, y compris les procédures liées à l'activité économique, de la création d'une entreprise jusqu'à sa fermeture. Grâce à ce système, les contribuables peuvent utiliser leur dossier fiscal électronique, auquel les services fiscaux ont accès, pour transmettre facilement les justificatifs requis pour chaque procédure.

Le SII a donc mis en place une plateforme permettant au contribuable de lancer une procédure, de joindre les documents demandés et de dialoguer à distance avec un agent, si nécessaire, pour remplir la demande en ligne. Ce système facilite les formalités pour les contribuables, qui gagnent du temps et dépensent moins, puisqu'ils n'ont plus à se rendre dans les bureaux des services fiscaux pour déposer leurs justificatifs.

Encadré 5.1. **Exemples nationaux : créer une offre de procédures en ligne** *(suite)*

Les statistiques établies pour 2019 et 2020 montrent que l'année dernière, les demandes en ligne sont passées de 92 % à 97 % pour les créations d'entreprises, de 80.7 % à 93.1 % pour les numéros d'identification fiscale et de 16.2 % à 56.2 % pour les changements d'associés. Tous les contribuables ont profité de ces progrès en matière de transformation numérique, en particulier ceux qui résident dans des régions extrêmes ou isolées.

Voir à l'annexe 5.A les liens vers les documents de référence.

Costa Rica : bilan du portail des procédures virtuelles (acronyme espagnol : TRAVI)

La pandémie de COVID-19 ayant entraîné la fermeture des bureaux régionaux des services fiscaux en mars 2020, la Direction des impôts du Costa Rica a dû développer rapidement ses circuits virtuels afin de faciliter les demandes de procédures, de consultations et de rendez-vous.

Quatre mois de travail acharné ont permis à l'administration fiscale, en collaboration avec la division de la technologie, de lancer le portail des procédures virtuelles (TRAVI). Celui-ci permet aux utilisateurs d'envoyer, de vérifier et de recevoir les résultats de 45 types de procédures différentes. Il valide l'identification de l'utilisateur par référence à la base de données de l'administration fiscale, qui contient les identifiants des nationaux et des étrangers autorisés au Costa Rica. Avant le lancement, des efforts considérables ont été engagés pour étudier les différents scénarios et configurations afin de garantir l'efficacité du système.

Le portail comprend cinq files d'attente qui correspondent à l'organisation des services de l'administration fiscale : services aux contribuables, perception, contrôle et vérification, liquidation de l'impôt. Un robot conversationnel vient compléter le dispositif. Il contient 237 questions fréquemment posées couvrant six thèmes souvent abordés, et a entraîné une diminution d'environ 30 % des courriels adressés au centre de contact.

Inde : dispositif à distance pour les procédures de liquidation de l'impôt, de sanction et d'appel

En Inde, l'Income Tax Department a mis en place un dispositif à distance destiné à faciliter les procédures de liquidation de l'impôt, de sanction et d'appel en permettant aux équipes de collaborer pour renforcer l'efficacité, la transparence et la responsabilité de l'administration. L'organisation hiérarchique consiste en un centre national et plusieurs centres régionaux, composés d'unités fonctionnelles (chargées de la liquidation de l'impôt, de la vérification, des sanctions, des appels, des questions techniques, de l'inspection, etc.), afin de générer des économies d'échelle et de permettre une spécialisation fonctionnelle.

Dans une optique d'utilisation optimale des ressources, la notion de compétence « fixe » a été remplacée par la compétence « dynamique », permettant au centre national d'affecter les dossiers à une unité particulière d'un centre régional dans le cadre d'un système de répartition automatisé. Ce système est en cours d'amélioration pour pouvoir prendre en compte les compétences et l'expérience des unités au cours du processus de répartition des dossiers.

Toutes les communications avec les contribuables et entre les unités fonctionnelles passent par le centre national et se font exclusivement sous forme numérique. Le dispositif a pour ambition de réduire au minimum les échanges entre les contribuables et la division. Plus aucune rencontre physique n'est nécessaire et des mécanismes de visioconférence peuvent être utilisés si besoin est.

L'unité chargée de la liquidation de l'impôt établit des avis d'imposition qui sont examinés par un outil automatisé conformément à la stratégie de gestion des risques. L'outil décide (a) de finaliser l'avis, (b) de donner au contribuable la possibilité de présenter des observations dans

Encadré 5.1. **Exemples nationaux : créer une offre de procédures en ligne** *(suite)*

le cas où une modification serait proposée ou (c) de confier l'avis à une unité d'inspection grâce à un système de répartition automatisé. Des modèles d'apprentissage automatique ont été mis au point pour renforcer l'efficacité de l'outil d'examen automatisé. L'unité d'inspection passe en revue les avis d'imposition, puis donne son accord ou propose une modification. Lorsqu'une modification est proposée, le dossier est attribué à une autre unité pour finalisation.

Tous les avis d'imposition doivent recevoir le visa du centre national, qui transfère toutes les pièces électroniques versées au dossier à l'agent compétent.

Inde : portail électronique pour le dépôt des plaintes

En janvier 2021, le conseil central des impôts directs, l'administration indienne en charge des impôts directs, a lancé sur le site web de l'Income Tax Department un portail électronique destiné à recueillir et traiter les plaintes relatives à la fraude fiscale, aux actifs étrangers non déclarés et à certaines opérations immobilières.

Les résidents et non-résidents indiens peuvent ainsi désormais déposer une « plainte pour fraude fiscale » électronique. À l'issue d'un processus de validation (par téléphone mobile et/ou courriel), trois formulaires spécifiques sont mis à la disposition du plaignant pour déclarer les infractions relatives à l'impôt sur le revenu, aux revenus et actifs étrangers non déclarés, et à certaines opérations immobilières.

Une fois celle-ci déposée, un numéro unique est attribué à la plainte, que le requérant peut utiliser pour consulter l'état d'avancement du dossier. Ce portail électronique s'inscrit dans la volonté plus générale de faciliter les interactions avec l'administration fiscale grâce aux canaux numériques.

Voir à l'annexe 5.A les liens vers les documents de référence.

Espagne : administrations numériques intégrales (ADI)

Le plan stratégique 2020-23 de l'Agence fiscale espagnole (AEAT) fixe pour objectif la mise sur pied d'un nouveau modèle de service à la clientèle fondé sur l'assistance numérique et les services d'information. À cette fin, l'AEAT entend mettre en place des administrations numériques intégrales (acronyme espagnol : ADI) qui permettront d'accomplir des formalités et procédures en évitant des visites inutiles aux bureaux des services fiscaux.

Les ADI ont été pensées pour servir d'antennes régionales virtuelles de l'AEAT en fournissant des informations et une assistance numériques personnalisées 24 heures sur 24 et 7 jours sur 7, en complément des services classiques offerts dans les bureaux régionaux. La pandémie de COVID-19 a fait des ADI un outil essentiel permettant d'assurer la fourniture des services à un moment où l'accès aux bureaux régionaux était restreint.

L'administration numérique consiste en un portail multicanal intégrant les différents outils qu'offre la technologie moderne (assistants virtuels, conversations instantanées, appels vidéo, bouton de demande de rappel, etc.) afin d'optimiser et de simplifier l'assistance proposée aux contribuables. Une approche globale a été retenue pour l'élaboration de ce nouveau modèle d'assistance, puisque les services fournis par les ADI sont intégrés dans les autres fonctionnalités et procédures de l'AEAT.

Conçu pour offrir le plus haut niveau de service, le modèle est mis en œuvre par des agents qualifiés, ce qui contribue à assurer une application homogène renforçant la sécurité juridique.

Le projet est déployé progressivement : les premières ADI ont été mises en place à Valence en octobre 2020 pour la TVA, les régimes forfaitaires, les procédures de recensement et certaines procédures douanières, ainsi qu'à Madrid pour certaines procédures de contrôle de l'IRPP.

Encadré 5.1. **Exemples nationaux : créer une offre de procédures en ligne** *(suite)*

L'ADI de Galice sera établie en 2021 et celle d'Andalousie en 2022. Elles auront toutes une compétence nationale et seront dotées d'un effectif de 300 agents qui offriront des services d'assistance par leur intermédiaire.

Au 22 mars 2021, les ADI avaient répondu à 7 332 appels, ce qui s'est traduit par le dépôt de 2 619 déclarations.

Voir à l'annexe 5.A les liens vers les documents de référence.

Source : Chili – Servicio de Impuestos Internos (2021) ; Costa Rica – Direction des impôts, ministère des Finances (2021) ; Inde – Income Tax Department (2021) et Agence fiscale espagnole (2021).

Gestion de la demande de services

Pour répondre aux préférences des contribuables, il est important de bien diversifier les canaux proposés. Bien que l'on constate une transition de plus en plus marquée vers les services électroniques pour des raisons de commodité et de rentabilité, une partie des contribuables n'y ont pas accès ou ne savent pas bien les utiliser. Il faut donc réfléchir à des stratégies permettant d'encourager la transition vers ces canaux pour les usagers auxquels ils offriraient de meilleurs résultats sans effets délétères sur les services proposés aux autres contribuables.

Bien entendu, ces stratégies doivent reposer sur une évaluation correcte et une bonne compréhension des besoins et des contraintes. Il ressort cependant clairement du tableau 5.1. que les canaux de communication numériques (en ligne, courriel, assistance numérique) sont de plus en plus utilisés, tandis que les circuits traditionnels (téléphone, en personne et papier) continuent à céder du terrain.

Tableau 5.1. **Demande de service par canal**

Type de canal	Nombre de juridictions communiquant des données	2018	2019	Évolution
En ligne via le compte du contribuable	31	943 968 722	1 140 362 160	+20.8 %
Appels téléphoniques	54	339 045 062	327 330 943	-3.5 %
En personne	35	109 579 208	109 041 549	-0.5 %
Courrier postal	21	50 372 394	49 137 284	-2.5 %
Courriel	30	12 568 291	13 959 880	+11.1 %
Assistance numérique	29	10 942 071	21 783 351	+99.1 %

Note : Le tableau ne reprend que les juridictions pour lesquelles des données étaient disponibles pour 2018 et 2019.

Source : Tableau A.40 Prise de contact avec l'administration : suivi et nombre de contacts par canal (en ligne, assistance numérique, téléphone) et Tableau A.41 Prise de contact avec l'administration : nombre de contacts par canal (courriel, courrier postal, en personne).

On l'a vu plus haut : la pandémie de COVID-19 a accéléré encore davantage cette évolution vers les communications numériques, ce que documente parfaitement le rapport publié en 2021 par l'OCDE *Administration fiscale : la résilience numérique dans le contexte du COVID-19*. Sur la base d'une enquête réalisée auprès de 32 administrations fiscales, cette étude indique que pendant la crise, les administrations ont pu basculer une part significative de leurs communications du papier vers le numérique, une grande partie des administrations estimant que cette transition concerne au moins 75 % des communications (voir graphique 5.1.) (OCDE, 2021[1]).

Graphique 5.1. **Estimations globales du pourcentage des communications passées du papier au numérique pendant la pandémie de COVID-19**

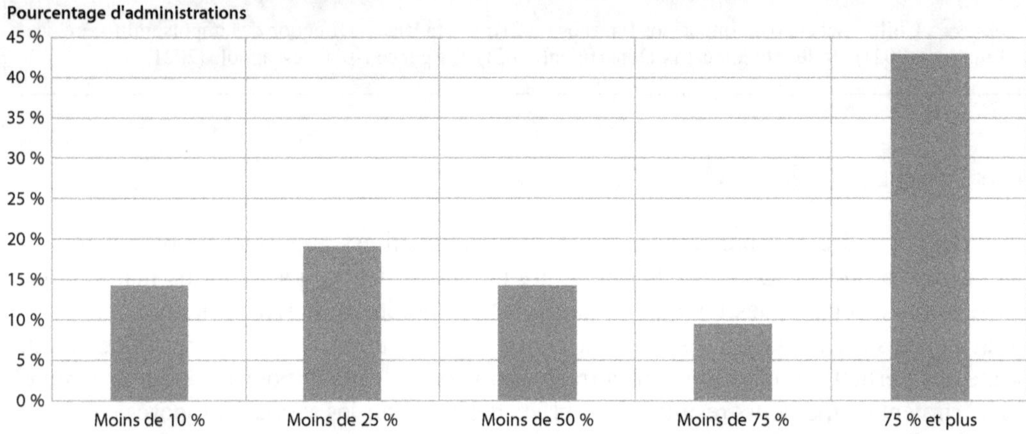

StatLink https://dx.doi.org/10.1787/888934301683

Source : OCDE (2021), « Administration fiscale : la résilience numérique dans le contexte du COVID-19 », *Les réponses de l'OCDE face au coronavirus (COVID-19)*, https://doi.org/10.1787/addaac0c-fr.

D'après les administrations fiscales, les canaux utilisés par les contribuables pour remplacer la communication en personne ont été les portails destinés aux contribuables, le courriel, le téléphone, les applications et les services web (réseaux sociaux, conversation en direct, etc.) (OCDE, 2021[1]). Il sera donc intéressant d'observer l'évolution des chiffres du tableau 5.1. lorsque les données de l'exercice 2020 seront disponibles. Les exemples présentés dans l'encadré 5.4 en donnent déjà un aperçu, puisque l'Australie et le Canada indiquent que leurs robots conversationnels ont tenu plusieurs millions de conversations.

Favoriser le libre-service

Les administrations fiscales développent leur offre en libre-service et élargissent leur éventail de services en accès libre, dont, par exemple, la possibilité de s'enregistrer, d'effectuer ses déclarations et de payer en ligne, ainsi qu'une gamme d'outils interactifs. Il en résulte des gains d'efficience au sein des administrations fiscales, ainsi que la possibilité d'offrir aux contribuables des services se rapprochant d'une disponibilité 24 heures sur 24 et 7 jours sur 7. Comme on l'a vu plus haut, ces services se sont révélés extrêmement précieux pendant la pandémie de COVID-19, et les administrations fiscales appliquent les techniques de l'intelligence artificielle à la gestion des vastes quantités de données recueillies afin de poursuivre le développement de ces outils.

Encadré 5.2. Exemples nationaux : favoriser le libre-service

Australie : accompagner les mandataires pour leur permettre d'utiliser les services en libre accès sur internet

L'Australian Tax Office (ATO) a réalisé une analyse approfondie des motifs d'appel et des principales tendances se dégageant de la campagne fiscale 2019. Une campagne fiscale correspond à la période durant laquelle la plupart des contribuables doivent déposer une déclaration de revenus et échanger avec l'ATO. L'administration a remarqué que pour plusieurs thématiques, les professionnels de la fiscalité auraient pu obtenir des réponses par eux-mêmes, en utilisant les services en ligne destinés aux mandataires au lieu de téléphoner à un centre de contact de l'ATO. Dans le cadre de son projet sur les 10 principaux motifs d'appel, l'ATO a analysé 76 000 appels reçus de professionnels de la fiscalité en 2019 et a conclu que 43 % de ces appels auraient pu être évités par le recours aux services en accès libre.

L'ATO a lancé différentes activités portant sur les communications (internes et externes) et le renforcement du soutien apporté aux agents afin de favoriser l'adoption des services en ligne. Grâce à ce projet, l'ATO a enregistré une diminution de 28 % des appels reçus de professionnels de la fiscalité dans le groupe des 10 principaux motifs d'appel. Il a également permis de réaliser d'autres économies, car les professionnels de la fiscalité ont pu gagner du temps en échangeant avec l'ATO au moyen des canaux en ligne.

Chine (République populaire de) : orienter les contribuables vers les canaux « sans contact »

Dans le cadre de sa réponse à la pandémie de COVID-19, l'administration d'État des impôts chinoise (STA) a activement développé les services « sans contact » destinés aux contribuables afin que 214 questions d'ordre fiscal puissent être résolues en ligne. Elle a également orienté les contribuables vers l'utilisation des applications mobiles, des comptes officiels sur les réseaux sociaux, des guichets en libre-service et d'autres canaux pour assurer le traitement des questions fiscales. Ainsi, plusieurs dizaines de millions d'entités juridiques et des centaines de millions de particuliers ont accompli leurs formalités fiscales en ligne pendant la pandémie.

Par ailleurs, le recours aux technologies émergentes comme l'intelligence artificielle, l'infonuagique et l'apprentissage profond permet à la STA de répondre avec précision aux questions des contribuables, d'appliquer les politiques relatives aux réductions d'impôt et de frais, et d'offrir aux contribuables des services de conseil intelligents. Pendant la pandémie de COVID-19, la STA a appliqué ces enseignements pour fournir aux contribuables des services en libre accès 24 heures sur 24 et 7 jours sur 7, mettant à leur disposition un éventail de services adaptés pour les aider à comprendre les politiques fiscales. Ce nouveau canal en accès libre représente désormais plus de 25 % des consultations, ce qui signifie qu'il est devenu un outil important pour répondre aux besoins des contribuables et les aider.

Géorgie : refonte du site web de l'administration fiscale

Entièrement remanié et doté de fonctionnalités supplémentaires, le nouveau site web du Service des recettes publiques de Géorgie a été pensé pour répondre aux besoins des contribuables et des autres utilisateurs. Ainsi :

- la conception visuelle du site web a été entièrement remodelée et ajustée aux besoins modernes
- le contenu du site web a été mis à jour et réorganisé autour de trois sections clairement définies : informations générales, contribuables personnes physiques, et contribuables personnes morales

Encadré 5.2. **Exemples nationaux : favoriser le libre-service** *(suite)*

- quelque 200 définitions relatives aux questions fiscales et douanières ont été traduites en anglais
- les instructions internes concernant la gestion du site web ont été améliorées
- une page de commentaires destinée aux utilisateurs a été ajoutée
- un nouveau canal de communication a été mis en place : la « conversation instantanée avec les services fiscaux ».

Depuis ces modifications, 0.01 % de l'ensemble des utilisateurs a laissé des commentaires sur le site web, dont 54 % étaient favorables. La grande majorité des recommandations des utilisateurs relatives au site web ont été prises en compte.

Source : Australian Taxation Office (2021), Chine (République populaire de) – administration d'État des impôts (2021) et Service des recettes publiques de Géorgie (2021).

Services électroniques

Dans le cadre de la transition vers les services numériques, un nombre croissant d'administrations fiscales investissent dans de nouveaux outils numériques favorisant la réalisation de leur objectif général : aider les contribuables à acquitter le juste montant d'impôt du premier coup. Ces outils offrent aux contribuables de nouveaux modes d'interaction avec les administrations fiscales et aident ces dernières à gagner en efficacité en développant le libre-service et en réduisant le recours aux canaux plus gourmands en main-d'œuvre comme les centres d'appel. Cette section présente des exemples d'infrastructures mises en place par les administrations fiscales à l'appui de ces nouveaux services, ainsi que des exemples des services eux-mêmes, par exemple les robots conversationnels et les applications mobiles. Les administrations fiscales se mettent de plus en plus à intégrer certains services chez des prestataires tiers, tels que les conseillers ou les mandataires, pour les aider à améliorer la qualité des conseils qu'ils fournissent.

Encadré 5.3. **Exemples nationaux : développement de nouveaux services électroniques**

Australie : le bureau des partenariats numériques

L'ATO met progressivement en place un écosystème numérique qui facilite l'échange en temps réel de données événementielles. Celles-ci peuvent ainsi être utilisées par plusieurs partenaires et partagées avec d'autres organismes publics agréés afin de permettre aux particuliers et aux entreprises de s'acquitter de leurs obligations, y compris en matière d'impôt et de retraite. Pour y parvenir, l'ATO collabore avec plusieurs prestataires de services numériques afin de concevoir, tester et construire de nouveaux produits et services capables d'être intégrés dans les systèmes existants (logiciels de gestion ou de comptabilité, par exemple).

Encadré 5.3. **Exemples nationaux : développement de nouveaux services électroniques** *(suite)*

Le bureau des partenariats numériques de l'ATO a été créé pour gérer et accompagner les prestataires de services numériques, de plus en plus nombreux, qui présentent tous des besoins, des spécificités et des enjeux différents.

Ces prestataires de services numériques sont des développeurs de logiciels ou des intermédiaires numériques contribuant à l'exécution des services numériques qui aident les particuliers, les professionnels de la fiscalité, les entreprises et les caisses de retraite à respecter leurs obligations fiscales et sociales.

Le bureau des partenariats numériques de l'ATO guide et accompagne les prestataires de services numériques tout au long du processus de développement et d'intégration dans leurs logiciels des services web et des interfaces de programmation d'applications (API) de l'ATO. Cette coopération est principalement mise en œuvre à travers :

- La plateforme de services en ligne de l'ATO destinée aux prestataires de services numériques : il s'agit d'un point d'entrée en ligne unique permettant aux prestataires de services numériques d'accéder aux services et de demander une assistance 24 heures sur 24 et 7 jours sur 7 (demandes de journalisation et suivi, échange de données, rapports d'accès et informations personnalisées, etc.). Grâce à ce service, l'ATO peut gérer efficacement le nombre croissant de prestataires de services numériques ainsi que la demande de services basés sur des API.
- Le cadre opérationnel de l'ATO pour les prestataires de services numériques : il s'agit d'un ensemble d'exigences en matière de sécurité, appliquées selon un modèle basé sur les risques, auquel tous les prestataires de services numériques doivent satisfaire pour pouvoir utiliser les services numériques de l'ATO. L'ATO a ainsi la certitude que des contrôles appropriés sont en place au sein de l'environnement des prestataires de services numériques, pour protéger l'intégrité de son écosystème numérique et des données de ses clients.
- Le modèle d'engagement avec les prestataires de services numériques : il assure une approche homogène de l'interaction, de la communication et de la collaboration avec les prestataires de services numériques afin de produire des résultats mutuellement avantageux.

Voir à l'annexe 5.A les liens vers les documents de référence.

Canada : mise en œuvre de la plateforme ADP3G (plateforme de développement d'applications de 3e génération)

L'Agence du revenu du Canada (ARC) travaille à la mise en œuvre de la plateforme ADP3G (plateforme de développement d'applications de 3e génération) destinée à faire le lien entre les services informatiques numériques tournés vers le consommateur, la gestion des API, les capacités d'interopérabilité, l'automatisation/DevOps, et l'infonuagique.

- Automatisation/DevOps : il s'agit de l'automatisation des outils et des processus de développement de logiciels permettant de développer, déployer et maintenir les applications dans un environnement plus agile et automatisé, nécessaire pour mettre au point rapidement et efficacement des solutions numériques plus performantes et sécurisées. Le DevOps est un concept opérationnel qui comble le fossé entre le développement et les opérations en termes de compétences, d'état d'esprit, de pratiques et de cloisonnement.

Encadré 5.3. **Exemples nationaux : développement de nouveaux services électroniques** *(suite)*

- Services informatiques numériques tournés vers le consommateur : il s'agit des efforts visant à faire évoluer l'offre de services informatiques de l'ARC pour une meilleure prise en charge de solutions numériques conçues avec les Canadiens, pas seulement pour eux, qui répondent ainsi mieux à leurs besoins. Sont également mis en avant les services qui reposent davantage sur une approche d'entreprise, qui permet de les réutiliser pour différentes finalités, tout en s'appuyant toujours sur les services traditionnels.
- Infonuagique : il s'agit de l'adoption de l'informatique en nuage pour la plateforme de 3e génération, c'est-à-dire les technologies, les outils, les processus connexes, les cadres et la gouvernance nécessaires pour gérer des charges de travail et héberger des services sur des infrastructures publiques en nuage.
- Capacités d'interopérabilité (au-delà des API) : même si les API seront plus présentes dans les solutions de l'ARC, d'autres méthodes d'intégration seront nécessaires pour assurer l'interopérabilité.

Pays-Bas : développement d'écosystèmes en ligne de confiance

L'administration néerlandaise des impôts et des douanes entend aider les contribuables à réduire la quantité globale de documents administratifs. Elle a donc participé à un essai de service en ligne dans le cadre d'un partenariat public-privé. Ce système permet à différentes parties de soumettre et d'échanger des ensembles de données dans un environnement numérique sécurisé. Il repose sur une plateforme centrale où les informations sont recueillies au moyen d'un processus d'information d'entreprise standard. Il s'agit généralement des informations utilisées pour préremplir les déclarations de revenus. La nouveauté de ce système est qu'il permet aux contribuables d'opter pour l'échange entre pairs d'ensembles de données entre plusieurs organismes et à de nombreuses fins différentes. Ces ensembles de données peuvent, par exemple, être partagés et utilisés dans le cadre des demandes de souscription de crédits hypothécaires ou d'assurances, ou dans le cadre des demandes adressées aux services publics. Par rapport aux autres systèmes classiques, ce nouvel outil présente l'avantage d'une plus grande confiance dans l'authenticité des données communiquées.

Pour cela, il a fallu développer une architecture et une technologie nouvelles pour lesquelles il était essentiel que les contribuables puissent bénéficier d'un accès facile et abordable à un outil garantissant l'identité électronique, et avoir la certitude que leurs données à caractère personnel seraient gérées dans le respect des cadres juridiques concernés. Un réseau de prestataires de services de confiance qualifiés (QTSP) a donc été établi. Ceux-ci permettent à leurs utilisateurs d'enregistrer une identité validée, de communiquer des informations et de participer à des échanges d'informations.

L'essai a permis de comprendre que la clé de voûte de ce système était une structure de gouvernance claire entre les secteurs public et privé. Tous les organismes impliqués doivent indiquer les échanges d'informations auxquels ils participent, ainsi que leurs responsabilités précises en matière de données. Cette gouvernance est également essentielle pour définir les exigences et garantir la protection de l'intérêt public.

Voir à l'annexe 5.A les liens vers les documents de référence. L'administration fiscale des Pays-Bas a également indiqué qu'un article publié en 2018 donne d'autres précisions sur ce sujet (Dijkhuis et al., 2018[2]).

Source : Australian Taxation Office (2021), Agence du revenu du Canada (2021) et Administration néerlandaise des impôts et des douanes (2021).

Assistants numériques

De plus en plus d'administrations déclarent également utiliser des assistants virtuels ou numériques pour répondre aux questions des contribuables et favoriser l'utilisation des services en libre accès (voir le tableau 5.2). Les premiers rapports font apparaître que ces services ont apporté une aide extrêmement précieuse aux administrations fiscales pour gérer les difficultés rencontrées par leurs services pendant la pandémie (voir les exemples présentés dans l'encadré 5.4).

Certaines administrations fiscales ont également recours aux avancées de l'intelligence artificielle (IA). L'utilisation de l'IA pourrait connaître une expansion rapide dans les services d'aide aux contribuables et aux agents de l'administration fiscale, tandis que son adoption sera probablement plus graduelle dans les processus décisionnels compte tenu des craintes exprimées par le public dans certains pays (voir le tableau 5.2).

Tableau 5.2. **Utilisation des assistants virtuels, de l'intelligence artificielle et des API, 2019**

Pourcentage des administrations utilisant cette technologie

État d'avancement de la mise en œuvre et de l'utilisation	Assistants virtuels (p. ex. robots conversationnels)	Intelligence artificielle, dont l'apprentissage machine	Interfaces de programmation d'applications (API)
La technologie est mise en œuvre et utilisée	46 %	38 %	86 %
La technologie est en phase de mise en œuvre pour une utilisation future	17 %	34 %	9 %
La technologie n'est pas utilisée, y compris dans les situations où la mise en œuvre n'a pas débuté	37 %	28 %	5 %

Source : Tableaux A.50 Technologies innovantes : mise en œuvre et utilisation (Partie 1) et A.51 Technologies innovantes : mise en œuvre et utilisation (Partie 2).

Encadré 5.4. **Exemples nationaux : assistants numériques**

Australie : améliorations de l'assistant numérique en ligne – Alex

Lancé en février 2016, Alex est l'incarnation et le visage du service d'assistant virtuel de l'ATO. Capable de tenir une conversation, Alex permet aux contribuables, à travers le site web, de poser des questions en lien avec les impôts comme s'ils s'adressaient à une personne réelle.

Depuis son lancement, Alex s'est parfaitement acquittée de son rôle principal, qui consiste à répondre à d'importants volumes de demandes de renseignements généraux sur les impôts et les retraites. Alex est intégrée au site web de l'ATO, auquel les utilisateurs peuvent accéder au moyen d'un ordinateur ou d'un smartphone. Pour engager une conversation avec Alex, il suffit de cliquer sur les sujets les plus fréquemment abordés ou de saisir une question dans la boîte de texte.

En 2020, avec la pandémie et les mesures de relance mises en place par le gouvernement australien, les volumes de demandes des clients ont explosé, ce qui a donné à l'ATO la possibilité d'améliorer les capacités d'Alex. L'ensemble de la base de connaissances d'Alex a été révisée et de nouveaux contenus ajoutés. En outre, les capacités de compréhension d'Alex ont été nettement renforcées et ses indicateurs de performance ont également été affinés afin d'améliorer ses fonctions de production de rapports.

Encadré 5.4. **Exemples nationaux : assistants numériques** *(suite)*

Alex a tenu 1.4 million de conversations entre le 1er juillet 2020 et le 23 mars 2021, soit une augmentation de 79 % par rapport à la même période de l'exercice précédent. Pour cette période, la performance d'Alex pour l'indicateur « Réponse définitive – fournie » s'établissait en moyenne à 94 %. Cela signifie qu'Alex a pu apporter une réponse d'entreprise définitive à la question du client.

Les réflexions sur l'avenir d'Alex portent notamment sur l'utilisation de technologies émergentes pour offrir aux clients une expérience plus immersive et réactive.

Voir à l'annexe 5.A les liens vers les documents de référence.

Canada : messagerie instantanée avec les agents et robot conversationnel

Les dernières études en date et les retours des usagers indiquent que les Canadiens souhaitent que de nouvelles technologies telles que les robots conversationnels et les services de messagerie instantanée avec les agents fassent partie intégrante des services en ligne proposés par leur administration. L'Agence du revenu du Canada a donc lancé plusieurs projets pilotes pour étudier les façons dont l'intelligence artificielle et les technologies de traitement du langage naturel, notamment les robots conversationnels et la messagerie en direct, pourraient être utilisées pour répondre aux besoins des Canadiens. Le premier programme pilote, lancé en 2019, se concentrait sur un seul thème. Par la suite, un robot conversationnel a été mis en place juste avant la crise du COVID-19. Le nombre de sujets abordés a alors été élargi pour inclure les demandes de renseignements des contribuables reçues fréquemment par téléphone ainsi que les informations sur les aides d'urgence administrées par l'ARC. La première année, le robot conversationnel a répondu à un peu plus de 5 millions de questions.

Par ailleurs, en réponse à la pandémie de COVID-19, l'ARC a testé un service de messagerie instantanée avec les agents en s'appuyant sur les agents redéployés des centres d'appels destinés aux salariés, déjà formés aux demandes de renseignements sur le COVID, pour répondre en ligne aux questions des Canadiens. Cette expérience de la messagerie instantanée avec les agents a permis aux Canadiens de bénéficier d'une assistance bienveillante durant cette période d'incertitude, sur un canal de communication facile d'accès, et les retours ont fait état d'un niveau de satisfaction élevé ainsi que d'un intérêt pour l'expansion de ce service à d'autres thèmes. Les informations recueillies dans le cadre de ces essais serviront à affiner les services de robot conversationnel et de messagerie instantanée avec les agents.

Costa Rica : examen du robot conversationnel TRAVI et de la messagerie instantanée en ligne

Au Costa Rica, l'administration fiscale dispose de plusieurs canaux de communication avec les usagers, dont un portail consacré au dépôt des déclarations, à l'enregistrement en ligne des contribuables et à la facturation électronique. Cependant, en mars 2020, la pandémie de COVID-19 a conduit la division technologique du Costa Rica à inaugurer de nouveaux circuits.

Parallèlement à la plateforme de procédures virtuelles existante (TRAVI, voir l'encadré 5.1.) un nouveau robot conversationnel a été développé à partir d'un logiciel spécialisé. Il a été formé en un temps record par les agents de l'administration fiscale pour être capable de traiter 237 questions balayant les six thèmes les plus souvent abordés, notamment la facturation électronique, l'autogestion des clés, les clés cryptographiques, etc. En outre, une fonction de messagerie instantanée a été ajoutée, appuyée par deux agents conversationnels du centre d'appels des services du Costa Rica.

Au cours de ses quatre premiers mois d'existence, le robot conversationnel a répondu à 50 240 questions et les agents conversationnels ont géré 6 993 demandes de renseignements.

Encadré 5.4. **Exemples nationaux : assistants numériques** *(suite)*

Il s'agit donc d'un lancement réussi pour le Costa Rica, puisque les contribuables disposent désormais d'autres solutions que les canaux existants (téléphone et communication écrite), qui subissent de fortes pressions, notamment lorsque de nouvelles réformes fiscales sont mises en œuvre par l'administration fiscale.

Voir à l'annexe 5.A les liens vers les documents de référence.

Pérou : assistant virtuel – SOFIA

Début 2018, l'administration fiscale péruvienne (SUNAT) a décidé de mettre en place un robot conversationnel, SOFIA, pour répondre aux questions les plus simples et fréquentes des contribuables, dans le but de réduire les volumes d'appel.

La SUNAT a créé une équipe multidisciplinaire, chargée de l'architecture technique du robot conversationnel et de la conception de son contenu. Dans un premier temps, le service s'articulait autour de deux thèmes : la loterie des quittances fiscales et les remboursements d'impôts sur le revenu ; d'autres sujets liés aux revenus professionnels ont été ajoutés courant 2019.

En 2020, l'outil a poursuivi son évolution, avec une amélioration de la précision et de la rapidité des réponses. Il couvre désormais les questions relatives aux impôts sur le capital et le revenu, ainsi que certaines procédures fiscales. Cette année-là, SOFIA a répondu à 248 125 messages avec un taux d'efficacité de 97% (voir le tableau 5.3.). La SUNAT prévoit d'encore améliorer SOFIA et d'intégrer de nouveaux sujets en lien avec les questions douanières.

Tableau 5.3. **Pérou : évolution du taux d'efficacité du robot conversationnel SOFIA**

	2018	2019	2020	2021 (jusqu'en mars)
Pourcentage de messages compris	74%	69%	93%	97%
Pourcentage de messages non compris	26%	31%	7%	3%

Source : Pérou – Superintendencia Nacional de Administración Tributaria (2021).

Voir à l'annexe 5.A les liens vers les documents de référence.

Russie : assistant virtuel (robot conversationnel) – TAXIK

La « messagerie web intelligente » (TAXIK) du Service fiscal fédéral de Russie (FTS) répond rapidement aux questions standard des contribuables 24 heures sur 24 et 7 jours sur 7. TAXIK est intégré dans les services en ligne suivants : (i) rendez-vous avec l'inspection des impôts ; (ii) calculateur de la taxe sur les transports ; (iii) calculateur des primes d'assurance ; et (iv) calculateur de l'impôt foncier.

Les usagers peuvent poser leurs questions sur le widget TAXIK du site web du Service fiscal fédéral. Les réponses sont fournies à partir d'une ressource informatique spécialisée contenant des réponses standardisées sur les questions fiscales. Cette ressource, la « base de connaissances de la messagerie web intelligence du Service fiscal fédéral », repose sur les bases de données existantes du centre d'appel central de l'administration fiscale. La qualité des réponses fournies par TAXIK est contrôlée par l'équipe informatique, et cette analyse sert ensuite pour mettre à jour et compléter la base de données des réponses.

Encadré 5.4. **Exemples nationaux : assistants numériques** *(suite)*

Le service TAXIK s'est révélé efficace et utile, puisque 75 % du total des réponses fournies ont satisfait les contribuables. Par ailleurs, ce service en ligne 24 heures sur 24 et 7 jours sur 7 a renforcé la confiance entre le Service fiscal fédéral et les contribuables.

Voir à l'annexe 5.A les liens vers les documents de référence.

Singapour : un robot conversationnel consacré aux déclarations

En partenariat avec l'Agence publique de la technologie (Govtech), l'administration fiscale de Singapour (IRAS) a lancé un robot conversationnel consacré aux déclarations afin d'aider les chauffeurs de taxi et de VTC à déposer facilement leurs déclarations de revenus grâce une interface de type conversationnel. Le robot s'appuie sur l'intelligence artificielle et le traitement du langage naturel pour comprendre les questions formulées par les utilisateurs et fournir des réponses intuitives et humanisées, offrant ainsi aux contribuables une expérience intégrée et personnalisée.

Ce robot conversationnel représente également la première tentative de simplification du dépôt obligation des déclarations de revenus ou des procédures de dépôt électronique en proposant aux contribuables une interface conversationnelle personnalisée et facile à comprendre qui s'inspire des échanges ayant lieu avec les agents de l'administration fiscale dans le cadre du processus de dépôt des déclarations de revenus. 70 % des contribuables interrogés ont trouvé le robot plus intuitif et affirment avoir réduit de 60 % le temps passé à remplir leurs déclarations de revenus. L'emploi d'un langage simple, évitant le jargon technique, a également aidé les contribuables moins familiarisés avec la fiscalité à mieux comprendre leurs obligations déclaratives. Ils ont donc moins eu besoin de recourir à l'aide des agents de l'administration fiscale pour déposer leurs déclarations.

Pour la campagne 2021, l'administration fiscale a intégré au robot conversationnel les déclarations des marchands ambulants, ce qui a permis à quelque 10 000 contribuables d'en bénéficier. L'administration fiscale travaille également sur des robots conversationnels adaptés à d'autres services et opérations, et élargit sa base d'informations dans une optique de conception conversationnelle.

Espagne : assistants virtuels – impôt sur le revenu des personnes physiques et informations personnelles

En 2021, l'Agence fiscale espagnole (AEAT) a lancé deux nouveaux services d'assistance virtuelle : l'un pour la campagne 2020 de l'impôt sur le revenu des personnes physiques (IRPP) et l'autre pour les informations personnelles.

En mars 2021, le portail de l'IRPP s'est mis à proposer un large éventail de service d'assistance : déclarations préremplies, vidéos explicatives, brochures, options de rappel par les services, questions fréquentes, etc. L'assistant consacré à l'IRPP a alors été intégré au portail pour la première fois.

Cet outil fournit des informations sur les problématiques les plus pertinentes pour permettre aux particuliers de bien remplir leur déclaration de revenus. Conçu sur le modèle des arbres décisionnels, il couvre 11 thèmes différents (services d'assistance, problèmes d'identification, responsabilité, options d'imposition, prestations, immeubles, déductions, modification d'une déclaration déposée, par exemple). Pour chaque thème, l'outil pose des questions dans le cadre de menus déroulants consécutifs jusqu'à ce qu'il parvienne à la réponse, qui peut inclure des liens vers d'autres pages contenant des informations complémentaires. Il demande ensuite à l'utilisateur d'évaluer le service et permet de télécharger la réponse au format PDF pour plus de sécurité.

Encadré 5.4. **Exemples nationaux : assistants numériques** *(suite)*

Par ailleurs, en mars 2021, un nouvel assistant a été ajouté à la section consacrée aux informations personnelles. Celui-ci fonctionne selon le même principe que l'assistant consacré à l'IRPP (menus déroulants, réponse finale imprimable), mais propose des informations sur 10 thèmes en lien avec les informations personnelles du contribuable (numéro d'identification fiscale, déclarations, attestations fiscales, identification et signature électronique, mandataire/conseillers, par exemple).

Voir à l'annexe 5.A les liens vers les documents de référence.

Royaume-Uni : messagerie web et autres services numériques

Au Royaume-Uni, l'administration fiscale (Her Majesty's Revenue and Customs, HMRC) a encouragé un plus grand nombre d'usagers à recourir à ses services numériques pendant la pandémie.

HMRC a amélioré ses services en ligne existants et a pris en compte les retours d'information des utilisateurs pour améliorer les fonctions de son compte fiscal destiné aux entreprises et renforcer la visibilité du service. HMRC a également lancé des services de messagerie web plus performants et un assistant numérique optimisé ainsi que la possibilité, pour les usagers, de communiquer avec HMRC par voie électronique dans les cas où une autorisation est requise. Grâce à toutes ces mesures, les usagers reçoivent le soutien dont ils ont besoin pour respecter leurs obligations et faire valoir leurs avantages fiscaux. Par ailleurs, les agents ont moins besoin de se rendre au bureau pour traiter les demandes manuellement.

HMRC a formé plus de 1 000 nouveaux agents à ce service de messagerie web, tous en télétravail. Le service de messagerie web a également été étendu à d'autres domaines, ce qui a porté le nombre de conversations de 4 000 par jour avant la pandémie à un pic de plus de 33 000 le 21 avril 2020.

À la suite des changements permettant aux personnes travaillant désormais depuis leur domicile de prétendre à un abattement de 6 GBP par semaine pour couvrir les dépenses supplémentaires du foyer, HMRC prévoyait une forte augmentation des états de frais liés au travail à domicile. L'administration fiscale a donc mis en place un nouveau service en ligne le 1er octobre. En mars 2021 plus de 2.3 millions d'utilisateurs avaient réussi à déposer leurs états de frais grâce au nouveau service.

HMRC a continué d'enregistrer des niveaux élevés de satisfaction des usagers à l'égard de ses services numériques, restés constamment au-dessus de 85 % en 2020-21.

Source : Australian Taxation Office (2021) ; Agence du revenu du Canada (2021) ; Costa Rica – Direction des impôts, ministère des Finances (2021) ; Pérou – Superintendencia Nacional de Administración Tributaria (2021) ; Service fiscal fédéral de Russie (2021) ; Inland Revenue Authority of Singapore de Singapour (2021) ; Agence fiscale espagnole (2021) et Her Majesty's Revenue and Customs du Royaume-Uni (2021).

Applications mobiles

On constate une poursuite de la tendance récente à l'utilisation croissante des applications mobiles par les administrations fiscales, observée dans d'autres éditions de cette publication. Elles sont principalement employées pour la communication d'informations et d'instructions, mais deviennent aussi de plus en plus capables de traiter des opérations, permettant aux contribuables d'accéder aux documents qui les concernent et à leurs comptes fiscaux personnels, de communiquer avec l'administration fiscale, de transmettre des informations et des déclarations de revenus ainsi que d'effectuer des paiements.

Encadré 5.5. **Exemples nationaux : applications mobiles**

Brésil : application mobile pour les impôts et les douanes

L'application mobile pour le suivi de la réglementation fiscale et douanière (« Normas ») a été lancée en novembre 2020. Dans sa nouvelle version, elle permet aux utilisateurs de se tenir informés des publications des administrations fiscale et douanière, en recevant une notification chaque fois que les réglementations qu'ils ont indiquées sont modifiées ou que de nouvelles règles sur les thèmes qu'ils ont choisis sont publiées.

Russie : régime fiscal spécial de l'« impôt sur le revenu professionnel »

Le nouveau service en ligne « Mon Impôt » permet aux travailleurs indépendants de s'enregistrer à ce nouveau régime fiscal à distance et en quelques minutes, à partir d'un appareil mobile, et de conserver leurs dossiers, d'émettre des factures et de payer leur impôt sur le revenu professionnel via la plateforme. L'ensemble des opérations de tenue de dossiers, de paiement de l'impôt et de comptabilité peuvent être effectuées par le système « sur le pouce », et la solution logicielle inclut une API qui permet aux banques et aux plateformes numériques d'intégrer les impôts dans leur environnement.

Il n'y a pas besoin de transmettre de rapports ou de déclarations. Les impôts sont déduits automatiquement de chaque transaction. Ainsi, le logiciel fournit à cette nouvelle catégorie de contribuables un parcours intégré de bout en bout.

C'est la première fois que le Service fiscal fédéral utilise une solution technologique de ce type, qui fait évoluer son approche de la politique en matière de respect des obligations et d'exécution du service.

Voir à l'annexe 5.A les liens vers les documents de référence.

Source : administration fiscale brésilienne (2021) et Service fiscal fédéral de Russie (2021).

Interfaces de programmation d'applications (API)

Bien que beaucoup d'administrations fiscales développent leurs propres applications en interne, un grand nombre d'entre elles créent également des API qu'elles mettent à la disposition de développeurs tiers. Les API permettent d'assurer la connectivité entre les systèmes, les personnes et les objets sans accès direct. Elles limitent ainsi le risque de compromettre le système, par opposition à la situation où une personne est autorisée à y accéder directement ainsi qu'aux masses de données sous-jacentes. Les précédentes éditions de cette publication avaient mis en lumière des solutions permettant aux développeurs tiers d'accéder directement à une suite de services API à intégrer dans leurs systèmes, et cette tendance s'est accentuée (voir le tableau 5.2. pour le pourcentage d'administrations utilisant des API).

Le rapport de l'OCDE intitulé *Unlocking the digital economy – a guide to unlocking application programming interfaces in government* (OCDE, 2019[3]) donne un aperçu des pratiques, techniques et normes utilisées pour offrir aux contribuables des services numériques efficaces qui répondent aux besoins actuels.

Encadré 5.6. Exemples nationaux : contribution des API à l'amélioration des services fournis

Israël : TVA zéro sur les services d'hébergement hôtelier

Les touristes acquittent une TVA à taux zéro sur différents services consommés en Israël, par exemple l'hébergement hôtelier et la location de voiture.

L'Autorité fiscale d'Israël (ITA) a accès aux données d'entrée et de sortie des résidents et des étrangers grâce à la base de données des contrôles à la frontière, et permet à des logiciels autorisés d'accéder à son service API pour vérifier les visas des touristes. Ainsi, les hôtels peuvent saisir les détails de la transaction (y compris le numéro de passeport et le pays d'origine) et être informés du droit ou non du touriste à bénéficier du taux zéro de TVA.

Comme le système vérifie que le touriste a bien droit à la TVA au taux zéro, il empêche les faux et les erreurs, et diminue la charge administrative pour l'hôtel. Il réduit également le risque, pour les hôtels, d'être soumis à des contrôles et à l'acquittement de frais en raison de l'inéligibilité des clients à la TVA à taux zéro.

Norvège : la modernisation du système de TVA

L'administration fiscale norvégienne (NTA) travaille à la mise en place d'un nouveau système informatique pour la TVA afin de répondre aux besoins du milieu des affaires, de plus en plus adepte du numérique. Ce système a pour objectifs d'améliorer les taux de discipline fiscale des entreprises et de leur offrir des procédures simplifiées permettant également à l'administration fiscale de gagner en efficacité.

Pour beaucoup d'entreprises, les règles liées à la TVA paraissent compliquées. Les contrôles constituent l'un des principaux instruments dont disposent les autorités fiscales pour s'assurer du respect des obligations, mais faute de ressources, l'administration fiscale ne peut en effectuer qu'un nombre limité. En proposant des instructions en ligne, directement intégrées dans le nouveau formulaire de TVA, l'administration fiscale norvégienne a pour ambition d'aider les entreprises à se conformer à leurs obligations en matière de TVA tout en économisant du temps et des ressources. Par ailleurs, comme les règles relatives au remplissage des formulaires de TVA peuvent être consultées directement à partir des systèmes comptables de l'entreprise, les vérifications de validation ont lieu sur les formulaires avant même leur dépôt.

Les instructions et les procédures de validation sont fournies grâce à l'intégration d'une API dans les systèmes comptables de l'entreprise. Les services développés sont donc accessibles par tous les canaux numériques. Ainsi, les informations sont également à disposition pour la communication de système à système. En outre, cet outil est également utile aux conseillers et mandataires comme les comptables et les banques, qui prodiguent des conseils à leurs clients sur la base des informations communiquées par l'administration fiscale norvégienne.

Russie : suivi fiscal

Depuis 2016, le Service fiscal fédéral a adopté un nouveau régime de discipline fiscale baptisé « suivi fiscal ». Le suivi fiscal n'est pas obligatoire ; il s'agit d'un système optionnel que les contribuables peuvent utiliser et qui fonctionne parallèlement au système fiscal existant.

La clé de voûte du suivi fiscal est une authentification robuste et sécurisée. Elle est en effet nécessaire pour autoriser l'autorité fiscale à accéder à distance au(x) système(s) d'information comptable et financière du contribuable par l'intermédiaire d'API. L'accès direct aux écosystèmes du contribuable selon une approche fondée sur les risques, intégré au niveau de la transaction, permet une diligence raisonnable et un suivi en continu pour déterminer si les transactions contiennent des risques émergents ou des signes d'alerte précoce.

Encadré 5.6. **Exemples nationaux : contribution des API à l'amélioration des services fournis** *(suite)*

Les utilisateurs qui ont accepté de tester le système sur la base du volontariat étaient les contribuables les plus importants et les plus avancés sur le plan numérique, qui affichaient le plus haut niveau d'automatisation des processus. Cela leur a en effet permis d'avoir plus de temps pour adapter leurs systèmes, leurs effectifs et leurs processus avant que le nouveau régime de discipline fiscale devienne obligatoire.

Le système de suivi fiscal permet l'intégration des vérifications fiscales dans les écosystèmes naturels des contribuables, ce qui, partant, facilite la discipline dès la conception en créant pour les usagers un parcours intégré, exécuté dans les délais, de manière efficace et efficiente.

Voir à l'annexe 5.A les liens vers les documents de référence.

Singapour : collaboration avec les développeurs de logiciels

Depuis longtemps, l'Inland Revenue Agency de Singapour (IRAS) privilégie les partenariats avec des tiers pour permettre un parcours intégré du dépôt des déclarations à partir des systèmes naturels des contribuables. Cela a conduit aux initiatives suivantes :

- En s'appuyant sur l'API, la solution de dépôt intégré pour l'impôt sur les sociétés extrait les données financières des logiciels comptables, les convertit en données fiscales selon des règles fiscales prédéfinies et établit leur cartographie entre le logiciel et une liste prédéterminée de données. L'utilisateur final s'authentifie au moyen de l'identité numérique nationale de Singapour (CorpPass), vérifie la déclaration fiscale de la société calculée automatiquement ainsi que les documents connexes avant de les transmettre à l'administration fiscale de manière intégrée.

Cette solution répond aux principales difficultés rencontrées par les PME de Singapour, par exemple la hausse des coûts et la complexité des règles comptables et fiscales dont doivent tenir compte les salariés. Les PME auraient aussi pu sous-traiter la fonction comptable et les activités de conformité à des prestataires externes, mais à un coût potentiellement élevé. Lorsque le dépôt intégré est géré en interne, la PME peut ramener d'environ 9 heures à 35 minutes le temps global nécessaire à l'établissement et au dépôt des déclarations auprès de l'administration fiscale et de l'autorité comptable et réglementaire (ACRA).

- À l'instar des déclarations fiscales des sociétés, le dépôt intégré des déclarations relatives à la taxe sur les produits et services (TPS) permet la transmission à l'administration fiscale des déclarations de TPS et des listes de transactions associées directement depuis les logiciels comptables des contribuables grâce aux services API.

Outre les gains de temps et la réduction des coûts liés à la discipline fiscale pour les contribuables, la collecte des listes de transactions présente également l'avantage de renforcer les capacités de l'administration fiscale en matière de respect des obligations. La transmission de ces listes avec les déclarations de TPS améliore l'efficacité des contrôles et réduit leurs délais d'exécution pour l'administration fiscale et les contribuables.

La phase pilote de la transmission intégrée des déclarations de TPS s'est achevée en février 2019. 75% des utilisateurs qui ont répondu au questionnaire de satisfaction de l'administration fiscale ont déclaré que le nouveau mode de dépôt par API était facile à utiliser et 63 % ont estimé qu'il avait abouti à une plus grande exactitude de leurs déclarations fiscales. L'administration fiscale a amélioré les services API en octobre 2020 pour inclure les déclarations rectificatives ainsi que les déclarations de TPS définitives.

Voir à l'annexe 5.A les liens vers les documents de référence.

Encadré 5.6. **Exemples nationaux : contribution des API à l'amélioration des services fournis** *(suite)*

Royaume-Uni : Making Tax Digital

Le Royaume-Uni met en œuvre un nouveau système de gestion des impôts dans le cadre de sa stratégie fiscale sur cinq à dix ans. Le service Making Tax Digital (« Rendre l'impôt numérique »,MTD) contribuera à la numérisation de l'économie britannique en général, à la réduction du nombre d'erreurs dans les déclarations de revenus et à la diminution du manque à gagner fiscal. Cette initiative apportera des avantages aux entreprises grâce à une plus grande facilité d'utilisation et une résilience accrue du système fiscal.

En améliorant la collecte de données, l'initiative MTD permettra à l'administration d'apporter une aide plus directe et mieux ciblée, contribuant à renforcer la résilience du pays et sa capacité de réaction en cas de crise. L'itiniative MTD impose aux contribuables de tenir des dossiers numériques à l'aide de logiciels et de déposer leurs informations fiscales directement depuis ces dossiers au moyen de liens numériques sécurisés, ce qui permet d'accroître le degré d'exactitude et la disponibilité des données. Les interfaces de programmation d'applications (API) sont utilisées pour permettre aux logiciels de communiquer les informations fiscales des entreprises directement à HMRC.

HMRC a mis en place l'initiative MTD en avril 2019 pour les entreprises assujetties à la TVA dont le chiffre d'affaires imposable dépasse le seuil de TVA (85 000 GBP). Depuis, plus d'un million d'entreprises ont utilisé ce service et plus de 9 millions de déclarations ont été déposées. Les usagers ont rapporté plusieurs avantages, liés en particulier au remplacement des méthodes papier et manuelles, notamment la réduction des erreurs de saisie et le gain de temps consacré aux impôts. HMRC élargira l'initiative MTD pour la TVA à toutes les entreprises assujetties à la TVA à compter d'avril 2022 et, à partir d'avril 2023, elle s'appliquera à l'impôt sur le revenu des contribuables ayant un revenu d'entreprise et/ou foncier supérieur à 10 000 GBP par an.

Le Bureau de la responsabilité budgétaire du Royaume-Uni (OBR) a certifié que l'initiative MTD générera plus de 2 milliards GBP de recettes fiscales supplémentaires cumulées d'ici 2025-26 pour les groupes soumis à l'auto-évaluation en matière de TVA et d'impôt sur le revenu. HMRC étudie les possibilités d'élargir l'initiative MTD à l'impôt sur les sociétés au cours des prochaines années.

Source : autorité fiscale d'Israël (2021) ; administration fiscale norvégienne (2021) ; Service fiscal fédéral de Russie (2021) ; Inland Revenue Authority de Singapour (2021) ; et Her Majesty's Revenue and Customs du Royaume-Uni (2021).

À mesure que ces services se sophistiquent et deviennent de plus en plus déterminants pour fournir aux contribuables des services de qualité, les administrations fiscales doivent investir davantage dans la gestion rigoureuse de ces API. L'encadré 5.7. présente une partie des travaux réalisés dans ce domaine.

Encadré 5.7. Exemples nationaux : gestion des API

Australie : l'orientation stratégique de l'administration fiscale (ATO) en matière d'API

L'ATO connaît une croissance rapide de la demande de services numériques, notamment les API événementielles en temps réel. Cette évolution est attestée par le nombre croissant de prestataires de services numériques demandant à accéder aux API de l'ATO et par la forte augmentation des volumes de messages et d'opérations en ce sens dans différents services fiscaux.

L'administration publique australienne applique une approche globale dans laquelle les différents organismes fonctionnent de manière intégrée pour fournir aux citoyens des services couvrant les événements de la vie. L'ATO s'efforce d'intégrer ses API de manière transparente dans les systèmes naturels de l'usager (par exemple les logiciels de gestion ou de comptabilité).

Elle élargit les canaux numériques proposés pour s'adapter aux différents types d'API et répondre à tous les niveaux de complexité, et a récemment investi dans la mise en œuvre d'une passerelle numérique qui gérera l'exécution d'API simples et légères.

Cette nouvelle passerelle s'ajoutera aux canaux numériques existants afin d'offrir la meilleure configuration technique pour interagir avec les systèmes naturels des clients et des prestataires.

Principaux résultats :

- mise en place d'une plateforme numérique moderne légère, événementielle, contemporaine, accessible et fiable
- fourniture d'API conformes aux normes en vigueur dans le secteur et faciles à exécuter
- possibilités d'échange d'informations en temps réel et offre de services basés sur les événements de la vie à travers les systèmes naturels de l'utilisateur
- modernisation des plateformes existantes pour assurer leur extensibilité et un haut niveau de disponibilité
- mise en place de plateformes qui continuent à inspirer confiance dans le système
- accent mis sur l'amélioration de l'efficacité dans le cadre du processus et des capacités de développement des API.

Voir à l'annexe 5.A les liens vers les documents de référence.

Canada : centre d'excellence en matière API

Le centre d'excellence en matière d'API de l'Agence du revenu du Canada a pour rôle de faciliter la bonne gestion des API afin d'améliorer la viabilité de certains services existants et futurs de l'ARC, en renforçant leurs capacités d'intégration et d'interopérabilité actuelles et futures. Cela passe par la promotion d'une adoption responsable des API, par la mise en place de normes et de principes fondamentaux pour le développement des API, et par une assistance aux équipes de développement des API. Ce projet couvre les API qui seront utilisées par d'autres systèmes de l'ARC, d'autres divisions de l'administration publique canadienne, à différents niveaux, des fournisseurs tiers ou le grand public.

Source : Australian Taxation Office (2021) et Agence du revenu du Canada (2021).

Services non numériques

La transformation numérique est essentielle pour permettre aux administrations fiscales d'offrir des services optimisés aux usagers, et s'il est vrai que le numérique peut faire beaucoup, il est important, pour répondre aux préférences des contribuables, de bien diversifier les canaux proposés. Il faut donc réfléchir à des stratégies permettant de répondre au mieux aux besoins des contribuables et de fournir les meilleurs résultats sans effets délétères sur les services proposés aux autres contribuables.

Encadré 5.8. **Exemples nationaux : accompagner les contribuables au moyen de canaux non numériques**

Canada : projet de salle du courrier numérique

L'Agence du revenu du Canada a lancé le projet de salle du courrier numérique pour convertir au format numérique les documents reçus par différents canaux. La gestion de ces documents numériques est assurée par une solution de prestation de contenu numérique transversale qui couvre l'ensemble de l'ARC et fait également partie du projet. Selon une logique d'intégration progressive, les différents domaines d'activité effectueront la transition depuis le papier ou optimiseront les processus numériques existants. La solution, développée en partenariat avec un prestataire de services, est dotée des fonctionnalités standardisées suivantes : réception, numérisation, extraction, stockage et notification interne. Elle renforce également la capacité d'analyse et permet à plusieurs domaines d'accéder simultanément aux informations, réduisant ainsi la correspondance papier et les délais de traitement.

Le projet a été lancé avec succès en octobre 2020, pour une utilisation dans l'ensemble de l'ARC. En raison de la pandémie de COVID-19, le projet a évolué pour se concentrer sur l'accélération de la capacité de numérisation des premiers domaines d'activité concernés. En conséquence, en octobre 2020, de nouveaux domaines d'activité ont été sélectionnés pour une intégration accélérée dans le projet, le déploiement étant prévu pour l'été 2021.

En outre, le projet a fait la preuve de sa capacité d'extraction totale des données et il est prévu d'élargir cette fonctionnalité à d'autres domaines de l'ARC.

Canada : service des agents de liaison

L'Agence du revenu du Canada poursuit sa transformation vers une culture du service en vue de rendre l'administration fiscale plus équitable, plus serviable et plus tournée vers le client. L'ARC s'engage à adapter ses services afin de mieux répondre aux besoins de ses usagers.

Le service des agents de liaison est une illustration de cette démarche. Ce service a été créé pour aider les petites entreprises et les travailleurs indépendants en leur apportant une assistance, des informations et des conseils gratuits et personnalisés concernant leurs obligations et responsabilités fiscales. Son objectif est de réduire le poids de la discipline fiscale en leur facilitant le respect de leurs obligations et en leur évitant des interventions ultérieures coûteuses. Le service des agents de liaison est parvenu à accompagner ces catégories de contribuables dans leurs échanges avec l'ARC afin d'encourager et d'assurer le respect volontaire des obligations fiscales dès le premier jour. Depuis le lancement du programme, en 2014, plus de 57 000 petites entreprises et travailleurs indépendants ont bénéficié de ce service.

Par le passé, le service des agents de liaison était proposé dans le cadre de visites individuelles en personne et de séminaires de groupe, aux date, lieu et heure convenant aux contribuables. Mais l'ARC adopte désormais une approche innovante adaptée au nouvel environnement de travail en proposant le service d'agents de liaison à distance, par téléphone

Encadré 5.8. **Exemples nationaux : accompagner les contribuables au moyen de canaux non numériques** *(suite)*

et au moyen de plateformes de visioconférence sécurisées, et en l'élargissant pour inclure des informations sur les fonds des programmes d'aide liés au COVID-19. Cette démarche vise à éliminer les obstacles géographiques, à accroître la flexibilité, l'accessibilité et la commodité, et à offrir un service plus performant, tout en veillant au respect de la sécurité et de la vie privée des clients. Le service est accessible, sur une base volontaire, à toute petite entreprise ou à tout travailleur indépendant basé au Canada sur simple demande.

Géorgie : modernisation du centre d'appel

Ces dernières années, le nombre d'utilisateurs du centre d'appel a considérablement augmenté. Pendant la pandémie, l'importante charge de travail du centre d'appel a rendu nécessaire l'extension des horaires de travail ordinaires. En outre, pour répondre à la forte hausse de la demande d'assistance des contribuables, le Service des recettes publiques de Géorgie, dans le cadre de sa stratégie des services à distance, a procédé à une mise à jour complète des infrastructures du centre d'appel et l'a transféré dans un bâtiment modernisé. À l'issue de cette modernisation :

- La gestion des appels reçus et traités par les agents est entièrement assurée par un logiciel système spécial qui fournit des informations issues d'indicateurs de performance quantitatifs et qualitatifs. Le système peut générer un total de 35 rapports de performance et est capable d'afficher à l'écran 10 rapports « en direct » en temps réel.
- L'organigramme du centre d'appel inclut désormais une petite équipe de superviseurs, chargés de s'occuper en permanence des informations transmises aux agents, d'adapter les informations aux besoins des usagers, de préparer des réponses personnalisées, de mettre à jour la base de connaissances et de former les agents.

Source : Agence du revenu du Canada (2021) et Service des recettes publiques de Géorgie (2021).

Services décloisonnés

Le rapport intitulé *Tax Administration 2019* a fait apparaître que les administrations fiscales opèrent de manière de plus en plus décloisonnée avec d'autres fonctions administratives, échangeant souvent des données ou partageant des plateformes pour offrir des services plus performants aux citoyens (OCDE, 2019$_{[4]}$).

Ces efforts de décloisonnement avec les autres administrations incluent souvent une approche de « collecte unique pour une utilisation multiple ». Les administrations fiscales (ainsi que les organismes de sécurité sociale) occupent à cet égard une place particulière au sein de l'administration, puisqu'elles détiennent souvent des informations vérifiées et à jour sur l'identité des contribuables, sont impliquées dans la réception et le versement de paiements ainsi que la réception et l'envoi d'informations à des tiers (comme les institutions financières et les employeurs).

Encadré 5.9. Exemples nationaux : services décloisonnés

Chine (République populaire de) : services à guichet unique pour l'imposition des opérations immobilières et l'enregistrement des titres de propriété

Actuellement, l'enregistrement de la propriété de biens immobiliers comporte également des aspects fiscaux tels que les déclarations fiscales et les paiements. Depuis 2020, l'administration d'État des impôts chinoise et les organismes chargés de l'enregistrement des biens immobiliers ont renforcé leur collaboration, réformé leurs processus et mis en place un guichet unique afin d'optimiser les services proposés aux usagers.

Avant les réformes, l'imposition des opérations immobilières et l'enregistrement des titres de propriété dépendaient de services distincts. Les entreprises et les particuliers devaient faire la queue et déposer respectivement deux jeux de documents, pour la déclaration fiscale et pour le paiement, avant de pouvoir demander l'enregistrement du titre de propriété. Cette situation conduisait à des dépôts successifs, générateurs d'inefficacités et contraignants pour les contribuables.

À l'issue des réformes, un « service à guichet unique » a été mis en place pour les deux divisions, au sein du service de l'enregistrement des biens immobiliers, qui réceptionne en une seule fois tous les documents demandés. Désormais, les fonctions de soutien des deux divisions gèrent les activités conjointement, les données concernées sont transmises en interne et un échange de renseignements en temps réel a parfois lieu dans certains domaines. Ainsi, un seul et même « guichet unique » peut délivrer les résultats finaux. Les contribuables n'ont donc plus à se rendre qu'une seule fois dans le service, et déposer un seul jeu de documents pour accomplir les formalités fiscales et l'enregistrement du titre de propriété.

Fin 2020, des services à guichet unique ont été déployés dans toutes les villes de niveau préfectoral et au-delà, et le taux de satisfaction des contribuables a nettement progressé. Le délai de traitement de l'enregistrement des biens immobiliers a été ramené à moins de cinq jours ouvrés, et celui des formalités fiscales générales à moins d'une heure.

France : portail des entreprises

En 2018, la France a lancé une réforme générale des services de recouvrement des cotisations sociales et des impôts.

Son premier objectif consiste à rationaliser le recouvrement de l'impôt au sein de la Direction générale des finances publiques (DGFiP) et des cotisations sociales au sein de l'Union de recouvrement des cotisations de Sécurité sociale et d'allocations familiales (URSSAF).

Son deuxième objectif est de simplifier les procédures fiscales et sociales au moyen d'un portail commun hébergé par la DGFIP, la Direction générale des douanes et l'URSSAF.

Ce portail en ligne commun sera mis à la disposition des sociétés début 2022. Il servira principalement à aider les petits entrepreneurs, les travailleurs indépendants et les nouveaux entrepreneurs, qui ont souvent du mal à trouver le temps et les ressources nécessaires pour s'acquitter de leurs formalités administratives. La première version du portail comprend :

- Un système d'authentification unique afin de :
  - permettre aux entreprises d'utiliser les sites web existants avec un seul mot de passe (au lieu de trois actuellement)
  - accomplir les tâches plus rapidement (par exemple, les déclarations de TVA ou le paiement des cotisations sociales)

Encadré 5.9. **Exemples nationaux : services décloisonnés** *(suite)*

- un tableau de bord offrant aux utilisateurs une vue d'ensemble de leurs déclarations et paiements à venir en matière d'impôts et de cotisations sociales, sur une seule page (ces informations sont actuellement réparties entre les trois portails existants)
- un système de messagerie sécurisée pour contacter les trois organismes.

Les fonctions du portail ont été conçues à l'issue de consultations avec des groupes d'utilisateurs. Des groupes d'utilisateurs permanents seront créés afin d'améliorer le contenu futur du portail.

Singapour : identité numérique nationale

L'identité numérique nationale est la pierre d'angle de la « vision pour une nation intelligente » de Singapour. Créée à partir des systèmes d'authentification du SingPass (identité numérique individuelle applicable à tous les résidents) et du CorpPass (identité numérique applicable aux sociétés et autres entités), l'identité numérique nationale est une plateforme unifiée qui permet aux citoyens et aux entreprises d'interagir avec les secteurs public et privé dans un environnement sécurisé et commode au moyen d'une identité numérique unique. Elle inclut MyInfo (un service de gestion des données à caractère personnel comparable à un profil numérique qui permet aux citoyens et aux résidents de simplifier les opérations en ligne).

L'identité numérique nationale et la collaboration avec des partenaires publics et privés permettent également d'offrir des services personnalisés aux contribuables personnes physiques à Singapour. L'administration fiscale et les autres organismes et partenaires versent des données dans le profil MyInfo rattaché à chaque identité numérique nationale unique, ce qui facilite le remplissage intégré des formulaires fiscaux et l'accès à d'autres services personnalisés sur l'ensemble des canaux numériques, réduisant ou éliminant même la nécessité de transmettre des justificatifs. Tirant profit de l'identité numérique nationale, 98 % des contribuables personnes physiques de Singapour ont déposé leurs déclarations par voie électronique.

L'identité numérique nationale et les API permettent d'intégrer les impôts (impôt sur le revenu, TPS/TVA) dans les systèmes naturels des entreprises. Les sociétés peuvent exploiter plusieurs fonctions de l'identité numérique nationale, via le CorpPass, pour interagir avec leurs clients et effectuer des opérations avec les organismes administratifs et d'autres entités, en toute sécurité et simplicité et avec les accords et autorisations requis. Ainsi, les sociétés peuvent utiliser leurs logiciels de comptabilité pour déposer leurs déclarations de manière intégrée auprès de l'administration fiscale et du registre national des sociétés au moyen du CorpPass et des API, bénéficiant ainsi d'un gain de temps d'environ 75 % pour l'établissement des déclarations de revenus, des annexes et des états financiers.

Voir à l'annexe 5.A les liens vers les documents de référence.

Suède : immigrer en Suède pour travailler – un point d'entrée unique

Pour ce projet, quatre organismes administratifs suédois ont mis au point une solution numérique qui simplifie et rationalise le processus applicable aux personnes qui veulent immigrer en Suède pour y travailler. Ce projet est le fruit d'une collaboration entre l'administration fiscale suédoise, l'office des migrations suédois, l'organisme de sécurité sociale suédois et le service de l'emploi suédois.

La Suède offre au demandeur un service mobile numérique couvrant l'ensemble de l'administration publique suédoise, qui donne une vision globale du processus aux personnes qui viennent travailler en Suède, ainsi que des recommandations personnelles et la possibilité de recevoir des commentaires personnalisés. La solution contient des informations et des services, fournis dès le moment où la personne cherche des informations sur l'immigration en

Encadré 5.9. **Exemples nationaux : services décloisonnés** *(suite)*

Suède pour raisons professionnelles, et jusqu'au jour où elle obtient un permis de travail, est enregistrée et s'établit en Suède. Le service contient également des informations sur le marché du travail et sur le système social suédois.

Le produit est disponible en suédois et en anglais, satisfait les exigences en matière d'accessibilité conformément à la législation en vigueur, et représente la première étape dans la mise en conformité avec les dispositions de la réglementation de l'Union européenne (UE) en matière de passerelle numérique unique.

En créant un compte, les utilisateurs peuvent s'identifier et enregistrer leurs réponses. Ils peuvent également choisir de poursuivre leur parcours personnalisé plus tard.

Dans sa première phase, le produit est destiné aux ressortissants d'États non membres de l'UE qui font une demande de permis de travail en Suède (les demandeurs eux-mêmes et les personnes qui les accompagnent). Des travaux sont en cours pour ajouter des fonctionnalités à la plateforme technique et inclure d'autres groupes cibles et événements de la vie.

Le développement des fonctionnalités du produit se poursuit sur des applications existantes comme la base de données de graphiques, la gestion de contenu/le soutien éditorial et la technologie de conteneur pour équilibrer la charge. Les administrations participantes peuvent utiliser le système de gestion de contenu du produit pour ajouter, modifier et supprimer du contenu, comme le texte, la traduction, le formatage et l'ordre d'affichage.

La solution entend permettre aux personnes concernées de s'établir en Suède de manière plus simple, plus sûre et plus rapide, et leur permet de disposer d'une passerelle unique vers les administrations suédoises. La Suède prévoit également que ce projet permettra de gagner en efficacité et de réduire les coûts en interne. Une analyse plus détaillée des économies réalisées et des autres avantages sera menée prochainement.

Source : Chine (République populaire de) – administration d'État des impôts (2021) ; France – Direction générale des finances publiques (2021) ; Inland Revenue Authority de Singapour (2021) et administration fiscale suédoise (2021).

Approches comportementales

Les approches comportementales sont un domaine de recherche interdisciplinaire qui utilise des principes issus des sciences comportementales telles que la psychologie, les neurosciences et l'économie comportementale pour comprendre comment les individus intègrent les informations, les traitent et y réagissent. Ces principes peuvent être utilisés pour concevoir des politiques et des interventions pratiques basées sur le comportement humain. Ils peuvent s'avérer particulièrement puissants lorsqu'ils sont conjugués aux enseignements tirés de l'analyse des volumes de plus en plus importants de données dont dispose l'administration fiscale, générées en interne et en externe.

Dans les précédentes éditions de cette publication, un nombre croissant d'administrations fiscales déclaraient employer des chercheurs en sciences comportementales et mettre à profit les enseignements de ces disciplines dans certains domaines pour influer sur le respect volontaire des obligations. Le chapitre 10 de l'édition 2019 de ce rapport apporte des informations complémentaires sur ces développements. Cette tendance s'est poursuivie et les approches comportementales sont de plus en plus souvent intégrées dans les stratégies et interventions générales de l'administration fiscale. Ainsi, en 2019, les deux tiers des administrations couvertes par ce rapport avaient recours à des méthodes ou techniques relevant des sciences comportementales (voir le tableau A.48).

L'encadré 5.10 présente deux exemples d'utilisation des approches comportementales par les administrations fiscales et d'autres exemples figurent dans les autres chapitres de ce rapport, notamment dans l'encadré 7.2.

Encadré 5.10. **Exemples nationaux : éclairages comportementaux**

Canada : initiatives « coup de pouce »

L'Agence du revenu du Canada a mis en place plusieurs initiatives « coup de pouce » :

- ***Exploiter les techniques « coup de pouce » pour gérer un trafic réseau particulièrement élevé*** – Au tout début de la pandémie de COVID-19, le gouvernement canadien a lancé la Prestation canadienne d'urgence, qui apportait une aide financière aux salariés et aux travailleurs indépendants directement touchés par le COVID-19. Cette mesure a été annoncée en mars et les demandes pouvaient être transmises à partir du 6 avril 2020. Avant le lancement, l'ARC craignait que son réseau ne parvienne pas à gérer un trafic qui s'annonçait anormalement élevé. Pour atténuer les risques potentiels, l'Agence du revenu du Canada a employé l'un des outils les plus puissants des sciences comportementales : déterminer un comportement par défaut afin de définir et gérer les volumes initiaux de demandes de Prestations canadiennes d'urgence. Il s'agissait de répartir les demandeurs sur les quatre premiers jours de la semaine (du lundi au jeudi) en fonction de leur mois de naissance. Pendant les trois premières périodes de dépôt des demandes, plus de 60 % des demandeurs ont choisir de suivre le comportement par défaut. Facile et simple, le comportement par défaut s'avérait extrêmement efficace.
- ***Favoriser le respect de leurs obligations déclaratives par les particuliers et les entreprises grâce un appel téléphonique automatisé*** – Depuis 2016, l'ARC a lancé quatre campagnes pilotes « coup de pouce » destinées à améliorer le respect de leurs obligations déclaratives par les personnes physiques, en utilisant un composeur-messager automatique (CMA) pour contacter les contribuables personnes physiques et leur rappeler leurs obligations fiscales. Ces campagnes ont montré que le coup de pouce donné par un appel CMA abouti avait un impact positif sur la le respect de leurs obligations déclaratives par les personnes physiques. En janvier 2020, l'ARC a entrepris une campagne similaire, cette fois à l'intention des personnes morales. Un essai contrôlé randomisé a été réalisé pour tester l'effet d'un rappel « coup de pouce ». Les résultats ont montré que le message a eu un impact positif sur le taux de déclaration des sociétés contactées par CMA.
- ***Campagne d'envoi de courriers au sujet des prestations*** – Cette initiative utilise la veille stratégique et l'analyse des données pour déterminer les contribuables qui ne remplissent généralement pas de déclaration de revenus et pourraient prétendre à des prestations, et les contacter par voie postale. À la suite des envois de courriers en 2019, 28 665 déclarations ont été déposées au total, ce qui a entraîné le versement de plus de 15.17 millions CAD de remboursements d'impôts et de 22.46 millions CAD de crédits ou de prestations. Cinq phases de la campagne ont été menées jusqu'ici, la dernière en novembre 2020.

Hongrie : campagne basée sur les sciences comportementales

Depuis 2017, le ministère des Finances ainsi que l'administration fiscale et douanière hongrois mènent conjointement des campagnes annuelles de promotion de la méthode d'imposition alternative simplifiée, l'impôt des petites entreprises (KIVA), auprès du segment

Encadré 5.10. **Exemples nationaux : éclairages comportementaux** *(suite)*

des petites et moyennes entreprises. Après avoir analysé les déclarations fiscales, la Hongrie cible les entreprises qui bénéficieraient d'une conversion au KIVA. Certaines des entreprises retenues reçoivent un courrier classique, détaillant les avantages du KIVA, tandis que d'autres – lorsque les données permettent des calculs précis – reçoivent un courrier précisant la valeur estimée des économies d'impôt qu'elles pourraient réaliser. En 2020, le périmètre de la campagne a été élargi pour inclure les intermédiaires (comptables, conseillers fiscaux), ce qui signifie que pour certaines entreprises c'est le gérant qui a été contacté, mais que dans d'autres cas, les informations ont été envoyées directement au comptable ou au conseiller fiscal.

Les campagnes pour le KIVA ont été menées dans le cadre d'une expérience contrôlée randomisée, ce qui a permis d'évaluer l'efficacité de chaque type de courrier. Les analyses montrent clairement le succès des campagnes, la part des sociétés optant pour le KIVA étant nettement plus élevée parmi les entreprises ciblées.

Voir à l'annexe 5.A les liens vers les documents de référence.

Source : Agence du revenu du Canada (2021) et administration nationale hongroise des impôts et des douanes (2021).

Références

Dijkhuis, S. et al. (2018), *When Willeke can get rid of paperwork : a lean infrastructure for qualified information exchange based on trusted identities*, Association for Computing Machinery, New York, NY, États-Unis, http://dx.doi.org/10.1145/3209281.3209324. [2]

OCDE (2021), *« Administration fiscale : la résilience numérique dans le contexte du COVID-19 », Les réponses de l'OCDE face au coronavirus (COVID-19)*, Éditions OCDE, Paris, https://doi.org/10.1787/addaac0c-fr. [1]

OCDE (2019), *Tax Administration 2019 : Comparative Information on OECD and Other Advanced and Emerging Economies*, Éditions OCDE, Paris, https://dx.doi.org/10.1787/74d162b6-en. [4]

OCDE (2019), *Unlocking the Digital Economy – A guide to implementing application programming interfaces in Government*, OCDE, Paris, www.oecd.org/tax/forum-on-tax-administration/publications-and-products/unlocking-the-digital-economy-guide-to-implementing-application-programming-interfaces-in-government.htm (consulté le 1er septembre 2021). [3]

Annexe 5.A

Liens vers les documents de référence (consultés le 1er septembre 2021)

- Encadré 5.1. – Chili : Lien vers une vidéo sur le nouveau système informatique qui permet un parcours entièrement numérique tout au long du cycle de vie d'un contribuable : https://youtu.be/GoEpNiSk1Wg
- Encadré 5.A. – Inde :
  - Lien vers le diagramme du processus à distance pour les procédures de liquidation de l'impôt, de sanction et d'appel : www.oecd.org/tax/forum-on-tax-administration/publications-and-products/india-process-flowchart-for-remote-proceedings.pdf
  - Lien vers le site web de dépôt électronique de l'administration fiscale : www.incometaxindiaefiling.gov.in/
- Encadré 5.A. – Espagne :
  - Lien vers un exposé sur l'administration numérique intégrale (ADI), le guichet virtuel de l'agence fiscale espagnole : www.oecd.org/tax/forum-on-tax-administration/publications-and-products/spain-integral-digital-assistance-adi.pdf
  - Lien vers des vidéos expliquant l'administration numérique intégrale (ADI) : www.youtube.com/embed/sYa-e8-iR-E (espagnol), et www.youtube.com/watch?v=4LJlGb9hnBQ (anglais)
- Encadré 5.3. – Australie : Lien vers un exposé sur le bureau des partenariats numériques : www.oecd.org/tax/forum-on-tax-administration/publications-and-products/australia-digital-partnership-office.pdf
- Encadré 5.3. – Pays-Bas : Lien vers une affiche présentant la valeur ajoutée de l'écosystème en ligne de confiance pour les déclarations standard des entreprises : www.oecd.org/tax/forum-on-tax-administration/publications-and-products/netherlands-trusted-online-ecosystems-poster.pdf
- Encadré 5.4. – Australie : Lien vers un exposé sur l'assistant virtuel Alex : www.oecd.org/tax/forum-on-tax-administration/publications-and-products/australia-virtual-assistant-alex.pdf
- Encadré 5.4. – Costa Rica : Lien vers un exposé sur le robot conversationnel TRAVI et la messagerie en direct : www.oecd.org/tax/forum-on-tax-administration/publications-and-products/costa-rica-travi-chatbot-and-online-chat.pdf
- Encadré 5.4. – Pérou : Lien vers un exposé sur l'assistant virtuel SOFIA : www.oecd.org/tax/forum-on-tax-administration/publications-and-products/peru-virtual-assistant-sofia.pdf

- Encadré 5.4. – Russie : Lien vers un exposé sur l'assistant virtuel TAXIK : www.oecd.org/tax/forum-on-tax-administration/publications-and-products/russia-virtual-assistant-taxik.pdf
- Encadré 5.4. – Espagne :
  - Lien vers l'assistant virtuel pour l'impôt sur le revenu des personnes physiques : https://www2.agenciatributaria.gob.es/wlpl/AVAC-CALC/InformadorRenta2020
  - Lien vers l'assistant virtuel pour les informations personnelles : https://www2.agenciatributaria.gob.es/wlpl/AVAC-CALC/InformadorCensal
- Encadré 5.5. – Russie : Lien vers un exposé présentant le régime fiscal spécial de l'« impôt sur le revenu professionnel » : www.oecd.org/tax/forum-on-tax-administration/publications-and-products/russia-special-tax-regime-professional-income-tax.pdf
- Encadré 5.6. – Russie : Lien vers un exposé présentant le nouveau régime de discipline du « suivi fiscal » : www.oecd.org/tax/forum-on-tax-administration/publications-and-products/russia-tax-monitoring.pdf
- Encadré 5.6. – Singapour : Lien vers un graphique illustrant l'utilisation d'une API permettant le dépôt intégré des déclarations fiscales : www.oecd.org/tax/forum-on-tax-administration/publications-and-products/singapore-collaboration-with-software-providers.pdf
- Encadré 5.7. – Australie : Lien vers une illustration sur l'orientation stratégique de l'administration fiscale australienne en matière d'API : www.oecd.org/tax/forum-on-tax-administration/publications-and-products/australia-strategic-direction-for-apis.pdf
- Encadré 5.9. – Singapour :
  - Lien vers un graphique illustrant comment l'identité numérique nationale et la collaboration avec l'administration publique et des partenaires privés ont permis d'offrir des services intégrés et personnalisés aux contribuables : www.oecd.org/tax/forum-on-tax-administration/publications-and-products/singapore-national-digital-identity-individuals.pdf
  - Lien vers un graphique expliquant comment l'identité numérique et les API facilitent l'intégration des impôts dans les systèmes naturels des entreprises : www.oecd.org/tax/forum-on-tax-administration/publications-and-products/singapore-national-digital-identity-businesses.pdf
- Encadré 5.10. – Hongrie : Lien vers une vidéo sur l'emploi des approches comportementale pour promouvoir une méthode d'imposition simplifiée destinée au segment des petites et moyennes entreprises : https://youtu.be/ZZg_w0T-SKw

Chapitre 6

Gestion des vérifications et de la discipline fiscale

Évaluer l'exactitude et l'exhaustivité des informations déclarées par le contribuable est l'une des principales fonctions des administrations fiscales et elle est capitale pour favoriser le respect volontaire des obligations fiscales. Ce chapitre examine de plus près les activités des administrations fiscales dans ce domaine, et notamment leur gestion de la discipline fiscale. Il analyse aussi brièvement le basculement des activités de vérification des administrations vers un environnement virtuel, notamment durant la pandémie de COVID-19.

Introduction

La fonction de contrôle, de vérification et d'enquête évalue l'exactitude et l'exhaustivité des informations déclarées par le contribuable. Elle mobilise en moyenne trente pour cent des effectifs de l'administration fiscale et consiste à vérifier que les obligations fiscales ont été respectées. Bien que les vérifications fiscales sur place ou sur pièces restent prépondérantes, le recours aux contrôles, validations et croisements automatisés des informations des contribuables est de plus en plus fréquent. L'exécution et la visibilité de ces mesures et des autres activités liées à la discipline fiscale sont essentielles pour favoriser le respect volontaire des obligations fiscales, notamment grâce à leurs effets sur la perception de l'équité du système fiscal.

Dans ce contexte, ce chapitre examine :

- comment les administrations fiscales gèrent les risques d'indiscipline fiscale, notamment l'utilisation d'ensembles de données à la fois vastes et intégrés
- le champ d'application et les résultats des activités liées à la discipline fiscale menées par les administrations fiscales
- les travaux sur la fiscalité et la délinquance.

Il analyse aussi brièvement les progrès des administrations fiscales pour basculer leurs vérifications vers un environnement virtuel, qui se sont intensifiés durant la pandémie de COVID-19.

La gestion des risques d'indiscipline fiscale

Le rapport de l'OCDE *The Changing Tax Compliance Environment and the Role of Audit* (OCDE, 2017[1]) analyse les changements successifs intervenus au sein des administrations fiscales qui, pris dans leur ensemble, ont changé la nature de l'environnement dans lequel s'inscrit le respect des obligations, et ont ainsi facilité et amélioré la gestion de la discipline fiscale.

Graphique 6.1. **Utilisation de techniques et méthodologies pour améliorer la discipline fiscale, 2019**

Pourcentage d'administrations qui utilisent ces techniques et méthodologies

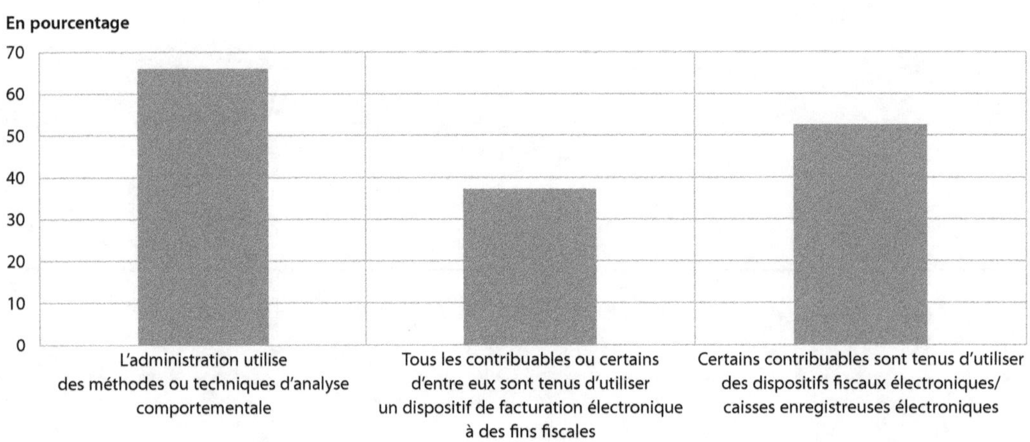

StatLink https://dx.doi.org/10.1787/888934301702

Source : Tableau A.48 Techniques et méthodologies pour améliorer la discipline fiscale.

Ces évolutions reposent en grande partie sur l'amélioration considérable de la disponibilité des données, qui permet de mieux cibler les risques, sur l'analyse des tendances à venir et l'automatisation accrue des vérifications du respect des obligations fiscales. Avec la montée en puissance du numérique, les données fiscales des contribuables et de tiers seront encore plus facilement accessibles (données de facturation électronique, des caisses enregistreuses en ligne et informations sur les états financiers). Elles doivent être traitées et gérées par les administrations fiscales, dont bon nombre utilisent à cet effet des techniques de science des données et des outils analytiques. Cette analyse sophistiquée s'accompagne d'une étude comportementale afin d'obtenir une vision plus complète des risques de non-respect des obligations. Le graphique 6.1 ci-après indique le pourcentage d'administrations fiscales qui utilisent ce type d'approches.

Encadré 6.1. **Exemples nationaux : exploration de données**

Canada : Projet d'exploration de données

L'Agence du revenu du Canada (ARC) emploie des techniques d'apprentissage automatique pour faciliter l'exploration et la compréhension des données dans les circonstances où il existe des quantités considérables de données et peu ou pas de connaissance préalable des bases de données ou systèmes. Même dans les cas où une documentation satisfaisante et des métadonnées sont disponibles, la connaissance approfondie d'une base de données peut nécessiter plusieurs années d'apprentissage. Pour faciliter la compréhension des activités, des approches d'exploration des données ont été mises au point afin mettre en évidence la manière dont les variables sont corrélées au sein des bases de données. En exploitant des ensembles de données considérables contenant un très grand nombre de variables, ces approches donnent des résultats simples, que les analystes peuvent comprendre et utiliser facilement. En plus de mettre au jour des tendances et connaissances inexplorées, ces techniques ont été employées dans différents domaines au sein de l'ARC pour accélérer la phase d'exploration des données, par un rapide aperçu préliminaire et en permettant de mieux cibler les domaines d'intérêt à des fins d'analyse ultérieure.

France : Projet de « Lac de données »

La stratégie numérique de l'administration fiscale française (Direction générale des finances publiques – DGFiP) repose sur son « Lac de données », une infrastructure Big Data (mégadonnées) spécialement conçue pour faire face au traitement d'une quantité impressionnante de données, quelle que soit leur provenance. Cette fonction est assurée de manière sécurisée et fiable et accorde une attention particulière à l'utilisation et au stockage des données à caractère personnel.

Il s'agit également d'un outil d'expérimentation pour les scientifiques de données afin de mettre au point des séquences d'opérations compatibles avec la DGFiP afin d'examiner et d'évaluer la viabilité d'un projet d'IA et d'étudier et de mener à bien des projets d'automatisation. L'objectif de la DGFiP est de garantir que son lac de données va dans le sens d'une vision élargie des projets d'IA, compatibles avec ses objectifs en matière d'automatisation, de contrôle, d'éthique et de protection des données.

Lors de sa première utilisation, cette infrastructure a effectivement divisé par vingt la durée requise pour effectuer l'un des agrégats statistiques nécessaires à la gestion annuelle des impôts. Cet aspect était essentiel, car les demandes d'agrégats statistiques n'étaient pas entièrement satisfaites en raison de la quantité de données impliquées dans le processus.

Depuis lors, les données de plusieurs applications ont alimenté le lac de données et ont ainsi constitué une base solide pour les projets d'IA utilisant des données précédemment

Encadré 6.1. **Exemples nationaux : exploration de données** *(suite)*

stockées dans différents segments du système informatique, ce qui a suscité une réflexion plus approfondie sur la gouvernance des données.

Voir à l'annexe 6.A les liens vers les documents de référence.

Singapour : Plateforme de données unifiée

Dans le cadre de ses efforts en faveur d'une approche centrée sur les données, l'Inland Revenue Authority of Singapore (ou IRAS) a mis en œuvre une Plateforme de données unifiée (« PDU ») afin de regrouper les données de différentes sources au sein d'un référentiel de données unique, à la fois flexible et évolutif. Cette plateforme permet un échange plus rapide des données entre les systèmes et l'utilisation de données actualisées pour la prise de décisions, ce qui est particulièrement utile dans la mesure où les processus et interactions numériques avec les contribuables se font de plus en plus en temps quasi réel. La technologie de base de la PDU prend en charge le stockage et le traitement de formats de données plus vastes et plus complexes. Ce système améliore considérablement les capacités de l'IRAS à traiter une grande variété de données, en plus des données structurées.

La capacité de la PDU à gérer des formats de données plus complexes a ouvert de nouvelles perspectives pour l'IRAS en matière d'exploitation de données. Ainsi, l'outil de recommandation de courriers électroniques, conçu à partir d'une fonction de recherche textuelle, permet aux agents de récupérer des réponses antérieures pertinentes pouvant servir de références afin de répondre plus rapidement aux demandes envoyées par courrier électronique. Des techniques avancées d'apprentissage automatique et de traitement du langage naturel sont employées afin de renforcer la pertinence des résultats de la recherche, mais aussi d'améliorer sa précision dans le temps.

Grâce à la technologie de capture des changements de données (Change data capture – CDC), la PDU est en mesure d'ingérer beaucoup plus rapidement les données de systèmes sources. Cela a permis de résoudre un problème majeur du système analytique précédent, avec lequel un délai de plusieurs semaines pouvait être nécessaire à l'ingestion des données. Les données de plusieurs sources ayant été regroupées au sein d'une plateforme de données unique complétée par l'utilisation d'outils modernes de visualisation des données, l'IRAS est en mesure d'effectuer des analyses plus globales et en temps voulu à partir de données actualisées afin d'améliorer les connaissances et le processus décisionnel.

Source : Agence du revenu du Canada (2021), France – Direction Générale des Finances Publiques (2021) et Inland Revenue Authority of Singapore (IRAS) (2021).

Améliorer la disponibilité des données

Face au nombre croissant de données stocké par voie électronique et au recours à de nouveaux processus et techniques pour faciliter le transfert, le stockage et l'intégration des données, la quantité de données dont disposent les administrations fiscales pour faire respecter les obligations a considérablement augmenté.

Les sources de données comprennent :

- ***Les données provenant de terminaux*** : Les données peuvent être collectées à partir de terminaux qui enregistrent les transactions comme les caisses enregistreuses en ligne et les ordinateurs de bord des taxis et poids lourds ainsi que les enregistrements des barrières et ponts-bascules.

- ***Les données des banques, commerçants ou services de paiement intermédiaires et prestataires de services*** : Elles permettent de vérifier directement les revenus ou actifs déclarés par le contribuable. Certains pays reçoivent déjà régulièrement les détails ou les totaux des transactions des contribuables.
- ***Les données des fournisseurs*** : La collecte de données auprès des fournisseurs, directement ou par l'intermédiaire du contribuable, permet de dresser un tableau plus complet des activités et revenus du contribuable. Cela est rendu possible grâce à l'utilisation accrue de systèmes de facturation électronique qui, ainsi que le souligne le chapitre 4, permettent à certaines administrations fiscales de préremplir les déclarations.
- ***Les données des clients*** : Cette démarche est plus facile dans les circonstances où le nombre de clients est limité et connu, mais des mécanismes pour stimuler la discipline fiscale des clients sont de plus en plus souvent utilisés, notamment pour la vérification des recettes en espèces. L'encadré 6.2 présente un autre exemple expliquant que les citoyens chiliens peuvent utiliser une application mobile de l'administration fiscale pour vérifier la validité de l'attestation de paiement de l'impôt sur les paquets de cigarettes et signaler toute anomalie.
- ***Les données non structurées relatives au contribuable*** : On observe sur Internet et sur les réseaux sociaux un nombre croissant de traces électroniques relatives à des activités et transactions d'entreprises. L'analyse des données non structurées dans les courriers électroniques permet également d'améliorer les temps de réponse et l'exactitude comme indiqué dans l'exemple de Singapour à l'encadré 6.1.
- ***Les données d'autres organismes publics*** : Les données détenues par d'autres organismes publics, notamment pour l'octroi de permis, à des fins réglementaires ou de sécurité sociale peuvent être utiles pour vérifier les déclarations fiscales ou évaluer les risques. C'est ainsi que l'administration fiscale du Costa Rica utilise les informations des plans cadastraux locaux, le registre des propriétés immobilières et les photographies aériennes disponibles sur Internet pour repérer les biens immobiliers qui, en raison de leur usage et de leur valeur, sont assujettis à un impôt spécial (voir l'encadré 6.2).
- ***Les données des partenaires internationaux*** : Les nouveaux échanges internationaux de données, entamés dans le cadre de la Norme commune de déclaration (NCD) et des déclarations pays par pays, augmentent considérablement la quantité de données disponibles sur les activités internationales, procurent des informations utiles pour les processus de sélection des dossiers et de vérification et, dans certains cas, pour préremplir les déclarations.

Encadré 6.2. **Exemples nationaux : Utiliser la disponibilité accrue de données**

Canada : Analyse de données, apprentissage automatique et traitement du langage naturel pour les services d'assurance et de conseil

À mesure que les outils d'analyse de données se perfectionnent, les organisations exigent davantage de données actualisées, pertinentes et globales pour éclairer le processus décisionnel stratégique et fondé sur des faits. Soucieuse de répondre à l'évolution de ces besoins, l'ARC utilise des outils innovants pour changer sa manière d'analyser les données avec efficacité et efficience afin de fournir des services d'assurance et de conseil fondés sur des données probantes.

Encadré 6.2. **Exemples nationaux : Utiliser la disponibilité accrue de données** *(suite)*

L'exploitation de techniques d'intelligence artificielle (IA), telles que l'apprentissage automatique (ML) et le traitement du langage naturel (NLP) pour réduire le temps d'analyse et augmenter la capacité à comprendre un grand nombre d'informations, permet à l'ARC d'étendre la portée et l'importance de ses missions de vérification et d'évaluation internes. C'est ainsi qu'en 2021, des modèles d'apprentissage automatique ont été utilisés pour analyser une population complète et non pas un échantillon aléatoire afin d'identifier les risques potentiels de fraude interne, ce qui a permis aux hauts responsables de prendre des décisions plus éclairées sur la manière de réduire les risques de fraude. Le NLP a permis d'analyser de nombreux types de documents afin de dégager des thèmes, des perceptions résumées et des diagrammes de réseau, et de permettre ainsi à l'ARC d'analyser en détail un plus grand nombre d'éléments d'information, et de laisser aux employés davantage de temps pour interpréter les résultats. Ces techniques d'IA sont appliquées à toutes les étapes de la vérification interne, de l'évaluation et des processus de gestion des risques et l'ARC encourage leur développement et leur utilisation au sein de l'organisation afin de promouvoir l'innovation.

L'ARC a pu constater comment ces outils peuvent être utilisés à plus grande échelle au sein de l'organisation et démontre comment leur compréhension et leur application peuvent apporter une valeur ajoutée en faisant gagner du temps aux employés et en contribuant à prendre de meilleures décisions.

Chili : Système de traçabilité des cigarettes

Depuis le mois de mars 2019, les paquets de cigarettes vendus au Chili doivent posséder un système de marquage qui permet de distinguer les produits contrefaits des produits authentiques. Ce dispositif permet de suivre en ligne la production nationale de cigarettes par marque et variété (SKU), le montant des pertes ainsi que le paiement des taxes spécifiques dues à ce secteur. Il a été mis en œuvre en partenariat avec les opérateurs du marché. Durant l'année 2019, 487 044 855 paquets ont été marqués pour le marché intérieur et 10 800 000 pour l'exportation, tandis qu'entre janvier et décembre 2020, la proportion a été de 514 639 534 paquets pour le marché intérieur et 20 412 000 pour l'exportation.

Pour favoriser la discipline fiscale, un outil portable permet de vérifier le marquage des produits et de valider l'encre utilisée et les caractéristiques du produit. Il permet également l'enregistrement centralisé des résultats obtenus à la suite des inspections sur place.

Par ailleurs, l'administration fiscale a également activé une application mobile appelée e-Verifica, qui permet à la population de vérifier la validité d'un paquet. Plus précisément, l'application lit le code, vérifie sa validité et affiche les informations sur le produit. Ce même dispositif permet à l'utilisateur de signaler toute anomalie, en indiquant des informations relatives au lieu d'achat, au motif de l'anomalie, etc.

L'ensemble de ces éléments permet à l'administration fiscale chilienne d'accéder à des informations actualisées, et ainsi de se concentrer plus efficacement sur la discipline fiscale.

Voir à l'annexe 6.A les liens vers les documents de référence.

Costa Rica : Utilisation d'un système d'information géographique pour repérer les biens immobiliers assujettis à l'impôt

L'administration fiscale centrale du Costa Rica a fait en sorte d'améliorer ses connaissances sur l'emplacement géographique des biens immobiliers de sept communes du pays pour s'assurer qu'ils sont dûment imposés. Cette mesure était nécessaire en raison d'incohérences entre l'adresse des propriétaires et les plaques d'identification des biens immobiliers (numéro d'identification de la propriété ou du bien) qui entravaient la bonne gestion fiscale.

Encadré 6.2. Exemples nationaux : Utiliser la disponibilité accrue de données *(suite)*

Un système d'information géographique fiscale centralisé a été créé à partir des plans cadastraux locaux, des registres des municipalités, de photographies aériennes et de données conservées par l'administration fiscale et le registre des propriétés immobilières du Costa Rica. Ce système a permis de repérer les propriétaires de biens qui n'avaient pas respecté leurs obligations fiscales.

Après avoir détecté, repéré et identifié les propriétaires de biens immobiliers non respectueux des obligations fiscales, un processus de contrôle fiscal a été entamé, en laissant aux contribuables la possibilité de corriger spontanément une omission.

Ces mesures ont donné les résultats suivants :

- détection de 75 % de contribuables supplémentaires qui étaient auparavant non déclarés (non enregistrés au cadastre comme ayant acquitté les impôts sur la propriété)
- hausse de 5 % des nouveaux déclarants
- économies de temps et d'argent consacrés aux contrôles sur place
- création d'une ressource qui peut être utile aux autres actions de discipline fiscale.

Voir à l'annexe 6.A les liens vers les documents de référence.

Hongrie : Traçabilité des chaînes de facturation

L'adoption de la déclaration en ligne obligatoire des données de facturation en Hongrie permet à l'Administration hongroise des impôts et des douanes d'accéder en temps réel à une quantité considérable de données. Il s'agit également d'une réelle avancée dans la détection des personnes qui se cachent derrière des chaînes de facturation frauduleuses, ce qui permet à l'administration de prendre des mesures plus ciblées et plus rapides à l'encontre de ceux qui fraudent délibérément. Cette mesure permet également d'établir une distinction claire entre les contribuables qui se livrent à des activités frauduleuses et ceux qui respectent les obligations fiscales.

Calendrier de la déclaration obligatoire des données de facturation

1 er juillet 2018 – Introduction de la déclaration obligatoire des données de facturation pour les transactions conclues entre des contribuables nationaux dont le montant de TVA est supérieur ou égal à 100 000 HUF.

1er juillet 2020 – La déclaration des factures de transactions conclues entre des contribuables nationaux est obligatoire quel que soit le montant de la TVA.

1er janvier 2021 – Toutes les factures doivent être déclarées si le lieu de fourniture des services est situé en Hongrie, y compris lorsque l'acquéreur est une personne physique.

Analyse des risques à partir des données de facturation en ligne

Le système compare les données des factures fournisseurs avec celles des déclarations de TVA, repère les anomalies et croise les données pour faire apparaître les chaînes de facturation sur un outil de visualisation en réseau.

Les données générées sont utilisées pour analyser les risques, permettent de les cerner rapidement en fonction des profils et de cibler plus précisément les vérifications préalables aux affectations. Un profil de risque peut être, par exemple, l'émetteur d'une facture qui fait l'objet d'une procédure de recouvrement de l'impôt alors que le délai de paiement n'est pas encore échu.

Encadré 6.2. **Exemples nationaux : Utiliser la disponibilité accrue de données** *(suite)*

Résultats

Durant l'année d'adoption de la déclaration obligatoire des données de facturation en ligne (2018), le solde de paiement de la TVA a atteint 3928.7 milliards HUF, soit une hausse de 11.44 % par rapport à l'année précédente, qui s'est confirmée par une hausse supplémentaire de 15.35 % en 2019. En 2020, l'indicateur a affiché un repli de 9.65 % en raison de la pandémie.

Voir à l'annexe 6.A les liens vers les documents de référence.

Pérou : Commerce en ligne

Au Pérou, la croissance soutenue du commerce en ligne s'est accélérée depuis le deuxième trimestre de 2020 dans le contexte de la pandémie, et a entraîné la création de nouvelles activités de vente de biens et de services par l'intermédiaire de plateformes en ligne. Cependant, le risque d'activité non déclarée s'est également accru, ce qui a donné lieu à une concurrence déloyale et une diminution des recettes fiscales.

Dans ce contexte, cette initiative visait à favoriser le respect volontaire des obligations par les citoyens et à les inciter à formaliser leur activité. La SUNAT a utilisé à cet effet une technique d'extraction du contenu de sites web qui, par le biais d'algorithmes de programmation, a permis d'obtenir des informations issues de diverses sources, notamment des réseaux sociaux et des sites internet de commerce en ligne. Les biens et services ont ensuite été classés par catégorie à l'aide d'une technique d'exploration de texte. Après avoir repéré les vendeurs non respectueux des obligations sur les plateformes en ligne, des informations leur ont été communiquées sur les obligations fiscales.

Cette initiative a permis de détecter en un an 14 562 nouveaux vendeurs utilisant des plateformes en ligne. Ce résultat est meilleur que ceux obtenus par le biais d'autres mesures et il est démontré qu'il a eu une incidence sur la baisse des coûts supportés par la SUNAT, qui sont passés de 19 à 0.12 soles par citoyen détecté.

Voir à l'annexe 6.A les liens vers les documents de référence.

Russie : Système analytique « comptes financiers (NCD) »

Après leur réception, les données issues de la Norme commune de déclaration (NCD) communiquées par les pairs sont chargées dans un lac de données qui comprend également des ensembles de données issus d'autres bases de données internes. Le système utilise ensuite 16 algorithmes prédéfinis pour relier les informations issues de la NCD à d'autres systèmes et pour s'assurer qu'il n'y a pas d'erreurs. Les algorithmes sont très affinés ; en conséquence, sauf concordance simultanée entre deux éléments de données, les données sont transmises à un opérateur pour une vérification semi-manuelle. À ce stade, l'opérateur est assisté par le système pour indiquer où se situe l'erreur et quelle peut être la meilleure solution. Les résultats de ce processus sont copiés par le système pour de nouvelles opérations de vérification.

Une fois les données appariées avec succès, elles sont transférées vers un autre lac de données contenant des informations internes complémentaires pour établir un profil de risque. Ces opérations ont pour but de définir si le contribuable apparié détient des revenus non déclarés provenant de sources extérieures à la Russie, s'il est le propriétaire d'une entreprise étrangère ou s'il détient des actifs qui peuvent être utilisés pour payer les arriérés d'impôts. Les algorithmes sont en grande partie prédéfinis, mais en cas de vérification par les agents des administrations fiscales territoriales des risques qui en résultent, le système en tient compte.

Encadré 6.2. **Exemples nationaux : Utiliser la disponibilité accrue de données** *(suite)*

Lorsque les deux processus d'appariement sont achevés, les résultats sont communiqués aux fonctionnaires des impôts chargés de faire respecter les obligations fiscales au contribuable visé pour approfondir l'enquête et pour commentaires.

À ce jour, le système parvient à apparier 83 % des données.

Voir à l'annexe 6.A les liens vers les documents de référence.

Source : Agence du revenu du Canada (2021), Chili – Servicio de Impuestos Internos (2021), Costa Rica – Direction des impôts (2021), Hongrie – Administration nationale des impôts et des douanes (2021), Pérou – Superintendencia Nacional de Administración Tributaria (2021) et Service fédéral des impôts de la Russie (2021).

L'accès à de vastes ensembles de données s'accompagne cependant de quelques risques nouveaux. Il est notamment de plus en plus probable que des données intéressant l'administration fiscale d'une juridiction soient détenues sur le territoire d'une autre juridiction. Dans ces circonstances, il est parfois difficile de se procurer automatiquement les données, dès lors que ceux qui les détiennent sont situés dans une autre juridiction. Cela complique parfois l'évaluation des risques, ainsi que le préremplissage des déclarations ou l'élaboration de processus mettant la discipline fiscale au cœur du système.

Prenons, par exemple, la croissance de l'économie du partage et à la demande que facilitent les plateformes en ligne dont le fonctionnement dépasse les frontières. Ce risque peut croître parallèlement au développement de l'économie en ligne, en particulier s'il va de pair avec le remplacement de l'emploi salarié (et de la déclaration des revenus par les employeurs) par le travail indépendant. Le rapport de l'OCDE *The Sharing and Gig Economy : Effective Taxation of Platform Sellers* (OCDE, 2019[2]) se penche sur cette question. Il examine un certain nombre de stratégies adoptées actuellement par les administrations fiscales ainsi que leurs limites et recommande de définir un cadre normalisé de déclaration pour faciliter à l'avenir les éventuels échanges automatiques de renseignements entre les administrations fiscales. Il s'est également concrétisé par l'élaboration des documents suivants :

- Un ensemble de règles types qui, une fois transposées dans le droit, imposent aux plateformes numériques de recueillir des informations sur les revenus perçus par ceux qui utilisent ces plateformes pour proposer des services personnels, d'hébergement et de transport, et de communiquer ces informations aux administrations fiscales (OCDE, 2020[3]).
- Un code de conduite pour faciliter l'adoption d'une approche standard de la coopération entre les administrations et les plateformes en vue de fournir des informations aux vendeurs en ligne et de leur procurer un soutien pour les aider à se conformer à leurs obligations fiscales tout en minimisant la charge liée à la discipline fiscale (OCDE, 2020[4]).

Un autre risque relevé a trait aux actifs financiers numériques comme les cryptomonnaies. Il peut être très difficile de retrouver les propriétaires d'actifs numériques même s'ils ont un lien avec la création d'un portefeuille numérique spécifique (sensiblement similaire à un compte en banque). Retrouver les personnes ou les entités qui se cachent derrière certaines adresses de portefeuilles numériques est difficile, voire impossible et mobilise des ressources importantes.

Bien qu'il ne s'agisse pas d'un risque en tant que tel, il convient de noter que les règles de protection des données pourraient limiter les circonstances dans lesquelles il est possible de conserver, traiter ou partager des données.

Ciblage plus précis des risques

Science des données

Ces dernières années, l'application de l'analyse avancée à la gestion des risques s'est beaucoup développée. Le rapport de l'OCDE *Advanced Analytics for Tax Administration : Putting data to work* (OCDE, 2016[5]) donne des orientations pratiques sur la manière dont les administrations fiscales peuvent utiliser l'analyse pour favoriser la discipline fiscale et la prestation de services publics.

Actuellement, 49 administrations fiscales déclarent utiliser la science des données/des outils analytiques et beaucoup d'autres se préparent à les utiliser à l'avenir. De même, la plupart des administrations couvertes par cette publication ont déjà adopté l'intelligence artificielle, notamment l'apprentissage automatique, ou sont en train de le faire (voir le tableau 6.1).

Tableau 6.1. **Recours à la science des données, 2019**

Pourcentage d'administrations

État d'avancement de la mise en œuvre et de l'utilisation	**Science des données/ analytique**	**Intelligence artificielle, y compris apprentissage automatique**	**Automatisation robotisée des processus**
La technologie est mise en œuvre et utilisée	84 %	38 %	27 %
La technologie est en phase de mise en œuvre pour une utilisation future	14 %	34 %	14 %
La technologie n'est pas utilisée, y compris dans les situations où la mise en œuvre n'a pas débuté	2 %	28 %	59 %

Source : Tableaux A.50 Technologies innovantes : mise en œuvre et utilisation (partie 1) et A.51 Technologies innovantes : mise en œuvre et utilisation (partie 2).

Le recours à des techniques analytiques de plus en plus sophistiquées pour développer les ensembles de données permet une gestion plus ciblée des risques et un choix de mesures d'intervention, y compris par des processus automatisés. L'encadré 6.3 présente quelques exemples.

Encadré 6.3. **Exemples nationaux : Utilisation de l'analyse pour mieux cibler les risques**

Australie : Analyse automatisée des relevés bancaires

Bon nombre de vérifications fiscales et la plupart des enquêtes nécessitent un examen fastidieux des relevés bancaires.

L'Australian Taxation Office (ATO) a automatisé ce processus en utilisant des modèles à base de tableurs spécialement conçus à cet effet (les Modèles), qui ont permis de :

- multiplier au moins par dix la vitesse d'analyse des relevés bancaires (gain de temps de 90 %)
- renforcer les capacités de réaction en temps réel aux infractions en cours/actuelles
- mieux comprendre de vastes ensembles de données.

Encadré 6.3. Exemples nationaux : Utilisation de l'analyse pour mieux cibler les risques *(suite)*

Ces modèles ont été élaborés au sein de l'administration sans coût supplémentaire et ils illustrent la détermination de l'organisation à réaliser des gains d'efficacité à partir des ressources existantes.

Comment fonctionnent-ils ?

Les données des relevés bancaires compatibles avec le tableur sont copiées dans les Modèles, qui appliquent des formules pour « lire » la rubrique descriptive de chaque transaction du relevé. Le jargon bancaire est ignoré et les transactions sont classées en quelques secondes, en tenant compte des expressions ou termes restants (par exemple, si la description du relevé indique « Virement bancaire en ligne 1010 Prêt Jane Smith », le Modèle classera l'opération comme « Prêt Jane Smith ».

Les Modèles :

- proposent les transactions potentielles avec des parties liées
- génèrent automatiquement divers rapports de type tableaux de bord à partir des données
- apprennent facilement à lire les nouveaux relevés bancaires
- intègrent aisément les nouvelles données à leur réception.

Voir à l'annexe 6.A les liens vers les documents de référence.

Belgique : Analyse des réseaux de transactions (TNA)

L'analyse des réseaux de transactions (TNA) est un nouveau système mis en place au niveau européen qui permet aux États membres d'échanger rapidement et de traiter conjointement les données de TVA. Il facilite la détection plus précoce des réseaux suspects pour lutter contre la fraude en matière de TVA.

Cet outil s'inspire de l'approche adoptée depuis 2002 par l'Inspection spéciale des impôts (ISI) du Service Public Fédéral (SPF) belge qui a été chargée de développer la TNA et dirige actuellement le groupe d'experts. Cet outil est à la disposition des unités antifraude dans tous les États membres dans le cadre du réseau désormais connu sous le nom d'Eurofisc.

La TNA est un outil d'extraction de données pour l'échange d'informations et le traitement de données en commun, destiné aux agents d'Eurofisc qui utilisent le VIES (système d'échange d'informations sur la TVA) et les données d'Eurofisc pour constituer des réseaux autour d'opérateurs considérés comme à risque. Après leur création, les réseaux sont classés par priorité en fonction des règles adoptées par les États membres. La TNA permet aux fonctionnaires de liaison Eurofisc de communiquer, de manière efficace, leurs observations sur les alertes reçues. Elle complète les méthodes et outils nationaux d'analyse des risques, mais ne les remplace pas.

Le système de TNA comprend deux parties : l'application TNA de base et les règles et algorithmes spécialisés qui sont appliqués aux données.

Les principales fonctionnalités de la TNA permettent :

- d'automatiser la collecte d'informations ciblées via le VIES
- de visualiser les réseaux suspects sans intervention manuelle
- de renforcer la capacité des États membres à émettre des alertes précoces et à communiquer leurs observations
- d'améliorer la qualité, la fiabilité et la sécurité des renseignements échangés.

Encadré 6.3. **Exemples nationaux : Utilisation de l'analyse pour mieux cibler les risques** *(suite)*

La TNA a été mise à la disposition d'Eurofisc pour être utilisée en production en avril 2019. Aujourd'hui, tous les États membres participent activement à la TNA, la gestion du système étant confiée à une équipe d'experts des administrations fiscales.

Brésil : Le loup dans la bergerie – L'intelligence artificielle pour repérer les fraudes éventuelles

Les habitants d'un même quartier ont généralement des revenus, actifs et dépenses similaires. Grâce à la géolocalisation et l'intelligence artificielle, l'administration fiscale brésilienne est en mesure de repérer « le loup dans la bergerie ». L'expression désigne les contribuables d'un quartier qui ont des revenus, actifs ou dépenses supérieurs à la normale du quartier, ce qui indique une probabilité élevée de fraude.

Chili : Modèle prédictif des contribuables fraudeurs

Le Servicio de Impuestos Internos (SII) a repéré l'existence de personnes ou d'entreprises qui émettent des factures frauduleuses simulant des transactions réelles et les remettent à leurs clients, qui les utilisent pour réduire leur taxe sur la valeur ajoutée (TVA) exigible.

À l'aide d'outils technologiques et grâce au savoir-faire de ses fonctionnaires, le SII a pu élaborer des modèles mathématiques qui

- permettent de repérer les contribuables utilisant des documents électroniques frauduleux
- vérifient que les contribuables qui reçoivent des documents fiscaux frauduleux ne peuvent pas utiliser le crédit d'impôt
- exercent tous les pouvoirs de l'administration fiscale pour piéger ceux qui facilitent la fraude.

À l'aide d'un logiciel spécialisé qui permet d'accéder à diverses sources d'information, le SSI a employé plusieurs techniques telles que l'exploration de données, les données massives et le regroupement de données pour dresser les contours du cycle de vie d'un contribuable afin de définir un groupe spécial classé comme « émetteurs agressifs » et il utilise également les faux positifs pour corriger les modèles et les schémas de comportement.

Le SII a ainsi pu traiter en temps voulu les actes de fraude fiscale, en les empêchant de nuire à son image et de saper la confiance des contribuables dans le système fiscal.

Chine (République populaire de) : Méthodes de contrôle innovantes

À partir de données fiscales massives, l'administration d'État des impôts chinoise (STA) a créé un système dynamique de gestion du crédit et des risques, qui émet des alertes différenciées selon les contribuables afin d'encourager la discipline fiscale volontaire. En outre, à l'aide de cette nouvelle technologie sophistiquée, les autorités administratives peuvent repérer les contribuables à risque élevé, ce qui leur permet de s'attaquer à la fraude et à l'évasion fiscales. Les contribuables qui respectent volontairement leurs obligations constatent donc l'équité et la justice du système fiscal.

Cette approche a ainsi permis de créer un nouveau système pour gérer la facturation de la TVA qui s'inspire du précédent, mais intègre désormais tous les éléments d'information d'une facture. Il est employé pour éviter les fausses factures, améliorer les services pour les contribuables et éclairer la prise de décisions. En 2020, ce système a permis à l'administration fiscale chinoise de suivre en temps réel les risques de facturation et de réagir avec rapidité et précision à la fraude à la TVA ; plus de 94 % des risques ont pu être correctement identifiés. De

Encadré 6.3. Exemples nationaux : Utilisation de l'analyse pour mieux cibler les risques *(suite)*

plus, pour renforcer la surveillance et la réglementation des crédits d'impôt, les données relatives aux risques de crédit sont associées à des algorithmes sophistiqués afin de permettre un suivi dynamique des notes de solvabilité du contribuable. Le modèle actualise ces notes en temps réel afin de générer un profil de risque de crédit global des contribuables. L'administration fiscale chinoise applique les dispositions les plus strictes des lois et réglementations en vigueur à ceux dont la note de solvabilité est basse, tandis qu'une procédure accélérée comportant moins de formalités et un traitement plus rapide est appliquée aux notes élevées.

Nouvelle-Zélande : Données et outils d'analyse intégrés dans le nouveau système START

Les données et l'analyse aident l'Inland Revenue Department de la Nouvelle-Zélande à améliorer ses services, à agir précocement pour permettre aux contribuables de payer et recevoir les montants adéquats, à cibler plus efficacement ses activités et à prendre des décisions plus éclairées.

Au sein du nouveau système technologique de l'administration fiscale néo-zélandaise START (*Simplified Tax and Revenue Technology* – technologie simplifiée de l'administration fiscale), l'outil de gestion des éléments de preuve examine les déclarations reçues ainsi que les autres informations détenues afin de « détecter » les erreurs et problèmes qui nécessitent une intervention. L'outil de gestion de l'intégrité START interrompt l'émission des impôts dus et des remboursements de trop-perçu si, selon les indicateurs intégrés dans le système, la probabilité de fraude ou d'erreur est élevée.

L'administration fiscale néo-zélandaise a également mis en œuvre une plateforme de données et de renseignements qui complète les fonctionnalités analytiques de START. Elle rassemble de multiples ensembles de données, issus de l'administration fiscale et de tierces parties afin d'établir des modèles, mieux connaître les clients et classer par ordre de priorité les domaines où ils peuvent avoir besoin d'aide ou de conseils.

Les fonctionnalités de bout en bout qui renforceront la valeur ajoutée de ces outils sont encore à l'étude. L'administration fiscale néo-zélandaise a cependant enregistré des progrès importants dans l'intégration de ces outils et systèmes pour tester les interventions et développer les connaissances.

C'est ainsi que ces fonctionnalités ont facilité le processus d'émission automatique du calcul de l'impôt sur le revenu, en l'accélérant et en limitant les contacts avec les clients. Ce processus a duré trois mois en 2019 contre deux mois en 2020.

Pérou : Détection des anomalies dans les justificatifs de paiement électroniques

Ces dernières années, l'administration fiscale péruvienne a encouragé l'utilisation généralisée des justificatifs de paiement électroniques et en 2020, 91 % des ventes déclarées par les contribuables utilisaient ce type de justificatif. Compte tenu des avancées significatives enregistrées et de la nécessité de démontrer que des volumes considérables d'informations générés sont intégrés avec succès dans la gestion des risques, l'utilisation de cette source d'information est extrêmement importante. Une stratégie préventive permettant de contrôler l'émission des justificatifs de paiement électroniques a donc été mise en œuvre, et repère les anomalies dans le comportement des contribuables à travers une approche fondée sur les risques. Le suivi permanent de ces transactions permet à l'administration d'analyser les risques émergents et d'émettre des alertes précoces.

L'administration fiscale utilise l'apprentissage automatique pour détecter les transactions atypiques parmi ces ensembles de données, puis interprète et explique les prévisions aux décideurs. L'ensemble de ce processus s'inscrit dans un environnement de données massives en raison du volume considérable et de la rapidité de traitement des données.

Encadré 6.3. **Exemples nationaux : Utilisation de l'analyse pour mieux cibler les risques** *(suite)*

Cette activité a permis non seulement de mettre au jour de nouveaux risques, mais aussi de diminuer de 21 % les heures de travail du personnel spécialisé, de prévenir les erreurs de traitement des informations et d'abaisser les coûts d'exploitation de 15 %.

Voir à l'annexe 6.A les liens vers les documents de référence.

Source : Australian Taxation Office (2021), Belgique – Service public fédéral Finances (2021), Brésil – Administration fiscale brésilienne (2021), Chili – Servicio de Impuestos Internos (2021), République populaire de Chine – Administration d'État des impôts (2021), Nouvelle-Zélande – Inland Revenue Department – Te Tari Taake (2021) et Pérou – Superintendencia Nacional de Administración Tributaria (2021).

Programmes d'éducation des contribuables

Une autre approche de la gestion ciblée des risques consiste à créer des unités chargées d'examiner les dossiers fiscaux de certains segments de contribuables. Les deux domaines dans lesquels l'administration fiscale a jugé utile de gérer certains groupes de contribuables de manière segmentée sont les grandes entreprises et les contribuables fortunés. La concentration des ressources de l'administration sur la gestion de ces catégories s'explique par les raisons suivantes :

- ***importance des risques d'indiscipline fiscale*** : en raison de la nature et du type de transactions, des activités à l'étranger, des possibilités et stratégies visant à réduire les créances fiscales et, dans le cas des grandes entreprises, des différences entre les bénéfices comptables et les bénéfices calculés à des fins fiscales
- ***complexité des transactions et de la fiscalité*** : compte tenu, en particulier, de l'importance des intérêts en jeu et, dans le cas des contribuables fortunés, de la combinaison entre leurs affaires publiques et privées
- ***intégrité du système fiscal*** : importance de pouvoir donner aux parties prenantes des garanties sur les activités entreprises à l'égard de ces groupes de contribuables.

En outre, en ce qui concerne les gros contribuables, un petit nombre d'entre eux sont généralement redevables d'une part disproportionnée des recettes fiscales recouvrées. Selon les données collectées dans le cadre de l'enquête ISORA 2020, entre 30 % et 60 % des recettes totales nettes collectées par la plupart des juridictions, y compris les retenues à la source sur les revenus des employés, proviennent de contribuables concernés par les programmes dédiés aux gros contribuables (voir le graphique 6.2). En moyenne, 2 % environ des entreprises concernées par ces programmes représentent 43 % des recettes totales recouvrées (voir le tableau 6.2).

Graphique 6.2. **Part des recettes fiscales gérées dans le cadre des services/programmes dédiés aux gros contribuables, 2019**

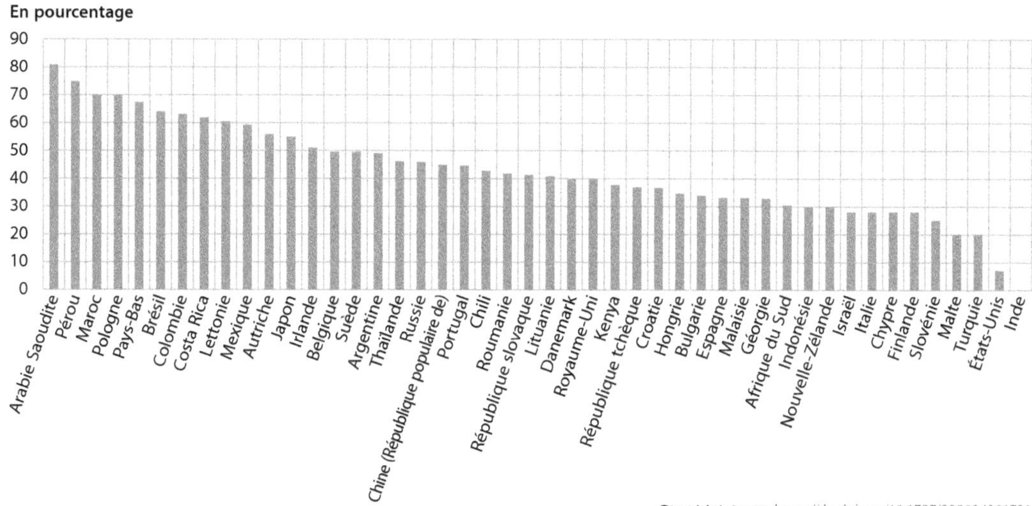

StatLink https://dx.doi.org/10.1787/888934301721

Source : Tableau D.9 Ratios de segmentation : services/programmes dédiés aux gros contribuables.

Tableau 6.2. **Importance des services/programmes dédiés aux gros contribuables, 2019**

ETP affectés aux dossiers des gros contribuables en pourcentage des ETP totaux	Entreprises contribuables gérées par des services/ programmes dédiés aux gros contribuables en pourcentage des entreprises actives redevables de l'impôt sur les bénéfices des sociétés	Part des recettes nettes gérées par des services/ programmes dédiés aux gros contribuables par rapport aux recettes nettes totales recouvrées par l'administration fiscale	ETP affectés aux contrôles, enquêtes et autres fonctions de vérification au sein des services/ programmes dédiés aux gros contribuables en pourcentage des ETP totaux de ces services/ programmes	Montant total des redressements établis par les services/ programmes dédiés aux gros contribuables en pourcentage du montant total des redressements établis à la suite de vérifications
4.1	1.7	42.7	65.8	33.9

Note : Le tableau présente les pourcentages moyens dans les juridictions qui ont été en mesure de communiquer les renseignements. Le ratio entre les « entreprises contribuables gérées par des services/programmes dédiés aux gros contribuables et les entreprises actives redevables de l'impôt sur les bénéfices des sociétés » exclut l'Arabie saoudite. En effet, cela provoquerait une distorsion de la moyenne générale, car les chiffres déclarés par l'Arabie saoudite concernant leurs services/programmes consacrés aux gros contribuables incluent également les payeurs de la zakat et de l'impôt sur les bénéfices des sociétés, ce qui aboutit à un taux supérieur à 100 %.

Source : Tableau D.9 Ratios de segmentation : services/programmes dédiés aux gros contribuables.

Si la gestion de ces groupes de contribuables est souvent prise en charge dans le cadre d'un programme, bon nombre de juridictions les intègrent dans une structure, qui nécessite un service dédié aux gros contribuables ou une unité responsable des contribuables très fortunés. Le périmètre d'activité de ces unités varie considérablement et va des activités traditionnelles de contrôle aux approches multiservices (voir le graphique 6.3). Cependant, en moyenne, les deux tiers des membres du personnel de l'administration fiscale employé dans les services ou par les programmes dédiés aux gros contribuables effectuent des travaux de contrôle, d'enquête et d'autres missions de vérification (voir le tableau 2.6).

Graphique 6.3. **Services/programmes dédiés aux gros contribuables : existence et fonctions exercées, 2019**

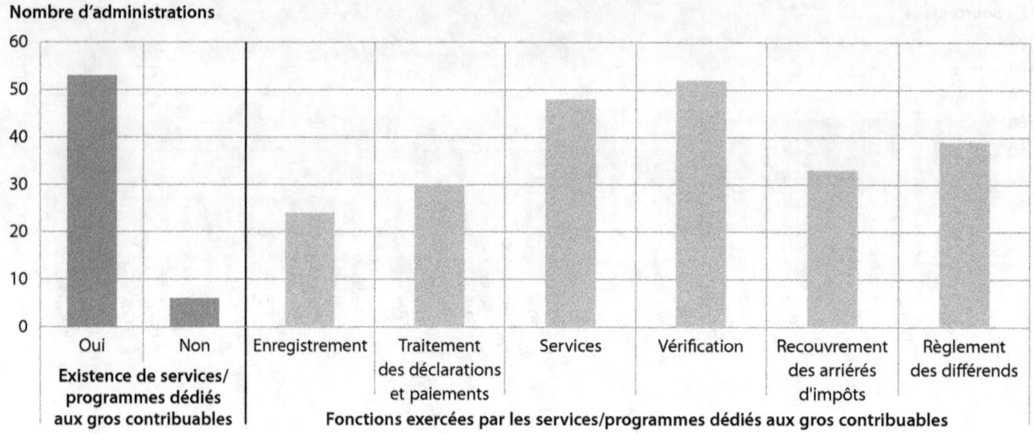

StatLink https://dx.doi.org/10.1787/888934301740

Source : Tableau A.15 Service/programme dédié aux gros contribuables : existence et fonctions.

Graphique 6.4. **Programmes de gestion des particuliers fortunés, 2019**

Nombre d'administrations

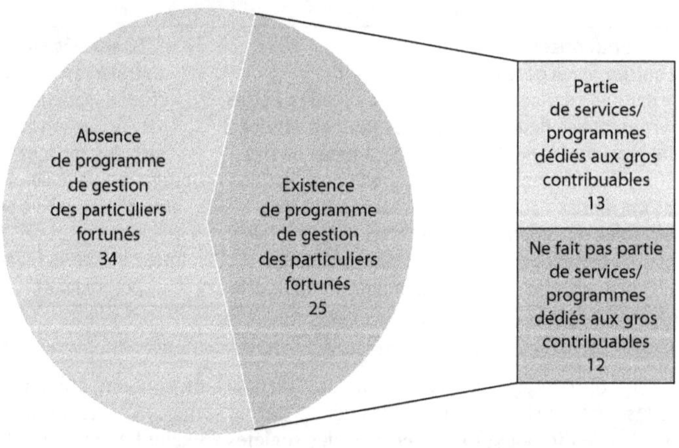

StatLink https://dx.doi.org/10.1787/888934301759

Source : Tableau A.18 Programmes de gestion des particuliers fortunés.

Comprendre les risques futurs

S'il est essentiel que les administrations fiscales soient conscientes des risques actuels d'indiscipline fiscale et élaborent des stratégies de réponse appropriées, il est tout aussi important qu'elles comprennent quels peuvent être les risques futurs. L'accès à de grandes quantités de données et les capacités dont dispose l'administration fiscale pour les traiter et les analyser lui permettent d'évaluer où de nouveaux risques d'indiscipline fiscale peuvent se poser et de définir les stratégies requises pour les atténuer.

Cet aspect est particulièrement important en temps de crise, comme la pandémie de Covid-19, qui peut influer sur la discipline fiscale du contribuable. Les confinements et autres mesures prises par les pouvoirs publics ont eu des répercussions sur les sources de revenus de nombreux contribuables, entraînant une baisse des bénéfices, voire des pertes. Compte tenu de la diminution ou de la suspension des activités de contrôle des administrations fiscales, certains contribuables pourraient être tentés à l'avenir de se montrer moins disciplinés.

Les situations de crise exacerbent parfois l'indiscipline fiscale, mais de nombreux facteurs doivent être pris en compte, notamment le développement de l'économie numérique, les cryptomonnaies, la perception d'iniquité, les nouveaux modes de travail, etc. Un grand nombre d'administrations s'y intéressent et l'encadré 6.4 en fournit un exemple.

Conscient du fait que les administrations sont unies et confrontées à des enjeux similaires, le Forum sur l'administration de l'impôt (FAI) a entrepris un exercice prospectif pilote fondé sur les données disponibles, qui a été mené par l'Australian Taxation Office et le Réseau JITSIC. Cette analyse pourrait donner lieu à d'autres travaux collaboratifs pour comprendre et atténuer les principaux risques émergents (OCDE, 2020[6]).

Encadré 6.4. **Canada : Application du Futures Lab au niveau opérationnel**

Le Futures Lab apporte son soutien aux programmes de contrôle de la discipline fiscale de l'Agence du revenu du Canada (CRA) afin d'étudier de quelle manière les tendances façonnant le paysage numérique peuvent influer sur la discipline fiscale tant actuelle qu'à venir. La mission du Laboratoire consiste à soutenir les progrès de la CRA dans le domaine de l'économie numérique en faisant adopter au personnel de l'ARC, sur une base volontaire, des approches, techniques et outils prédictifs. Les initiatives suivantes ont fait partie du Futures Lab :

- Le projet Compliance 2050 a étudié les perspectives dans le domaine des revenus, des rémunérations et de l'impôt et a mis en évidence les moteurs du changement qui auront une incidence sur la discipline fiscale à l'avenir. Ce projet a présenté la prospective à plus de 300 employés de l'ARC dans le cadre de la journée portes ouvertes Compliance 2050.
- Application de la prospective au niveau opérationnel dans le cadre d'une initiative de facturation en ligne qui a permis une étude de viabilité de ce système en ligne afin de garantir son adéquation avec les tendances émergentes. L'avenir des chaînes d'approvisionnement et systèmes d'achat a été étudié afin d'éclairer le processus de communication des pièces et une série de profils de contribuables a été élaborée afin de comprendre les tendances des petites et moyennes entreprises en matière de transition numérique.
- Un club d'analyse des perspectives après le Covid-19 a été créé afin de supprimer les cloisonnements au sein de l'ARC, mais aussi d'examiner les changements émergents. Ce club d'analyse interprofessionnel est un lieu de discussion informel sur les indicateurs du changement et leurs implications pour l'ARC. La collaboration avec d'autres sections a permis de créer des analyses thématiques pour soutenir leurs objectifs professionnels respectifs.
- Sensibilisation à la prospective pour mieux la faire connaître au sein de l'ARC. Une collaboration avec diverses sections de l'Agence a été instaurée afin d'apporter un soutien en matière de prospective stratégique. Des ateliers consacrés à la prospective ont permis aux participants de comprendre son application à la gestion des risques et à l'innovation.

Source : Agence du revenu du Canada (2021).

Champ d'application et résultats

La nature des « activités liées à la discipline fiscale » entreprises par les administrations fiscales pour déterminer si les contribuables ont correctement déclaré l'impôt dû évolue. Comme on l'a vu plus haut, l'accès accru aux données et l'adoption de modèles analytiques sophistiqués permettent aux administrations fiscales de mieux repérer les déclarations, demandes ou transactions qui peuvent nécessiter un examen plus approfondi ou être frauduleuses. En outre, ces modèles, dont bon nombre peuvent fonctionner en temps réel, permettent aux administrations d'effectuer des vérifications électroniques automatisées de toutes les déclarations ou de certaines transactions.

Vérifications électroniques de la discipline fiscale

Si les vérifications traditionnelles (notamment les vérifications complètes, d'un point précis ou sur pièces) représentent toujours les principales activités de vérification, le recours aux vérifications électroniques automatisées à partir d'approches fondées sur des règles pour traiter certains risques définis (comme le rejet automatique d'une demande, l'émission d'une lettre ou l'appariement d'une transaction) dote les administrations de moyens plus efficaces et efficients pour effectuer certaines activités de vérification.

Néanmoins, dans le cadre de ces approches, il y a lieu de se demander comment tenir compte de ces vérifications électroniques automatisées dans les informations sur les performances communiquées par les administrations. La prise en compte de l'ensemble des vérifications est susceptible d'entraîner une distorsion des taux de couverture, de redressement et de rendement. Toutefois, lorsqu'elles remplacent les vérifications manuelles effectuées autrefois, il semblerait approprié de tenir compte de ce que font les administrations dans ce domaine.

À cet égard, dans sa version de 2020, l'Enquête internationale sur les administrations fiscales (ISORA) invite les administrations fiscales participantes à ventiler le montant total des redressements supplémentaires résultant des activités liées au contrôle et à la vérification en (i) vérifications et (ii) vérifications électroniques du respect des obligations (au sens des vérifications électroniques, de la validation et de l'appariement des informations sur le contribuable).

Seules quelques administrations ont été en mesure de communiquer des informations sur les vérifications électroniques du respect des obligations (voir le tableau A.34). Toutefois, pour certaines d'entre elles (comme l'Afrique du Sud, l'Autriche, le Chili, l'Estonie, la Grèce, le Maroc et Malte), les vérifications électroniques du respect des obligations représentent une part importante (environ 20 % et plus) des redressements supplémentaires effectués dans le cadre de l'ensemble des activités de contrôle et de vérification.

Encadré 6.5. **Exemples nationaux : vérifications automatisées**

Australie : Analyse automatisée des données avant l'émission

Pour aider les contribuables à remplir correctement leur déclaration de revenus dès la première tentative, l'ATO utilise des solutions automatisées pour rectifier les erreurs ou les oublis.

L'ATO a élaboré un certain nombre de solutions d'analyse opérationnelle (AO) et, à partir de données de haute qualité provenant de tiers et d'autres informations, elle repère et rectifie automatiquement les déclarations dans un délai de deux (2) jours suivant la réception de la déclaration.

Encadré 6.5. **Exemples nationaux : vérifications automatisées** *(suite)*

Dès que la solution d'AO a rectifié automatiquement une déclaration de revenus, elle génère un script personnalisé qui donne au contribuable des détails spécifiques sur l'ajustement effectué. Le script personnalisé est utilisé par le personnel des services téléphoniques de l'ATO si un individu le contacte pour demander des renseignements sur le traitement. Une brève description de l'ajustement effectué est également incluse dans l'avis d'imposition adressé au contribuable.

Si le contribuable exprime son désaccord avec l'ajustement effectué ou avec la réponse téléphonique du personnel de l'ATO, les services opérationnels de l'administration transmettent la demande à un service spécialisé afin de la soumettre à un examen supplémentaire.

Si une personne conteste l'ajustement de la déclaration par l'ATO avant son émission et apporte des preuves à l'appui de sa demande, le traitement automatique sera annulé en totalité ou en partie.

Depuis ses débuts en juillet 2017, le programme de vérification automatisée avant émission a permis d'ajuster 1.4 million de déclarations sur le revenu des personnes physiques, et a ainsi sauvegardé 684 millions AUD de recettes. Quelque 17 % des contribuables ont demandé à l'ATO de justifier les raisons de l'ajustement et moins de 2 % des déclarations traitées ont été soumises à un examen complémentaire.

Une déclaration de revenus correcte dès le départ évite les activités liées à la discipline fiscale après l'émission de l'imposition, qui donnent lieu généralement à une modification de l'imposition et au recouvrement du montant de la moins-value de recettes fiscales assorti de pénalités et d'intérêts débiteurs dont le contribuable devra s'acquitter.

Pays-Bas : Demande de correction d'erreur dans le cadre du processus déclaratif

Depuis 2015, l'Administration néerlandaise des impôts et des douanes (NTA) adresse un courrier « pour mémoire » aux redevables de l'impôt sur le revenu des personnes physiques qui sont les plus susceptibles d'avoir communiqué des informations erronées dans leurs déclarations de revenus. Ces déclarations de revenus sont sélectionnées par le système de vérification fondé sur les risques appliqué à l'impôt sur le revenu des personnes physiques. Ces courriers attirent l'attention des contribuables sur des erreurs ou anomalies éventuelles dans leurs déclarations de revenus, leur demandent de les vérifier et de les rectifier si besoin est.

Si une déclaration complémentaire est transmise, elle est ajoutée à la déclaration initiale et l'ensemble est alors contrôlé à nouveau par le système de vérification fondé sur les risques. Les déclarations de revenus sélectionnées à l'issue de ce processus – comme celles des contribuables qui n'ont pas répondu aux courriers – sont traitées manuellement à des fins de vérification et de rectification. Les courriers pour mémoire envoyés peuvent aborder différents points, comme les frais d'étude et de formation, la révision des intérêts ou des cotisations de retraite.

Jusqu'à présent, l'impact de ces courriers a dépassé les attentes. Ces dernières années, 70 à 75 % environ des contribuables destinataires des courriers y ont répondu par un ajustement de leurs déclarations fiscales. Cela signifie que ces courriers sur différents points ont permis d'économiser 16 800 à 18 000 heures de travail consacrées au processus de vérification et d'imposition.

Voir à l'annexe 6.A les liens vers les documents de référence.

Source : Australian Taxation Office [ATO] (2021) et Administration néerlandaise des impôts et des douanes (2021).

Vérifications

Alors que les enquêtes ISORA précédentes établissaient une distinction entre les taux d'ajustement par type de vérification, celle de 2020 invite en revanche les administrations à communiquer des informations relatives à l'ensemble des vérifications réunies. Il n'est donc plus possible d'établir une comparaison avec les données des enquêtes précédentes.

L'examen des données de l'enquête ISORA 2020 permet de formuler quelques observations générales :

- ***Les taux d'ajustement liés aux vérifications*** varient sensiblement selon les administrations prises en compte dans ce rapport, et vont du taux minime de 5 % en Norvège à des taux atteignant 95 % et plus au Brésil, aux États-Unis, au Maroc et en Russie (voir le graphique 6.5.). (Les taux d'ajustement élevés peuvent bien sûr résulter de vérifications très ciblées).
- L'ampleur des vérifications ressort également de l'examen des ***redressements supplémentaires effectués*** (voir le graphique 6.6). Dans de nombreuses juridictions, les redressements supplémentaires effectués à la suite de vérifications représentent plus de 5 % des recettes totales collectées. Les 50 administrations qui ont été en mesure de fournir des données déclarent en moyenne 5.5 % de redressements supplémentaires liés à des vérifications en pourcentage des impôts recouvrés.
- La ventilation par type d'impôt montre que le ratio entre les redressements supplémentaires effectués et les impôts recouvrés est plus élevé dans le cas de l'impôt sur les bénéfices des sociétés (IS). En moyenne, les redressements supplémentaires de l'IS en pourcentage de l'IS recouvré s'élèvent à 11.3 %, soit un pourcentage trois fois supérieur au pourcentage de la taxe sur la valeur ajoutée (3.7 %) et plus de quatre fois supérieur à celui de l'impôt sur le revenu des personnes physiques (2.6 %). (Voir le graphique 6.7.)
- Dans un grand nombre de juridictions, ***les redressements supplémentaires effectués par les services/programmes dédiés aux plus gros contribuables*** représentent une part importante des redressements supplémentaires liés aux vérifications (voir le graphique 6.8.). En moyenne, les services/programmes dédiés aux gros contribuables représentent environ un tiers du total des recouvrements supplémentaires liés aux vérifications (voir le tableau 6.2).

Graphique 6.5. **Taux de succès des vérifications, 2019**

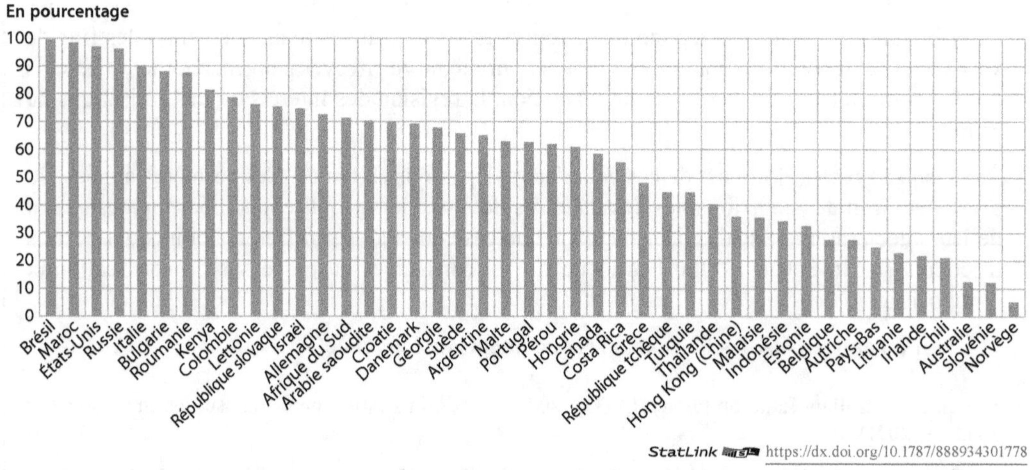

StatLink https://dx.doi.org/10.1787/888934301778

Source : Tableau D.22 Vérifications : taux de succès et redressements établis.

Graphique 6.6. **Redressements établis suite aux vérifications en pourcentage de l'impôt collecté, 2019**

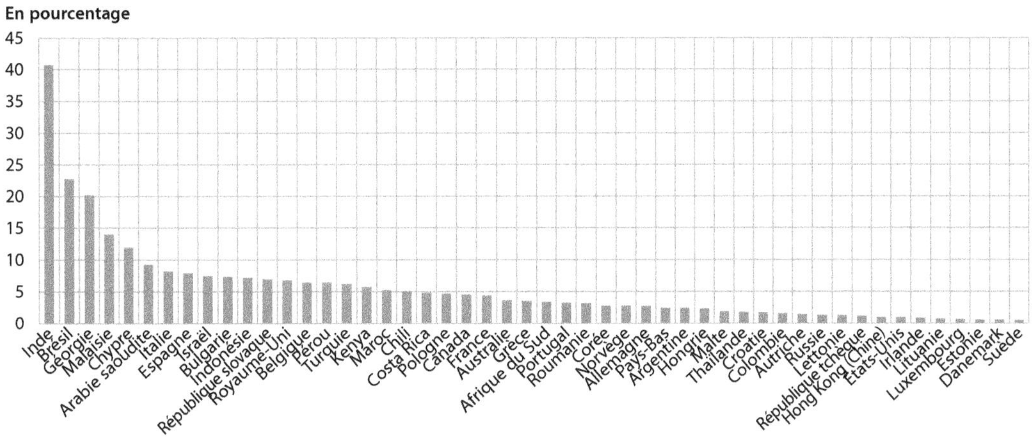

StatLink https://dx.doi.org/10.1787/888934301797

Source : Tableau D.22 Vérifications : taux de succès et redressements établis.

Graphique 6.7. **Redressements établis suite aux vérifications en pourcentage de l'impôt collecté par type d'impôt, 2019**

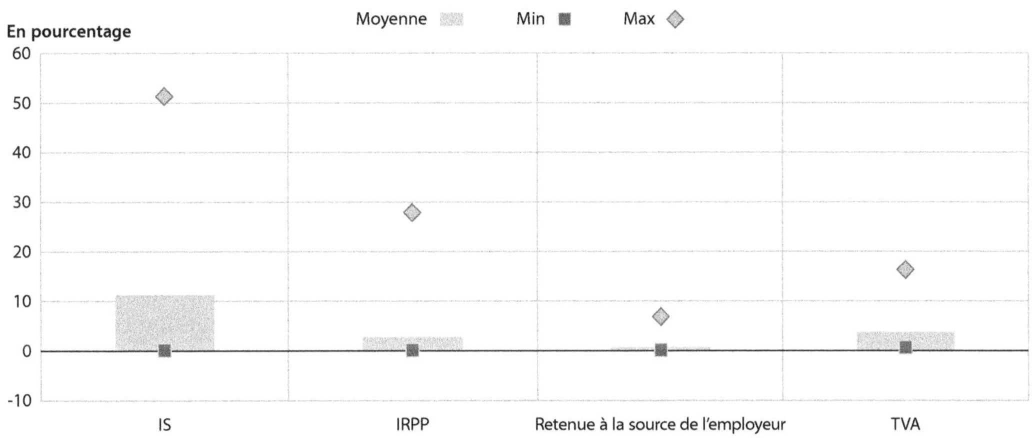

StatLink https://dx.doi.org/10.1787/888934301816

Source : Tableau D.23 Vérifications : redressements établis par type d'impôt.

Graphique 6.8. **Redressements établis à la suite de vérifications entreprises par les services/programmes dédiés aux gros contribuables, en pourcentage des redressements établis à la suite de l'ensemble des vérifications, 2019**

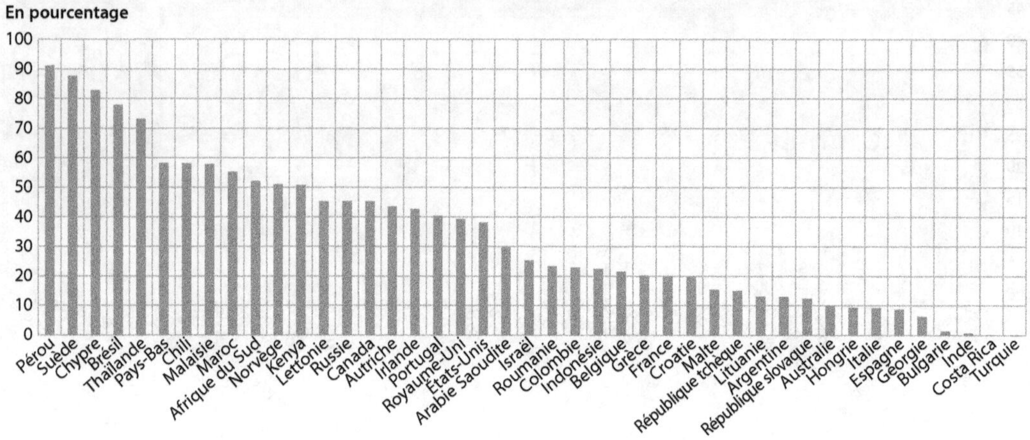

StatLink https://dx.doi.org/10.1787/888934301835

Source : Tableau D.9 Ratios de segmentation : services/programmes dédiés aux gros contribuables.

Basculement des activités de vérification vers un environnement virtuel

Les administrations ont traditionnellement recours à différents types de vérifications : vérifications complètes ou portant sur un point précis, examen des livres et états comptables ou encore enquêtes approfondies en cas de suspicion de fraude fiscale. Ces vérifications obligent généralement l'administration fiscale à se rendre dans les locaux du contribuable (vérifications sur place).

Les progrès technologiques ont amené les administrations à envisager de nouvelles modalités de dialogue avec le contribuable lors des processus de contrôle, avec notamment la communication par voie électronique des documents relatifs à la vérification. Cette tendance s'est nettement accélérée depuis le début de la pandémie de Covid-19, car la fermeture des centres des impôts et le passage au télétravail d'un grand nombre de fonctionnaires des services fiscaux ont considérablement modifié les activités liées à la discipline fiscale et la façon dont elles sont menées.

Dans son rapport de 2021 intitulé *Administration fiscale : la résilience numérique dans le contexte du COVID-19* (OCDE, 2021[7]), l'OCDE indique que les trois quarts des 32 administrations fiscales prises en compte dans le rapport ont suspendu ou considérablement réduit leurs activités de vérification sur place. Néanmoins, sur ce nombre, près de 90% d'entre elles ont basculé certaines composantes de l'activité de vérification sur place vers un mode virtuel/numérique, en accédant par voie électronique aux documents pertinents pour le processus de vérification et/ou en réalisant des entretiens à distance (voir le tableau 6.3).

Le fait que 90% des administrations déclarent qu'elles-mêmes et les contribuables concernés considèrent l'utilisation des outils virtuels/numériques à des fins de vérification comme une expérience positive est très encourageant pour l'évolution à venir dans ce domaine. En outre, 76% de ces administrations envisagent de continuer de mener leurs vérifications sur un mode virtuel/numérique à l'avenir (voir le tableau 6.3). L'encadré 6.6 présente quelques exemples d'initiatives des administrations dans ce domaine.

Tableau 6.3. **Basculement des activités de vérification sur place vers un environnement virtuel/numérique**

En pourcentage des administrations

Suspension ou forte réduction du nombre de vérifications sur place (hormis les cas d'évasion et de fraude fiscales)	Basculement de certaines composantes de l'activité de vérification sur place vers un mode virtuel/numérique	Enseignements tirés de l'expérience par les administrations ayant basculé vers un mode virtuel/numérique			
		Possibilité d'avoir accès aux documents utiles par voie électronique	Réalisation d'entretiens à distance dans des conditions satisfaisantes	Opinion positive des contribuables (ou autres parties prenantes) sur l'expérience	Projet de poursuivre les activités de vérification sur place sur un mode virtuel/numérique
75%	88%	90%	86%	90%	76%

Source : OCDE (2021), « Administration fiscale : la résilience numérique dans le contexte du COVID-19 », *Les réponses de l'OCDE face au coronavirus (COVID-19)*, https://doi.org/10.1787/addaac0c-fr.

Encadré 6.6. **Exemples nationaux : exploration de données**

Chili : Contrôle à distance

L'un des principaux objectifs stratégiques du SII consiste à établir de meilleures relations avec les contribuables soumis à des procédures de vérification. Dans cette optique, il a amélioré les outils de communication et ainsi créé un système qui facilite les relations entre les fonctionnaires des services fiscaux et les contribuables et qui en évalue les effets.

Les objectifs de ce programme sont les suivants :

- faciliter la discipline fiscale par une prise en charge fluide et rapide, utilisant des circuits de communication comme les courriers électroniques, les contacts téléphoniques ou les appels vidéo qui permettent une action personnalisée
- améliorer la qualité des informations communiquées au SII en limitant les erreurs présentes dans les documents fournis par les contribuables
- favoriser la rectification des erreurs ou incohérences fiscales en établissant un contact à distance avec un vérificateur fiscal durant le processus d'analyse ou d'examen
- simplifier le respect des obligations fiscales en éliminant les temps de déplacement pour se rendre dans les locaux de l'administration fiscale et permettre au contribuable de communiquer ou de compléter ses informations par voie électronique.

Hongrie : Vérification électronique – une solution sûre sans réserve

En Hongrie, l'Administration nationale des impôts et des douanes (NTCA) a commencé à préparer les vérifications électroniques dès 2015, en communiquant par voie électronique aux contribuables les informations sur les vérifications et les références de ses vérificateurs. L'obligation de gestion en ligne adoptée par la Hongrie en 2018 a amené non seulement la NTCA, mais aussi les contribuables à utiliser davantage les échanges électroniques. Cela a contraint la NTCA à élaborer des solutions informatiques innovantes et la loi prévoyait que tout nouvel outil devait être accessible aux contribuables sans frais ni restriction de taille des données.

La plateforme achevée à la fin de l'année 2018 permettait la transmission de documents numériques sans limite de taille, ce qui a contribué au succès des échanges électroniques dans le cadre des vérifications et en 2019, la Hongrie a lancé les contrôles électroniques, ce qui a fait du pays un précurseur, y compris au sein de l'UE. L'ensemble de ce processus se déroule dans l'espace numérique, les relations entre le contribuable et la NTCA étant dématérialisées. En 2019 et 2020, les contribuables vérifiés ont envoyé des documents électroniques totalisant 2.7 millions de mégaoctets et la NTCA en a transmis près d'un million.

Encadré 6.6. **Exemples nationaux : exploration de données** *(suite)*

Du fait de la vérification par voie électronique, même les restrictions imposées en raison de la pandémie de coronavirus n'entravent pas les activités. À l'aide d'outils informatiques, les contribuables peuvent coopérer avec l'administration depuis n'importe quel endroit au monde. La vérification électronique est non seulement sûre, mais aussi très rentable et respectueuse de l'environnement; en effet, ce processus remplace plus de 5 millions de feuilles de papier et représente une économie considérable en termes de capacités d'impression et de frais postaux.

Elle offre l'avantage supplémentaire d'être beaucoup plus rapide que la méthode traditionnelle. Si la durée moyenne d'une vérification fiscale est de 128 jours par voie traditionnelle, elle est ramenée à 86 jours par voie électronique.

La vérification électronique est avantageuse pour toutes les parties : elle permet aux contribuables et à la NCTA d'économiser des ressources, qui peuvent être utilisées à des fins plus productives.

Voir à l'annexe 6.A les liens vers les documents de référence.

Pérou : Système GIE (gestion électronique inductive)

Le GIE est une plateforme qui facilite les relations entre les contribuables et l'administration fiscale (SUNAT) par la gestion d'un grand nombre de vérifications fiscales.

Le principal atout de cette application est d'éviter les entretiens en face à face entre les vérificateurs et les contribuables pendant toute la durée du processus de vérification. Dans le cadre de cet échange virtuel, la SUNAT informe le contribuable des incohérences relevées dans sa déclaration fiscale et joint un rapport qui en rend compte. Par la suite, le contribuable transmet les documents demandés par la SUNAT en joignant, le cas échéant, des notes explicatives.

Pour la SUNAT, le principal avantage a trait à l'augmentation du nombre de vérifications fiscales qui a atteint 80 000 en un an. Pour les contribuables, l'intérêt est la diminution des coûts liés à la discipline fiscale, car ils n'ont plus besoin d'être présents en face à face dans les locaux de l'administration pendant le processus de vérification. L'administration a ainsi modernisé et simplifié les services fournis.

Par ailleurs, cette application de contrôle à distance présente les fonctions suivantes :

- processus réactif de sélection des dossiers au niveau national utilisant des notifications électroniques automatiques
- reprogrammation en ligne de la date d'envoi par les contribuables des documents demandés par la SUNAT
- consultations en ligne entre le contribuable et les vérificateurs sur les fichiers électroniques relatifs à la vérification fiscale
- intégration automatique des résultats de la vérification dans les programmes de sélection des dossiers en fonction des incohérences préalablement signalées au contribuable.

Voir à l'annexe 6.A les liens vers les documents de référence.

Espagne : Missions de vérification virtuelles (VIVI)

En 2019, les directions du contrôle fiscal et de l'informatique ont lancé un projet de mise en œuvre de « missions de vérification virtuelles » (VIVI). La crise du Covid-19 a stimulé la demande de systèmes de vidéoconférence pour garantir la continuité de l'activité et la sécurité des contribuables et des fonctionnaires des services fiscaux. Dans ce contexte, l'AEAT en a profité pour accélérer leur mise en œuvre effective et l'étendre aux autres procédures fiscales.

Encadré 6.6. **Exemples nationaux : exploration de données** *(suite)*

Dans cette optique, il a été nécessaire de modifier la législation pour que ce nouveau mode d'interaction avec les contribuables soit inscrit dans la loi.

En vertu de la loi, les procédures de demandes fiscales auprès des contribuables peuvent désormais utiliser des systèmes numériques qui, par le biais de la vidéoconférence ou d'autres dispositifs, permettent une communication visuelle et sonore bidirectionnelle et simultanée, un échange visuel, auditif et verbal et garantissent la transmission et la réception sécurisées des documents, en veillant au respect de leur auteur, de leur authenticité et de leur intégrité. Le contribuable doit donner son accord en vue de l'utilisation de ce système.

La raison d'être de ce nouvel outil est qu'il évite les déplacements inutiles dans les locaux de l'administration fiscale tout en respectant les règles de protection des données, d'authenticité et d'intégrité des documents ainsi que l'identification des contribuables et des fonctionnaires de l'administration, comme le ferait un entretien en face à face. Il présente l'avantage supplémentaire de permettre la numérisation complète du dossier et d'être durable et responsable sur le plan écologique, car la quantité de papier utilisée est limitée et l'empreinte carbone réduite en évitant les déplacements.

Le système réunit tous les outils nécessaires pour simuler une réunion en face à face :

- un système de vidéoconférence
- un registre électronique pour télécharger les documents communiqués par le contribuable
- la signature électronique du fonctionnaire de l'administration et du contribuable
- le dossier électronique du contribuable, afin que le fonctionnaire des services fiscaux puisse accéder à toutes les informations.

Durant le second semestre 2016, le système VIVI a permis la signature de 1 490 documents et en février 2021, il a été utilisé pour le premier calcul de l'imposition, ce qui indique une tendance positive en faveur de l'utilisation du système.

Voir à l'annexe 6.A les liens vers les documents de référence.

Source : Chili – Servicio de Impuestos Internos (2021), Hongrie – Administration nationale des impôts et des douanes (2021), Pérou – Superintendencia Nacional de Administración Tributaria (2021) et Agence fiscale espagnole (2021).

Enquêtes sur les délits fiscaux

On parle de délit fiscal lorsqu'une personne se soustrait délibérément au paiement de l'impôt ou réclame des sommes qui ne lui sont pas dues. Le graphique 6.9, qui présente le rôle des administrations fiscales dans les enquêtes sur les délits fiscaux, montre que la moitié des administrations prises en compte dans cette publication ont la responsabilité de mener ces enquêtes.

- 39 % des administrations fiscales ont la responsabilité de diriger et de mener des enquêtes sur des délits fiscaux
- 15 % des administrations fiscales ont la responsabilité de mener les enquêtes, mais sous la direction ou l'autorité d'une autre instance comme la police ou le ministère public.

Les administrations restantes n'ont pas la responsabilité de mener des enquêtes sur des délits fiscaux. Dans ces circonstances, elles sont confiées à une autre autorité, comme la police ou le ministère public. Il peut s'agir également d'un organisme fiscal spécialisé, établi en dehors de l'administration fiscale.

Graphique 6.9. **Rôle de l'administration dans les enquêtes sur les délits fiscaux, 2019**

Pourcentage d'administrations

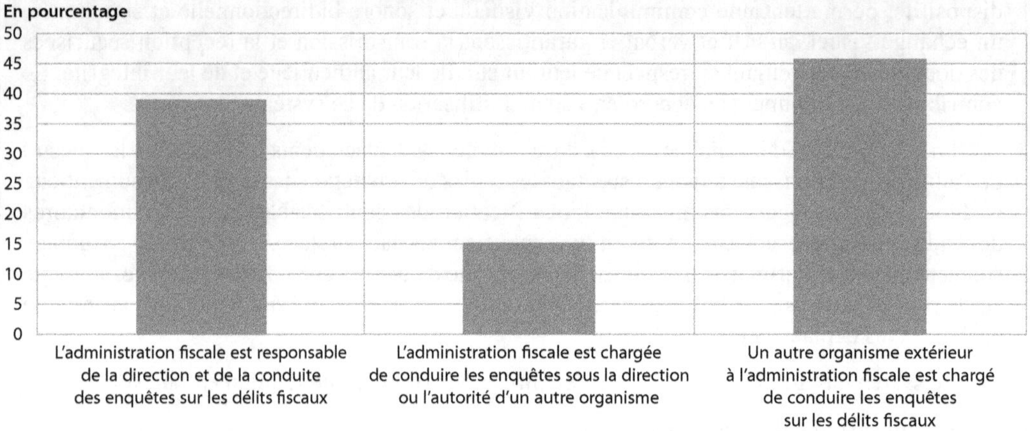

StatLink https://dx.doi.org/10.1787/888934301854

Source : Tableau A.36 Enquêtes sur les délits fiscaux : rôle de l'administration et nombre de dossiers.

Le tableau 6.4. indique le nombre total de dossiers ayant donné lieu à des poursuites durant l'année fiscale dans les 32 administrations qui ont la responsabilité de mener des enquêtes sur les délits fiscaux. Il n'est pas possible d'établir une comparaison avec les données de l'année précédente en raison des changements intervenus dans l'enquête ISORA par rapport à la version précédente.

Tableau 6.4. **Dossiers d'enquête sur des délits fiscaux ayant donné lieu à des poursuites, 2018 et 2019**

Année	Nombre de dossiers ayant donné lieu à des poursuites au cours de l'exercice
2018	48 555
2019	49 790
Variation en pourcentage	+1.5 %

Note : Ne comprend que les administrations qui en ont la responsabilité

Source : Tableau A.36 Enquêtes sur des délits fiscaux : rôle de l'administration et nombre de dossiers.

Les activités criminelles sont dynamiques et s'adaptent pour tirer profit des nouvelles possibilités de gain financier, prenant de vitesse les modifications législatives destinées à les combattre. Trouver de meilleurs moyens de lutte contre les délits fiscaux est une priorité absolue. Le blanchiment de capitaux, la corruption, le financement du terrorisme et d'autres délits à caractère financier menacent les intérêts stratégiques, politiques et économiques de tous les pays. Combattre ces activités exige d'améliorer la transparence et de déployer des efforts supplémentaires pour mobiliser les capacités des différents organismes publics, y compris au-delà des frontières, afin de prévenir et de détecter collectivement ces crimes et de poursuivre leurs auteurs. L'encadré 6.7 présente un exemple de ce type de coopération.

Encadré 6.7. **Pays-Bas : Le FCInet change la donne – relier les données sans les collecter**

Une part importante des enquêtes sur les délits fiscaux consiste à rechercher des informations sur une cible, sans révéler le nom de cette cible à des tiers. Le réseau d'enquête sur les délits fiscaux (Financial Criminal Investigation Network [FCInet]), un réseau informatique décentralisé mis au point par l'État à l'aide de technologies respectueuses de la vie privée, répond précisément à cette exigence. Ce qui était à l'origine une initiative du Forum des chefs d'enquête sur la délinquance fiscale de l'OCDE est devenu un instrument de coopération dans plusieurs domaines de l'action publique au monde.

FCInet a démarré en 2016 sous la direction du Service d'enquête et de renseignements fiscaux néerlandais (FIOD) et de l'administration fiscale et douanière du Royaume-Uni (Kingdom's HM Revenue and Customs – HMRC). Depuis lors, le développement national et international du réseau s'est poursuivi afin de franchir une étape importante dans la lutte contre la délinquance économique et financière (OCDE et Banque mondiale, 2018, p. 61[8]).

Grâce à la technologie FCInet et ma³tch, les administrations membres peuvent définir leurs cibles communes sans divulguer d'informations (voir la vidéo : https://www.fcinet.org/). Les données sources sont chiffrées, pseudonymisées et agrégées à l'aide de filtres ma³tch de manière à ne plus pouvoir suivre leur trace. Par la suite, les membres peuvent utiliser les filtres reçus localement pour apparier leurs cibles et seuls les résultats relatifs aux cibles connues des deux administrations membres sont révélés.

Aux Pays-Bas, l'utilisation de la technologie ma³tch a déjà permis de mettre au jour différents liens avec la délinquance économique et financière et a donné lieu à une grande enquête criminelle sur le blanchiment d'argent. Tout en permettant de révéler des liens passés inaperçus, ce système limite le risque de divulgation inutile d'informations. C'est également l'une des raisons pour lesquelles FCINet a remporté le prix « Dutch Privacy Award 2021 » dans la catégorie des services publics. Selon le jury : « un bon investissement des administrations publiques dans la protection de la vie privée ».

Voir à l'annexe 6.A les liens vers les documents de référence.

Source : Administration néerlandaise des impôts et des douanes (2021).

Références

OCDE (2021), *« Administration fiscale : la résilience numérique dans le contexte du COVID-19 », Les réponses de l'OCDE face au coronavirus (COVID-19)*, Éditions OCDE, Paris, https://doi.org/10.1787/addaac0c-fr. [7]

OCDE (2020), *2020 FTA « Amsterdam » Plenary Communique*, www.oecd.org/tax/forum-on-tax-administration/events/2020/forum-on-tax-administration-communique-2020.pdf (consulté le 1er septembre 2021). [6]

OCDE (2020), *Code of Conduct : Co-operation between tax administrations and sharing and gig economy platforms*, OCDE, Paris, www.oecd.org/tax/forum-on-tax-administration/publications-and-products/code-of-conduct-co-operation-between-tax-administrations-and-sharing-and-gig-economy-platforms.pdf (consulté le 1er septembre 2021). [4]

OCDE (2020), *Règles types de déclaration à l'intention des vendeurs relevant de l'économie du partage et de l'économie à la demande*, OCDE, Paris, https://www.oecd.org/fr/fiscalite/echange-de-renseignements-fiscaux/regles-types-de-declaration-a-l-intention-des-vendeurs-relevant-de-l-economie-du-partage-et-de-l-economie-a-la-demande.htm (consulté le 1er septembre 2021). [3]

OCDE (2019), *The Sharing and Gig Economy : Effective Taxation of Platform Sellers : Forum on Tax Administration*, Éditions OCDE, Paris, https://dx.doi.org/10.1787/574b61f8-en. [2]

OCDE (2017), *The Changing Tax Compliance Environment and the Role of Audit*, Éditions OCDE, Paris, https://dx.doi.org/10.1787/9789264282186-en. [1]

OCDE (2016), *Advanced Analytics for Better Tax Administration : Putting Data to Work*, Éditions OCDE, Paris, https://dx.doi.org/10.1787/9789264256453-en. [5]

OCDE et Banque mondiale (2018), *Improving Co-operation between Tax Authorities and Anti-Corruption Authorities in Combating Tax Crime and Corruption*, https://www.oecd.org/tax/crime/improving-co-operation-between-tax-authorities-and-anti-corruption-authorities-in-combating-tax-crime-and-corruption.pdf (consulté le 1er septembre 2021). [8]

Annexe 6.A

Liens vers des documents de référence (consultés le 1er septembre 2021)

- Encadré 6.1. – France : Lien vers une vidéo sur le projet de lac de données, le moteur de la transformation numérique de la DGFiP : https://youtu.be/0uZVBAZrTIo
- Encadré 6.2. – Chili : Lien vers l'application mobile « e-Verifica » qui permet aux citoyens de vérifier la validité du code fiscal des paquets de cigarettes achetés : www.sii.cl/ayudas/apps/everifica/index.html
- Encadré 6.2. – Costa Rica : Lien vers une présentation sur l'utilisation des données géographiques pour localiser des biens immobiliers assujettis à l'impôt : www.oecd.org/tax/forum-on-tax-administration/publications-and-products/costa-rica-use-of-geographic-information-system.pdf
- Encadré 6.2. – Hongrie : Lien vers une vidéo expliquant la traçabilité des chaînes de facturation : https://youtu.be/Z88he9N2XZw
- Encadré 6.2. – Pérou : Lien vers une vidéo sur l'utilisation des techniques d'extraction de contenus de sites web pour repérer les vendeurs non respectueux des obligations sur les plateformes en ligne : https://youtu.be/jQUMKJyOWOE
- Encadré 6.2. – Russie : Lien vers une présentation sur l'automatisation de l'appariement et l'analyse des risques des données collectées dans le cadre de la NCD : www.oecd.org/tax/forum-on-tax-administration/publications-and-products/russia-analytical-system-financial-accounts.pdf
- Encadré 6.3. – Australie :
  - Lien vers un exemple de classification des transactions de relevés bancaires : www.oecd.org/tax/forum-on-tax-administration/publications-and-products/australia-template-example-of-the-classification-of-bank-statement-transactions.pdf
  - Lien vers des exemples de tableaux de bord :
    - Données démographiques : www.oecd.org/tax/forum-on-tax-administration/publications-and-products/australia-template-example-a-dashboard-report-data-demographics.pdf
    - Recettes encaissées par une entité : www.oecd.org/tax/forum-on-tax-administration/publications-and-products/australia-template-example-a-dashboard-report-data-demographics.pdf
    - Montant des transactions mensuelles : www.oecd.org/tax/forum-on-tax-administration/publications-and-products/australia-template-example-a-dashboard-report-data-demographics.pdf

- Encadré 6.3. – Pérou : Lien vers une présentation sur la détection des aspects atypiques dans les accusés de réception électroniques : www.oecd.org/tax/forum-on-tax-administration/publications-and-products/peru-atypical-situations-in-electronic-receipts.pdf
- Encadré 6.5. – Pays-Bas – Lien vers une infographie sur les courriers pour mémoire : www.oecd.org/tax/forum-on-tax-administration/publications-and-products/netherlands-pro-memoria-letter.pdf
- Encadré 6.6. – Hongrie : Lien vers une vidéo explicative du processus de vérification électronique : https://youtu.be/uO6G2iUKSZM
- Encadré 6.6. – Pérou : Lien vers une vidéo explicative de la plateforme GIE : https://youtu.be/hsc74aNryhc
- Encadré 6.6. – Espagne : Lien vers une vidéo explicative des missions de vérification virtuelles : https://youtu.be/40elZUcJUKM
- Encadré 6.7. – Pays-Bas : Lien vers un graphique sur le processus FCINet : www.oecd.org/tax/forum-on-tax-administration/publications-and-products/netherlands-fcinet-process-chart.pdf et vidéo sur FCInet : www.fcinet.org/

Chapitre 7

Perception

Agir contre le défaut de déclaration et de paiement est essentiel pour assurer un niveau élevé de respect spontané des obligations fiscales ainsi que la confiance des citoyens dans le système fiscal dans son ensemble. Ce chapitre aborde la question de la performance des administrations fiscales en matière de gestion du recouvrement des créances, et présente les caractéristiques d'une fonction moderne de recouvrement des créances fiscales. Il fournit également plusieurs exemples d'approches adoptées par les administrations afin d'éviter une accumulation de créances.

Introduction

La fonction de recouvrement consiste à prendre des mesures à l'encontre des contribuables qui ne produisent pas leurs déclarations à temps, ou n'effectuent pas un paiement à la date d'échéance. Malgré le développement des régimes de déclaration préremplie ou d'absence de déclaration au cours de ces dernières années (voir chapitre 4), la déclaration demeure le principal moyen par lequel l'impôt est calculé dans la majorité des juridictions couvertes par cette publication. Bien qu'en 2019 les taux moyens de respect des délais de dépôt se sont situés entre 79 % et 88 %, environ 100 millions de déclarations n'ont pas été déposées à temps (voir chapitre 4). Il importe par conséquent que les administrations fiscales continuent de concentrer leurs efforts sur les moyens d'agir contre le dépôt tardif ou le défaut de déclaration.

En ce qui concerne le recouvrement des arriérés d'impôt, toutes les administrations participant à l'enquête, à l'exception d'une seule, ont indiqué qu'elles affectent du personnel à cette tâche[1]. Selon les informations communiquées en 2019 par 52 des administrations concernées, environ 11 % du total des agents sont affectés à la fonction de recouvrement (voir tableau D.4).

Le cadre législatif confère aux agents du fisc des pouvoirs qui leur permettent de mettre en œuvre certaines mesures en rapport avec la gestion des créances fiscales, le recouvrement des paiements non honorés, ainsi que les actions coercitives pouvant être prises à l'encontre des débiteurs défaillants. L'édition 2019 comportait une section récapitulant les pouvoirs des administrations fiscales en matière de gestion, de recouvrement et d'exécution, et l'usage qu'elles en font (OCDE, 2019[1]). Bien que cette question n'ait pas fait l'objet d'un examen plus poussé dans le cadre de l'enquête qui est à la base de l'édition actuelle, on peut supposer que l'existence et l'utilisation de tels pouvoirs n'ont pas changé de manière significative.

Ce chapitre :

- examine brièvement les caractéristiques d'une fonction moderne de recouvrement des créances fiscales, ainsi que les éléments d'une stratégie de gestion efficace dans ce domaine
- analyse les performances des administrations fiscales en matière de recouvrement des créances fiscales
- fournit des exemples de solutions visant à prévenir l'accumulation de créances.

Bien que ce rapport se base sur des données antérieures à la pandémie, il aborde aussi succinctement les conséquences de la pandémie de COVID-19 sur la fonction de recouvrement des créances fiscales. Ce point sera examiné plus en détail dans une prochaine édition.

Caractéristiques d'une fonction de recouvrement des créances

Pour maintenir un niveau élevé de respect volontaire des obligations fiscales et de confiance dans le système fiscal, les administrations doivent veiller à ce que leurs procédures de recouvrement soient « adaptées à l'objectif poursuivi », et qu'elles répondent aux attentes des contribuables quant à la manière dont le système sera géré. Il s'agit non seulement de prendre des mesures fermes à l'encontre des contribuables qui manquent sciemment à leurs obligations, mais aussi de s'inspirer des principes de la relation client pour être plus à l'écoute de ceux souhaitant s'y conformer, mais qui ne sont pas en mesure de le faire pour des raisons compréhensibles, comme des problèmes de trésorerie passagers. De plus en plus d'administrations fiscales adoptent une vision de bout en bout ou systémique de leurs processus, et cherchent à connaître les raisons pour lesquelles les déclarations n'ont pas été déposées ou les paiements n'ont pas été effectués. Elles s'appuient également sur des informations concernant les antécédents du contribuable afin de mettre en évidence des schémas ou des anomalies.

Le rapport de 2014 intitulé *Working Smarter in Tax Debt Management* (OCDE, 2014[2]) donne un aperçu d'une fonction moderne de recouvrement des créances fiscales, en décrivant les caractéristiques essentielles suivantes :

- ***Analyses avancées*** – Elles permettent d'exploiter toutes les informations dont les administrations fiscales disposent sur les contribuables afin de cibler les débiteurs avec plus de précision, et d'intervenir au bon moment.
- ***Stratégies de traitement*** – La fonction de recouvrement nécessite plusieurs types d'interventions, depuis celles conçues pour éviter aux contribuables d'accumuler des dettes, à des mesures destinées à les aider à effectuer des paiements, en passant par des actions coercitives strictes lsi nécessaire.
- ***Centres d'appels sortants*** – Ils permettent de traiter efficacement un volume important de créances.
- ***Organisation*** – Le recouvrement des créances est une fonction spécialisée qui est généralement organisée en conséquence. Des indicateurs de performance appropriés et une démarche d'amélioration continue permettent de parvenir aux résultats souhaités.
- ***Dettes internationales*** – Le recours approprié et au moment opportun à l'assistance internationale est crucial, en particulier les « articles concernant l'assistance en matière de recouvrement » figurant dans les conventions entre juridictions.

Le rapport de 2019 intitulé *Successful Tax Debt Management : Measuring Maturity and Supporting Change* (OCDE, 2019[3]) apporte des éclairages supplémentaires quant aux éléments nécessaires à une stratégie efficace de gestion des créances fiscales, et énonce quatre principes stratégiques dont les administrations fiscales jugeront peut-être bon de tenir compte lors de l'élaboration de leur stratégie de gestion des créances fiscales. Ces principes se concentrent sur le calendrier des interventions dans le cycle de gestion des créances, depuis l'examen des mesures visant à prévenir la naissance des créances, en passant par un dialogue précoce et continu avec les contribuables avant d'engager une action en exécution, jusqu'à des mesures coercitives efficaces et proportionnées, et des stratégies réalistes d'annulation. Ils reposent sur l'idée selon laquelle le meilleur moyen de minimiser les créances fiscales est de s'y attaquer sans perdre de temps, idéalement avant qu'elles ne voient le jour. Le rapport présente également un modèle de maturité de gestion des créances fiscales, ainsi qu'un recueil d'initiatives jugées concluantes en la matière.

Encadré 7.1. **Exemples nationaux : Programmes et outils destinés à améliorer la gestion des créances fiscales**

Irlande : Lancement de l'application DMS (*Debt Management Services*)

En mars 2019, l'administration fiscale irlandaise a lancé la nouvelle application *Debt Management Services* (DMS) qui permet d'obtenir un profilage avancé des dossiers et d'accroître sensiblement la capacité en matière de vérification et d'exécution. Ce nouvel outil dédié à la gestion des créances fiscales a fondamentalement modifié et amélioré la fonction de gestion des créances, de sorte que l'administration fiscale peut désormais contrôler en permanence toutes les entreprises enregistrées auprès d'elle.

Encadré 7.1. **Exemples nationaux : Programmes et outils destinés à améliorer la gestion des créances fiscales** *(suite)*

Une nouvelle procédure de conformité systématisée informe les contribuables en cas de dépôt tardif des déclarations ou d'arriérés de paiement, permettant d'éliminer la grande majorité des tâches administratives courantes. Grâce au renforcement de ses capacités, associé à une structure de gestion des dossiers plus agile et plus réactive, l'administration fiscale irlandaise peut adapter rapidement sa réponse au comportement des contribuables. Elle peut ainsi communiquer dès que possible avec les contribuables défaillants. Sans réponse de leur part, l'administration peut prendre sans tarder les mesures d'exécution appropriées. La multiplication substantielle des actions coercitives contribue à une amélioration des résultats en matière de discipline fiscale et de recouvrement.

Afin d'aider les entreprises viables souhaitant se conformer à leurs obligations fiscales, mais qui rencontrent des difficultés de paiement de l'impôt, un nouveau dispositif d'échelonnement des paiements, accessible en ligne, a été mis en place. Il améliore considérablement la procédure de traitement de la demande et d'approbation, et permet au contribuable de gérer lui-même certains aspects de l'échéancier.

Récemment, la flexibilité de l'application DMS a été clairement démontrée par la façon dont elle a pu être rapidement adaptée pour permettre la mise en œuvre d'un dispositif de soutien public essentiel destiné aux entreprises confrontées à des difficultés de paiement de l'impôt en raison de la pandémie de COVID-19. Les entreprises concernées ont la possibilité de « mettre en attente » le règlement de certaines créances fiscales pendant un certain temps, déterminé en fonction de leurs besoins. L'application DMS permettra également de gérer des programmes personnalisés de remboursement des créances à une date ultérieure.

Russie : Système intégré de gestion et d'administration des créances fiscales

Afin d'améliorer la gestion des créances et de simplifier les procédures de saisie des biens, le Service fiscal fédéral de Russie a entrepris de numériser les informations d'ordre comportemental concernant les contribuables. Un total de 10 facteurs de risque (ou marqueurs numériques) sont susceptibles de déclencher l'application de mesures coercitives. Les marqueurs numériques correspondent à des actes présentant certaines caractéristiques qui indiquent une intention éventuelle du contribuable de frauder, et peuvent servir d'élément déclenchant une décision de confiscation des biens. Ils permettent entre autres de savoir si le contribuable a entrepris de vendre son bien ou s'il tente de fuir le pays pour se soustraire à une mesure d'exécution.

La décision de saisie des biens est traitée automatiquement, sur la base d'une analyse des informations d'ordre comportemental relatives au contribuable. Lorsque le système détecte un facteur de risque, il déclenche d'office la procédure de saisie, et modifie le contenu des messages en fonction du marqueur déclenché. La mise en œuvre de ce nouveau système a permis d'obtenir une diminution par six des coûts de main-d'œuvre.

En 2020, compte tenu du moratoire temporaire sur l'application de pénalités, et des mesures provisoires dues à la crise du COVID-19, un montant de 73.5 millions USD a été versé au budget de la Fédération de Russie grâce à ce nouveau système.

Espagne : Lancement de nouveaux services dans le domaine du recouvrement de l'impôt

En 2020, l'Agence fiscale espagnole (AEAT) a lancé deux nouvelles initiatives exclusivement consacrées au recouvrement de l'impôt, en faisant appel aux services d'opérateurs spécialisés.

La plateforme REC@T est une ligne téléphonique nationale d'assistance et d'information sur le recouvrement de l'impôt. Accessible au moyen d'un système d'identification sécurisée (Cl@ve Pin), elle offre les services suivants en 2021, qui seront progressivement étoffés au fil du temps :

Encadré 7.1. **Exemples nationaux : Programmes et outils destinés à améliorer la gestion des créances fiscales** *(suite)*

- informations sur les procédures d'exécution des créances et des saisies
- traitement des demandes de report de paiement
- débits directs en cas de reports et d'échelonnements
- paiement par téléphone
- questions fréquentes sur les conséquences de la pandémie de COVID-19.

Tableau 7.1. **Espagne : Utilisation de la ligne téléphonique d'assistance et d'information dédiée au recouvrement de l'impôt**

Année	Nombre d'appels traités
2019	304 581
2020	486 881
2021	658 730

Note : Le chiffre de 2019 correspond au précédent service d'assistance, et celui de 2021 est estimé sur la base d'une projection linéaire des données réelles pour la période allant de janvier à mars 2021.

Le système permet de générer des documents qui servent de « preuve de transaction » pour toutes les procédures qu'il est possible de réaliser sur la plateforme REC@T. L'enquête à laquelle les contribuables sont invités à participer à l'issue de leur appel montre qu'ils sont satisfaits du service.

La seconde initiative concerne la mise en service de deux nouveaux outils utiles aux contribuables :

- Le ***simulateur des échéances de paiement*** fournit des informations personnalisées concernant la date limite de paiement des impôts et des autres créances gérées par l'AEAT. Il permet également de vérifier l'état de la créance, et renseigne sur les actions que peut engager l'AEAT.
- Le ***simulateur de calcul des intérêts au titre des reports de paiements*** donne des précisions sur les intérêts générés par les créances fiscales et les autres dettes administrées par l'AEAT. Cet outil comprend trois modules : calcul des intérêts sur les reports et paiements échelonnés ; calcul des intérêts sur les arriérés de paiement ; et calcul des intérêts sur les créances non fiscales gérées par l'AEAT. Il fournit également au contribuable des informations sur le taux d'intérêt et sa ventilation par jour.

Tableau 7.2. **Espagne : Utilisation des simulateurs dans le domaine du recouvrement des créances, 2020**

Simulateur	Nombre d'utilisateurs en 2020
Intérêts et reports	14 720
Interests and deferrals	44 062

Voir à l'annexe 7.A les liens vers les documents de référence.

Sources : Irlande – Office of the Revenue Commissioners (2021) ; Administration néerlandaise des impôts et des douanes (2021) ; Service fiscal fédéral de Russie (2021) ; et Agence fiscale espagnole (2021).

Performance en matière de recouvrement des créances en souffrance

Le montant total des arriérés reste très élevé, de l'ordre de 2 100 milliards EUR. À des fins d'enquête et d'analyse comparative, le « total des arriérés à la fin de l'exercice » correspond au montant total des créances fiscales et des créances sur d'autres recettes gérées par l'administration fiscale, dont le paiement est en souffrance à la fin de l'exercice. Ce montant inclut également les intérêts et les pénalités. Sont aussi pris en compte les arriérés dont le recouvrement a été reporté (par exemple, suite à la mise en place d'un échéancier de paiements). Les « arriérés recouvrables » correspondent au total des arriérés après déduction des montants litigieux, des montants qui ne sont pas légalement recouvrables, ou des arriérés qui ne peuvent pas être recouvrés pour d'autres raisons, mais qui n'ont pas encore fait l'objet d'une procédure d'annulation. Malgré ces initiatives visant à garantir la comparabilité des données, il convient d'être prudent lorsque l'on compare certaines données, car l'organisation des systèmes fiscaux et les pratiques administratives diffèrent d'un pays à l'autre.

Graphique 7.1. **Total des arriérés à la fin de l'exercice, en pourcentage du total des recettes nettes, 2019 – Administrations dont le ratio est supérieur à 100 %**

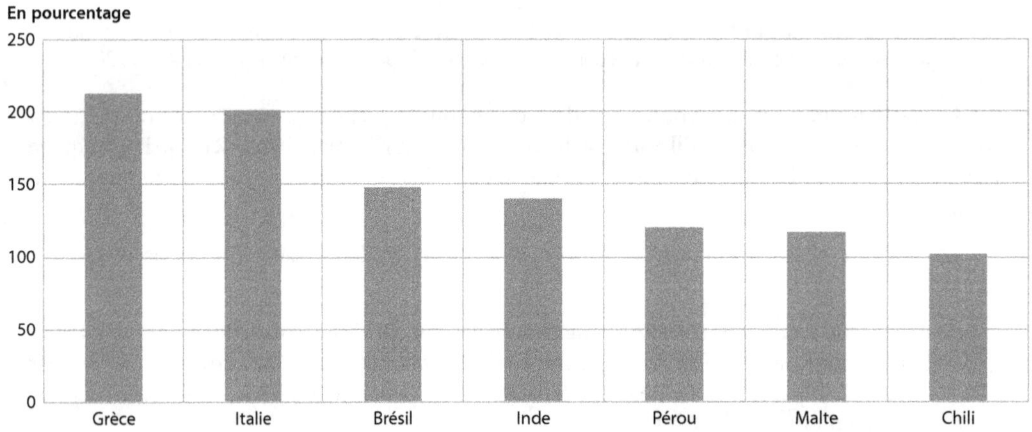

StatLink https://dx.doi.org/10.1787/888934301873

Source : Tableau D.19 Arriérés : stock à la clôture, arriérés recouvrables et arriérés relatifs aux entreprises publiques.

En 2019, le ratio moyen des arriérés par rapport aux recettes nettes s'élevait à 32 %. Cependant, comme les années précédentes, il reste fortement influencé par le niveau très élevé des ratios d'un petit nombre de juridictions (Brésil, Chili, Grèce, Inde, Italie, Malte et Pérou) qui affichent des ratios supérieurs à 100 %. Si l'on exclut ces juridictions, la moyenne descend à environ 15 % des recettes nettes (voir les graphiques 7.1. et 7.2. ainsi que le tableau D.19).

S'agissant des arriérés d'impôt recouvrables, les données de 2019 relatives à 43 juridictions font apparaître qu'en moyenne, 55 % du montant total des arriérés sont considérés comme recouvrables (voir tableau D.19). Le graphique 7.3. illustre bien toutefois les différences qui existent entre les juridictions. Dans certaines d'entre elles, la quasi-totalité des arriérés sont considérés comme recouvrables, tandis qu'ils sont irrécouvrables dans d'autres.

Graphique 7.2. **Total des arriérés à la fin de l'exercice, en pourcentage du total des recettes nettes, 2019 – Administrations dont le ratio est inférieur à 100 %**

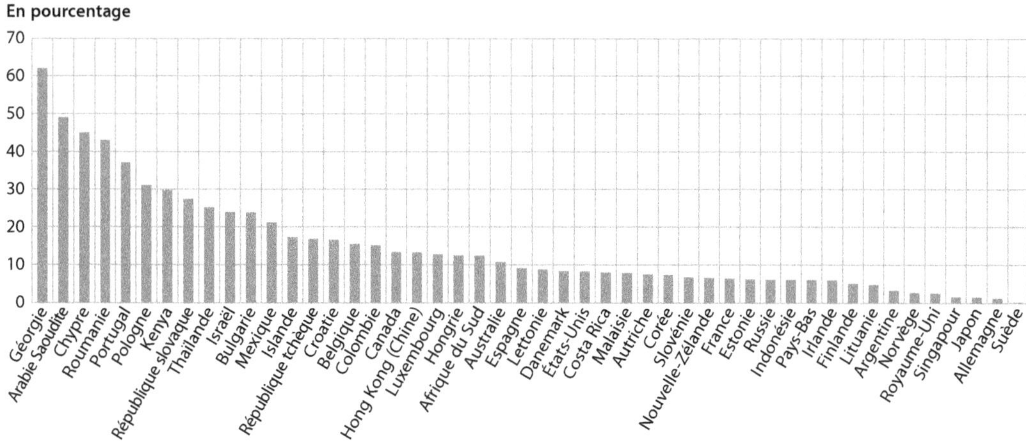

StatLink https://dx.doi.org/10.1787/888934301892

Note : Les données relatives à l'Indonésie concernent l'année 2018.

Source : Tableau D.19 Arriérés : stock à la clôture, arriérés recouvrables et arriérés relatifs aux entreprises publiques.

Graphique 7.3. **Total des arriérés recouvrables à la fin de l'exercice, en pourcentage du total des arriérés, 2019**

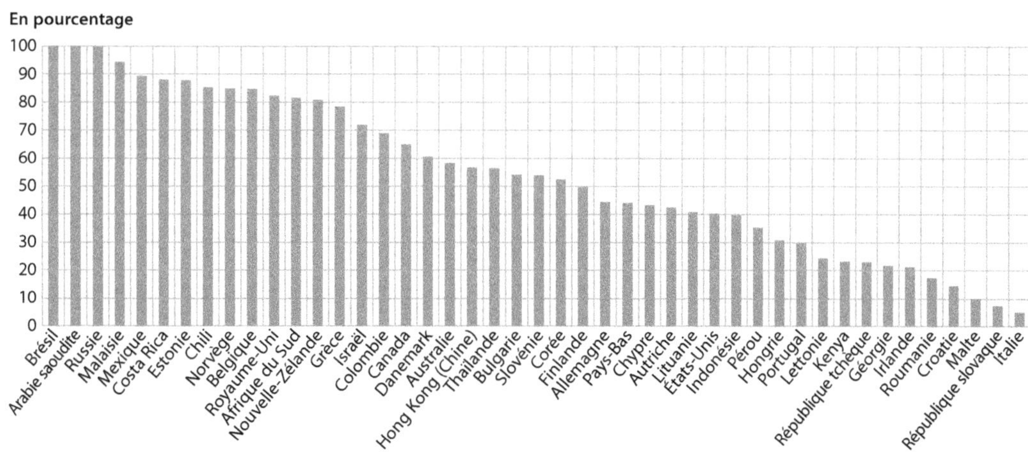

StatLink https://dx.doi.org/10.1787/888934301911

Note : Les données relatives à l'Allemagne et à l'Indonésie concernent l'année 2018.

Source : Tableau D.19 Arriérés : stock à la clôture, arriérés recouvrables et arriérés relatifs aux entreprises publiques.

Les graphiques 7.4 et 7.5 montrent l'évolution des arriérés (totaux et recouvrables) entre 2018 et 2019. Si dans la plupart des juridictions, les arriérés sont restés relativement stables, il existe quelques exceptions, tant à la hausse qu'à la baisse.

Graphique 7.4. **Évolution du total des arriérés entre 2018 et 2019**

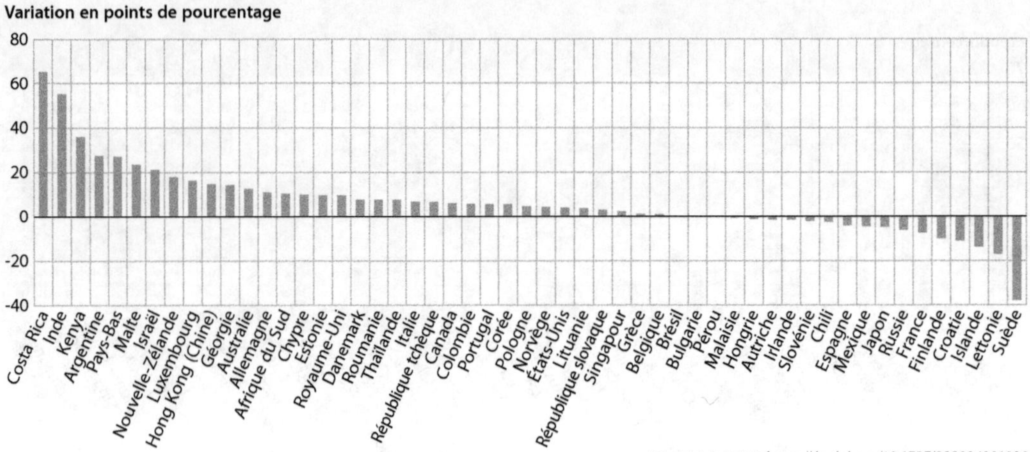

StatLink https://dx.doi.org/10.1787/888934301930

Source : Tableau D.21 Évolution des arriérés entre 2018 et 2019.

Graphique 7.5. **Évolution des arriérés recouvrables entre 2018 et 2019**

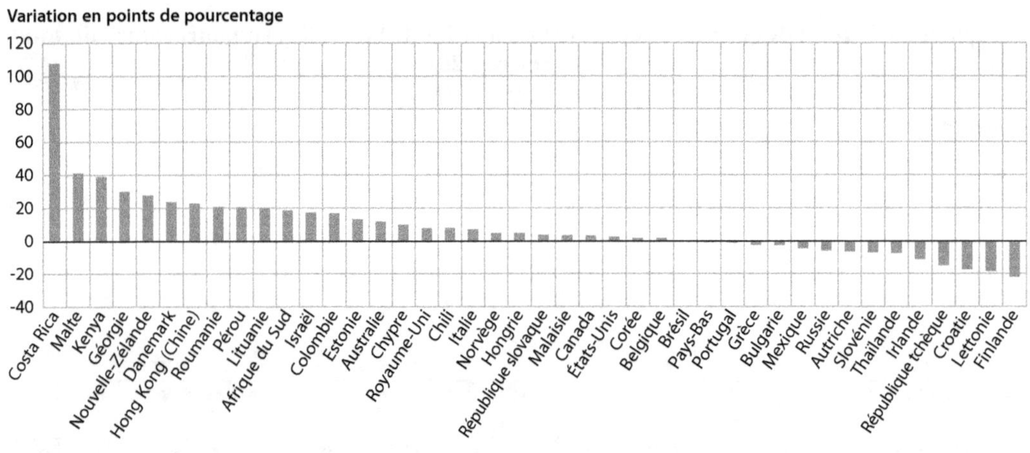

StatLink https://dx.doi.org/10.1787/888934301949

Source : Tableau D.21 Évolution des arriérés entre 2018 et 2019.

Si l'on examine le montant des arriérés pour les principaux types d'impôts (voir tableau 7.3), il semble que les particuliers soient plus susceptibles que les entreprises de respecter leurs délais de paiement. Le ratio moyen des arriérés liés à l'impôt sur les bénéfices des sociétés (IS) par rapport aux recettes nettes tirées de l'IS s'élève à 38 % environ, et celui des arriérés concernant les taxes sur la valeur ajoutée est d'environ 30 %. Le ratio de l'impôt sur le revenu des personnes physiques (IRPP) est beaucoup plus faible, et se situe aux alentours de 17 %.

Le ratio des impôts à la source prélevés par les employeurs est le plus faible, et se situe à environ 7 %, ce qui n'est guère surprenant dans la mesure où les employeurs sont chargés de reverser ces impôts à l'administration pour le compte de leurs employés, et n'ont donc aucun droit sur ces montants.

Comme on l'a vu plus haut pour le ratio du total des arriérés par rapport aux recettes nettes totales, les ratios moyens par type d'impôt sont considérablement plus faibles si l'on exclut les valeurs marginales, c'est-à-dire les administrations qui affichent des ratios supérieurs à 100 % pour un type d'impôt (voir tableau 7.3.).

Tableau 7.3. **Ratio moyen des arriérés en fin d'année par rapport aux recettes nettes perçues par type d'impôt, 2019**

Type d'impôt	Ratio moyen	Ratio moyen pour les administrations affichant un ratio inférieur à 100 %
Arriérés de l'IS en % de l'IS collecté (45 juridictions)	37.5	22.6
Arriérés de l'IRPP en pourcentage de l'IRPP collecté (46 juridictions)	17.3	11.3
Arriérés des impôts à la source prélevés par les employeurs en pourcentage de l'IRPP collecté (35 juridictions)	6.5	6.5
Arriérés de TVA en pourcentage de la TVA collectée (43 juridictions)	30.2	16.8

Note : Le tableau présente les ratios moyens pour les juridictions qui ont été en mesure de fournir ces informations au titre de l'année 2019. Le nombre de juridictions pour lesquelles des données étaient disponibles est indiqué entre parenthèses.

Source : Tableau D.20 Arriérés recouvrés par type d'impôt.

Approches préventives

Les mesures prises par les administrations afin de prévenir la naissance de créances et de recouvrer les arriérés impayés continuent d'évoluer. Les progrès en matière de modélisation prédictive et de techniques expérimentales, présentés dans le rapport de l'OCDE *Advanced Analytics for Better Tax Administration* (OCDE, 2016[4]), et dans le recueil des pratiques de gestion des créances fiscales jugées concluantes que l'on trouvera dans le rapport de l'OCDE intitulé *Successful Tax Debt Management : Measuring Maturity and Supporting Change* (OCDE, 2019[3]), aident de nombreuses administrations à adapter leurs interventions en fonction des risques propres à tel ou tel contribuable. Les approches retenues relèvent de l'une des catégories suivantes :

- l'analyse prédictive, qui cherche à évaluer la probabilité de réalisation de certains résultats et qui, en ce qui concerne le recouvrement des créances, repose sur une modélisation du risque qu'une personne physique ou une entreprise manque à ses obligations de paiement, ainsi que sur des modèles visant à estimer la probabilité d'insolvabilité ou d'autres difficultés de paiement
- l'analyse prescriptive, qui consiste à prévoir l'impact probable de mesures sur le comportement des contribuables, pour permettre aux aministrations fiscales de choisir la bonne ligne d'action pour un contribuable ou un groupe de contribuables donné (OCDE, 2016[4]).

De nombreuses administrations combinent ces deux pratiques, et ont expérimenté diverses méthodes destinées à modifier le « comportement des contribuables ». Comme on l'a vu au chapitre 5, deux tiers des administrations ont recours à des méthodologies ou des techniques d'analyse comportementale. Ces pratiques sont susceptibles de modifier les stratégies en matière de gestion des créances fiscales, dans la mesure où les administrations abandonnent les approches universelles (lorsqu'une telle solution s'avère rentable), et s'efforcent plutôt de déterminer :

- les cas devant faire l'objet d'une intervention
- à quel moment il convient d'intervenir (par exemple, avant même la date de dépôt de la déclaration ou de réception du paiement)
- le type de mesure qui permettrait d'obtenir le meilleur rapport coût-bénéfice.

L'encadré 7.2 illustre les approches adoptées par certaines administrations.

Encadré 7.2. **Exemples nationaux : Prévenir l'accumulation de créances**

Belgique : Analyser l'impact des techniques comportementales sur la discipline fiscale

L'Administration générale de la Perception et du Recouvrement (AGPR), qui dépend du Service public fédéral Finances (SPF) belge, a mené une série d'expériences comportementales, et étudié l'impact de techniques comportementales telles que la simplification, la dissuasion et la promotion d'une obligation morale de conformité fiscale. Plusieurs essais contrôlés randomisés par courrier papier ont été réalisés, et les résultats ont été mesurés de manière scientifique.

Il se dessine une image cohérente de ces expériences : une simplification de la communication accroît sensiblement la conformité, les messages de dissuasion ont un effet positif supplémentaire, mais la promotion d'une obligation morale de conformité fiscale semble d'une manière générale inefficace, et a souvent un effet inverse dans ce contexte. L'organisation de ces essais et leurs résultats ont fait l'objet d'une publication dans (De Neve et al., 2021[5]).

Sur le plan opérationnel, ces conclusions ont été et sont encore utilisées pour ajuster la communication vis-à-vis des contribuables. Elles ont permis une amélioration du taux de règlement de 9 points de pourcentage, et l'administration a pu encaisser 22 millions EUR de paiements anticipés, ce qui représente un retour sur investissement élevé.

Dans le cadre d'un autre projet faisant appel à l'approche comportementale, les avis d'imposition des contribuables confrontés à des difficultés financières ont été adaptés en usant de ressorts comportementaux afin de les inciter à demander la mise en place de mesures d'accompagnement dès que possible dans le processus de recouvrement de l'impôt, comme des dispositifs d'échelonnement. Le fait de cibler les messages s'est traduit par une hausse de 15 % des demandes de paiements échelonnés, ce qui est bénéfique à la fois pour les contribuables (prévention des dettes) et pour l'administration fiscale (diminution de la charge de travail).

Voir à l'annexe 7.A les liens vers les documents de référence.

Hongrie : Éléments d'enseignement des sciences comportementales en matière de gestion des créances fiscales

Le ministère des Finances et l'Administration nationale des impôts et des douanes de la Hongrie ont lancé un projet pilote qui visait, entre autres, à tester l'impact de nouveaux types d'avis de paiement. Le projet a fait appel à des méthodes issues des sciences comportementales, et a pris en compte les meilleures pratiques internationales ainsi que les spécificités du système fiscal hongrois.

L'objectif était de déterminer s'il était possible d'accroître le volume des versements volontaires en modifiant le contenu ou la forme des avis de paiement. Les avis ont été adressés à 21 000 entrepreneurs individuels dont les créances fiscales étaient comprises entre 10 000 HUF et 1 million HUF. La moitié des contribuables sélectionnés de façon aléatoire a reçu un avis de paiement classique, tandis que l'autre moitié a reçu le nouvel avis.

Encadré 7.2. **Exemples nationaux : Prévenir l'accumulation de créances** *(suite)*

Le principe qui a guidé l'élaboration des nouveaux avis a été de hiérarchiser des tâches des contribuables. L'accent a été mis sur la clarté du message et l'utilisation de contenus personnalisés. Les références juridiques ont été supprimées au profit d'informations complémentaires accessibles par le biais de liens directs.

La forme aussi a été repensée. L'Administration nationale des impôts et des douanes a appliqué les principes des sciences comportementales pour rédiger des instructions claires et faciles à suivre, et explicites également quant aux conséquences d'un non-respect des obligations. Des encadrés en couleur ont aussi été utilisés pour améliorer davantage la lisibilité.

Les nouveaux avis ont permis de faire progresser le ratio de paiement de 1.4% en moyenne, mais la hausse est encore plus forte (2.9%) pour les contribuables dont les créances sont supérieures à 100 000 HUF. Le projet a montré qu'une communication plus claire permet d'améliorer le paiement des arriérés, le respect des délais de paiement et la conformité volontaire moyennant un coût très raisonnable. L'administration s'efforce désormais d'intégrer ces connaissances dans la pratique générale.

Voir à l'annexe 7.A les liens vers les documents de référence.

Singapour : Utilisation d'outils de données et de modèles d'analyse

L'Inland Revenue Authority of Singapore (IRAS) a tiré parti des outils de données et des modèles d'analyse pour identifier et classer par ordre de priorité les cas présentant des facteurs de risque élevé afin d'intervenir en amont et d'améliorer les taux de recouvrement des impôts. Trois de ces outils sont décrits plus en détail ci-après :

- **Un tableau de bord des indicateurs de présence commerciale permettant d'identifier les entités inactives.** Par le passé, l'IRAS était informée du fait que des entreprises avaient cessé leurs activités une fois les actions en exécution engagées. En adoptant une approche davantage axée sur les données, l'IRAS a pu mettre en place des mesures plus ciblées et plus efficaces. Elle a élaboré des indicateurs de présence commerciale faisant appel à plus de 30 éléments de données (recettes déclarées, actifs détenus, contributions aux fonds de prévoyance des salariés, etc.) qui l'aident à déterminer si une entreprise est susceptible d'avoir eu des activités commerciales au cours de l'année considérée. Les indicateurs de présence commerciale permettent à l'administration de mieux individualiser les mesures coercitives, et contribuent aussi à simplifier le processus permettant aux agents d'accéder aux informations fournies par les indicateurs.

  Grâce aux informations issues des indicateurs et au tableau de bord, l'IRAS a obtenu les résultats suivants :

  - personnalisation des mesures coercitives : l'IRAS a eu recours aux indicateurs afin d'individualiser les rappels préalables au dépôt des déclarations, et a incité les dirigeants d'entreprises pour lesquelles les indicateurs ne révèlent pas d'activité commerciale à remplir un formulaire de dispense de déclaration, plutôt que de leur envoyer un rappel type
  - réduction des tâches inutiles et prévention de nouveaux cas de non-conformité : l'IRAS a également recouru aux indicateurs afin de prendre des mesures d'exécution ciblées à l'encontre des entreprises non déclarantes, notamment en les dispensant de l'obligation déclarative dans certaines conditions. Ces mesures ciblées ont permis une allocation plus efficiente des moyens consacrés à l'application des actions en exécution.

Encadré 7.2. **Exemples nationaux : Prévenir l'accumulation de créances** *(suite)*

- **Approche comportementale et outils numériques destinés à éviter l'accumulation de créances.** Afin de tirer parti des systèmes naturels des contribuables, l'IRAS a mené un projet pilote consistant à envoyer aux contribuables des notifications de paiement en souffrance par SMS. Les contribuables peuvent ainsi synchroniser leurs smartphones ou calendriers électroniques avec les dates d'échéance figurant dans le SMS de rappel.

  Le projet pilote a été mené de juin à octobre 2019 sur un échantillon d'environ 6 700 contribuables, et l'IRAS a observé une amélioration du taux de respect des obligations fiscales pour les contribuables ayant reçu le SMS avec la fonction synchronisation. Le projet pilote ayant été concluant, l'IRAS a étendu le déploiement à tous les rappels par SMS envoyés aux contribuables à partir de 2020.

- **Outils numériques destinés à empêcher l'accumulation de créances.** Un service électronique a été mis en place pour permettre aux contribuables, particuliers comme entreprises, de demander un étalement des paiements, et de gérer leurs échéanciers *via* le système GIRO (un service de paiement électronique et automatisé par virements bancaires qui permet d'effectuer des paiements directement à partir de comptes bancaires à des organismes de facturation, après autorisation du titulaire du compte bancaire.)

  L'IRAS reçoit environ 85 000 appels par an concernant des demandes d'échelonnement de paiements. Désormais, au lieu d'appeler l'administration, les contribuables peuvent accéder à ce nouveau service numérique par leurs propres moyens lorsqu'ils souhaitent réduire le nombre de paiements, demander une prolongation de leur échéancier, réactiver leurs virements GIRO ou les annuler. Les contribuables peuvent également demander l'étalement du paiement de plusieurs types d'impôts en même temps.

  Le service numérique a permis de traiter automatiquement 99 % de ces demandes, ce qui représente un gain de temps pour les agents dans la gestion des contacts et le traitement manuel des demandes d'échelonnement. Depuis sa mise en œuvre en septembre 2019, le taux d'utilisation du service a atteint 43 % au cours de l'année 1, et 65 % au cours de l'année 2.

Source : Belgique – Service public fédéral Finances (2021); Hongrie – Administration nationale des impôts et des douanes (2021); et Singapour – Inland Revenue Authority of Singapore (2021).

Recouvrement de créances dans le contexte de la pandémie de COVID-19

Conscientes de l'impact de la pandémie de COVID-19 sur les citoyens et les entreprises, de nombreuses administrations fiscales ont réagi rapidement et suspendu les mesures de recouvrement des créances (saisies sur salaires ou sur comptes bancaires, saisies et ventes de biens, par exemple). Au contraire, elles ont accordé plus facilement des échéanciers aux contribuables ou leur ont proposé une prolongation de la durée des échéanciers existants (CIAT/IOTA/OCDE, 2020[6]).

Ces mesures visaient à prévenir les difficultés ou les problèmes de trésorerie importants, afin de stabiliser l'économie dans son ensemble. Il est toutefois probable qu'elles aient encore augmenté les ratios d'endettement mentionnés dans les sections précédentes.

Il sera possible d'analyser ce point dans l'édition 2022 (qui portera sur les données de l'exercice 2020), mais il convient de souligner ici l'importance de prendre en compte l'impact économique d'un rétablissement des mesures de recouvrement des créances et des conditions moins généreuses des échéanciers de paiement pour planifier la reprise post-pandémie.

Note

1. Dans l'édition 2019, les administrations fiscales du Chili et de l'Islande avaient déclaré ne pas être responsables du recouvrement des créances fiscales (OCDE, 2019[1]). Alors que cela est toujours le cas au Chili, la situation n'est plus la même en Islande où depuis le 1er mai 2019, cette fonction a été transférée de la Direction des douanes à la Direction des impôts.

Références

CIAT/IOTA/OCDE (2020), « Réponses de l'administration fiscale au COVID-19 : Mesures prises pour aider les contribuables », *Réponses de l'OCDE aux Coronavirus (COVID-19)*, Éditions OCDE, Paris, https://doi.org/10.1787/69d26e77-fr. [6]

De Neve, J. et al. (2021), « How to Improve Tax Compliance? Evidence from Population-Wide Experiments in Belgium », *Journal of Political Economy*, vol. 129/5, pp. 1425-1463, http://dx.doi.org/10.1086/713096. [5]

OCDE (2019), *Successful Tax Debt Management : Measuring Maturity and Supporting Change*, OCDE, Paris, https://www.oecd.org/fr/ctp/successful-tax-debt-management-measuring-maturity-and-supporting-change.htm (consulté le 1er septembre 2021). [3]

OCDE (2019), *Tax Administration 2019 : Comparative Information on OECD and Other Advanced and Emerging Economies*, Éditions OCDE, Paris, https://dx.doi.org/10.1787/74d162b6-en. [1]

OCDE (2016), *Advanced Analytics for Better Tax Administration : Putting Data to Work*, Éditions OCDE, Paris, https://dx.doi.org/10.1787/9789264256453-en. [4]

OCDE (2014), *Working Smarter in Tax Debt Management*, Éditions OCDE, Paris, https://dx.doi.org/10.1787/9789264223257-en. [2]

Annexe 7.A

Liens vers les documents de référence (consultés le 1er septembre 2021)

- Encadré 7.1. – Espagne :
  - Liens vers une présentation et une vidéo concernant la ligne téléphonique nationale d'assistance et d'informations en matière de recouvrement de l'impôt : présentation : www.oecd.org/tax/forum-on-tax-administration/publications-and-products/spain-helpline-for-assistance-and-processing-in-tax-collection.pdf; vidéo : https://youtu.be/H9erraJ6s_Y
  - Lien vers des vidéos sur Cl@vepin : https://sede.agenciatributaria.gob.es/Sede/ayuda/manuales-videos-folletos/videos/nuevo-sistema-identificacion-autenticacion-clave-pin.html
  - Lien vers le site internet de l'AEAT pour s'inscrire à Cl@vepin : https://sede.agenciatributaria.gob.es/Sede/clave.html
  - Liens vers une présentation et une vidéo illustrant les nouveaux outils dans le domaine du recouvrement de créances : www.oecd.org/tax/forum-on-tax-administration/publications-and-products/spain-new-tools-in-the-field-of-debt-collection.pdf ; vidéo : https://youtu.be/q_xJrGlNeRc
  - Lien vers les simulateurs destinés à aider les contribuables dans le domaine du recouvrement des impôts : https://sede.agenciatributaria.gob.es/Sede/ayuda/herramientas-asistencia-virtual/herramientas-asistencia-virtual-recaudacion.html
- Encadré 7.2. – Belgique : Lien vers une vidéo décrivant une série d'expériences comportementales menées par l'Administration générale de la Perception et du Recouvrement : https://youtu.be/JedLnJp0NdU
- Encadré 7.2. – Hongrie : Lien vers une vidéo sur un projet pilote visant à tester l'impact de nouveaux types d'avis de paiement : https://youtu.be/3mnuDHOCi-E

Chapitre 8

Différends

La prévention et le règlement des différends sont des éléments essentiels de tout système fiscal. Ce chapitre se penche sur les deux mécanismes, et examine les stratégies de prévention des différends, les mécanismes d'examen des différends existants, et les performances des administrations fiscales dans ce domaine.

Introduction

Un accès effectif à des procédures permettant aux contribuables de contester le calcul de l'impôt et les décisions de l'administration est une caractéristique essentielle d'un système fiscal bien conçue. De telles procédures permettent aux contribuables de faire valoir leurs droits, et de mettre œuvre des contrôles appropriés quant à l'exercice des compétences fiscales des administrations. Les administrations fiscales et les contribuables devraient néanmoins s'efforcer de travailler ensemble afin d'éviter la survenue de différends, ce qui permettrait d'alléger à la fois la charge de travail et les incertitudes pour les deux parties.

Tableau 8.1. **Droits et obligations du contribuable**

Droits	Obligations
Être informé, conseillé et entendu	Être de bonne foi
Faire appel	Se montrer coopératif
Ne pas payer plus que le montant dû	Fournir des informations et des documents fiables en temps voulu
Certitude	Tenir des registres
Protection de la vie privée	Payer ses impôts dans les délais
Confidentialité et secret	

Source : OCDE (2019), *Tax Administration 2019 : Comparative Information on OECD and other Advanced and Emerging Economies,* https://doi.org/10.1787/74d162b6-en

Ce chapitre se penche dans un premier temps sur les stratégies de prévention des différends mises en place par les administrations fiscales, et s'intéresse dans un second temps aux mécanismes de règlement et d'examen des différends des juridictions couvertes par le présent rapport, ainsi qu'à leurs performances dans ce domaine.

Prévention des différends

La prévention constitue le meilleur moyen de résoudre un différend. Les administrations fiscales ont développé différentes approches afin d'apporter clarté et certitude aux contribuables, dans le but de réduire les coûts de conformité, notamment en ce qui concerne les différends. Par ailleurs, étant donné que le règlement des différends mobilise énormément de ressources, en réduire le nombre permet de libérer des moyens qui pourront être affectés à d'autres activités.

Un des éléments clés d'un système de prévention des différends consiste à formuler des orientations et à fournir des conseils à l'intention des contribuables. Il s'agit d'une pratique courante des administrations fiscales dans le cadre de leur stratégie globale de service. Elles peuvent notamment mettre à disposition des informations ou des outils interactifs sur leur site web, publier des lignes directrices et des notes d'information destinées aux contribuables, et mettre en œuvre des initiatives éducatives et de soutien à l'intention des entreprises.

De plus, de nombreuses administrations proposent des mécanismes spécifiques de prévention des différends. Par exemple, dans le chapitre intitulé *Innovations in dispute resolution* de l'édition 2019, l'administration fiscale australienne (Australian Taxation Office)

explique qu'elle propose un examen indépendant portant sur le bien-fondé du dossier de contrôle fiscal d'un point de vue technique avant sa finalisation. L'examen vise à encourager un dialogue plus précoce afin de résoudre les différends (OCDE, 2019[1]). À l'origine, ce service n'était destiné qu'aux grandes entreprises dont le chiffre d'affaires annuel dépasse 250 millions AUD. Toutefois, après avoir été mis en œuvre à titre expérimental, il a été jugé concluant, et étendu aux petites entreprises, c'est-à-dire à celles dont le revenu ou le chiffre d'affaires est inférieur à 10 millions AUD (Australian Taxation Office, 2021[2]).

Décisions

Comme le montre l'édition 2019 (OCDE, 2019[1]), conformément à leur engagement d'apporter aux contribuables des garanties quant au traitement qui leur sera appliqué, il est désormais courant que les administrations fiscales précisent comment elles interpréteront les lois qu'elles mettent en œuvre, ainsi que la législation fiscale dans des situations particulières, au moyen de décisions relevant d'une des deux catégories suivantes :

- Une ***décision publique*** est une déclaration par laquelle une administration explique comment elle interprétera les dispositions de la législation fiscale dans des situations données. En règle générale, l'objectif d'une décision publique est de clarifier l'application de la loi, en particulier lorsqu'un grand nombre de contribuables peuvent être concernés par des dispositions particulières, et/ou lorsqu'une disposition est source de confusion ou d'incertitude. Une décision publique revêt généralement un caractère contraignant pour l'administration fiscale si elle s'applique au contribuable et que ce dernier s'y réfère.
- Une ***décision privée*** porte sur une demande précise d'un contribuable (ou de son représentant fiscal) visant à obtenir plus de certitude quant à l'application de la loi par l'administration fiscale dans le cadre d'une ou de plusieurs transactions à l'étude ou achevées. L'objectif d'une décision privée vise à apporter aux contribuables davantage de soutien et de certitude quant aux conséquences fiscales de transactions plus complexes.

Programme de discipline fiscale coopérative

Ces dernières années, le recours aux accords de coopération pour gérer la discipline fiscale et renforcer la sécurité juridique en matière fiscale a mobilisé une attention croissante. Ces programmes passent souvent par une plus grande transparence dans la relation entre l'administration fiscale et le contribuable, et peuvent nécessiter des approches plus proactives afin de remédier aux risques fiscaux importants. Le concept de discipline fiscale coopérative a fait l'objet de plusieurs rapports rédigés par l'OCDE, dont le plus récent est intitulé *Co-operative Tax Compliance : Building Better Tax Control Frameworks* (OCDE, 2016[3]).

Étant donné que les programmes de discipline fiscale coopérative mobilisent énormément de ressources en raison du niveau élevé d'engagement entre les agents de l'administration fiscale et les contribuables, ils étaient traditionnellement réservés aux grandes entreprises. Cependant, les progrès technologiques dans le domaine de l'évaluation des risques ont conduit plusieurs administrations à étendre la formule à d'autres catégories de contribuables (voir graphique 8.1.).

Graphique 8.1. **Programmes de discipline fiscale coopérative pour différentes catégories de contribuables, 2019**

Pourcentage d'administrations disposant de tels programmes

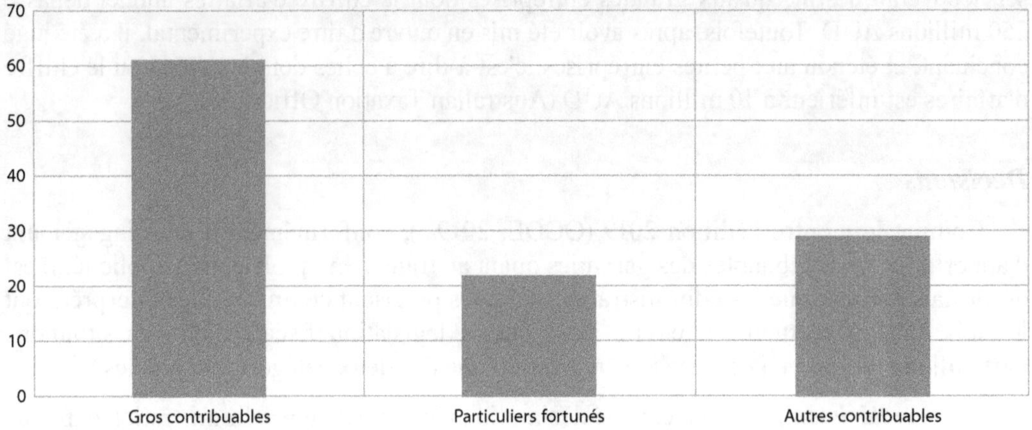

StatLink https://dx.doi.org/10.1787/888934301968

Source : Tableau A.49 Programmes de discipline fiscale coopérative.

Programme international pour le respect des obligations fiscales

Le Programme international pour le respect des obligations fiscales (ICAP) est un processus de coopération multilatérale pour l'évaluation des risques et la certitude fiscale, fondé sur une participation volontaire. Il est conçu pour donner aux groupes d'entreprises multinationales (EMN) disposés à s'engager de manière active, ouverte et parfaitement transparente, une sécurité juridique accrue en matière fiscale concernant certaines de leurs activités et transactions. Le programme ICAP ne procure pas aux EMN la sécurité juridique qui pourrait être obtenue, par exemple, par le biais d'un accord préalable en matière de prix de transfert (APP). Il leur donne cependant une certitude et une sécurité lorsque les administrations fiscales qui participent à l'évaluation des risques d'une EMN jugent que le risque considéré est faible (OCDE, 2021[4]). En avril 2021, vingt juridictions participaient au programme ICAP[1].

Vérifications conjointes

Les vérifications conjointes sont un autre instrument qui peut contribuer à prévenir les différends. Les agents de deux administrations fiscales ou plus s'associent pour former une seule équipe de vérificateurs chargée d'examiner les questions ou les transactions du ou des contribuable(s) ayant des activités commerciales internationales dans lesquelles les juridictions ont un intérêt commun ou complémentaire. Grâce à cette collaboration, les administrations fiscales participantes ont la possibilité de détecter et de résoudre les désaccords ou les différends potentiels à un stade précoce (OCDE, 2019[5]).

Encadré 8.1. **États-Unis : Mesures de prévention des différends**

Le 16 novembre 2020, les autorités compétentes des États-Unis et du Mexique ont annoncé qu'elles avaient reconduit leur accord de coordination garantissant une sécurité juridique en matière fiscale à plus de 600 groupes multinationaux possédant des « maquiladoras », des filiales mexicaines assurant des fonctions de fabrication et d'assemblage dans le cadre de contrats de sous-traitance pour le compte de donneurs d'ordre américains. En vertu de l'accord fiscal renouvelé sur le régime des « maquiladoras » ou QMA (*Qualified Maquiladora Approach*), la double imposition est évitée si le contribuable mexicain conclut un accord préalable unilatéral en matière de prix de transfert (« APP ») avec le service dédié au contrôle des gros contribuables au sein de l'administration fiscale mexicaine (*Administración General de Grandes Contribuyentes*) dans des conditions négociées à l'avance entre les autorités américaines et mexicaines. Les autorités ont également fait savoir qu'elles s'employaient activement à étendre le cadre de l'accord QMA, en s'appuyant sur les orientations récemment publiées par l'OCDE (le 18 décembre 2020), afin d'offrir une sécurité juridique en matière fiscale pour les années concernées par les conditions économiques, commerciales et de santé publique actuelles.

Source : États-Unis – Internal Revenue Service (2021).

Mécanismes d'examen des règlements des différends

Les 59 juridictions accordent aux contribuables le droit de contester l'établissement de l'impôt. Presque toutes les administrations déclarent prévoir un mécanisme de contrôle interne, et une grande majorité d'entre elles offrent aux contribuables la possibilité de demander un examen indépendant par un organisme externe, ce qui peut contribuer à améliorer la sécurité juridique pour les contribuables. S'agissant des administrations qui proposent les deux mécanismes d'examen, environ 70 % d'entre elles imposent aux contribuables de demander un examen interne avant que leur cas ne puisse être examiné par un organisme externe (voir graphique 8.2.).

Graphique 8.2. **Règlement des différends : Mécanismes d'examen disponibles, 2019**

Pourcentage des administrations

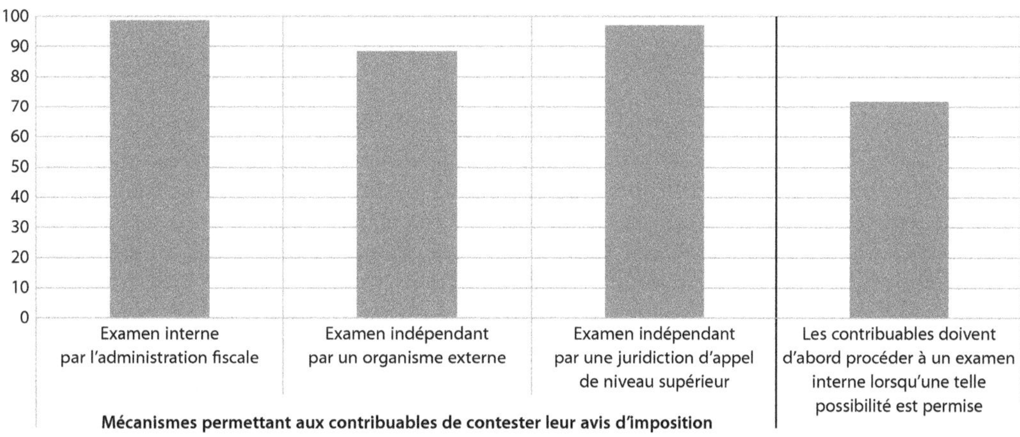

StatLink https://dx.doi.org/10.1787/888934301987

Source : Tableau A.37 Règlement des différends : mécanismes d'examen.

Encadré 8.2. **Règlement des différends fiscaux internationaux par la procédure amiable**

La double imposition au titre d'une même transaction ou d'un même revenu peut avoir des conséquences économiques significatives. Les conventions fiscales, également appelées conventions de double imposition, visent généralement à éliminer la double imposition en établissant des règles convenues d'un commun accord sur la répartition des droits d'imposition applicables aux contribuables résidant dans les pays signataires. Elles peuvent aussi prévoir des mécanismes destinés à éviter le non-respect des obligations fiscales.

Compte tenu de la complexité des situations concernées, les parties peuvent ne pas être d'accord quant à l'application ou l'interprétation de ces règles. Pour y remédier, la grande majorité des conventions fiscales prévoient un processus formel de règlement des différends par le biais d'une procédure amiable (PA). Une telle procédure est prévue à l'article 25 du Modèle de convention fiscale de l'OCDE, qui est utilisé par la plupart des pays comme référence pour leurs conventions fiscales. La procédure amiable est essentielle au bon fonctionnement des conventions fiscales, et contribue à réduire les risques de double imposition.

Source : OCDE (2017), Improving mutual agreement procedures, in *Tax Administration 2017 : Comparative Information on OECD and Other Advanced and Emerging Economies*, https://doi.org/10.1787/tax_admin-2017-18-en.

Performances en matière de règlement des différends

Si les administrations fiscales ne peuvent généralement pas contrôler le calendrier des procédures judiciaires, nombre d'entre elles s'emploient à améliorer les procédures de règlement des différends afin de les accélérer. L'exemple brésilien présenté dans l'encadré 8.3 illustre comment les avancées technologiques offrent aux administrations fiscales de nouvelles possibilités d'identifier des cas similaires ou de comprendre les conséquences probables des différends; et les exemples de la Géorgie et de l'Inde montrent comment les technologies numériques peuvent être utiles à la fonction de règlement des différends (voir encadré 8.3.).

Encadré 8.3. **Exemples nationaux : Règlement des différends en ligne**

Brésil : L'intelligence artificielle appliquée au règlement des différends

L'administration fiscale brésilienne a recours à l'intelligence artificielle afin d'accélérer le processus de règlement des différends fiscaux. Les algorithmes d'apprentissage automatique permettent de lire automatiquement les allégations des contribuables, de les comparer à une base de connaissances de résolutions antérieures, de regrouper les allégations similaires et de proposer, en langage naturel, le résultat le plus probable.

Géorgie : Procédure d'audition dématérialisée en cas de différend fiscal

Durant la pandémie, le Service des recettes publiques de Géorgie a mis en place une procédure d'audition électronique à distance permettant aux contribuables concernés par un différend fiscal de voir leur cas examiné. La possibilité pour les contribuables de déclarer à l'avance leur volonté de participer à une audition à distance pour régler un futur différend a permis d'ancrer davantage ce système dans la pratique de l'administration.

Encadré 8.3. **Exemples nationaux : Règlement des différends en ligne** *(suite)*

Cette solution garantit la continuité des procédures de l'administration fiscale et la sécurité des parties concernées pendant la pandémie, et permet aux contribuables de gagner du temps et d'économiser de l'argent. Pour une mise en œuvre efficace, il a été essentiel de veiller à ce que le système soit souple, efficient et performant, tout en tenant compte des préoccupations et des obligations en matière de protection et de confidentialité des données. Le Service des recettes publiques de Géorgie a décidé de développer un système reposant sur une plateforme de vidéoconférence permettant aux contribuables de se connecter à la fois à l'aide d'un ordinateur ou d'un téléphone. Les contribuables reçoivent des rappels au sujet du déroulement des auditions sur leurs pages web personnalisées et par SMS, ainsi que des instructions détaillées sur la manière d'utiliser la plateforme.

Le tableau 8.2 montre le taux de recours au système d'audition dématérialisée en Géorgie. Le Service des recettes publiques s'attend à ce que ce taux augmente à mesure que les contribuables se familiariseront avec ce nouveau service. Le système d'audition dématérialisée fait désormais partie intégrante du code fiscal de la Géorgie, et sera donc conservé une fois la pandémie terminée.

Tableau 8.2. **Géorgie : Évolution du recours au système d'audition dématérialisée pour le règlement des différends fiscaux**

	Mai 2020	Juin 2020	Août 2020	Novembre 2020	Décembre 2020
Nombre de dossiers à examiner	11	14	8	236	235
Nombre de dossiers pour lesquels les contribuables ont accepté de recourir au système d'audition électronique	8	13	6	151	130

Source : Service des recettes publiques de Géorgie (2021).

Inde : Procédure d'appel à distance

En 2020, le gouvernement indien a mis en place une procédure d'appel à distance, qui permet à un contribuable d'introduire un recours et d'être entendu en cas de différend en matière d'impôt sur le revenu sans être obligé de comparaître en personne devant le Commissaire à l'impôt sur le revenu.

Le contribuable doit transmettre ses pièces justificatives en ligne, *via* le portail électronique dédié, et son recours est examiné par le service central de recours en ligne, qui fait office de point de contact unique entre les requérants et le gouvernement. Ce système permettra à l'Inde de gagner en efficacité, en transparence et en responsabilité, tant du côtédes contribuables que de l'instance de recours.

Source : Administration fiscale brésilienne (2021), Service des recettes publiques de Géorgie (2021), et Inde – Income Tax Department (2021).

Pour améliorer efficacement les procédures de règlement, il est nécessaire de disposer de mécanismes fiables d'information et de suivi. Il est encourageant de constater que, depuis la publication du rapport sur les administrations fiscales de 2015, de nombreuses administrations se sont employées à améliorer le niveau des informations de gestion disponibles, si bien que le présent rapport contient des informations sur les performances d'environ 90 % des administrations.

Les graphiques 8.3 et 8.4 montrent l'évolution entre 2018 et 2019 du nombre de dossiers ayant fait l'objet d'une procédure de contrôle interne et externe non clôturés en fin d'exercice. Il est intéressant de noter l'augmentation significative du nombre de dossiers examinés signalés par quelques juridictions.

Graphique 8.3. **Procédure de contrôle interne : variation entre 2018 et 2019 du nombre de dossiers en fin d'exercice**

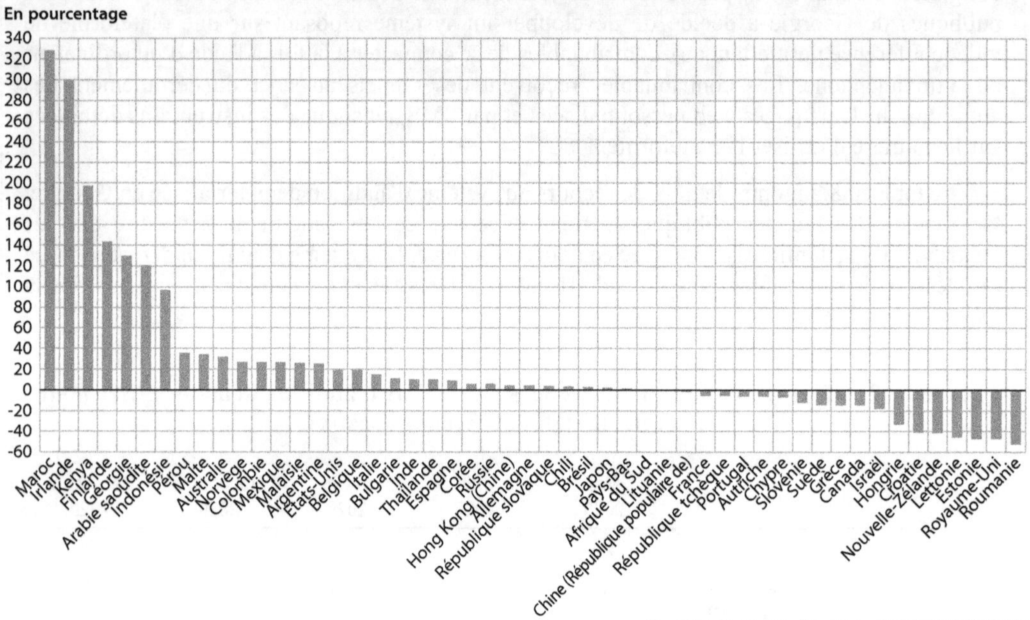

StatLink https://dx.doi.org/10.1787/888934302006

Source : Tableau A.38 Règlement des différends : nombre de dossiers.

Graphique 8.4. **Examen indépendant par des organismes externes : variation entre 2018 et 2019 du nombre de dossiers en fin d'exercice**

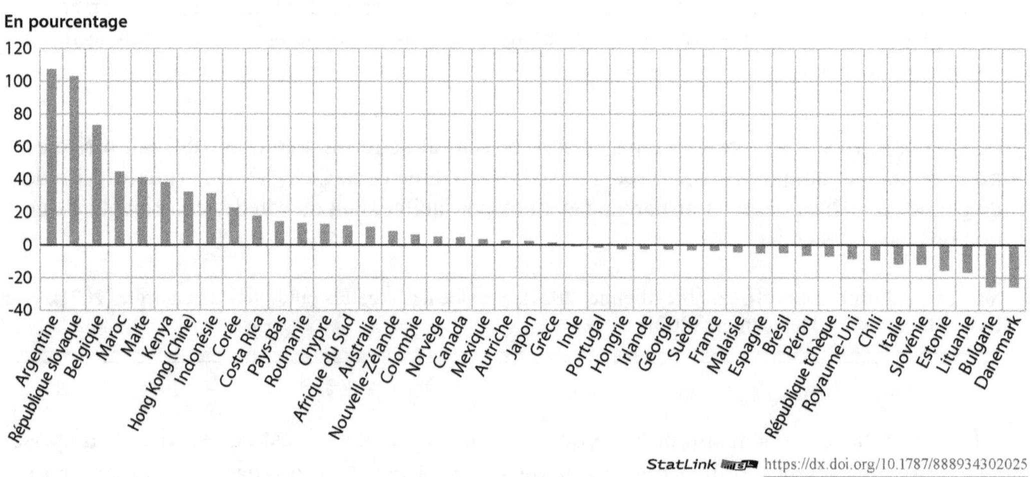

StatLink https://dx.doi.org/10.1787/888934302025

Source : Tableau A.38 Règlement des différends : nombre de dossiers.

On notera par ailleurs que le volume des dossiers varie considérablement d'une juridiction à l'autre. Par exemple, le tableau A.38 montre que le nombre de dossiers faisant l'objet d'une procédure de contrôle interne est très faible en Irlande, et que le fait de passer d'un dossier à quatre dossiers non clôturés explique l'augmentation de 300 % constatée entre fin 2018 et fin 2019. Le graphique 8.5 confirme cette observation, et met en lumière les différences importantes qui existent entre les juridictions quant à l'utilisation des procédures de contrôle interne.

Graphique 8.5. **Nombre de nouveaux dossiers en interne pour 1 000 contribuables actifs redevables au titre de l'IRPP et de l'IS, 2019**

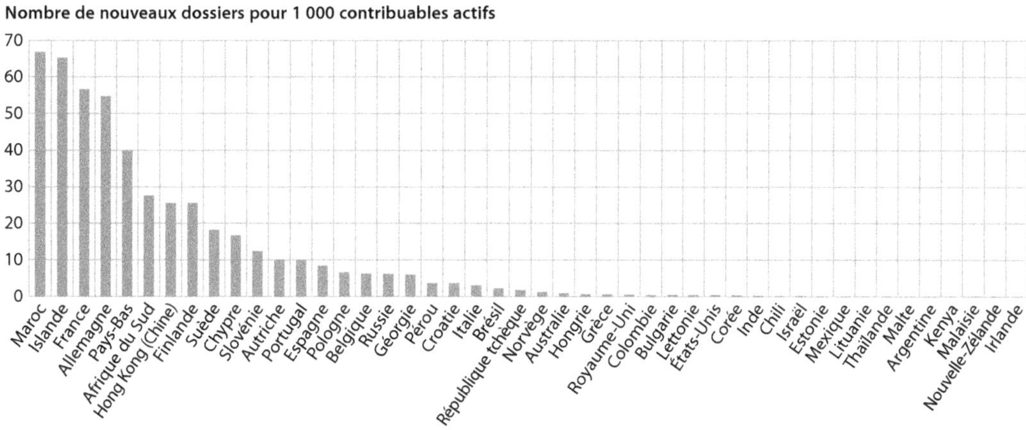

StatLink https://dx.doi.org/10.1787/888934302044

Note : Pour l'Islande et la Pologne, les données se rapportent à l'année 2018.

Source : Tableau D.24 Recours administratif et procédures judiciaires.

Graphique 8.6. **Pourcentage de dossiers résolus en faveur de l'administration**

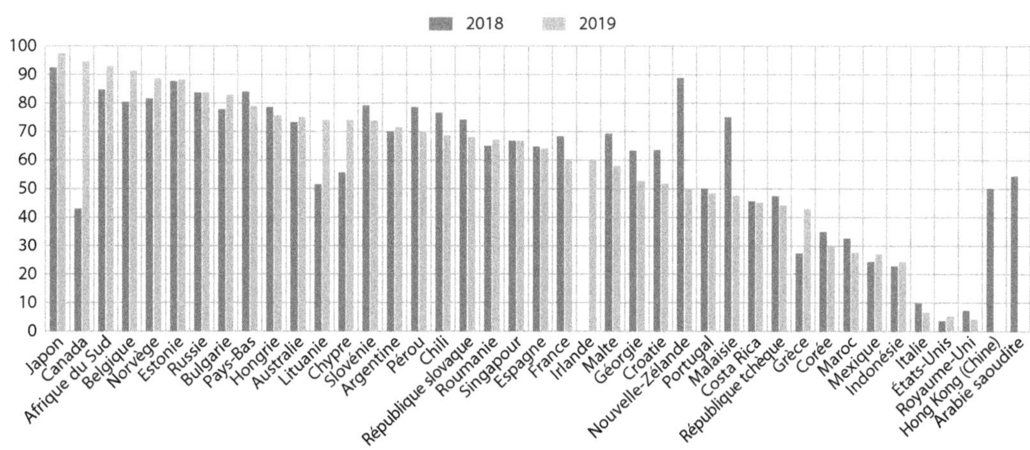

StatLink https://dx.doi.org/10.1787/888934302063

Note : Les dossiers résolus en faveur de l'administration correspondent aux dossiers dans lesquels l'administration a obtenu gain de cause sur plus de 50% des questions ayant fait l'objet d'un différend dans chaque dossier. Dans le cas de la France, le nombre de dossiers résolus en faveur de l'administration inclut toutes les décisions entièrement ou partiellement favorables à l'administration. S'agissant de la Corée, le nombre de dossiers résolus en faveur de l'administration correspond aux décisions où toutes les questions ont été tranchées en faveur de l'administration fiscale.

Source : Tableau D.24 Recours administratif et procédures judiciaires.

Il n'est pas rare que la législation fiscale donne lieu à des interprétations différentes par les contribuables et l'administration fiscale, et que cela aboutisse à des différends après que les procédures de contrôle interne et externe ont été achevées. Bien que les administrations fiscales déclarent que la plupart des différends sont résolus sans qu'il soit nécessaire de recourir à une procédure judiciaire, le graphique 8.6. illustre les performances des administrations en ce qui concerne les dossiers jugés par les tribunaux. On constate qu'il y a peu de variations entre 2018 et 2019, même si, pour certaines juridictions, le nombre de dossiers jugés est très faible, ce qui signifie que les résultats peuvent fluctuer considérablement d'une année à l'autre.

Note

1. Voir www.oecd.org/tax/forum-on-tax-administration/international-compliance-assurance-program.htm (consulté le 29 avril 2021).

Références

Australian Taxation Office (2021), *Independent review for small businesses with turnover less than $10 million*, www.ato.gov.au/General/Dispute-or-object-to-an-ATO-decision/In-detail/Avoiding-and-resolving-disputes/Independent-review/Independent-review-for-small-businesses-with-turnover-less-than-$10-million/ (consulté le 1er septembre 2021). [2]

OCDE (2021), *International Compliance Assurance Programme – Handbook for tax administrations and MNE*, OCDE, Paris, www.oecd.org/tax/forum-on-tax-administration/publications-and-products/international-compliance-assurance-programme-handbook-for-tax-administrations-and-mne-groups.htm (consulté le 1er septembre 2021). [4]

OCDE (2019), *Joint Audit 2019 – Enhancing Tax Co-operation and Improving Tax Certainty : Forum on Tax Administration*, Éditions OCDE, Paris, https://dx.doi.org/10.1787/17bfa30d-en. [5]

OCDE (2019), *Tax Administration 2019 : Comparative Information on OECD and Other Advanced and Emerging Economies*, Éditions OCDE, Paris, https://dx.doi.org/10.1787/74d162b6-en. [1]

OCDE (2016), *Co-operative Tax Compliance : Building Better Tax Control Frameworks*, Éditions OCDE, Paris, https://dx.doi.org/10.1787/9789264253384-en. [3]

Chapitre 9

Budget et personnel

Ce chapitre s'intéresse aux ressources consacrées aux administrations fiscales et fournit des informations sur leur personnel. Il présente les difficultés auxquels font face les administrations pour accroître leurs capacités tout en assurant la gestion d'effectifs qui, de manière générale, diminuent, et, en moyenne, sont vieillissants.

Introduction

Pour qu'une administration fiscale puisse assurer son rôle de percepteur des impôts et de prestataire de services aux citoyens et aux entreprises, il est essentiel qu'elle dispose de ressources financières suffisantes ainsi que d'une main-d'œuvre qualifiée capable de produire des résultats de qualité de manière efficace et efficiente. Voilà l'objet de ce chapitre. La première partie s'intéresse aux ressources financières dont disposent les administrations fiscales et à la manière dont elles sont dépensées. La deuxième partie présente des informations sur le personnel des administrations fiscales. En outre, ce chapitre passe en revue certains des défis que posent la transformation numérique et la crise du COVID-19.

Comme on l'a déjà indiqué dans d'autres chapitres, l'Enquête internationale sur les administrations fiscales (ISORA), qui constitue la base de ce rapport, a été abrégée pour faciliter le passage à une enquête annuelle et réduire les charges pesant sur les administrations participantes (voir le Guide du lecteur pour plus de détails). Par conséquent, ce rapport ne s'intéresse plus aux mécanismes de gouvernance des administrations fiscales ou aux aspects touchant à la gestion des ressources humaines, y compris les qualifications du personnel. Les lecteurs que ces sujets intéressent sont invités à se reporter à l'édition 2019 de la série (OCDE, 2019[1]).

Budget et technologies de l'information et de la communication

Dépenses opérationnelles

Le niveau global des ressources affectées à l'administration de l'impôt est une question importante et d'actualité pour la plupart des autorités, des observateurs extérieurs et, bien entendu, des administrations fiscales elles-mêmes. Si les approches budgétaires diffèrent, la plupart des pays lient le budget alloué à l'obtention de résultats définis dans un plan d'activité annuel.

S'agissant des chiffres, les trois quarts environ des administrations fiscales font état d'une hausse de leurs dépenses opérationnelles de 2018 à 2019. Les données issues de la précédente enquête ISORA permettent en outre d'analyser les évolutions budgétaires sur la période 2016-19. On constate alors que plus de 85 % des administrations affichent une augmentation de leur budget (voir le tableau 9.1.).

Il convient toutefois d'interpréter ces données avec prudence. En effet, si de nombreuses administrations ont vu leur budget augmenter sur le papier, ces chiffres ne tiennent compte ni de l'accroissement des responsabilités dont font état de nombreuses administrations ni des pressions inflationnistes.

Ce problème est d'autant plus grave qu'une part importante des budgets est nécessaire pour les coûts salariaux, qui représentent en moyenne 73 % des budgets opérationnels annuels (voir tableau 9.1). Ainsi, toute hausse plus importante des budgets peut être rapidement absorbée par des augmentations de salaire, qui peuvent constituer une obligation contractuelle. Cette conjonction de l'accroissement des responsabilités et des pressions budgétaires incite les administrations fiscales à trouver des solutions innovantes, souvent fondées sur les technologies, de manière à pouvoir fournir de meilleurs services aux contribuables sans perdre de vue les risques de non-conformité concernés. Grâce à cette approche, les administrations fiscales sont en mesure de relever les défis budgétaires auxquels elles sont confrontées.

Tableau 9.1. **Évolutions des dépenses opérationnelles**

Pourcentage des administrations

Évolution	De 2016 à 2019 (d'après les données de 36 administrations)	De 2018 à 2019 (d'après les données de 57 administrations)
Hausse des dépenses opérationnelles	86 %	77 %
Baisse des dépenses opérationnelles	14 %	23 %

Note : la comparaison des données de 2016 et 2019 ne repose que sur des informations provenant de 36 administrations fiscales, car pour certaines d'entre elles, les données n'étaient pas disponibles pour toutes les années ou n'étaient pas comparables en raison de (i) l'ajout de nouvelles responsabilités importantes ou (ii) l'utilisation, par un certain nombre d'administrations qui cumulent les fonctions d'administration de l'impôt et des droits de douane, d'un nouveau formulaire simplifié pour estimer le budget attribué à l'administration fiscale seule (cette option est proposée dans la version 2020 de l'outil employé pour l'enquête ISORA).

Source : calculs du Secrétariat sur la base des tableaux E.1 et A.7 ainsi que de la publication OCDE (2019), *Tax Administration 2019 : Comparative Information on OECD and other Advanced and Emerging Economies*, https://doi.org/10.1787/74d162b6-en, tableaux E.1 et A.31.

Par ailleurs, il sera intéressant d'observer les incidences de la pandémie de COVID-19 sur le budget des administrations fiscales. En effet, la baisse des recettes perçues (voir chapitre 2), conjuguée à l'ampleur des dépenses publiques affectées aux programmes de soutien aux citoyens et aux entreprises, peut conduire les autorités à réduire le budget de certaines administrations. En outre, la diminution des perceptions peut créer d'autres difficultés pour les quelques administrations dont le budget annuel est (en partie) fondé sur un pourcentage des recettes collectées – à moins que cette formule soit ajustée (OCDE, 2019, p. 114[1]).

La gestion du parc immobilier pourrait constituer un poste de réduction des coûts à l'avenir. Étant donné que les agents en télétravail seront plus nombreux, même après la crise du COVID-19, les administrations fiscales peuvent en effet envisager de réévaluer leurs besoins en matière d'espaces de bureaux (qu'elles en soient propriétaires ou locataires). Ces derniers devraient toutefois rester inchangés dans l'immédiat, puisque les éventuelles économies réalisées grâce au télétravail seront probablement contrebalancées par les obligations de distanciation sociale.

Parmi les pistes envisageables de réduction des coûts, citons entre autres le passage à des bâtiments intelligents et économes en énergie, la réduction de la consommation d'énergie et le partage d'infrastructures avec d'autres administrations, comme l'illustrent les exemples nationaux de l'encadré 9.1.

Encadré 9.1. **Exemples nationaux : réduire les dépenses opérationnelles**

Chili : projet sur l'efficacité énergétique

En août 2019, l'administration fiscale chilienne (Servicio de Impuestos Internos, SII) a lancé son projet sur l'efficacité énergétique, qui englobe les aspects suivants : optimisation des contrats actuels, réduction de la consommation d'énergie, incitation à des modes de vie durables et diminution des coûts énergétiques :

- Vingt et un contrats de fourniture d'électricité ont été révisés dans tout le pays en 2020. Les meilleurs tarifs ont été négociés et le SII a cherché à réaliser des économies d'échelle en regroupant les contrats de différentes entités pour optimiser leur position de négociation. À la fin de 2020, 19 des 21 contrats avaient été modifiés.

Encadré 9.1. **Exemples nationaux : réduire les dépenses opérationnelles** *(suite)*

- Le SII a réduit sa consommation d'énergie en surveillant 21 sites répartis dans tout le pays au moyen d'une plateforme en ligne de collecte de données permettant de contrôler les heures de pointe et les coûts énergétiques. L'administration a ainsi pu remplacer des technologies obsolètes par des systèmes de consommation plus efficaces et ajuster les temps de consommation pour tirer profit de coûts moins élevés.
- Au travers d'ateliers de formation, le SII entend sensibiliser quelque 500 agents aux questions du développement durable, des énergies renouvelables et de l'utilisation efficace des ressources. Tout au long de l'année 2020, le SII a mis en place un programme national d'ateliers, avec l'appui du ministère chilien de l'Énergie, auquel ont participé les 21 chefs d'administration au niveau national. Pour 2021, l'objectif est de mettre en place 8 à 10 ateliers ayant un impact local ou national.
- Le grand objectif est de parvenir à réduire les dépenses énergétiques de 30 % en 2021 (ce qui représente environ 167 000 USD) et de 40 % en 2020 (296 000 USD). Les économies réalisées seront affectées au financement des programmes de réduction de la consommation d'énergie.

Royaume-Uni : le programme « Locations » de HMRC pour mieux travailler dans des bâtiments intelligents

Au Royaume-Uni, le programme « Locations » de Her Majesty's Revenue and Custom (HMRC) est au cœur de la transformation globale opérée par l'administration fiscale. Il assure la mise en œuvre de la première phase du programme « pôles » des autorités britanniques, qui vise à offrir des lieux de travail de qualité articulés autour d'une variété d'espaces de travail flexibles conçus pour travailler plus intelligemment et intégrer des dispositifs d'apprentissage sur site.

L'infrastructure numérique à haut débit assure des niveaux élevés de résilience et de fiabilité. Les réseaux Wi-Fi Gov.uk permettent une exploitation flexible des bureaux par plusieurs administrations. Ces bâtiments à la pointe de la technologie font partie intégrante des projets de HMRC visant à fournir aux contribuables de meilleurs services à moindre coût, l'objectif étant d'économiser 90 millions GBP par an.

Les bâtim2ents sont conçus sur la base des normes énoncées dans le Guide de conception inclusive (Inclusive Design Guide) de HMRC, salué par le Conseil britannique de l'industrie du bâtiment, afin de proposer un environnement de travail moderne et accueillant qui soit accessible aux personnes les plus diverses.

Tous les centres régionaux de HMRC sont pensés et construits conformément aux processus et procédures BIM (modélisation des informations du bâtiment), ce qui garantit l'exactitude et la continuité des données sur les actifs tout au long de la conception, de la construction et de l'exploitation des bâtiments, avec à la clé un renforcement de la collaboration entre HMRC et ses fournisseurs.

Par exemple, tous les nouveaux sites sont conçus sur la base du BIM de niveau 2, c'est-à-dire que chaque élément de conception a été coordonné avant l'assemblage sur site, ce qui permet de réduire le nombre d'erreurs et d'améliorer la qualité. Au centre régional de Croydon, HMRC expérimente par ailleurs une technologie fondée sur des capteurs afin d'analyser les performances des bâtiments dans quatre domaines essentiels : le confort thermique, le niveau de CO_2 dans les salles de réunion, la consommation d'énergie ainsi que la maintenance conditionnelle des installations et du matériel.

Tous les centres régionaux ont obtenu la note « excellent » ou « exceptionnel » de la certification BREEAM (méthode d'évaluation du comportement environnemental des

Encadré 9.1. **Exemples nationaux : réduire les dépenses opérationnelles** *(suite)*

bâtiments). Depuis 2017, HMRC a réduit le volume total de ses déchets de 64 % et atteint un taux de recyclage de 77 ; seul 1 % des déchets sont mis en décharge. L'administration a par ailleurs permis de réduire ses émissions opérationnelles de carbone de 36 % et sa consommation d'eau de 51 %. Ces efforts permettant à HMRC de figurer parmi les dix premières administrations du Royaume-Uni dans chaque domaine du programme « Greening Government ».

Source : Chili, Servicio de Impuestos Internos (2021), et Royaume-Uni, Her Majesty's Revenue and Customs (2021).

Postes de dépenses opérationnelles des administrations fiscales

Comme on l'a vu plus haut, les coûts salariaux constituent le principal poste de dépenses opérationnelles des administrations fiscales, les salaires à eux seuls représentant en moyenne 73 % du budget annuel (voir graphique 9.1). Autre poste important : le coût d'exploitation des TIC, qui représente en moyenne 10 % des dépenses opérationnelles, voire de 20 à 25 % de leur total pour certains pays (voir tableau D.3). Les moyennes de ces deux postes (salaires et TIC) restent stables depuis 2016 pour l'ensemble des administrations visées par ce rapport.

Dépenses d'investissement

Les dépenses d'investissement représentent environ 4 % des dépenses totales en moyenne, mais les variations sont importantes d'une administration à l'autre : moins de 1 % pour certaines d'entre elles, plus de 10 % pour d'autres (voir tableau A.7).

Coût de perception

Il est devenu assez courant que les administrations fiscales calculent et publient (par exemple dans leurs rapports annuels) un ratio du « coût de perception » comme indicateur de substitution pour mesurer leur efficience ou leur efficacité. Ce ratio est calculé en comparant les dépenses annuelles de l'administration aux recettes nettes perçues au cours de l'exercice. Compte tenu des nombreuses similitudes que présentent les impôts administrés par les administrations fiscales, les observateurs ont naturellement tendance à comparer les ratios du « coût de perception » des différentes juridictions. Pour les raisons exposées à l'encadré 9.2, il convient toutefois de prendre ce type de comparaison avec des pincettes.

Dans la pratique, un certain nombre de facteurs peuvent en effet influer sur le rapport coûts-recettes, mais ne concernent en rien l'efficience ou l'efficacité relative. Les données de l'exercice 2020 ne seront disponibles qu'au terme de la prochaine enquête ISORA, mais il est attendu que la crise du COVID-19 constitue l'un de ces facteurs. En outre, les comparaisons internationales sont difficiles à établir en raison d'une série de variables à prendre en considération.

Citons notamment les évolutions macroéconomiques ainsi que les différences dans les types de recettes administrées. Ces facteurs sont détaillés à l'encadré 9.2.

Graphique 9.1. **Coûts salariaux en pourcentage des dépenses opérationnelles totales**

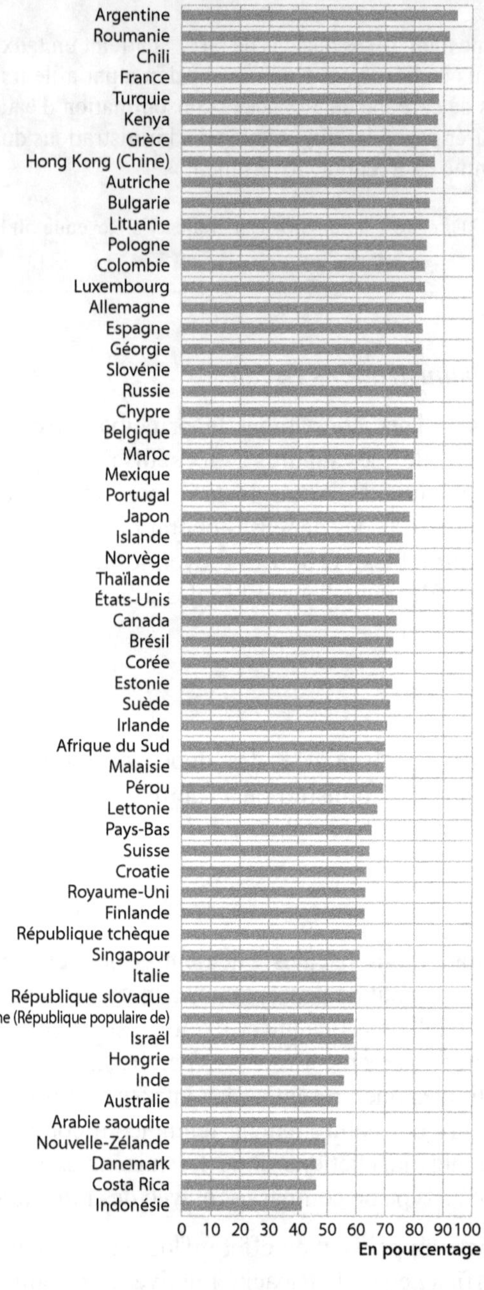

StatLink http://dx.doi.org/10.1787/888934302082

Source : Tableau D.3 Ratios des ressources.

Graphique 9.2. **Évolution des ratios du « coût de perception » de 2018 à 2019**

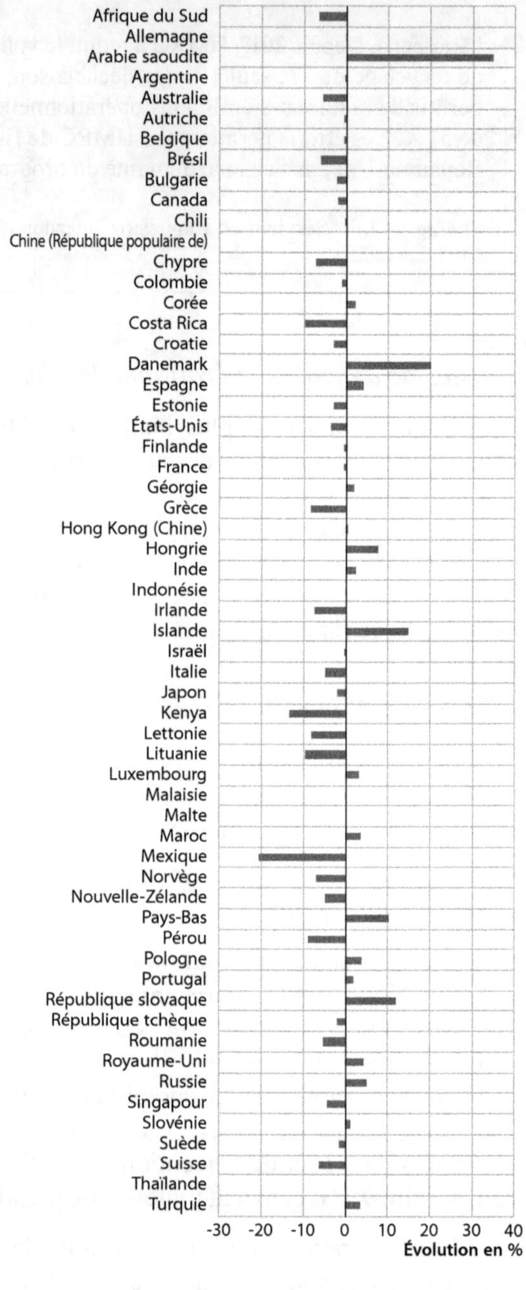

StatLink https://dx.doi.org/10.1787/888934302101

Source: Tableau D.3 Ratios des ressources.

Note : il convient de tenir compte des facteurs évoqués à l'encadré 9.2 pour interpréter ce graphique.

Encadré 9.2. **Difficultés liées à l'utilisation du ratio du « coût de perception » comme indicateur de l'efficience et/ou de l'efficacité**

Observée au fil du temps, une tendance à la baisse du ratio du « coût de perception » peut attester d'une réduction des coûts relatifs (amélioration de l'efficience) et/ou d'une amélioration de la discipline fiscale (amélioration de l'efficacité). Cependant, on a aussi constaté à l'usage que nombre de facteurs susceptibles d'influencer ce ratio **ne sont pas** liés à l'évolution de l'efficience et/ou de l'efficacité des administrations fiscales et compromettent la fiabilité de cette statistique dans le contexte international :

- **Évolutions de la politique fiscale** : les modifications apportées à la politique fiscale sont un facteur important pour déterminer le rapport coûts-recettes. Ainsi, une décision visant à accroître la charge fiscale globale devrait, en théorie et toutes choses égales par ailleurs, entraîner une amélioration équivalente du ratio, mais elle n'a rien à voir avec une amélioration de l'efficience ou de l'efficacité opérationnelle.
- **Évolutions macroéconomiques** : les variations anormales des taux de croissance économique, etc., ou de l'inflation au fil du temps sont susceptibles d'influer sur le total des recettes perçues par l'administration fiscale et donc sur le rapport coûts-recettes.
- **Dépenses anormales de l'administration fiscale** : il peut arriver qu'une administration fiscale doive réaliser un investissement de niveau anormal (mise en place d'une nouvelle infrastructure informatique, acquisition de nouveaux locaux plus coûteux...). Les investissements de ce type sont susceptibles d'accroître les coûts opérationnels globaux à moyen terme; en l'absence de gains d'efficience compensatoires, ils auront une incidence sur le rapport coûts-recettes.
- **Évolution du champ des recettes perçues** : il peut arriver que les autorités décident de transférer la responsabilité de la perception de certaines recettes d'un organisme à un autre, ce qui peut influer sur le rapport coûts-recettes.

Sur le plan strictement intérieur, l'administration peut tenir compte de ces facteurs en ajustant ses coûts ou les recettes qu'elle perçoit en conséquence. Le suivi du ratio du « coût de perception » peut ainsi constituer une mesure utile qui permet d'observer au fil du temps l'évolution des efforts déployés par l'administration en matière de perception des recettes. Ventilé par type d'impôt, il peut aussi aider à éclairer les choix opérés par les pouvoirs publics concernant les modalités d'administration et de perception de certains impôts.

Pour ce qui est d'établir des comparaisons internationales, son utilité s'avère toutefois très limitée. En effet, si les administrations sont en mesure de tenir compte des facteurs susmentionnés d'un point de vue intérieur, cette analyse est difficile à réaliser au niveau international, puisqu'elle doit prendre en considération les paramètres suivants :

- **Différences quant aux taux et à la structure des impôts** : les taux d'imposition et la structure effective des impôts sont autant d'éléments qui pèsent sur les recettes globales et, dans une moindre mesure, sur les considérations de coûts. Par exemple, les comparaisons du ratio de juridictions à forte pression fiscale et de juridictions à faible pression fiscale ne sont guère réalistes en raison de la forte disparité de leur charge fiscale.
- **Différences quant à la portée et à la nature des recettes administrées** : ces différences sont nombreuses. Dans certaines juridictions, il se peut qu'il y ait plus d'une grande autorité fiscale au niveau national, ou que les recettes perçues au niveau fédéral proviennent principalement d'impôts directs, les impôts indirects étant essentiellement administrés par des autorités régionales ou nationales distinctes. Dans d'autres juridictions, il se peut, à l'inverse, qu'une autorité nationale unique perçoive les impôts pour tous les niveaux de l'administration : fédéral, régional et local. Des problèmes similaires se posent en ce qui concerne la perception des cotisations sociales.

Encadré 9.2. **Difficultés liées à l'utilisation du ratio du « coût de perception » comme indicateur de l'efficience et/ou de l'efficacité** *(suite)*

- **Différences quant à l'éventail des fonctions exercées** : l'éventail des fonctions exercées par les administrations fiscales peut varier selon les pays. Ainsi, dans certaines juridictions, l'administration fiscale est également responsable d'activités qui ne relèvent pas directement de l'administration de l'impôt (administration de certaines prestations sociales, par exemple), tandis que dans d'autres, certaines fonctions fiscales ne sont pas exercées par l'administration fiscale (recouvrement forcé de créances, par exemple). Par ailleurs, les perceptions sociales peuvent influer sur les activités de l'administration, ses modalités de fonctionnement et les services qu'elle propose, ce dernier élément étant tout particulièrement susceptible d'avoir une incidence significative sur le rapport coûts-recettes.

Enfin, il convient de souligner que le ratio du « coût de perception » ne tient pas compte du potentiel de recettes des systèmes fiscaux, c'est-à-dire de la différence entre le montant des recettes effectivement perçues et les recettes potentielles maximales. Cet aspect est particulièrement pertinent dans le contexte des comparaisons internationales : pour des rapports coûts-recettes similaires, l'efficacité relative de différentes administrations peut varier sensiblement.

En dépit de ces facteurs, ce rapport intègre le ratio du coût de perception pour deux raisons :

1. Il peut servir aux administrations d'outil de suivi et de mesure au niveau national, puisqu'il leur permet d'observer l'évolution au fil du temps des efforts qu'elles déploient pour la collecte des recettes et, comme le souligne l'encadré 9.2, de tenir compte des principaux facteurs susceptibles d'influer sur ce ratio.

2. L'intégration du ratio du coût de perception ainsi que les remarques qui s'y rapportent figurant à l'encadré 9.2 permettent de rappeler avec pertinence aux parties prenantes que le ratio du coût de perception est certes aisé à calculer, mais néanmoins difficile à utiliser aux fins de l'établissement de comparaisons internationales.

Le graphique 9.2 montre l'évolution des ratios du coût de perception de 2018 à 2019 pour les administrations visées par ce rapport. Il en ressort que 60 % des administrations ont vu leur ratio diminuer. Comme indiqué dans l'encadré 9.2, ce graphique et les chiffres qui le sous-tendent doivent toutefois être interprétés avec prudence.

Technologies de l'information et de la communication

Les dépenses consacrées aux TIC représentent environ 10 % des dépenses opérationnelles en moyenne (voir plus haut), mais les niveaux varient considérablement d'une administration à l'autre. Ainsi, près de 50 % des administrations ayant communiqué le coût de leurs dépenses liées aux TIC pour 2019 indiquent que leurs charges opérationnelles annuelles dans ce domaine étaient supérieures à 10 % de leurs dépenses de fonctionnement totales et 20 % d'entre elles que ce poste de dépense représentait de 5 % à 10 % du budget (voir tableau D.3). Si certaines de ces variations peuvent s'expliquer par des différences entre les approches suivies en matière d'approvisionnement et sur le plan commercial, ce n'est pas le cas pour d'autres, ce qui, du moins en surface, peut laisser penser que les niveaux de dépenses sont peut-être insuffisants pour permettre d'assurer les services électroniques et numériques en mutation rapide que les administrations sont de plus en plus appelées à fournir.

En ce qui concerne les solutions TIC opérationnelles (c'est-à-dire celles que les administrations fiscales utilisent pour leur mission, notamment en matière d'enregistrement, de traitement des déclarations et des paiements ainsi que de vérification), presque toutes les administrations fiscales déclarent s'être dotées de systèmes personnalisés, 60 % d'entre elles indiquant avoir également recours à des produits propriétaires (voir graphique 9.3.).

Graphique 9.3. **Solutions TIC dont sont dotées les administrations fiscales, 2019**

Pourcentage des administrations disposant des solutions concernées

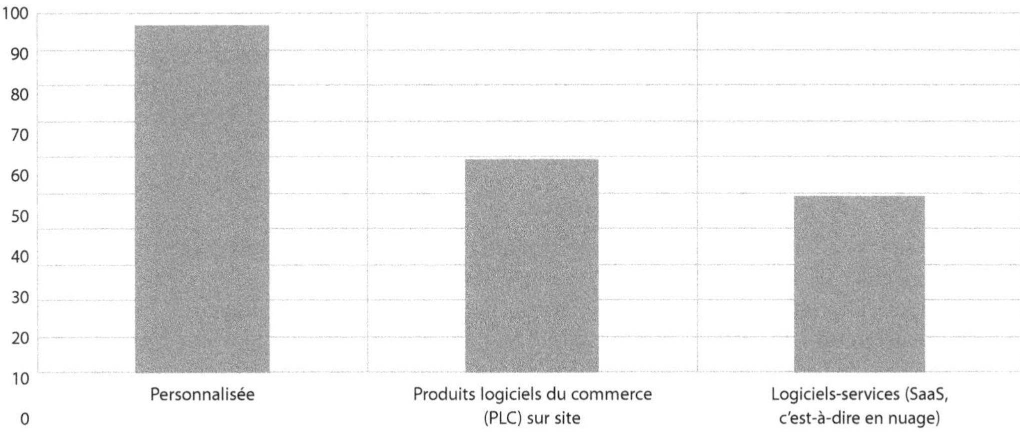

StatLink https://dx.doi.org/10.1787/888934302120

Source : Tableau A.9 Solutions des technologies de l'information et de la communication (TIC) dont sont dotées les administrations fiscales.

Par ailleurs, près de la moitié des administrations déclarent utiliser des logiciels-services (SaaS). Il s'agit de modèles dans le cadre desquels l'administration fiscale s'acquitte d'un abonnement dont le coût dépend de l'utilisation qui est faite du service. Les logiciels, installés sur des ordinateurs tiers et non sur ceux de l'administration fiscale, sont accessibles par internet. Le stockage de données fiscales sensibles sur ces systèmes tiers constitue l'un des principaux obstacles à l'utilisation généralisée des logiciels-services. Le recours au SaaS sera probablement amené à s'accroître à mesure que de nouvelles solutions seront trouvées sur le plan législatif et technologique, notamment en matière de cryptage des données.

Encadré 9.3. **Exemples nationaux : adopter de nouvelles approches en matière de TIC**

Canada : tirer profit des services en nuage

Dans le cadre de la pandémie de COVID-19, l'Agence du revenu du Canada (ARC) a tiré profit des services en nuage afin de mettre en place un centre de contact à l'appui des Prestations canadiennes d'urgence (PCU). Ce nouveau centre de contact a été créé pour traiter les demandes de renseignements générales du public par la diffusion d'informations au moyen d'un répondeur vocal interactif, avec la possibilité d'être transféré à un opérateur. Sur le plan stratégique, il a aussi permis de dévier une partie des nouveaux appels destinés aux programmes existants durant la période de dépôt des déclarations, lorsque l'infrastructure informatique est utilisée à plein.

Encadré 9.3. **Exemples nationaux : adopter de nouvelles approches en matière de TIC** *(suite)*

En raison du caractère critique de la situation, de la nécessité de répondre aux demandes de renseignements du public et de la rigidité des infrastructures existantes, les services en nuage se sont très rapidement imposés comme la solution à privilégier. L'ARC a ainsi été en mesure de penser et de mettre sur pied le centre de contact en trois semaines. De mars 2020 à avril 2021, le centre de contact a traité plus de 6.8 millions d'appels de contribuables canadiens. Les efforts déployés en vue de l'adoption des services en nuage, que ce soit à la faveur d'événements imprévus ou de projets exploratoires, se sont révélés très utiles pour améliorer la mise en œuvre des programmes et ont ouvert des perspectives que les infrastructures informatiques traditionnelles n'auraient pas permis d'offrir. Les services en nuage comportent certes leur lot de difficultés et de contraintes, mais ils constituent assurément un outil précieux pour la fourniture de services technologiques.

Canada : adopter les processus agiles

À l'automne 2019, le département de l'architecture informatique de l'ARC a estimé qu'il était nécessaire de faire évoluer ses pratiques d'alors pour s'adapter aux approches agiles du développement progressivement adoptées par l'Agence. Son analyse a conclu que plutôt que de se concentrer sur l'intégration des processus et méthodes agiles, le département de l'architecture informatique devait plutôt axer ses innovations sur la valeur des résultats obtenus grâce à ses services. Les services que le département de l'architecture informatique fournit aux équipes de développement de l'ARC ont ainsi été redéfinis pour tirer parti de l'approche orientée produit conforme au Manifeste agile. L'ARC commence à s'ouvrir pleinement aux évolutions culturelles liées à l'approche orientée produit, notamment les modifications apportées à ses méthodes de budgétisation et de financement, l'ajustement de ses procédures de contrôle des projets, l'adoption de nouvelles fonctions telles que celle de propriétaire du produit, et l'autonomisation des équipes de développement pour qu'elles puissent prendre des décisions critiques. Parallèlement à ces évolutions, le département de l'architecture informatique imaginera des initiatives visant à piloter sa nouvelle approche, et travaille à la mise en place d'une approche orientée produit pour l'élaboration et à la tenue à jour de certains de ses documents et modèles clés.

Source : Agence du revenu du Canada (2021).

Personnel

En 2019, les administrations reprises dans ce rapport employaient environ 1.8 million de personnes (voir tableau A.8). Une gestion efficace et efficiente du personnel est donc essentielle pour la bonne administration de l'impôt. Le fait de disposer d'une main-d'œuvre compétente, professionnelle, productive et adaptable est au cœur de la planification des ressources humaines de la plupart des administrations. Or, alors que les coûts salariaux représentent en moyenne plus de 70 % des dépenses opérationnelles, toute modification du budget a invariablement une incidence sur les effectifs.

La « double pression » résultant des compressions budgétaires et des évolutions technologiques, mentionnée dans l'édition 2017 (voir aussi le graphique 9.4.), demeure un enjeu de gestion important pour la plupart des administrations. Le problème est encore aggravé pour certaines d'entre elles, qui, en raison de restrictions contractuelles ou des mandats que leur confient les pouvoirs publics, peuvent éprouver des difficultés, sur le plan stratégique, à réduire leurs activités autrement que par le non-remplacement des départs volontaires.

Graphique 9.4. **Double pression sur le personnel**

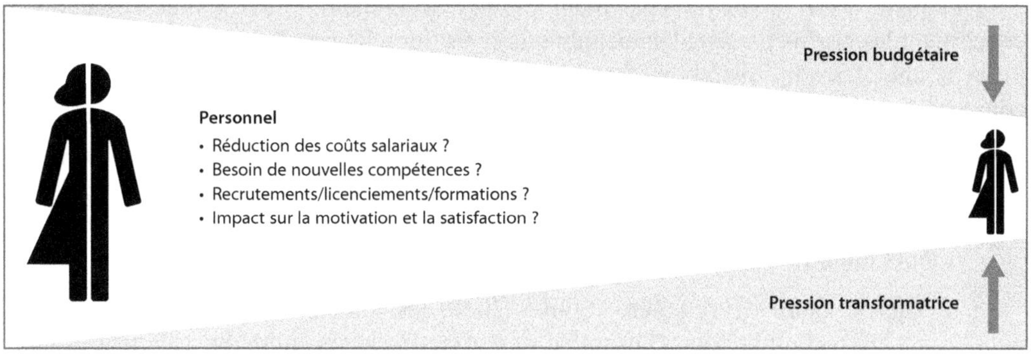

Source : OCDE (2017), *Tax Administration 2017 : Comparative Information on OECD and Other Advanced and Emerging Economies* https://doi.org/10.1787/tax_admin-2017-en.

Répartition du personnel par fonction

Le graphique 9.5 illustre la répartition moyenne des ressources en personnel (exprimées en équivalents temps plein) en quatre groupes fonctionnels utilisés pour catégoriser les activités de l'administration fiscale[1]. Si les données détaillées de chaque administration présentées dans le tableau D.4 font apparaître un écart significatif entre les valeurs et un certain nombre d'aberrations pour chaque fonction, celle des « audits, enquêtes et autres vérifications » emploie globalement le plus de ressources : en moyenne trente pour cent du personnel, un rapport resté stable ces dernières années.

Graphique 9.5. **Répartition du personnel par fonction, 2019**

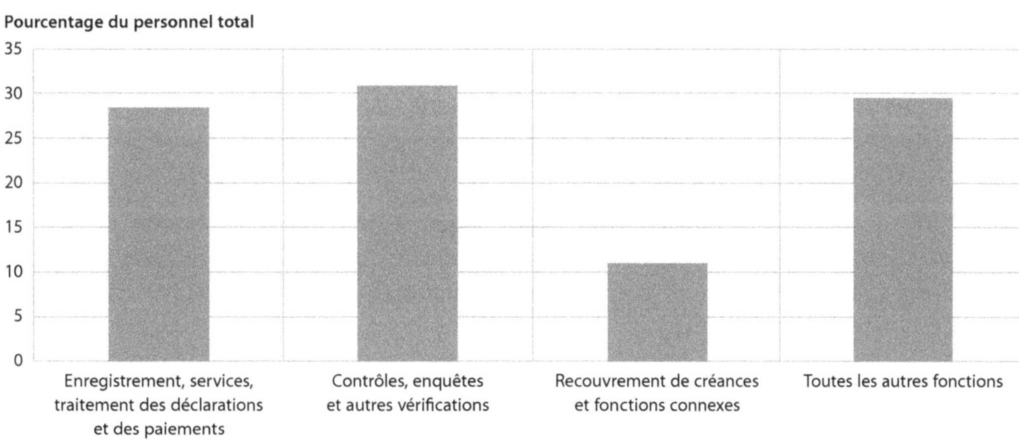

StatLink https://dx.doi.org/10.1787/888934302139

Note : les administrations qui n'ont pas été en mesure de fournir la ventilation pour toutes les fonctions ont été exclues.

Source : Tableau D.4 Répartition du personnel par fonction et emplacement.

Indicateurs relatifs au personnel

L'enquête ISORA 2020 a également permis de recueillir des données essentielles concernant les profils par âge, l'ancienneté, la répartition hommes-femmes et les diplômes du personnel des administrations fiscales : voir les tableaux D.6 à D.8 et A.11 à A.14. Il convient de les interpréter en tenant compte de deux paramètres essentiels :

- Étant donné qu'il peut leur être difficile de distinguer entre le personnel de l'administration de l'impôt et celui chargé des droits de douane, les administrations qui cumulent ces fonctions ont été autorisées à utiliser les chiffres de l'ensemble de leurs effectifs pour répondre aux questions de l'enquête.
- Dans le cadre de l'enquête ISORA 2020, les indicateurs relatifs au personnel ont été recueillis pour l'ensemble des effectifs, alors qu'ils ne l'avaient été que pour les agents permanents lors des éditions précédentes. Il convient donc de se montrer prudent dans l'analyse de tendances comparant les indicateurs issus des données d'ISORA 2020 et d'éditions précédentes de l'enquête. Pour ce qui des administrations qui emploient un nombre important d'agents non permanents, plus particulièrement, cette différence de méthode peut entraîner un changement des pourcentages qui ne résulte pas d'évolutions normales du personnel, mais plutôt de la prise en compte d'un groupe différent.

Profils par âge

Si l'on observe d'importantes disparités entre les profils par âge du personnel des administrations fiscales (voir tableau D.6), il est intéressant de constater que des écarts apparaissent également lorsque l'on examine les différents groupes régionaux. Cela peut s'expliquer par un ensemble complexe de facteurs culturels, économiques et sociologiques (par exemple, maturité économique, recrutement, rémunération et politiques en matière de retraite).

Le graphique 9.6 indique que le personnel est, dans l'ensemble, plus jeune dans les administrations des groupes régionaux « Asie-Pacifique » et « Moyen-Orient et Afrique », qui comptent, en moyenne, environ un tiers de salariés de moins de 35 ans, contre moins de 20% dans les groupes « Amérique » et « Europe ». À l'inverse, les administrations des groupes « Amérique » et « Europe » comptent une part importante d'agents de plus de 54 ans.

Si l'on examine les données propres à chaque juridiction, sans perdre de vue la différence de méthode susmentionnée, on constate encore que de 2014 à 2019, le pourcentage d'agents âgés de plus de 54 ans a augmenté dans nombre d'administrations, parfois de façon significative (voir graphique 9.7.).

Ancienneté

La diversité des profils par âge se retrouve aussi largement dans l'ancienneté du personnel des administrations fiscales. Le graphique 9.8 indique que de nombreuses administrations seront confrontées à un nombre important de départs en retraite au cours des prochaines années, mais qu'en plus, beaucoup des agents concernés sont très chevronnés, ce qui soulève d'autres problèmes en matière de préservation des savoirs et de l'expérience.

Le graphique 9.8 montre aussi que, pour une faible part d'administrations, l'âge des effectifs est supérieur à la moyenne, tandis que l'ancienneté est inférieure à la moyenne (voir le cadre inférieur droit du graphique 9.8 « Personnel plus âgé/moins d'ancienneté »).

Graphique 9.6. **Profils par âge du personnel des administrations fiscales, 2019**

Tranches d'âge du personnel en pourcentages pour certains groupes régionaux

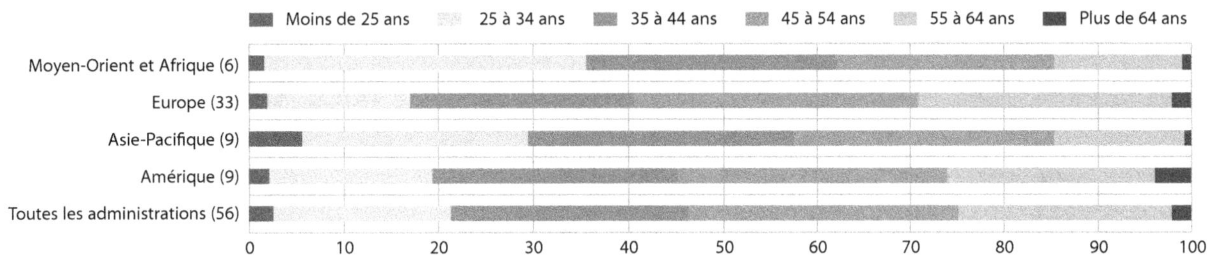

	Toutes les administrations (56)	Amérique (9)	Asie-Pacifique (9)	Europe (33)	Moyen-Orient et Afrique (6)
Moins de 25 ans	2.5	2.1	5.6	1.9	1.6
25 à 34 ans	18.8	17.3	23.9	15.0	34.0
35 à 44 ans	25.0	25.8	28.1	23.7	26.4
45 à 54 ans	28.9	28.8	27.8	30.2	23.4
55 à 64 ans	22.8	22.2	13.9	27.0	13.7
Plus de 64 ans	2.0	3.9	0.8	2.1	1.0

En pourcentage

StatLink https://dx.doi.org/10.1787/888934302158

Note : Les groupes régionaux comprennent les administrations suivantes : Amériques (9) – Argentine, Brésil, Canada, Chili, Colombie, Costa Rica, États-Unis, Mexique et Pérou ; Asie-Pacifique (9) – Australie, Chine, Corée, Hong Kong (Chine), Indonésie, Malaisie, Nouvelle-Zélande, Singapour et Thaïlande ; Europe (33) – Allemagne, Autriche, Belgique, Bulgarie, Chypre, Croatie, Danemark, Espagne, Estonie, Finlande, France, Géorgie, Grèce, Hongrie, Irlande, Islande, Italie, Lettonie, Lituanie, Luxembourg, Malte, Norvège, Pays-Bas, Pologne, Portugal, Roumanie, Russie, République slovaque, Slovénie, Suède, Suisse, République tchèque et Royaume-Uni ; Moyen-Orient et Afrique (6) – Afrique du Sud, Arabie saoudite, Israël, Kenya, Maroc et Turquie.

Source : Tableau D.6 Répartition du personnel par âge.

Graphique 9.7. **Agents âgés de plus de 54 ans : évolution de 2014 à 2019**

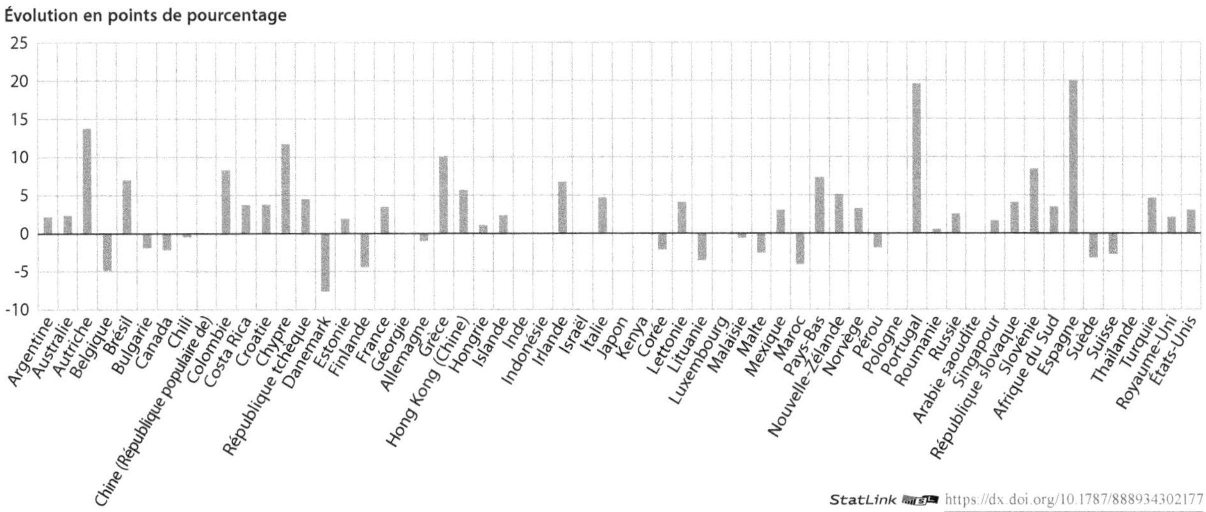

StatLink https://dx.doi.org/10.1787/888934302177

Notes : seules sont incluses les juridictions pour lesquelles des données étaient disponibles pour les deux années. Il importe de rappeler que cette comparaison doit être interprétée avec prudence, puisqu'une méthode différente a été employée pour la question sous-jacente de l'enquête : dans le cadre de l'enquête ISORA 2020 (qui porte sur l'exercice 2019), les indicateurs relatifs au personnel ont été recueillis pour l'ensemble des effectifs, alors qu'ils ne l'avaient été que pour les agents permanents lors de l'édition 2016 (qui couvrait l'exercice 2014).

Source : Tableau D.6 Répartition du personnel par âge et OCDE (2017) *Tax Administration 2017 : Comparative Information on OECD and Other Advanced and Emerging Economies*, https://doi.org/10.1787/tax_admin-2017-en, tableau A.22.

Graphique 9.8. **Ancienneté moyenne par rapport au profil par âge, 2019**

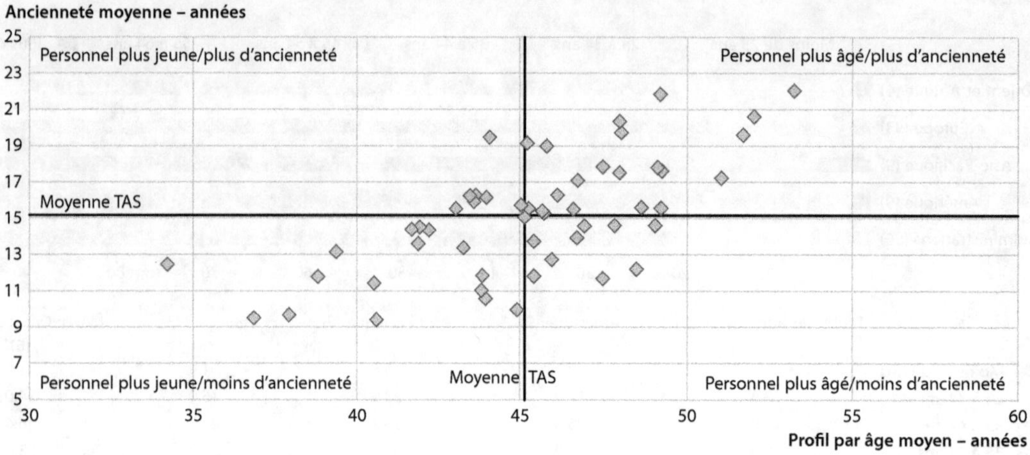

StatLink https://dx.doi.org/10.1787/888934302196

Source : calculs du Secrétariat de l'OCDE à partir du tableau D.6 Répartition du personnel par âge et du tableau D.7 Ancienneté.

Répartition hommes-femmes

Compte tenu du grand intérêt manifesté par l'opinion publique pour la question de l'égalité hommes-femmes, les administrations ont été invitées à communiquer la répartition par sexe de l'ensemble de leurs effectifs ainsi que du personnel d'encadrement. Comme le montre le graphique 9.9, si nombre d'administrations sont proches de la ligne proportionnelle, le personnel féminin demeure, le plus souvent, proportionnellement sous-représenté aux postes d'encadrement et nettement sous-représenté (ovale noir) dans un certain nombre d'administrations – une situation qui perdure depuis l'édition 2017 de ce rapport (OCDE, 2017[2]).

Graphique 9.9. **Pourcentage de femmes dans le personnel – total du personnel féminin et femmes cadres, 2019**

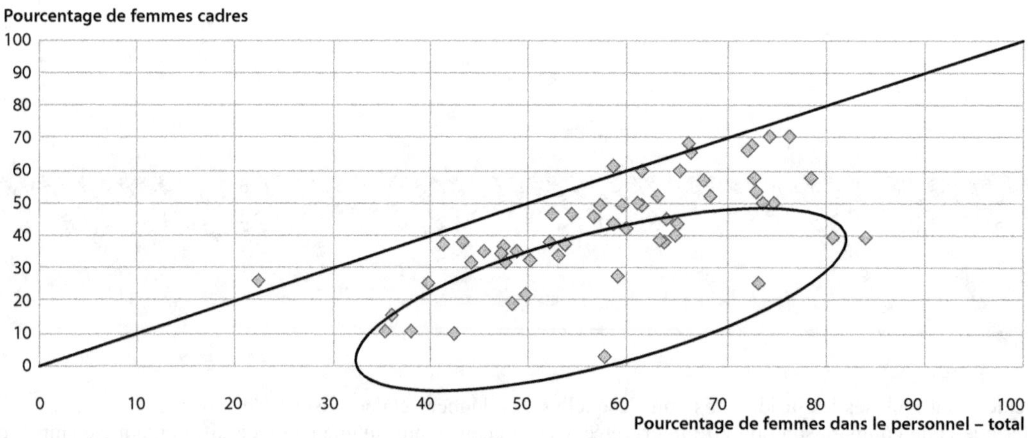

StatLink https://dx.doi.org/10.1787/888934302215

Source : Tableau D.8 Répartition hommes-femmes et diplômes universitaires.

Par ailleurs, l'enquête ISORA 2020 a demandé aux administrations, pour la première fois, d'indiquer si des membres de son personnel ne se définissent ni comme un homme ni comme une femme (le genre appelé « Autre » dans le cadre de l'enquête). Le tableau A.14 montre que deux administrations, celle de l'Australie et de la Nouvelle-Zélande, comptent des agents se définissant comme « autre ».

Diminution des effectifs

La diminution des effectifs, ou la rotation du personnel, désignent le rythme auquel les salariés quittent l'administration au cours d'une période donnée (généralement un an). Un nombre important de départs naturels peut s'expliquer par divers facteurs, tels que les politiques de réduction des effectifs, la démographie ou l'évolution des préférences du personnel. Pour évaluer les tendances observées en matière de ressources humaines au sein d'une administration, il convient d'analyser le taux de diminution des effectifs conjointement avec d'autres indicateurs, notamment le taux d'embauche, qui exprime le nombre d'agents recrutés au cours d'une période donnée.

Si un taux élevé de diminution des effectifs associé à un taux d'embauche faible résulte généralement d'une politique globale de réduction des effectifs – et peut donc être accepté –, les administrations doivent s'inquiéter lorsque ces taux sont tous deux élevés. En effet, le recrutement est coûteux, non seulement en raison du processus proprement dit, mais aussi des frais et du temps consacrés à la formation et à l'accompagnement des nouvelles recrues, sans compter l'important temps d'arrêt avant que ces dernières soient pleinement opérationnelles ou capables de fournir les meilleures prestations. Il convient donc, en règle générale, d'éviter que le taux de diminution des effectifs soit trop élevé.

Toutefois, les situations dans lesquelles le taux de diminution des effectifs est trop faible ne sont pas idéales non plus. En effet, si la faiblesse du taux de diminution des effectifs est acceptable lorsque l'administration se développe, cette dernière peut ne pas être en mesure de s'adjoindre de nouvelles compétences lorsque le taux de diminution des effectifs et le taux d'embauche sont faibles tous les deux, puisque tous les postes sont pourvus. Cela pourrait particulièrement poser problème aux administrations en cours de transition, qui ont, de ce fait, besoin d'agents aux compétences différentes de celles dont elles disposent déjà.

Certes, les avis divergent, selon les secteurs et les pays, quant à ce qu'il convient de considérer comme un taux « sain » de diminution des effectifs, et ceux-ci sont influencés par la conjoncture économique, mais les taux moyens de diminution des effectifs (7.5 % en 2019) et d'embauche (7.3 %[2] en 2019) des administrations couvertes par cette publication (voir tableau D.5) semblent néanmoins indiquer qu'une fourchette comprise entre 5 % et 10 % est raisonnable. Les taux moyens de diminution des effectifs et d'embauche continuent de cadrer avec les taux moyens observés depuis 2014 (voir l'édition 2017 (OCDE, 2017[2])).

Cela étant, lorsque l'on analyse les données spécifiques des administrations, il apparaît que le spectre des taux « de diminution des effectifs et d'embauche » est extrêmement large. Le graphique 9.10 illustre le rapport entre les taux de diminution des effectifs et d'embauche des administrations fiscales. Il en ressort qu'un certain nombre d'entre elles affichent des taux bien supérieurs à 10 % (cadre supérieur droit) et d'autres des taux très faibles (cadre inférieur gauche).

Si l'on examine les données datant de 2014, il est en outre intéressant de constater que les administrations qui affichent des taux très élevés de diminution des effectifs et d'embauche sont souvent les mêmes, ce qui soulève une question intéressante : comment abordent-elles les problématiques évoquées plus haut en matière de recrutement, de formation et de transfert des connaissances ?

Graphique 9.10. **Taux de diminution des effectifs et d'embauche, 2019**

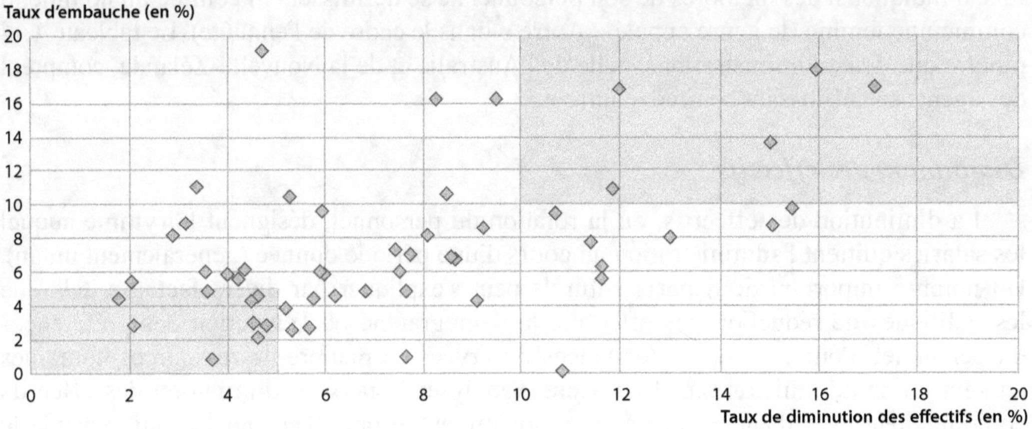

StatLink https://dx.doi.org/10.1787/888934302234

Note : taux de diminution des effectifs = nombre de départs/effectif moyen. Taux d'embauche = nombre de recrutements/effectif moyen. L'effectif moyen correspond à la moyenne entre l'effectif en début d'année et l'effectif en fin d'année.

Source : Tableau D.5 Dynamique des effectifs.

Encadré 9.4. **Canada : analyse des données démographiques**

Au Canada, l'ARC utilisait autrefois l'ouverture des droits à la retraite comme mesure indirecte des départs à la retraite à venir. Il a toutefois été observé qu'une grande partie des agents pouvant prétendre à la retraite continuaient de travailler pendant des années, ce qui entraînait une surestimation du nombre de salariés quittant l'Agence.

Pour contourner le problème, l'ARC a mis au point une nouvelle méthode de mesure des départs à la retraite à venir s'appuyant sur les données des agents de l'ARC partis à la retraite au cours des cinq années précédentes. Cette nouvelle approche de projection a permis à l'ARC d'affiner son analyse des départs dus à la retraite et d'améliorer sa planification stratégique pour ce qui est des besoins de main-d'œuvre futurs.

Par ailleurs, l'ARC a pu renforcer ses capacités d'établissement de rapports en remplaçant ses analyses de données réalisées à l'aide de tableurs par un logiciel d'analyse statistique, dont l'utilisation s'est avérée nécessaire pour permettre l'analyse d'une base de données contenant des millions d'observations et appuyer la production de rapports et des prises de décisions intervenant en temps opportun. Ce logiciel d'analyse statistique a non seulement permis une réduction du temps consacré aux tâches manuelles d'environ 80 %, mais aussi l'élimination presque totale du risque d'erreur humaine.

Source : Agence du revenu du Canada (2021).

Soutenir le personnel

Les changements auxquels sont confrontées les administrations fiscales, qu'ils soient d'ordre technologique, politique ou budgétaire, sont considérables. Ils influent sur les attentes des contribuables en matière de services ; le personnel, pour pouvoir s'adapter, doit donc disposer des outils adéquats et d'un soutien approprié. C'est pourquoi les administrations fiscales réfléchissent à la meilleure façon d'appuyer leurs effectifs en s'assurant qu'ils sont bien équipés pour leur mission.

Encadré 9.5. Exemples nationaux : soutenir le personnel par la simplification des procédures et la mise à disposition de nouveaux outils

Australie : refonte des procédures et orientations destinées aux agents de première ligne

Dans le cadre de la refonte de ses procédures et orientations destinées aux agents de première ligne, l'Australian Taxation Office (ATO) a procédé à la révision, à la remise en page et à la réécriture de plus de 3 500 pages de contenu. Grâce à cette actualisation, le personnel de contact est désormais en mesure d'accomplir ses tâches quotidiennes de manière plus rapide, plus facile et plus intuitive tout en fournissant aux clients un service d'excellence.

En amont de cette refonte, une analyse du contenu en question a révélé que celui-ci :

- manquait de cohérence sur le plan du style rédactionnel, ce qui compliquait son assimilation et sa compréhension
- manquait de cohérence sur le plan de la mise en page, ce qui compliquait l'accomplissement des tâches de manière intuitive et les possibilités de créer une valeur ajoutée (par exemple, inciter les clients à utiliser les options en libre-service)
- ne permettait pas de naviguer sur les pages, ce qui compliquait la recherche d'informations (en particulier face à des contenus longs et denses).

Pour remédier à ces problèmes, l'ATO :

- s'est associée à des experts pour recenser les meilleures pratiques en vigueur
- s'est appuyée sur ces enseignements et sur les retours d'information des utilisateurs afin de mettre en place :
  - un style rédactionnel cohérent intégrant des données comportementales, des outils de lisibilité et des moyens de mesure quantifiables
  - une mise en page favorisant l'exploitabilité et le libre-service à l'appui des objectifs de l'administration
  - un modèle permettant de naviguer sur les pages afin de faciliter les recherches.
- a effectué des examens thématiques afin de supprimer les doublons et de consolider le contenu (en réduisant le nombre total de pages jusqu'à 50 % par thématique)
- a procédé à la réécriture et à la remise en page de ses documents sur la base du nouveau modèle.

Cette refonte a permis d'améliorer :

- L'efficacité : le nombre de pages consultées par utilisateur par jour a été réduit d'environ 40 % (grâce à la consolidation du contenu).
- La lisibilité : grâce à des moyens de mesure quantifiables (par exemple, le contenu est désormais rédigé sur la base du niveau de lecture correspondant à la classe de sixième en Australie, tandis qu'auparavant, de nombreuses pages étaient écrites sur la base d'un niveau de deuxième cycle universitaire).
- L'intuitivité : la structure, la mise en page et les titres sont désormais cohérents (et incitent à utiliser les options en libre-service).
- Les recherches : des options de navigation sur les pages ont été intégrées et les résultats de recherche ont été désencombrés grâce à la suppression de plus de 2 000 pages.

Encadré 9.5. **Exemples nationaux : soutenir le personnel par la simplification des procédures et la mise à disposition de nouveaux outils** *(suite)*

Canada : outil d'évaluation de l'exposition et de la tolérance au risque (RETA)

Pour venir en aide aux Canadiens pendant la pandémie, l'ARC a dû s'adapter rapidement, accroître sa tolérance au risque et ajuster ses contrôles. Cette situation lui a donné l'occasion de vérifier si ces changements s'étaient traduits par une valeur ajoutée pour l'administration. Lorsque les activités reprendront normalement, l'ARC devra-t-elle revenir à ses anciennes pratiques ou faire de celles adoptées pendant la crise la nouvelle norme ?

Pour répondre à cette question, l'ACR a mis au point l'outil d'évaluation de l'exposition et de la tolérance et d'exposition au risque (RETA), qui fournit aux utilisateurs des informations sur les niveaux de tolérance et d'exposition au risque. Sur la base d'une échelle à cinq degrés, celui-ci permet de quantifier les éléments de l'exposition au risque (probabilité, impact et efficacité du contrôle) ainsi que de la tolérance au risque (maturité, sensibilité et portée du contrôle). L'outil calcule ensuite une note globale en soustrayant la tolérance au risque de la note d'exposition au risque. Plus la note globale est élevée, plus le risque doit être surveillé. En fonction de la note globale, l'outil génère une recommandation sur le caractère suffisant des contrôles qui permet d'orienter la haute direction dans ses prises de décisions.

L'outil RETA a été présenté en 2020 à la Conférence nationale de l'Institut des auditeurs internes (IIA), dont le magazine a par ailleurs accepté de publier un article sur ce sujet.

Dans un environnement imprévisible et en constante évolution, l'outil RETA permet à l'ARC de renforcer l'efficacité et l'efficience de ses pratiques de gestion des risques ainsi que de procéder à une évaluation quantitative des risques nouveaux et changeants afin de mieux les gérer et, en définitive, d'améliorer ses services et son niveau de conformité.

Source : Australian Taxation Office (2021) et Agence du revenu du Canada (2021).

La crise du COVID-19 a compliqué la situation encore davantage, puisque bon nombre d'administrations ont opté pour un environnement de télétravail et que beaucoup d'agents travaillent à domicile à plein temps (voir tableau 9.2.). De nombreuses administrations font d'ailleurs savoir que le télétravail continuera de faire partie de l'organisation normale du travail à l'avenir.

Un certain nombre d'éléments, recueillis lors de nombreuses réunions du Forum sur l'administration de l'impôt (FAI), indiquent que les administrations fiscales ont déployé des efforts considérables pour aider leur personnel durant les périodes de transition, en particulier au cours de la crise du COVID-19, notamment sur les plans suivants :

- **le bien-être du personnel**, qui englobe sa motivation et sa satisfaction au travail, les questions liées à la santé et à la sécurité, l'équilibre entre vie professionnelle et vie privée, les programmes d'aide ainsi que l'ergonomie des bureaux
- **la formation du personnel**, notamment les moyens d'aider le mieux possible les personnes qui se voient confier de nouvelles tâches, celles qui doivent accomplir les leurs à domicile plutôt qu'au bureau ainsi que celles qui sont amenées, pour la première fois, à diriger des équipes entièrement ou partiellement à distance.

Il est également essentiel, à cet égard, que le personnel d'encadrement et les chefs d'équipe aient à leur disposition suffisamment d'informations pour leur permettre de cerner les points de tension et donc de prendre des décisions éclairées rapidement. Une récente publication de l'OCDE sur la résilience numérique des administrations fiscales durant la crise du COVID-19 a par exemple montré que dans plus de 90 % des administrations visées par cette enquête, les équipes dirigeantes avaient la possibilité d'obtenir des informations en temps réel sur le statut des agents (OCDE, 2021[3]).

Tableau 9.2. **Préparation au travail à distance : vue d'ensemble et pourcentages effectifs**

Moyennes des trois groupes d'administrations ayant participé à l'enquête sur la résilience numérique du FAI

Groupes (en fonction du niveau général de préparation au télétravail avant la crise)	Niveau général de préparation au télétravail			Pourcentages effectifs d'agents en télétravail			Nombre moyen de jours par semaine pendant lesquels les agents travaillaient à distance		
	Avant la crise	Au plus fort de la crise	Différence	Avant la crise	Au plus fort de la crise	Différence	Avant la crise	Au plus fort de la crise	Différence
Groupe 1 : Niveau général de préparation inférieur à 10 % (11 administrations)	0.9 %	70.0 %	+69.1 %	0.5 %	62.5 %	+62.0 %	0.5	3.9	+3.4
Groupe 2 : Niveau général de préparation compris entre 10 et 50 % (7 administrations)	26.3 %	75.4 %	+49.1 %	14.5 %	70.5 %	+56.0 %	1.8	4.2	+2.4
Groupe 3 : Niveau général de préparation supérieur à 50 % (5 administrations)	81.4 %	92.4 %	+11.0 %	30.6 %	92.4 %	+61.8 %	1.0	4.7	+3.7

Source : OCDE (2021), « Administration fiscale : la résilience numérique dans le contexte du COVID-19 », *Les réponses de l'OCDE face au coronavirus (COVID-19)*, https://doi.org/10.1787/addaac0c-fr.

Encadré 9.6. **Exemples nationaux : soutenir le personnel**

Finlande : le savoir au service de la direction – objectifs communs et transparence de l'information

L'administration fiscale finlandaise a repensé son modèle opérationnel afin de permettre le renforcement de deux capacités centrales : l'amélioration de son organisation sur une base continue et souple ; l'utilisation flexible des ressources. Les principaux moteurs du nouveau modèle opérationnel sont l'apprentissage continu et, plus spécifiquement, l'organisation en gestion libre, c'est-à-dire axée sur des objectifs et fondée sur l'information.

Au sein d'une administration en gestion libre, les équipes sont chargées de participer à la planification et à la définition de leur propre travail. Les objectifs de l'équipe découlent de la stratégie de l'administration et chacun sait comment les objectifs et les mesures se traduisent dans le travail quotidien. Il appartient aux équipes, dans le cadre de processus normalisés, de déterminer comment elles parviennent à atteindre leurs objectifs.

Les activités sont orientées par des objectifs communs et la prise de décision se fonde sur l'information. Les « centres de statut » numériques fournissent aux équipes des indicateurs transparents sur leurs résultats, par exemple en ce qui concerne l'avancement du travail, la satisfaction des agents et la culture interne. Au travers des centres de statut, la direction peut transmettre aux agents, individuellement, des instantanés opérationnels en temps réel et unifiés, ce qui permet à chaque équipe de progresser en permanence. Les réunions hebdomadaires des centres de statut permettent aux équipes de passer en revue l'état d'avancement des travaux, de repérer les obstacles à leur progression ainsi que de donner et de recevoir des retours d'information.

Encadré 9.6. **Exemples nationaux : soutenir le personnel** *(suite)*

Les centres de statut contiennent une grande quantité d'informations sur les progrès et les résultats opérationnels – environ 9 milliards de données à l'heure actuelle. Cette base permet à la haute direction de suivre les progrès conjoints accomplis vers la réalisation des objectifs stratégiques et donc de mieux diriger l'administration grâce aux données.

Se reporter à l'annexe 9. A pour trouver un lien vers les documents de référence.

Royaume-Uni : les RH adaptent leurs pratiques face au COVID-19

Au Royaume-Uni, HMRC a été au cœur de la réponse économique des pouvoirs publics à la pandémie de COVID-19. L'administration a en effet joué un rôle essentiel en soutenant les entreprises, les familles et l'économie du pays tout au long de la pandémie, y compris en aidant financièrement les Britanniques les plus vulnérables.

Lors de la crise, la plupart des agents de HMRC ont été invités à rester chez eux dans la mesure du possible, en conséquence de quoi plus de 90% du personnel est passé du travail au bureau au travail à domicile. En quelques jours, le service des ressources humaines (RH) a totalement revu la manière dont il appuie les agents afin de leur permettre de travailler efficacement durant cette période inédite, particulièrement difficile sur le plan personnel et professionnel. Plaçant la santé et le bien-être au cœur de sa démarche, les RH ont, en particulier, veillé à ce que les agents disposent du matériel et du soutien nécessaires pour accomplir leur travail à domicile et à ce qu'ils puissent répondre à des demandes extraordinaires au sein de leur foyer, y compris en matière de responsabilités familiales.

Les RH ont utilisé une plateforme web collaborative pour transférer les directives concernant le COVID-19, les politiques du personnel et les documents d'appui vers un portail infonuagique. Cette initiative a permis aux agents de bénéficier d'un soutien essentiel à partir de leur tablette, ordinateur portable ou téléphone, et au service des RH de continuer à améliorer l'aide qu'il leur apportait à mesure que la réponse à la pandémie se poursuivait. Un autre outil en ligne a permis de collaborer en temps réel et de publier des politiques du personnel, des directives en matière de santé et de bien-être ainsi que des outils de soutien en fonction des évolutions de la gestion de la pandémie au niveau national (les mesures de confinement, par exemple) et à l'échelon de l'administration. En complément, des groupes ont été créés sur les médias sociaux de HMRC pour favoriser les interactions dans l'ensemble de l'administration.

HMRC a ainsi été en mesure de soutenir ses agents sur le moment, de communiquer en temps réel et de réagir aux évolutions permanentes induites par le COVID-19. En mars 2021, le site de la plateforme collaborative avait été consulté 1.15 millions de fois, ce qui a permis à l'ensemble des collaborateurs de HMRC de disposer d'un ensemble cohérent et complet de ressources afin de travailler efficacement en toute sécurité tout en renforçant la confiance et le dialogue au sein de l'administration.

Source : Administration fiscale finlandaise (2021) et Royaume-Uni – Her Majesty's Revenue and Customs (2021).

Renforcer les capacités du personnel

L'enquête ISORA 2020 ne s'est pas intéressée à la stratégie et aux approches adoptées par les administrations en matière de renforcement des capacités du personnel, mais le sujet n'en demeure pas moins essentiel, d'autant plus qu'à la faveur de la généralisation du télétravail, certaines d'entre elles se sont mises à repenser leurs modalités de formation.

Face au développement du télétravail, il devient plus difficile de dispenser des formations en personne. Les administrations fiscales ont dès lors adapté leurs programmes pour permettre les formations à distance au moyen de séances en ligne diffusées en direct ou de vidéos/webinaires enregistrés. Le passage aux formations à distance implique certes certains coûts de départ, mais peut néanmoins permettre des économies à plus long terme. En effet, les séances de formation préenregistrées ou les séminaires diffusés en direct, mais enregistrés, peuvent ensuite être visionnés à tout moment et en tout lieu, ce qui permet de réduire les frais de déplacement (dans d'autres circonstances, les agents auraient dû, le cas échéant, se rendre dans des centres de formation spéciaux) et de donner aux agents la possibilité d'apprendre à leur rythme et à leur meilleure convenance. En outre, le nombre d'agents qui peuvent suivre une formation est illimité et les cours peuvent être étoffés au fil du temps. L'encadré 9.7 illustre les approches adoptées par certaines administrations.

Encadré 9.7. **Exemples nationaux : approches adoptées par les administrations fiscales en matière de formation et de perfectionnement du personnel**

Australie : la série de formations « Spotlight »

Le Groupe de prestations de services de l'ATO joue un rôle essentiel dans la mise en œuvre des priorités de l'administration et la création de valeur pour la collectivité. Pour ce faire, il s'appuie sur l'exploitation de données afin de structurer le travail et d'automatiser les processus. La série de formations « Spotlight » offre un excellent exemple de la façon dont l'équipe interne chargée des prestations de service, de la formation et du développement s'est appuyée sur les données et les retours d'expérience des clients pour élaborer, en matière de formation, une série de solutions innovantes inspirées de pratiques exemplaires et centrées sur le client, déployables dans un environnement numérique.

Les « Spotlights » sont des programmes de formation divisés en modules axés sur des points de tension, en matière de prestations de services, remontés grâce aux procédés d'assurance qualité, aux retours d'information des équipes de première ligne ainsi qu'aux données communiquées par celles-ci. Conçues pour être déployées au sein d'un environnement numérique, elles ont, pour l'heure, été utilisées plus de 35 000 fois par des agents de contact.

Les principales différences, par rapport aux formations classiques dispensées en classe au sein de l'ATO, sont les suivantes :

- Les « Spotlights », créés à partir d'animations et d'études de cas, intègrent l'utilisation de PowerPit (contraction de PowerPoint et Sandpit), l'émulateur de systèmes développé en interne par l'ATO.
- Il s'agit de modules d'apprentissage que les agents peuvent suivre à leur rythme et qui se concentrent sur les possibilités d'amélioration à mesure qu'elles se présentent. Contrairement aux programmes de formation classiques de type « salle de cours », en présentiel ou à distance, ils sont conçus pour être achevés en 3 à 5 minutes.
- Utilisés comme outil d'appui dans le cadre des procédés d'assurance qualité de l'ATO, ils permettent d'adopter une approche ciblée pour combler les lacunes identifiées. En matière d'assurance qualité, les résultats obtenus par l'ATO se révèlent extrêmement positifs.

Les « Spotlights » créés jusqu'à présent ont porté sur la preuve de la propriété des dossiers, la correspondance et l'avertissement d'enregistrement des appels.

Encadré 9.7. **Exemples nationaux : approches adoptées par les administrations fiscales en matière de formation et de perfectionnement du personnel** *(suite)*

Canada : formations à distance

Au Canada, lors de la saison d'embauche de l'automne 2020, les centres de contact de l'ARC ont exploité des outils virtuels afin de former leurs nouvelles recrues, qui ont, de la sorte, toutes pu travailler à distance. Des outils de conférence en ligne, conjugués à un environnement virtuel de formation, à un accompagnement, à des vidéos, des messageries en direct et des outils d'assistance, ont ainsi permis aux programmes de formation d'innover à un rythme extrêmement rapide, sachant que, par le passé, les formations étaient intégralement dispensées en classe.

Singapour : une plateforme fondée sur l'intelligence artificielle pour le développement des compétences et le profilage

À Singapour, l'Inland Revenue Authority of Singapore (IRAS) a mis en place Jobkred, une plateforme fondée sur l'intelligence artificielle qui mesure les compétences des agents et facilite la planification de carrière en permettant une analyse des déficits de compétences, en recommandant des formations pertinentes et en proposant des possibilités d'évolution de carrière au sein de l'administration. Les agents sont ainsi en mesure d'approfondir leur connaissance d'eux-mêmes et de prendre en charge leur évolution de carrière, leur employabilité et leur préparation à l'avenir. D'un point de vue stratégique, Jobkred appuie la mutation du personnel de l'IRAS en permettant de :

- articuler les fonctions et les compétences dont l'IRAS aura besoin à l'avenir pour atteindre ses objectifs en fonction de l'évolution de sa mission, et ce, afin d'intégrer la transparence aux indicateurs de performance
- faire correspondre les descriptions de poste et la taxonomie des compétences pour mettre en évidence les qualifications transférables et faciliter la rotation des emplois
- obtenir une vue d'ensemble des profils de compétences de l'IRAS afin d'évaluer la capacité du personnel à répondre aux exigences professionnelles actuelles et futures. Cette démarche permet d'assurer un suivi ciblé des domaines de croissance et de mesurer les progrès réalisés par rapport aux grandes étapes et aux indicateurs de performance
- faciliter l'auto-évaluation, par les agents, de l'adéquation entre leur niveau actuel de compétences et les attentes futures liées à leur poste et à d'autres postes au sein de l'IRAS.

Cette transparence quant aux attentes professionnelles vient en complément d'autres initiatives de renforcement des capacités (par exemple, la formation et l'évolution des définitions données aux notes de performance), ce qui rend plus constructif et plus efficace le dialogue entre le personnel et la direction concernant l'orientation de carrière.

Source : Australian Taxation Office (2021), Agence du revenu du Canada (2021) et Inland Revenue Authority of Singapore (2021).

Notes

1. Les éditions précédentes présentaient la répartition des ressources en personnel en sept catégories fonctionnelles : (i) Enregistrement et services aux contribuables ; (ii) Traitement des déclarations et des paiements ; (iii) Audits, enquêtes et autres vérifications ; (iv) Recouvrement des créances ; (v) Litiges et recours ; (vi) Technologies de l'information et de la communication ; (vii) Autres fonctions. À compter de l'édition 2020 de l'enquête ISORA, ces sept catégories ont été ramenées au nombre de quatre : celles qui figurent sur le graphique 9.5.

2. Le taux d'embauche moyen pour 2019 exclut l'Islande, puisque la mutation de personnel entre la Direction des douanes et la Direction des impôts lors du transfert de la fonction de recouvrement des créances, en 2019, a été comptabilisée dans les recrutements, faussant de ce fait le taux d'embauche de l'administration fiscale islandaise en 2019.

Références

OCDE (2019), *Tax Administration 2019 : Comparative Information on OECD and Other Advanced and Emerging Economies*, Éditions OCDE, Paris, https://dx.doi.org/10.1787/74d162b6-en. [1]

OCDE (2017), *Tax Administration 2017 : Comparative Information on OECD and Other Advanced and Emerging Economies*, Éditions OCDE, Paris, https://dx.doi.org/10.1787/tax_admin-2017-en. [2]

OCDE (2021), *« Administration fiscale : la résilience numérique dans le contexte du COVID-19 », Les réponses de l'OCDE face au coronavirus (COVID-19)*, Éditions OCDE, Paris, https://doi.org/10.1787/addaac0c-fr. [3]

Annexe 9.A

Liens vers les documents de référence (consultés le 1er septembre 2021)

- Encadré 9.6. – Finlande : lien vers la présentation du nouveau modèle opérationnel de l'administration fiscale finlandaise : www.oecd.org/tax/forum-on-tax-administration/publications-and-products/finland-leading-by-knowledge.pdf

Annexe A

Tableaux de données

L'annexe A rassemble les tableaux contenant les données fournies par les administrations fiscales en réponse à l'Enquête internationale sur les administrations fiscales (ISORA) de 2020. Elle couvre les 59 juridictions qui participent à l'édition 2021 de la série sur l'administration fiscal de l'OCDE, y compris les 53 juridictions qui sont membres du Forum sur l'administration de l'impôt (FAI) de l'OCDE et les juridictions suivantes non membres de ce Forum : Bulgarie, Croatie, Chypre, Malte, Maroc et Thaïlande.

La première série de tableaux contient un certain nombre d'indicateurs dérivés des données communiquées dans le cadre de l'enquête ISORA (tableaux commençant par « D »). Les formules et les points de données utilisés pour calculer les indicateurs sont présentés en dessous de chacun de ces tableaux.

La deuxième série de tableaux présente les données brutes issues de l'enquête ISORA 2020. Il s'agit des tableaux commençant par « A ».

Le dernier tableau contient des points de données externes qui ont été utilisés pour calculer certains des indicateurs présentés dans le tableau D. *Ce tableau commence par « E ».

Tableau D.1 **Ratios de recettes**

Ratios de recettes										
	Recettes collectées par l'Administration fiscale (en %) [1]									
	Recettes collectées rapportées au total des recettes publiques		Recettes collectées rapportées au PIB		Impôts collectés, dont cotisations sociales, rapportés au PIB		Impôts collectés, hors cotisations sociales, rapportés au PIB		Autres recettes rapportées au total des recettes publiques	
Juridiction	**2018**	**2019**	**2018**	**2019**	**2018**	**2019**	**2018**	**2019**	**2018**	**2019**
Afrique du Sud	77.0	77.3	22.4	22.5	22.2	22.3	21.8	21.9	0.7	0.8
Allemagne	40.9	40.8	18.9	19.1	18.9	19.1	18.9	19.1		
Arabie saoudite	9.3	9.9	2.9	3.1	2.9	3.1	2.9	3.1		
Argentine	62.8	60.5	21.3	20.5	19.4	18.7	13.2	13.1	8.8	8.5
Australie	58.1	61.2	20.7	21.1	20.7	21.1	20.7	21.1	0.1	0.0
Autriche	46.7	46.4	22.8	22.7	22.8	22.7	22.8	22.7		
Belgique	48.3	47.4	24.8	23.9	23.9	23.0	23.9	23.0	3.7	3.5
Brésil	58.7	56.7	18.3	18.2	18.3	18.2	12.3	12.2		
Bulgarie	55.5	56.8	19.2	20.1	18.8	19.7	10.3	11.0	1.9	1.9
Canada	46.9	47.7	19.4	19.8	19.2	19.6	16.0	16.4	1.0	1.3
Chili	54.4	54.2	13.0	12.6	13.0	12.6	13.0	12.6		
Chine (République populaire de)	70.9	73.2	20.0	20.2	19.5	19.6	16.7	15.7	2.7	3.1
Chypre	39.1	39.8	15.5	16.5	15.5	16.5	15.5	16.5		
Colombie	37.8	39.2	11.4	11.5	11.4	11.5	11.4	11.5		
Corée	55.1	55.1	12.6	12.7	12.6	12.6	12.6	12.6	0.4	0.4
Costa Rica	67.2	62.7	9.2	9.8	9.2	9.8	9.2	9.8		
Croatie	63.4	63.5	29.5	30.2	29.5	30.2	17.8	18.5	0.0	0.0
Danemark	85.6	81.5	44.0	43.6	44.0	43.6	39.9	39.5		
Espagne	40.7	40.1	16.0	15.7	15.6	15.4	15.6	15.4	2.1	2.1
Estonie	86.1	85.1	33.3	32.9	32.7	32.3	19.6	19.1	1.8	1.7
États-Unis	49.2	49.4	14.6	14.5	14.6	14.5	9.1	8.9		
Finlande [2]	55.9	55.9	29.4	29.2	29.4	29.2	29.0	29.0		
France	32.4	30.8	17.3	16.2	13.4	13.1	13.4	13.1	22.4	19.3
Géorgie	56.5	53.1	14.9	14.2	14.9	14.2	14.9	14.2		
Grèce	52.4	56.7	25.0	26.5	22.6	21.9	22.6	21.9	9.6	17.3
Hong Kong (Chine)	54.8	60.2	11.6	11.9	11.6	11.9	11.6	11.9		
Hongrie	73.6	74.0	32.8	32.5	32.8	32.5	21.9	21.8		
Inde	26.1	28.9	5.3	5.6	5.3	5.6	5.3	5.6		
Indonésie	50.8	52.5	7.6	7.4	7.6	7.4	7.6	7.4		
Irlande	79.4	80.9	20.4	20.3	19.5	19.3	16.1	15.8	4.4	5.0
Islande	44.8	45.4	20.5	19.5	20.5	19.5	17.0	16.2		
Israël	52.3	52.5	18.9	18.5	18.9	18.5	18.9	18.5		
Italie	47.7	47.4	22.1	22.3	22.1	22.3	22.1	22.3		
Japon [3]	28.9	29.7	10.1	10.2	10.1	10.2	10.1	10.2		
Kenya	79.2	81.3	14.4	14.4	13.4	13.3	13.4	13.3	7.4	7.5
Lettonie	85.7	86.2	32.1	32.3	30.6	30.8	19.6	19.3	4.8	4.7
Lituanie	52.8	60.5	17.9	20.8	17.0	19.9	17.0	19.9	5.3	4.3

	Ratios de recettes									
	Recettes collectées par l'Administration fiscale (en %) [1]									
	Recettes collectées rapportées au total des recettes publiques		Recettes collectées rapportées au PIB		Impôts collectés, dont cotisations sociales, rapportés au PIB		Impôts collectés, hors cotisations sociales, rapportés au PIB		Autres recettes rapportées au total des recettes publiques	
Juridiction	2018	2019	2018	2019	2018	2019	2018	2019	2018	2019
Luxembourg [4]	56.0	57.5	25.4	25.7	25.1	25.4	25.1	25.4	1.2	1.2
Malaisie	46.3	44.5	9.0	9.0	9.0	9.0	9.0	9.0	0.0	0.0
Malte	74.0	75.2	28.3	28.3	28.3	28.3	20.5	20.5	0.0	0.0
Maroc	52.2	51.9	13.7	13.4	13.7	13.4	13.7	13.4		
Mexique	57.6	58.0	13.5	13.8	10.0	10.4	10.0	10.4	26.2	24.8
Norvège	53.2	55.3	30.1	32.4	29.8	32.1	25.8	28.0	0.7	0.8
Nouvelle-Zélande	64.6	68.2	24.5	25.5	24.2	25.0	24.2	25.0	1.1	2.0
Pays-Bas	77.7	77.0	33.2	33.7	32.5	32.9	20.7	21.6	2.1	2.5
Pérou	66.0	66.6	12.8	13.3	12.7	13.1	10.7	11.1	1.1	1.5
Pologne	41.5	40.8	17.1	16.8	15.8	15.5	15.8	15.5	8.0	8.2
Portugal	55.0	55.5	23.6	23.8	23.5	23.6	23.5	23.6	0.6	0.6
République slovaque	29.1	28.9	11.8	11.9	11.6	11.8	11.6	11.8	2.2	1.1
République tchèque	38.3	38.4	15.9	15.9	15.8	15.8	15.8	15.8	0.7	0.5
Roumanie	84.4	85.1	24.6	24.6	23.1	23.3	12.8	12.8	6.0	5.2
Royaume-Uni	73.1	73.4	26.8	26.8	26.6	26.7	20.6	20.6	0.7	0.6
Russie	74.7	75.6	26.3	26.9	26.2	26.6	20.0	20.2	0.7	0.8
Singapour	49.5	50.6	8.9	9.2	8.9	9.2	8.9	9.2		
Slovénie	81.2	82.3	36.0	36.3	35.8	36.1	20.4	20.4	0.6	0.6
Suède [5]	93.3	94.2	46.2	45.7	46.2	45.7	31.7	31.3		
Suisse	19.1	19.7	6.5	6.7	6.5	6.7	6.5	6.7		
Thaïlande	39.7	40.3	8.4	8.4	8.4	8.4	8.4	8.4		
Turquie	42.9	43.7	13.3	12.7	13.3	12.7	13.3	12.7		

StatLink https://dx.doi.org/10.1787/888934302253

1. Note : Afin de faciliter la comparaison avec les données et indicateurs des éditions précédentes de l'enquête ISORA, la TVA (importations brutes) a été supprimée du total des recettes collectées nettes.
2. Finlande : La TVA (importations brutes) ne peut pas être séparée de la TVA (intérieure brute). Par conséquent, le total des recettes collectées nettes inclut la TVA (importations brutes).
3. Japon : La TVA (importations brutes) ne peut pas être séparée de la TVA (intérieure brute). Par conséquent, le total des recettes collectées nettes inclut la TVA (importations brutes).
4. Luxembourg : La TVA (importations brutes) ne peut pas être séparée de la TVA (intérieure brute). Par conséquent, le total des recettes collectées nettes inclut la TVA (importations brutes).
5. Suède : La TVA (importations brutes) ne peut pas être séparée de la TVA (intérieure brute). Par conséquent, le total des recettes collectées nettes inclut la TVA (importations brutes).

Formule	(Total des recettes collectées nettes [A.2] - TVA (importations brutes) [A.5]) / Total des recettes publiques [E.1] * 100	(Total des recettes collectées nettes [A.2] - TVA (importations brutes) [A.5]) / PIB [E.1] * 100	(Total des recettes collectées nettes [A.2] - TVA (importations brutes) [A.5] - Autres recettes [A.6]) / PIB [E.1]* 100	(Total des recettes collectées nettes [A.2] - TVA (importations brutes) [A.5] - Autres recettes [A.6] - Cotisations sociales [A.6]) / PIB [E.1]* 100	Autres recettes [A.6] / (Total des recettes collectées nettes [A.2] - TVA (importations brutes) [A.5]) * 100

Tableau D.2 **Structure de l'impôt et part des cotisations sociales**

	Structure de l'impôt et part des cotisations sociales[1]									
	IRPP rapporté au total des recettes collectées		IS rapporté au total des recettes collectées		TVA rapportée au total des recettes collectées		Cotisations sociales rapportées au total des recettes collectées		Autres impôts rapportés au total des recettes publiques	
Juridiction	**2018**	**2019**	**2018**	**2019**	**2018**	**2019**	**2018**	**2019**	**2018**	**2019**
Afrique du Sud	42.5	43.3	20.2	18.8	13.3	13.1	1.7	1.7	18.2	18.8
Allemagne	48.7	49.3	15.3	14.4	27.6	27.8			8.3	8.4
Arabie saoudite			19.5	18.7	39.6	36.8			26.0	29.2
Argentine	7.4	8.3	16.5	16.6	24.0	23.9	29.2	27.6	11.6	12.8
Australie	52.6	53.0	25.5	26.0	15.1	14.5			0.8	0.9
Autriche	39.3	40.2	10.4	10.4	33.1	32.9			17.2	16.6
Belgique	40.3	39.6	17.1	17.1	26.8	27.4			12.1	12.4
Brésil	10.9	11.9	16.1	16.2	19.6	17.3	32.7	33.1	19.8	20.7
Bulgarie	15.4	14.8	11.2	10.9	26.2	28.1	44.1	43.3	1.3	1.1
Canada	52.2	52.1	16.3	16.5	10.0	9.5	16.3	16.2	3.3	3.5
Chili	10.9	11.8	47.0	45.2	31.4	30.9			2.3	3.2
Chine (République populaire de)	7.6	5.2	19.3	18.6	33.5	31.0	13.9	19.3	17.1	16.5
Chypre	17.6	16.6	25.1	24.2	40.6	42.1			16.7	17.2
Colombie	10.9	10.6	46.2	44.8	32.8	32.7			6.6	8.4
Corée	35.3	34.5	29.8	29.9	10.5	11.6			10.3	10.7
Costa Rica	15.1	15.0	28.6	26.9	24.3	26.9			19.1	19.6
Croatie	11.8	12.1	7.5	7.7	37.7	38.6	39.7	38.5	3.2	3.1
Danemark	47.7	48.7	6.2	6.6	22.1	23.3	9.2	9.4	3.0	1.3
Espagne	43.1	44.4	12.9	12.1	27.9	27.7			3.2	2.6
Estonie	16.3	16.6	6.0	5.5	23.5	23.5	39.2	40.1	1.1	1.0
États-Unis	52.4	51.0	6.8	7.3			37.6	38.7	0.8	0.5
Finlande[2]	44.2	43.8	8.7	8.6	25.9	26.9	1.1	1.0	9.3	9.4
France	17.9	18.3	6.7	8.5	35.1	36.5			18.0	17.3
Géorgie	48.9	49.2	11.1	12.2	8.5	12.8			28.9	23.8
Grèce	17.5	21.0	6.5	7.3	25.0	20.7			26.1	19.4
Hong Kong (Chine)	22.9	22.1	40.6	47.1					36.5	30.8
Hongrie	15.6	15.9	2.7	2.0	26.1	27.8	33.3	33.0	14.3	13.5
Inde	40.7	40.6	57.0	58.3					2.3	1.1
Indonésie	13.1	13.8	53.7	51.8	30.9	31.9			2.4	2.5
Irlande	31.9	31.8	15.5	15.1	18.4	18.2	16.7	17.0	5.0	4.8
Islande	32.1	33.7	12.4	11.4	9.8	10.3	16.9	16.8	28.7	27.8
Israël	34.1	34.0	26.1	26.3	20.7	20.8			11.5	11.2
Italie	43.1	43.2	7.5	7.6	22.8	23.1			26.6	26.1
Japon[3]	34.1	35.2	21.7	21.8	29.0	28.0			15.2	15.0
Kenya	28.4	28.0	12.5	12.0	16.0	16.4			29.2	28.3
Lettonie	18.5	19.8	3.3	0.5	25.5	26.2	34.3	35.7	2.6	2.4
Lituanie	22.7	34.2	8.5	7.5	43.2	37.1			2.8	2.3
Luxembourg[4]	36.8	35.9	22.5	24.0	24.4	24.1			15.1	14.8

	Structure de l'impôt et part des cotisations sociales [1]									
	IRPP rapporté au total des recettes collectées		IS rapporté au total des recettes collectées		TVA rapportée au total des recettes collectées		Cotisations sociales rapportées au total des recettes collectées		Autres impôts rapportés au total des recettes publiques	
Juridiction	2018	2019	2018	2019	2018	2019	2018	2019	2018	2019
Malaisie	25.4	27.9	68.8	66.0					5.8	6.0
Malte	25.7	26.9	18.9	19.7	22.5	20.8	27.4	27.6	5.5	5.0
Maroc	29.0	28.9	34.5	33.7	22.4	22.3			14.2	15.0
Mexique	26.9	26.4	25.5	24.0	6.5	7.5			4.0	3.6
Norvège	31.7	30.6	7.5	7.3	27.6	26.5	13.3	12.9	10.5	14.1
Nouvelle-Zélande	51.4	50.8	21.3	22.3	25.6	24.4			0.6	0.5
Pays-Bas	23.4	24.1	9.2	9.5	20.0	20.4	35.6	33.4	9.7	10.1
Pérou	14.2	14.4	27.5	27.1	23.7	22.4	15.6	15.2	14.2	14.6
Pologne	16.4	17.1	9.5	10.4	44.0	43.1			2.2	2.2
Portugal	27.6	26.9	14.1	13.5	34.1	35.8			12.9	12.3
République slovaque	30.4	31.4	26.3	24.0	34.4	36.8			6.8	6.7
République tchèque	25.5	27.0	21.1	20.9	48.0	47.1			4.7	4.5
Roumanie	9.6	8.9	7.8	7.9	21.9	21.7	41.8	42.9	1.3	1.8
Royaume-Uni	32.3	32.6	9.3	9.0	17.1	17.3	22.7	22.7	14.4	14.3
Russie	13.3	13.4	16.7	17.3	13.0	14.4	23.3	23.8	27.7	26.0
Singapour	24.0	25.2	36.9	38.0	12.1	11.1			26.9	25.7
Slovénie	14.9	15.1	5.1	5.7	22.0	21.5	42.7	43.2	5.2	5.1
Suède[5]	34.1	32.7	8.6	9.7	20.0	20.0	31.3	31.5	0.0	0.0
Suisse	24.9	24.3	25.2	25.1	26.3	24.8			23.7	25.8
Thaïlande	23.2	23.6	52.9	55.8	18.3	15.0			5.6	5.6
Turquie	27.8	29.7	15.8	14.4	11.3	10.1			18.3	19.0

StatLink https://dx.doi.org/10.1787/888934302272

1. Note : Afin de faciliter la comparaison avec les données et indicateurs des éditions précédentes de l'enquête ISORA, la TVA (importations brutes) a été supprimée du total des recettes collectées nettes.
2. Finlande : La TVA (importations brutes) ne peut pas être séparée de la TVA (intérieure brute). Par conséquent, le total des recettes collectées nettes inclut la TVA (importations brutes).
3. Japon : La TVA (importations brutes) ne peut pas être séparée de la TVA (intérieure brute). Par conséquent, le total des recettes collectées nettes inclut la TVA (importations brutes).
4. Luxembourg : La TVA (importations brutes) ne peut pas être séparée de la TVA (intérieure brute). Par conséquent, le total des recettes collectées nettes inclut la TVA (importations brutes).
5. Suède : La TVA (importations brutes) ne peut pas être séparée de la TVA (intérieure brute). Par conséquent, le total des recettes collectées nettes inclut la TVA (importations brutes).

Formule	Impôt sur le revenu - personnes physiques [A.3] / (Total des recettes collectées nettes [A.2] - TVA (importations brutes) [A.5]) * 100	Impôt sur les sociétés [A.3] / (Total des recettes collectées nettes [A.2] - TVA (importations brutes) [A.5]) * 100	(Taxe sur la valeur ajoutée [A.4] - TVA (importations brutes) [A.5]) / (Total des recettes collectées nettes [A.2] - TVA (importations brutes) [A.5]) * 100	Cotisations sociales [A.6] / (Total des recettes collectées nettes [A.2] - TVA (importations brutes) [A.5]) * 100	Autres impôts [A.4] / (Total des recettes collectées nettes [A.2] - TVA (importations brutes) [A.5]) * 100

Tableau D.3 **Ratios des ressources**

Juridiction	Population en ETP 2018	Population en ETP 2019	Population active en ETP 2018	Population active en ETP 2019	Coût de perception (en %)[1] 2018	Coût de perception (en %)[1] 2019	Coûts salariaux en pourcentage des dépenses opérationnelles 2018	Coûts salariaux en pourcentage des dépenses opérationnelles 2019	Coûts opérationnels TIC en pourcentage des dépenses opérationnelles 2018	Coûts opérationnels TIC en pourcentage des dépenses opérationnelles 2019
Afrique du Sud	5681.9	6157.5	2256.6	2450.1	0.8	0.7	68.9	70.0	0.9	0.8
Allemagne	753.2	757.3	395.7	397.0	1.5	1.5	83.6	83.2	9.1	9.7
Arabie saoudite	11717.6	12070.6	4874.7	5067.8	1.2	1.7	53.0	53.1	9.8	13.2
Argentine	3018.0	2920.2	1394.0	1349.8	1.2	1.2	94.7	94.8	0.3	1.1
Australie	1370.0	1456.7	726.8	770.4	0.9	0.9	55.2	53.8	13.0	12.2
Autriche	1121.9	1123.1	583.9	583.7	0.7	0.7	86.0	86.1	22.2	23.3
Belgique	726.2	738.6	323.5	328.1	0.8	0.8	80.6	81.0	4.5	4.3
Brésil	16269.5	18288.5	8197.5	9228.8	0.5	0.4	72.5	72.8	2.9	3.1
Bulgarie	890.8	884.6	422.0	417.8	1.0	1.0	85.3	85.3	3.3	17.4
Canada	931.9	915.1	511.6	501.1	1.1	1.1	74.3	74.0	14.4	16.3
Chili	3762.4	3779.8	1886.5	1906.2	0.9	0.9	89.1	89.9	9.0	10.0
Chine (République populaire de)	1881.6	1940.6	1058.4	1084.4	D	0.5	D	59.1	D	1.6
Chypre	1152.5	1192.0	575.7	601.6	1.2	1.1	79.5	81.1	1.6	1.5
Colombie	7287.3	6839.6	3849.9	3639.7	0.9	0.9	83.0	83.6	5.0	7.0
Corée	2533.7	2477.2	1388.1	1361.1	0.7	0.7	72.6	72.7	5.8	6.2
Costa Rica	5218.6	5398.5	2553.1	2645.8	1.5	1.4	47.2	46.0	22.5	22.9
Croatie	1035.2	1043.2	454.5	456.2	0.7	0.7	64.0	63.7	19.0	18.0
Danemark	723.3	681.3	376.4	354.4	0.7	0.8	51.7	46.3	22.0	25.7
Espagne	2303.4	2270.9	1135.3	1115.3	0.6	0.6	81.6	82.8	5.5	5.1
Estonie	1710.2	1787.9	913.1	949.3	0.3	0.3	73.6	72.5	0.2	0.3
États-Unis	4443.6	4462.6	2250.9	2255.4	0.4	0.4	73.0	74.3	24.7	25.2
Finlande[2]	1108.0	1104.5	551.0	548.0	0.6	0.6	62.3	62.8	23.8	23.9
France	1462.1	1498.9	663.6	679.2	0.9	0.9	86.4	89.2	5.7	5.7
Géorgie	1940.9	1832.7	1063.0	1001.4	0.6	0.6	81.1	82.6	2.4	3.2
Grèce	1306.3	1256.0	584.8	559.8	0.7	0.6	87.2	87.5	0.1	0.4
Hong Kong (Chine)	2612.6	2598.6	1390.2	1368.6	0.5	0.5	87.1	86.8	10.8	10.7
Hongrie	691.7	713.0	334.8	344.5	1.2	1.2	66.4	57.6	D	D
Inde	32030.5	32415.7	11547.1	11725.4	0.6	0.6	59.8	55.8	10.9	12.3
Indonésie	5903.3	5817.8	2927.5	2897.4	0.6	0.6	38.8	41.3	1.7	0.4
Irlande	987.7	980.4	484.1	479.8	0.5	0.5	71.3	70.9	2.2	2.1
Islande	1560.7	1428.1	942.0	861.0	0.6	0.6	77.7	75.8	13.4	13.7
Israël	1383.2	1347.2	638.9	622.2	1.1	1.1	59.3	59.0	12.0	12.3
Italie	1596.2	1692.6	687.8	728.3	0.8	0.8	57.3	60.2	9.2	9.5
Japon[3]	2273.0	2265.9	1228.0	1222.8	1.3	1.2	79.9	78.4	7.0	7.1
Kenya	19241.1	18376.1	8632.7	8346.4	0.8	0.7	88.6	87.8	0.2	0.4
Lettonie	719.4	714.3	373.4	367.1	0.9	0.8	64.7	67.5	14.0	13.3
Lituanie	987.5	1048.1	519.1	548.1	0.6	0.6	83.5	84.8	14.2	15.9
Luxembourg[4]	539.0	537.6	268.4	268.9	0.8	0.8	85.8	83.4	1.8	2.0

	Ratios des ressources									
	Population en ETP		Population active en ETP		Coût de perception (en %)[1]		Coûts salariaux en pourcentage des dépenses opérationnelles		Coûts opérationnels TIC en pourcentage des dépenses opérationnelles	
Juridiction	2018	2019	2018	2019	2018	2019	2018	2019	2018	2019
Malaisie	2446.2	2418.4	1193.4	1186.4	1.7	1.7	71.4	69.6	7.0	6.5
Malte	1316.9	1365.9	640.2	661.5	D	D	D	D	D	D
Maroc	7085.4	7384.4	2343.8	2443.3	0.6	0.6	81.9	79.8	10.9	9.6
Mexique	3584.8	3859.1	1598.0	1728.5	0.4	0.3	78.9	79.3	4.7	4.9
Norvège	903.4	883.4	476.2	465.5	0.6	0.5	74.4	74.9	19.3	20.6
Nouvelle-Zélande	942.7	1005.9	530.1	565.6	0.7	0.7	49.4	49.4	10.6	13.1
Pays-Bas	873.1	850.1	467.6	454.9	0.7	0.8	73.9	65.2	19.9	23.0
Pérou	4616.7	4766.2	2647.8	2765.7	1.2	1.1	68.7	69.6	10.9	11.7
Pologne	826.0	815.5	400.0	392.2	1.1	1.1	81.8	84.0	1.1	1.1
Portugal	1064.6	1040.6	545.3	530.9	1.0	1.1	78.6	79.2	5.2	5.7
République slovaque	953.1	974.6	481.9	490.2	1.9	2.1	61.3	59.9	7.0	4.2
République tchèque	684.0	700.5	350.9	357.5	1.4	1.3	61.7	62.0	9.7	10.5
Roumanie	948.6	981.0	441.1	452.7	1.0	0.9	89.7	91.9	D	D
Royaume-Uni	1132.8	1236.0	585.1	638.6	0.6	0.6	62.9	63.4	17.3	16.7
Russie	992.4	993.6	507.1	502.6	0.5	0.5	79.6	82.0	14.0	11.4
Singapour	2950.6	3005.0	1828.3	1858.3	0.9	0.9	60.7	61.3	26.7	26.4
Slovénie	658.8	667.5	329.6	330.7	0.7	0.7	83.2	82.4	9.3	10.2
Suède[5]	1063.7	1099.3	565.7	584.7	0.4	0.4	73.4	71.9	21.1	19.2
Suisse	8062.8	7859.6	4691.3	4562.9	0.6	0.6	62.2	64.8	20.5	15.8
Thaïlande	3142.6	3204.7	1761.1	1794.6	0.7	0.7	74.3	74.8	5.3	5.1
Turquie	2137.8	2194.4	852.5	877.7	0.6	0.7	83.9	88.3	4.3	4.1

StatLink https://dx.doi.org/10.1787/888934302291

1. Note : Afin de faciliter la comparaison avec les données et indicateurs des éditions précédentes de l'enquête ISORA, la TVA (importations brutes) a été supprimée du total des recettes collectées nettes.
2. Finlande : La TVA (importations brutes) ne peut pas être séparée de la TVA (intérieure brute). Par conséquent, le total des recettes collectées nettes inclut la TVA (importations brutes).
3. Japon : La TVA (importations brutes) ne peut pas être séparée de la TVA (intérieure brute). Par conséquent, le total des recettes collectées nettes inclut la TVA (importations brutes).
4. Luxembourg : La TVA (importations brutes) ne peut pas être séparée de la TVA (intérieure brute). Par conséquent, le total des recettes collectées nettes inclut la TVA (importations brutes).
5. Suède : La TVA (importations brutes) ne peut pas être séparée de la TVA (intérieure brute). Par conséquent, le total des recettes collectées nettes inclut la TVA (importations brutes).

Formule	Population [E.1] / Total ETP [A.8]	Population active [E.1] / Total ETP [A.8]	Total des dépenses opérationnelles [A.7] / (Total des recettes collectées nettes [A.2] - TVA (importations brutes) [A.5]) * 100	Salaires [A.7] / Total des dépenses opérationnelles [A.7] * 100	Technologies de l'information et de la communication [A.7] / Total des dépenses opérationnelles [A.7] * 100

Tableau D.4 **Répartition du personnel par fonction et emplacement**

	Répartition du personnel de l'administration fiscale par fonction									
	Pourcentage des effectifs affectés à l'enregistrement, aux services aux contribuables, aux dépôts et au traitement des paiements		Pourcentage des effectifs affectés aux contrôles, aux enquêtes et aux autres vérifications		Pourcentage des effectifs affectés aux recouvrement de créances et aux fonctions associées		Pourcentage des effectifs affectés à toutes les autres fonctions		Pourcentage des effectifs affectés à des fonctions centrales	
Juridiction	2018	2019	2018	2019	2018	2019	2018	2019	2018	2019
Afrique du Sud	36.1	34.7	21.9	22.1	11.5	10.9	30.5	32.4	7.0	8.0
Allemagne	22.4	22.3	36.2	34.8	7.4	7.4	33.9	35.4	6.4	6.7
Arabie saoudite	6.3	14.2	49.4	49.1	0.2	3.2	44.1	33.5	68.0	70.0
Argentine	6.7	6.3	27.0	26.6	23.2	23.0	43.1	44.1	15.0	17.0
Australie	14.2	12.1	28.9	30.7	7.2	7.2	49.7	50.0	11.0	11.0
Autriche	23.6	23.8	50.9	50.4	5.0	5.1	20.6	20.8	2.8	2.8
Belgique	40.1	40.5	39.1	38.7	9.6	9.6	11.2	11.3	12.0	12.0
Brésil	29.2	29.2	25.1	25.1	19.2	19.2	26.5	26.4	7.3	5.5
Bulgarie	4.7	4.6	45.9	45.4	9.8	9.8	39.6	40.2	21.0	22.0
Canada	21.7	22.4	24.5	24.3	25.3	26.0	28.5	27.3	27.6	27.7
Chili	16.5	16.5	45.8	45.7	0.0	0.0	37.6	37.8	23.0	23.0
Chine (République populaire de)	D	D	D	D	D	D	D	D	0.2	0.2
Chypre	35.4	35.4	36.2	36.2	16.7	16.6	11.7	11.7	16.0	16.0
Colombie	23.6	23.6	39.7	39.7	14.8	14.8	21.8	21.8	17.5	17.5
Corée	53.5	54.2	21.7	21.5	6.4	6.0	18.4	18.3	4.3	4.5
Costa Rica	10.4	10.9	47.2	44.9	11.4	12.0	31.0	32.2	26.0	28.0
Croatie	52.5	52.2	20.2	20.2	13.2	13.2	14.1	14.4	8.0	9.0
Danemark	21.1	20.4	20.4	19.8	18.7	18.5	39.9	41.4	8.4	8.0
Espagne	16.1	16.1	44.2	44.3	20.1	20.3	19.6	19.4	18.2	18.6
Estonie	37.5	31.5	43.3	48.5	6.7	7.5	12.4	12.4	17.6	17.6
États-Unis	37.6	38.9	28.3	26.8	11.8	11.5	22.3	22.7	6.3	6.4
Finlande	18.2	18.0	23.2	23.1	2.3	2.2	56.3	56.7	15.0	17.0
France	28.3	28.7	24.5	24.5	19.3	18.9	27.9	27.9	3.7	3.8
Géorgie	23.3	23.9	44.5	43.3	3.3	3.0	29.0	29.9	6.0	9.0
Grèce	D	D	D	D	D	D	D	D	14.3	11.3
Hong Kong (Chine)	64.1	63.9	8.4	8.3	7.8	7.7	19.7	20.2	10.9	10.8
Hongrie	23.6	23.9	34.9	34.3	23.5	23.5	18.0	18.3	41.2	43.6
Inde	D	D	D	D	D	D	D	D	D	D
Indonésie	22.9	23.4	15.5	16.9	1.5	1.5	60.1	58.3	14.4	13.3
Irlande	39.1	43.8	36.5	39.7	10.5	11.2	13.9	5.2	32.4	30.4
Islande	56.6	48.6	16.4	17.0	0.0	11.5	27.0	22.9	72.0	61.0
Israël	27.2	26.7	24.0	25.4	7.2	6.9	41.7	41.0	21.0	20.0
Italie	30.5	30.8	36.1	36.2	2.6	2.6	30.8	30.5	6.2	6.1
Japon	D	D	D	D	D	D	D	D	1.7	1.8
Kenya	20.0	20.0	50.0	50.0	30.0	30.0	0.0	0.0	30.0	40.0

Répartition du personnel de l'administration fiscale par fonction										
	Pourcentage des effectifs affectés à l'enregistrement, aux services aux contribuables, aux dépôts et au traitement des paiements		Pourcentage des effectifs affectés aux contrôles, aux enquêtes et aux autres vérifications		Pourcentage des effectifs affectés aux recouvrement de créances et aux fonctions associées		Pourcentage des effectifs affectés à toutes les autres fonctions		Pourcentage des effectifs affectés à des fonctions centrales	
Juridiction	2018	2019	2018	2019	2018	2019	2018	2019	2018	2019
Lettonie	44.0	41.4	29.4	30.8	8.4	8.3	18.3	19.5	D	D
Lituanie	50.2	36.7	27.0	39.1	6.1	6.2	16.7	18.0	47.0	50.0
Luxembourg	12.6	13.3	60.4	59.8	6.4	6.2	20.7	20.7	19.9	19.7
Malaisie	29.0	31.3	29.7	29.0	9.3	9.2	31.9	30.5	14.8	14.4
Malte	D	D	39.1	39.4	23.6	23.6	D	D	15.5	17.1
Maroc	48.9	48.8	12.2	12.1	13.5	13.0	25.4	26.2	11.0	11.0
Mexique	9.7	10.2	29.7	29.8	17.6	16.7	43.0	43.3	12.0	12.0
Norvège	17.7	16.2	36.3	43.5	5.2	4.8	40.8	35.6	6.4	10.2
Nouvelle-Zélande	30.1	18.0	14.5	2.8	10.7	23.1	44.7	56.2	28.0	29.0
Pays-Bas	17.3	16.3	36.3	35.9	8.1	7.5	38.2	40.3	2.4	2.1
Pérou	18.0	18.7	36.3	35.5	13.0	13.8	32.7	32.0	15.0	15.1
Pologne	29.4	29.2	9.1	9.1	15.5	15.5	46.0	46.2	2.5	2.5
Portugal	53.8	55.0	19.0	18.5	11.8	11.5	15.4	14.9	18.4	18.1
République slovaque	40.7	41.4	26.4	26.6	5.0	5.1	27.9	26.9	6.6	6.4
République tchèque	43.0	43.3	21.0	20.9	6.6	6.6	29.4	29.2	1.0	1.0
Roumanie	24.7	24.5	26.9	25.7	13.8	14.7	34.6	35.1	10.9	10.4
Royaume-Uni	31.0	29.5	27.3	30.3	8.1	8.0	33.6	32.2	9.0	11.0
Russie	16.6	16.4	54.0	53.9	11.5	11.7	17.9	18.0	10.9	11.1
Singapour	41.0	40.3	20.3	20.5	10.6	11.0	28.1	28.2	28.0	28.0
Slovénie	40.0	40.8	21.8	21.5	15.6	15.4	22.6	22.3	14.4	14.1
Suède	38.8	38.1	25.1	32.4	2.3	2.3	33.8	27.2	6.3	7.5
Suisse	7.4	7.8	25.0	25.2	6.0	6.0	61.6	61.0	22.4	22.8
Thaïlande	27.7	27.4	24.7	25.2	7.7	7.7	39.9	39.7	10.4	10.5
Turquie	D	D	D	D	D	D	D	D	1.2	1.9

StatLink https://dx.doi.org/10.1787/888934302310

Formule	ETP affectés à l'enregistrement, aux services aux contribuables, aux dépôts et au traitement des paiements [A.8] / Total ETP [A.8] * 100	ETP affectés aux contrôles, aux enquêtes et aux autres vérifications [A.8] / Total ETP [A.8] * 100	ETP affectés aux recouvrement de créances et aux fonctions associées [A.8] / Total ETP [A.8] * 100	ETP affectés aux autres fonctions [A.8] / Total ETP [A.8] * 100	Pourcentage des effectifs affectés à des fonctions centrales [A.8]

Tableau D.5 **Dynamique des effectifs**

Juridiction	Dynamique des effectifs			
	Taux d'embauche		Taux de diminution des effectifs	
	2018	2019	2018	2019
Afrique du Sud	8.0	4.2	9.5	9.1
Allemagne	D	D	D	D
Arabie saoudite	16.8	4.5	3.6	5.8
Argentine	0.6	8.1	4.9	2.9
Australie	7.8	5.6	9.4	11.6
Autriche	4.5	2.8	4.2	4.8
Belgique	3.6	5.9	7.0	5.9
Brésil	0.0	0.0	4.3	10.8
Bulgarie	9.3	8.1	6.8	8.1
Canada	16.5	16.7	13.3	12.0
Chili	3.6	2.8	3.5	2.1
Chine (République populaire de)[1]	68.9	2.6	8.6	5.3
Chypre	2.0	4.8	5.3	3.6
Colombie	3.9	11.1	2.9	3.4
Corée	D	D	D	D
Costa Rica	7.8	4.8	6.3	6.8
Croatie	3.2	3.0	4.8	4.5
Danemark	25.2	16.3	8.8	9.5
Espagne	3.6	5.8	4.4	4.0
Estonie	5.2	7.7	6.8	11.4
États-Unis	8.7	10.9	11.9	11.9
Finlande	6.5	5.8	6.8	6.0
France	2.3	2.1	4.6	4.6
Géorgie	9.3	8.8	4.1	3.2
Grèce	2.1	5.4	2.3	2.1
Hong Kong (Chine)	8.1	7.4	6.7	7.4
Hongrie	1.3	2.7	5.0	5.7
Inde	D	D	D	D
Indonésie	7.1	4.3	1.9	1.8
Irlande	9.9	16.3	8.2	8.3
Islande[2]	10.7	25.4	8.0	6.0
Israël	4.5	9.6	2.9	6.0
Italie	0.4	1.0	5.3	7.7
Japon	D	D	D	D
Kenya	13.7	19.2	3.6	4.7
Lettonie	6.4	7.1	6.5	7.7
Lituanie	5.1	6.3	13.6	11.6
Luxembourg	12.8	6.1	5.5	4.4
Malaisie	4.7	6.0	5.5	3.5
Malte	3.2	4.6	4.1	4.6

	Dynamique des effectifs			
	Taux d'embauche		Taux de diminution des effectifs	
Juridiction	2018	2019	2018	2019
Maroc	0.8	0.8	2.8	3.7
Mexique	9.2	8.8	11.1	15.1
Norvège	6.6	6.9	7.7	8.6
Nouvelle-Zélande	11.3	8.1	16.3	13.0
Pays-Bas	6.6	10.5	4.5	5.3
Pérou	9.1	13.7	9.6	15.0
Pologne	8.4	5.5	4.0	4.2
Portugal	15.2	18.0	15.0	15.9
République slovaque	6.4	6.0	6.8	7.5
République tchèque	8.6	6.7	7.9	8.7
Roumanie	4.0	4.9	6.5	7.7
Royaume-Uni	6.6	9.4	12.5	10.7
Russie	16.9	16.9	16.9	17.1
Singapour	7.0	8.6	6.6	9.2
Slovénie	3.7	4.2	4.2	4.5
Suède	15.9	9.7	13.4	15.5
Suisse	14.5	10.6	10.2	8.5
Thaïlande	8.5	4.5	5.8	6.2
Turquie	4.1	3.9	5.4	5.2

StatLink https://dx.doi.org/10.1787/888934302329

1. Chine (République populaire de) : En 2018, les administrations fiscales d'État et locales ont fusionné. Les effectifs des administrations fiscales locales qui ont été absorbés par l'administration fiscale d'État sont enregistrés en tant que recrutements en 2018 et sont donc reflétés dans le taux d'embauche de 2018.
2. Islande : Le 1er mai 2019, le recouvrement des créances a été transféré de la Direction des douanes à la Direction des impôts. Les effectifs qui ont été absorbés par l'administration fiscale sont enregistrés en tant que recrutements en 2019 et sont donc reflétés dans le taux d'embauche de 2019.

Formule	Recrutements au cours de l'exercice fiscal [A.10] / ((Effectifs au début de l'exercice fiscal [A.10] + Effectifs à la fin de l'exercice fiscal [A.10]) / 2) * 100	Départs au cours de l'exercice fiscal [A.10] / ((Effectifs au début de l'exercice fiscal [A.10] + Effectifs à la fin de l'exercice fiscal [A.10]) / 2) * 100

Tableau D.6 **Répartition du personnel par âge**

	Répartition du personnel par âge											
	Pourcentage des effectifs âgés de moins de 25 ans		Pourcentage des effectifs âgés de 25 à 34 ans		Pourcentage des effectifs âgés de 35 à 44 ans		Pourcentage des effectifs âgés de 45 à 54 ans		Pourcentage des effectifs âgés de 55 à 64 ans		Pourcentage des effectifs âgés de plus de 64 ans	
Juridiction	2018	2019	2018	2019	2018	2019	2018	2019	2018	2019	2018	2019
Afrique du Sud	1.2	0.8	19.1	15.7	41.7	41.0	28.9	32.1	9.0	10.2	0.0	0.0
Allemagne	3.6	3.7	19.4	19.7	20.6	21.2	28.9	27.8	25.4	25.5	2.1	2.1
Arabie saoudite	16.3	2.7	65.2	59.0	16.1	26.7	2.3	9.6	0.1	1.9	0.0	0.1
Argentine	0.6	2.2	8.3	11.4	23.3	22.3	37.4	34.5	28.2	27.0	2.2	2.6
Australie	4.6	4.4	20.6	20.0	25.3	25.8	29.6	29.2	18.3	18.7	1.7	1.8
Autriche	6.9	6.8	9.9	10.7	11.3	10.5	38.1	36.1	33.8	35.9	0.0	0.1
Belgique	1.2	2.2	16.2	16.6	20.1	20.5	29.8	28.9	32.5	31.4	0.3	0.4
Brésil	0.1	0.1	7.1	6.2	21.9	22.8	33.1	33.5	30.8	30.3	7.0	7.1
Bulgarie	0.8	0.6	15.5	15.8	28.1	26.1	34.4	35.6	20.4	20.9	0.8	1.0
Canada	5.1	5.9	17.8	19.2	25.0	25.2	30.0	28.0	19.8	19.3	2.3	2.4
Chili	0.7	0.6	17.7	16.5	32.3	30.6	28.1	30.4	16.5	16.9	4.7	5.0
Chine (République populaire de)	4.7	3.3	18.7	20.3	21.5	19.7	43.0	41.5	12.2	15.2	0.0	0.0
Chypre	0.0	0.0	0.9	2.9	35.0	33.7	28.2	27.7	35.8	35.7	0.0	0.0
Colombie	1.5	2.2	14.4	17.5	25.5	26.0	28.0	24.4	27.8	27.3	2.9	2.7
Corée	1.3	1.1	21.3	21.3	38.4	37.6	32.0	32.6	7.1	7.3	0.0	0.0
Costa Rica	1.0	1.3	17.4	14.9	22.8	29.9	25.8	29.7	20.5	23.1	12.5	1.1
Croatie	0.2	0.1	7.6	7.3	32.8	32.3	27.9	28.4	31.5	31.9	0.0	0.0
Danemark	3.0	3.1	21.9	24.5	18.8	18.5	26.8	25.1	27.7	26.8	2.0	2.1
Espagne	0.0	0.1	4.3	6.0	13.0	13.4	36.3	31.3	44.1	46.6	2.4	2.7
Estonie	2.4	3.5	20.7	18.7	25.1	24.9	24.5	26.1	21.9	21.7	5.4	5.1
États-Unis	1.3	1.7	10.3	10.5	20.5	21.3	29.9	28.3	30.6	30.6	7.4	7.6
Finlande	2.1	2.6	16.5	17.9	20.3	20.7	25.0	24.0	34.8	33.6	1.2	1.2
France	0.9	0.8	10.7	10.9	20.9	20.5	32.0	32.4	34.9	34.6	0.7	0.9
Géorgie	2.0	2.5	54.2	51.9	24.1	25.0	11.8	12.5	6.3	6.3	1.6	1.7
Grèce	0.0	0.0	4.8	3.7	24.0	22.7	31.3	30.3	38.0	38.8	2.0	4.4
Hong Kong (Chine)	2.5	2.6	23.1	25.2	21.4	21.4	32.5	30.4	20.5	20.4	0.0	0.0
Hongrie	1.2	1.5	17.6	15.2	38.4	36.7	30.8	34.3	12.1	12.3	0.0	0.0
Inde	D	D	D	D	D	D	D	D	D	D	D	D
Indonésie	25.8	27.3	32.0	28.4	22.6	24.4	16.0	16.5	3.6	3.4	0.0	0.0
Irlande	0.9	2.0	11.7	13.6	27.3	27.7	25.8	25.8	33.8	30.2	0.5	0.8
Islande	0.4	0.4	15.0	18.5	21.6	21.4	17.2	17.8	30.8	28.6	15.0	13.4
Israël	2.2	2.0	18.0	20.4	21.6	21.2	27.0	25.5	26.5	25.9	4.7	5.1
Italie	0.0	0.0	3.4	2.9	21.4	20.9	28.2	29.8	42.8	41.6	4.1	4.7
Japon	D	D	D	D	D	D	D	D	D	D	D	D
Kenya	2.6	3.5	38.7	44.0	29.2	27.5	18.3	15.8	11.2	9.2	0.0	0.0
Lettonie	1.0	1.2	18.2	16.7	29.9	30.4	28.8	29.0	21.1	21.6	0.9	1.1
Lituanie	0.6	2.0	14.0	13.6	19.2	21.1	27.7	30.1	36.6	31.8	1.9	1.3
Luxembourg	4.5	3.4	23.6	24.4	27.8	28.0	31.3	30.9	12.7	13.1	0.1	0.2

	Répartition du personnel par âge											
	Pourcentage des effectifs âgés de moins de 25 ans		Pourcentage des effectifs âgés de 25 à 34 ans		Pourcentage des effectifs âgés de 35 à 44 ans		Pourcentage des effectifs âgés de 45 à 54 ans		Pourcentage des effectifs âgés de 55 à 64 ans		Pourcentage des effectifs âgés de plus de 64 ans	
Juridiction	**2018**	**2019**	**2018**	**2019**	**2018**	**2019**	**2018**	**2019**	**2018**	**2019**	**2018**	**2019**
Malaisie	1.8	2.4	31.0	34.0	37.1	36.8	17.5	17.0	12.5	9.8	0.0	0.0
Malte	1.9	0.8	16.0	15.5	23.9	23.1	34.0	33.7	18.8	20.1	5.4	6.8
Maroc	0.7	0.3	36.0	34.4	21.3	23.1	27.6	27.8	14.3	14.3	0.1	0.1
Mexique	3.5	4.1	33.9	33.1	26.4	26.3	23.8	23.8	10.4	10.7	1.9	2.1
Norvège	0.2	0.4	9.7	9.8	19.8	19.8	35.8	34.7	29.3	30.8	5.2	4.5
Nouvelle-Zélande	8.6	6.1	21.5	21.1	21.6	22.6	26.2	26.1	18.9	20.9	3.1	3.3
Pays-Bas [1]	1.2	1.7	11.4	13.7	15.6	16.3	26.0	23.6	43.9	42.2	1.8	2.4
Pérou	1.5	1.2	28.5	26.3	26.7	27.5	26.5	26.1	12.7	14.6	4.1	4.2
Pologne	1.1	1.3	14.4	14.4	30.1	30.5	33.9	34.2	20.0	19.2	0.5	0.4
Portugal	0.0	0.0	0.9	0.8	17.3	13.7	33.3	34.6	46.2	47.3	2.3	3.5
République slovaque	1.1	1.2	15.5	14.8	29.0	27.8	32.6	33.8	21.2	21.7	0.6	0.8
République tchèque	1.1	0.8	11.8	11.2	24.1	22.1	36.2	37.0	25.2	27.0	1.6	2.0
Roumanie	0.3	0.2	6.4	5.8	27.8	25.6	43.5	45.6	21.9	22.6	0.2	0.2
Royaume-Uni	5.0	4.8	18.0	18.9	20.4	20.6	31.4	29.5	23.5	24.2	1.6	1.9
Russie	7.2	6.6	34.3	32.5	31.7	33.3	17.7	18.2	9.1	9.4	0.0	0.0
Singapour	0.8	1.4	29.7	27.7	32.2	33.4	19.6	21.2	15.9	14.6	1.8	1.7
Slovénie	0.1	0.1	6.6	6.2	19.6	19.2	47.7	45.9	25.7	28.0	0.3	0.6
Suède	1.4	1.3	20.6	19.5	25.6	25.6	26.6	27.3	24.3	24.8	1.5	1.6
Suisse	8.3	8.7	20.8	21.7	30.4	28.1	34.1	35.2	6.3	6.2	0.1	0.1
Thaïlande	1.6	1.6	17.1	16.9	32.8	31.4	34.7	35.6	13.7	14.5	0.0	0.0
Turquie	0.6	0.4	30.8	30.8	19.0	18.7	32.9	29.3	16.7	20.5	0.0	0.4

StatLink https://dx.doi.org/10.1787/888934302348

1. Pays-Bas : Les chiffres n'incluent pas le personnel contractuel.

Formule	Moins de 25 ans [A.12] / Effectifs à la fin de l'exercice [A.10]	25-34 ans [A.12] / Effectifs à la fin de l'exercice [A.10]	35-44 ans [A.12] / Effectifs à la fin de l'exercice [A.10]	45-54 ans [A.12] / Effectifs à la fin de l'exercice [A.10]	55-64 ans [A.12] / Effectifs à la fin de l'exercice [A.10]	Plus de 64 ans [A.12] / Effectifs à la fin de l'exercice [A.10]

Tableau D.7 **Ancienneté**

Juridiction	Ancienneté							
	Pourcentage des effectifs ayant moins de 5 ans d'ancienneté		Pourcentage des effectifs ayant de 5 à 9 ans d'ancienneté		Pourcentage des effectifs ayant de 10 à 19 ans d'ancienneté		Pourcentage des effectifs ayant 20 ans d'ancienneté ou plus	
	2018	2019	2018	2019	2018	2019	2018	2019
Afrique du Sud	14.8	12.4	16.6	13.3	38.5	41.1	30.1	33.2
Allemagne	D	D	D	D	D	D	D	D
Arabie saoudite [1]	100.0	100.0	0.0	0.0	0.0	0.0	0.0	0.0
Argentine	8.9	14.5	13.3	4.1	22.3	30.8	55.6	50.6
Australie	26.2	25.5	17.9	18.4	40.3	40.2	15.6	15.9
Autriche	12.5	13.2	7.8	7.7	8.9	9.3	70.7	69.8
Belgique	13.5	16.5	11.8	11.3	22.2	21.0	52.5	51.2
Brésil	D	D	D	D	D	D	D	D
Bulgarie	5.5	5.0	10.3	10.6	29.7	28.7	54.5	55.7
Canada	34.3	37.7	16.9	15.1	27.8	27.9	21.0	19.3
Chili	26.1	25.6	12.8	11.9	32.7	33.0	28.5	29.5
Chine (République populaire de)	13.0	12.2	8.4	9.2	11.2	11.5	67.4	67.2
Chypre	5.9	9.1	11.0	6.1	34.6	39.0	48.5	45.8
Colombie	47.8	43.8	10.7	12.7	1.6	3.3	40.0	40.2
Corée	26.1	24.6	14.6	13.0	31.2	34.4	28.1	28.0
Costa Rica	18.9	20.0	12.5	11.8	28.7	29.2	39.9	39.1
Croatie	4.4	4.7	4.8	3.3	27.5	28.6	63.4	63.4
Danemark	47.5	52.6	1.5	3.0	33.2	27.8	17.8	16.6
Espagne	4.3	4.4	5.5	9.7	16.0	15.9	74.2	70.0
Estonie	15.7	17.1	13.2	14.4	31.5	29.4	39.7	39.1
États-Unis	16.6	20.0	18.2	13.6	31.3	33.7	33.9	32.7
Finlande	29.3	30.8	9.2	11.9	20.7	20.3	40.8	37.0
France	15.9	17.1	13.7	13.0	31.9	31.4	38.6	38.6
Géorgie	14.2	20.6	50.2	47.5	25.8	22.6	9.9	9.3
Grèce	12.5	14.6	8.2	10.0	33.8	26.2	45.5	49.2
Hong Kong (Chine)	23.2	24.4	13.8	14.4	5.9	7.1	57.1	54.1
Hongrie	9.4	7.7	20.2	19.6	36.7	36.6	33.7	36.1
Inde	D	D	D	D	D	D	D	D
Indonésie	34.9	32.6	11.6	12.6	29.0	29.2	24.5	25.6
Irlande	19.4	27.1	3.7	4.9	30.3	25.2	46.6	42.8
Islande	36.1	37.0	11.9	12.0	23.8	23.9	28.2	27.2
Israël	16.8	19.6	14.1	14.2	17.1	17.5	52.0	48.8
Italie	7.0	5.2	7.0	10.3	25.3	22.8	60.6	61.7
Japon	D	D	D	D	D	D	D	D
Kenya	43.5	52.0	7.8	8.1	27.9	23.0	21.3	16.9
Lettonie	17.7	17.1	8.3	11.0	43.0	39.7	31.0	32.1
Lituanie	24.8	25.6	25.5	27.8	21.3	25.3	28.5	21.3
Luxembourg	D	30.5	D	7.9	D	24.1	D	37.5

	Ancienneté							
	Pourcentage des effectifs ayant moins de 5 ans d'ancienneté		Pourcentage des effectifs ayant de 5 à 9 ans d'ancienneté		Pourcentage des effectifs ayant de 10 à 19 ans d'ancienneté		Pourcentage des effectifs ayant 20 ans d'ancienneté ou plus	
Juridiction	2018	2019	2018	2019	2018	2019	2018	2019
Malaisie	22.0	25.0	13.8	15.1	35.6	34.5	28.6	25.4
Malte	22.6	20.7	14.4	17.7	26.4	25.5	36.7	36.1
Maroc	20.0	17.8	26.3	26.3	16.9	18.6	36.9	37.2
Mexique	34.4	33.3	19.9	22.1	27.8	21.7	17.9	23.0
Norvège	16.2	17.0	19.8	16.9	22.1	25.1	41.9	41.0
Nouvelle-Zélande	33.7	29.9	16.7	31.7	30.3	20.3	19.4	18.1
Pays-Bas[2]	14.6	17.8	5.4	8.2	20.4	18.6	59.6	55.3
Pérou	33.4	29.9	16.5	17.5	17.4	17.8	32.7	34.7
Pologne	6.7	7.2	7.9	8.4	26.1	26.3	59.3	58.2
Portugal	0.2	0.4	3.5	3.3	29.1	21.6	67.2	74.7
République slovaque	19.7	20.4	15.4	15.5	25.0	23.1	39.9	41.1
République tchèque	24.8	23.0	12.1	13.3	27.8	28.0	35.3	35.8
Roumanie	15.1	12.8	5.7	8.1	33.8	30.3	45.4	48.7
Royaume-Uni	21.0	24.6	6.9	5.1	28.6	27.8	43.5	42.4
Russie	30.8	29.7	18.8	18.0	31.5	32.6	18.9	19.6
Singapour	18.5	19.3	19.9	19.3	25.6	26.2	36.1	35.2
Slovénie	3.6	3.8	4.4	4.5	14.1	14.3	77.9	77.4
Suède	33.5	31.3	18.5	20.5	25.3	24.8	22.7	23.4
Suisse	29.2	47.0	20.9	25.2	28.2	6.6	21.7	21.1
Thaïlande	16.9	17.7	12.1	11.4	26.3	27.4	44.7	43.5
Turquie	19.1	17.8	15.5	20.5	11.3	10.9	54.1	50.9

StatLink https://dx.doi.org/10.1787/888934302367

1. Arabie saoudite : En raison du processus de transformation de l'administration fiscale (GAZT) achevé en 2019 et compte tenu des nouveaux contrats établis pour le personnel, l'ancienneté dans l'administration ne pourra être comptée qu'après cette transformation.
2. Pays-Bas : Les chiffres n'incluent pas le personnel contractuel.

Formule	Moins de 5 ans [A.13] / Effectifs à la fin de l'exercice [A.10]	5-9 ans [A.13] / Effectifs à la fin de l'exercice [A.10]	10-19 ans [A.13] / Effectifs à la fin de l'exercice [A.10]	Plus de 19 ans [A.13] / Effectifs à la fin de l'exercice [A.10]

Tableau D.8 **Répartition hommes-femmes et diplômes universitaires**

Juridiction	Répartition hommes-femmes et diplômes universitaires							
	Pourcentage des effectifs qui sont des femmes		Pourcentage des cadres qui sont des femmes		Pourcentage des effectifs titulaires d'une licence ou équivalent		Pourcentage des effectifs titulaires d'une maîtrise ou plus ou équivalent	
	2018	2019	2018	2019	2018	2019	2018	2019
Afrique du Sud	62.0	61.5	49.1	49.3	26.3	28.8	3.5	3.9
Allemagne	56.9	57.2	D	D	35.5	35.4	21.5	21.8
Arabie saoudite	8.3	22.3	24.3	25.8	56.1	69.4	4.9	10.9
Argentine	45.1	45.6	25.9	34.7	57.1	58.7	4.4	4.4
Australie	57.3	57.2	48.7	49.1	26.6	27.0	15.7	16.1
Autriche	47.0	47.7	30.3	31.8	3.5	3.6	9.9	10.1
Belgique	52.1	52.1	37.1	38.2	34.5	34.5	31.4	33.1
Brésil	37.2	36.1	15.9	15.6	75.9	79.3	0.7	0.9
Bulgarie	74.2	74.6	50.0	50.0	11.0	11.0	77.2	77.2
Canada	59.8	59.4	48.9	49.4	D	D	D	D
Chili	52.2	52.4	46.8	46.3	60.8	60.7	16.4	16.6
Chine (République populaire de)	38.2	38.0	11.1	10.6	67.8	69.0	6.3	6.8
Chypre	73.3	73.1	25.0	25.0	36.9	36.6	19.0	21.4
Colombie	56.5	56.5	49.3	45.7	76.2	75.4	3.0	3.3
Corée	58.9	57.7	0.0	2.9	86.6	87.3	3.2	3.2
Costa Rica	58.9	58.6	58.6	61.4	79.1	77.6	10.6	8.2
Croatie	75.7	76.2	68.4	70.3	16.3	16.6	55.8	56.3
Danemark	63.5	63.6	37.9	38.2	D	D	D	D
Espagne	53.1	53.1	13.9	33.6	63.1	61.5	D	D
Estonie	72.9	72.9	50.8	53.6	11.2	12.3	25.4	24.6
États-Unis	65.6	65.1	59.2	59.7	29.1	28.5	13.9	14.4
Finlande	74.0	73.7	52.5	50.0	20.5	21.5	31.0	31.5
France	59.4	59.0	25.8	27.0	28.6	27.8	22.5	22.4
Géorgie	49.6	49.8	21.2	21.9	65.0	65.4	35.0	34.6
Grèce	62.7	63.1	52.5	52.3	39.3	37.7	24.9	28.9
Hong Kong (Chine)	68.1	68.2	45.5	52.2	36.1	38.9	3.4	3.3
Hongrie[1]	63.6	63.3	31.6	38.7	65.7	67.1	D	D
Inde	D	D	D	D	D	D	D	D
Indonésie	34.2	35.3	10.9	10.7	34.7	34.3	13.5	13.8
Irlande	60.9	61.0	41.4	50.2	38.5	39.2	6.5	6.5
Islande	63.4	64.9	50.0	40.0	37.9	34.8	26.4	28.3
Israël	51.2	47.2	31.7	34.3	35.3	38.1	19.9	20.0
Italie	49.7	50.2	30.5	32.1	3.3	3.4	45.9	47.8
Japon	D	D	D	D	D	D	D	D
Kenya	44.1	44.3	29.4	31.8	54.0	91.0	9.8	9.0
Lettonie	74.4	74.3	71.2	70.2	26.1	27.5	30.2	30.2
Lituanie	53.9	72.5	65.2	67.7	49.3	38.7	50.7	61.3
Luxembourg	48.4	48.9	33.0	35.0	8.8	8.5	7.4	8.0

Répartition hommes-femmes et diplômes universitaires								
	Pourcentage des effectifs qui sont des femmes		Pourcentage des cadres qui sont des femmes		Pourcentage des effectifs titulaires d'une licence ou équivalent		Pourcentage des effectifs titulaires d'une maîtrise ou plus ou équivalent	
Juridiction	**2018**	**2019**	**2018**	**2019**	**2018**	**2019**	**2018**	**2019**
Malaisie	58.3	58.6	42.4	43.7	41.1	42.0	5.1	4.9
Malte	46.7	47.6	36.0	36.7	6.0	6.3	10.3	10.3
Maroc	47.8	48.3	20.1	19.1	11.6	11.7	56.7	56.9
Mexique	53.9	53.8	30.9	37.2	29.9	63.9	1.2	4.9
Norvège	61.8	61.4	55.3	59.8	55.0	54.5	30.6	31.8
Nouvelle-Zélande	63.8	63.9	33.9	45.1	D	D	D	D
Pays-Bas[2]	40.0	41.3	35.3	37.5	40.2	40.2	19.7	21.5
Pérou	42.9	43.4	35.9	38.1	61.3	61.1	9.9	11.6
Pologne	71.7	72.1	67.9	66.3	10.6	10.7	70.1	70.6
Portugal	59.1	60.0	41.9	42.3	47.5	46.8	3.8	3.9
République slovaque	64.7	65.1	43.1	43.6	9.1	8.9	64.5	65.1
République tchèque	80.7	80.7	39.7	39.1	9.2	9.6	37.4	37.8
Roumanie	67.2	67.6	56.5	57.1	54.3	53.5	40.6	41.7
Royaume-Uni	55.2	54.3	43.8	46.7	D	D	D	D
Russie	84.0	83.9	39.1	39.2	11.3	13.0	83.2	81.4
Singapour	73.2	72.7	60.0	57.9	55.1	57.3	5.3	5.7
Slovénie	65.9	66.2	68.6	68.2	39.1	38.5	60.9	61.5
Suède[3]	66.8	66.3	64.8	65.7	57.7	59.3	D	D
Suisse	42.8	42.4	9.5	9.5	D	D	D	D
Thaïlande	78.2	78.5	56.1	58.0	76.6	76.8	23.4	23.2
Turquie	39.6	39.7	25.1	25.4	75.8	77.3	6.0	6.7

StatLink https://dx.doi.org/10.1787/888934302386

1. Hongrie : Le pourcentage des effectifs titulaires d'une « licence » désigne le nombre total de titulaires d'un diplôme universitaire (licence et/ou maîtrise).
2. Pays-Bas : Les chiffres n'incluent pas le personnel contractuel.
3. Suède : Le pourcentage des effectifs titulaires d'une « licence » désigne le nombre total de titulaires d'un diplôme universitaire (licence et/ou maîtrise).

Formule	Effectif total - Femmes [A.14] / (Effectif total - Hommes [A.14] + Effectif total - Femmes [A.14] + Effectif total - Autres [A.14) * 100	Cadres seulement - Femmes [A.14] / (Cadres seulement - Hommes [A.14] + Cadres seulement - Femmes [A.14] + Cadres seulement - Autres [A.14) * 100	Licence [A.11] / Effectifs à la fin de l'exercice [A.10]*100	Maîtrise [A.11] / Effectifs à la fin de l'exercice [A.10]*100

Tableau D.9 **Ratios de segmentation : services/programmes dédiés aux gros contribuables**

	Ratios de segmentation : services/programmes dédiés aux gros contribuables											
	ETP affectés aux dossiers des gros contribuables en pourcentage des ETP totaux		ETP affectés aux contrôles, enquêtes et autres fonctions de vérification au sein des services/programmes dédiés aux gros contribuables en pourcentage des ETP totaux de ces services/programmes		Montant total des redressements établis par les services/ programmes dédiés aux gros contribuables en pourcentage du montant total des redressements établis à la suite de vérifications		Entreprises contribuables gérées par des services/ programmes dédiés aux gros contribuables en pourcentage des entreprises actives redevables de l'impôt sur les bénéfices des sociétés		Entreprises contribuables par ETP dans les services/ programmes dédiés aux gros contribuables		Part des recettes nettes gérées par des services/programmes dédiés aux gros contribuables par rapport aux recettes nettes totales recouvrées par l'administration fiscale	
Juridiction	**2018**	**2019**	**2018**	**2019**	**2018**	**2019**	**2018**	**2019**	**2018**	**2019**	**2018**	**2019**
Afrique du Sud	3.7	3.8	54.9	54.6	82.4	52.1	0.5	0.8	43.1	46.8	35.6	30.5
Allemagne	D	D	D	D	D	D	D	D	D	D	D	D
Arabie saoudite[1]	0.0	9.6		72.2	9.1	29.8	0.0	113.7		28.3	82.0	81.0
Argentine	3.1	3.0	53.7	50.4	24.4	13.0	0.2	0.2	1.4	1.6	45.5	49.1
Australie	7.5	7.9	61.0	62.9	17.8	10.0	0.6	0.6	21.3	21.8	D	D
Autriche	6.1	6.2	90.0	88.6	48.3	43.5	4.7	4.8	18.8	19.2	56.2	55.8
Belgique	2.3	2.3	63.7	65.4	27.2	21.6	2.8	2.3	44.1	35.8	52.7	49.5
Brésil	1.3	1.4	100.0	100.0	78.3	78.0	0.2	0.1	54.7	40.8	64.0	64.0
Bulgarie	1.8	1.8	61.1	54.9	7.8	1.4	0.4	0.4	9.4	10.0	33.0	34.0
Canada	3.3	3.3	100.0	100.0	45.2	45.3	D	D	14.0	13.6	D	D
Chili	4.4	4.4	85.0	84.5	61.9	58.0	0.1	0.1	4.1	4.4	44.7	43.0
Chine (République populaire de)	1.0	2.2	60.0	60.0	D	D	1.3	1.1	37.7	17.7	45.0	45.0
Chypre	3.3	3.4	100.0	100.0	87.4	82.8	0.7	0.7	32.6	35.0	30.2	28.0
Colombie	4.6	4.7	51.6	50.7	21.7	22.9	0.7	0.7	11.2	10.1	67.3	63.1
Corée												
Costa Rica	6.4	6.7	91.8	90.5	0.1	0.1	0.3	0.3	7.6	7.1	67.0	62.0
Croatie	2.6	2.5	48.5	53.5	16.0	19.8	0.5	0.5	6.9	7.6	37.3	36.7
Danemark	3.2	3.0	92.3	92.3	D	D	3.0	2.8	38.5	38.5	40.0	40.0
Espagne	3.8	3.7	76.8	76.6	12.5	8.8	0.2	0.2	4.0	4.1	35.3	33.2
Estonie												
États-Unis	4.7	4.2	100.0	100.0	39.3	38.1	16.6	17.2	103.1	119.9	6.5	7.1
Finlande	3.3	3.5	D	D	D	D	0.7	0.7	18.0	16.9	28.0	28.0
France	D	D	D	D	21.9	19.9	D	D	D	D	D	D
Géorgie	0.9	2.7	D	69.1	5.2	6.3	0.3	0.3	15.6	4.9	31.0	33.0
Grèce	2.3	2.1	61.1	61.0	35.4	20.3	0.5	0.9	6.9	13.3	D	D
Hong Kong (Chine)												
Hongrie	3.3	3.2	26.6	27.3	5.9	9.4	0.2	0.2	2.3	2.4	35.3	34.8
Inde	D	D	D	D	1.3	0.7	0.9	0.9	D	D	0.2	0.2
Indonésie	1.5	1.4	35.1	27.3	44.7	22.6	D	D	4.0	4.2	31.9	30.0
Irlande	5.3	5.4	86.2	86.7	31.3	42.8	6.1	5.9	47.3	46.3	51.0	51.0
Islande												
Israël	1.1	1.2	56.2	60.0	20.4	25.4	3.7	3.8	113.8	115.4	29.0	28.1
Italie	1.6	1.7	71.8	69.0	7.3	9.2	0.3	0.3	6.2	6.0	28.2	28.0
Japon	4.2	4.2	0.0	0.0	D	D	D	D	13.8	14.2	56.0	55.0
Kenya	7.5	7.5	70.0	69.8	30.0	50.7	0.5	0.4	9.1	8.3	38.5	37.9
Lettonie	1.8	1.7	D	D	41.8	45.3	1.1	1.1	26.5	27.6	59.1	60.5
Lituanie	1.6	1.6	63.6	61.9	2.2	13.2	0.3	0.3	11.5	11.3	45.0	41.0

Ratios de segmentation : services/programmes dédiés aux gros contribuables												
	ETP affectés aux dossiers des gros contribuables en pourcentage des ETP totaux		ETP affectés aux contrôles, enquêtes et autres fonctions de vérification au sein des services/programmes dédiés aux gros contribuables en pourcentage des ETP totaux de ces services/programmes		Montant total des redressements établis par les services/ programmes dédiés aux gros contribuables en pourcentage du montant total des redressements établis à la suite de vérifications		Entreprises contribuables gérées par des services/ programmes dédiés aux gros contribuables en pourcentage des entreprises actives redevables de l'impôt sur les bénéfices des sociétés		Entreprises contribuables par ETP dans les services/ programmes dédiés aux gros contribuables		Part des recettes nettes gérées par des services/programmes dédiés aux gros contribuables par rapport aux recettes nettes totales recouvrées par l'administration fiscale	
Juridiction	**2018**	**2019**	**2018**	**2019**	**2018**	**2019**	**2018**	**2019**	**2018**	**2019**	**2018**	**2019**
Luxembourg												
Malaisie	3.8	3.4	59.8	61.5	51.2	57.8	6.1	5.9	100.4	109.5	31.0	33.2
Malte	7.6	9.2	89.3	88.2	16.9	15.7	2.8	3.0	50.4	49.4	20.0	20.0
Maroc	2.3	2.7	52.1	45.1	66.6	55.3	2.0	1.8	69.5	63.6	70.0	70.0
Mexique	0.2	0.2	100.0	100.0	D	D	0.4	0.4	151.7	132.4	60.5	59.3
Norvège	5.7	5.5	87.0	86.4	43.2	51.1	4.9	4.8	46.1	48.5	D	D
Nouvelle-Zélande	6.2	6.5	57.2	54.7	D	D	0.1	0.1	3.1	3.1	30.0	30.0
Pays-Bas	10.6	10.9	76.1	77.0	50.3	58.2	1.8	1.7	6.9	6.3	68.4	67.3
Pérou	12.4	13.3	83.7	80.1	92.2	91.2	1.5	1.5	17.6	18.3	76.2	74.8
Pologne	4.5	4.5	30.0	30.0	D	D	0.4	0.4	1.2	1.3	70.0	70.0
Portugal	2.2	2.2	45.2	45.7	34.9	40.5	0.5	0.5	12.0	12.4	45.7	44.8
République slovaque	2.6	2.8	69.5	66.0	6.1	12.4	D	D	5.4	5.4	43.0	41.5
République tchèque	2.3	2.3	51.0	53.4	17.5	15.1	0.3	0.3	5.6	5.9	37.0	37.0
Roumanie	2.7	2.7	62.4	63.0	28.2	23.5	2.6	2.3	4.9	5.1	42.2	41.8
Royaume-Uni	4.1	4.4	D	D	33.4	39.3	0.1	0.1	0.9	0.8	40.0	40.0
Russie	2.3	2.4	68.7	66.8	25.9	45.3	0.1	0.1	0.9	0.8	43.5	46.1
Singapour	4.2	4.3	90.1	88.9	D	D	D	D	23.5	24.7	D	D
Slovénie	2.2	2.3	88.6	89.0	D	D	0.6	0.6	10.1	9.7	25.0	25.0
Suède	10.3	11.1	22.4	44.3	68.0	87.6	5.4	5.5	37.9	38.0	49.4	49.5
Suisse												
Thaïlande	2.4	2.4	59.2	59.2	51.0	73.1	0.6	0.6	7.4	7.4	45.9	46.3
Turquie	0.6	0.7	5.2	5.3	0.1	0.0	0.1	0.1	3.2	3.0	19.0	20.0

StatLink https://dx.doi.org/10.1787/888934302405

1. Arabie saoudite : En ce qui concerne le ratio des entreprises contribuables gérées par des services/programmes dédiés aux gros contribuables en pourcentage des contribuables actifs redevables de l'IS, le ratio est supérieur à 100% car le nombre de contribuables gérés par les services/programmes dédiés aux gros contribuables inclut les « contribuables redevables de la zakat ».

Formule	Nombre d'ETP employés dans les services/ programmes dédiés aux gros contribuables [A.16] / Total des ETP [A.8] * 100	ETP affectés aux contrôles, enquêtes et autres fonctions de vérification [A.16] / Nombre d'ETP employés dans les services/programmes dédiés aux gros contribuables [A.16]*100	Montant total des redressements établis par les services/ programmes dédiés aux gros contribuables [A.17] / Montant total des redressements établis suite aux activités de contrôle et de vérification - Total [A.34]*100	Nombre d'entreprises contribuables gérées [A.16] / Contribuables actifs redevables de l'IS [A.20] * 100	Nombre d'entreprises contribuables gérées [A.16] / Nombre d'ETP employés dans les services/ programmes dédiés aux gros contribuables [A.16]	Part des recettes nettes collectées par des services/ programmes dédiés aux gros contribuables [A.16]

Tableau D.10 **Enregistrement des contribuables redevables de l'impôt sur le revenu**

	Contribuables actifs inscrits au registre de l'IRPP en pourcentage de :			
	Population active		Population	
Juridiction	2018	2019	2018	2019
Afrique du Sud	92.0	95.2	36.5	37.9
Allemagne	91.8	95.2	48.2	49.9
Arabie saoudite				
Argentine	15.1	16.0	7.0	7.4
Australie	168.4	170.1	89.4	90.0
Autriche	179.2	185.7	93.3	96.5
Belgique	139.9	140.2	62.3	62.3
Brésil	27.3	28.2	13.7	14.2
Bulgarie	94.3	94.9	44.6	44.8
Canada	147.9	148.5	81.2	81.3
Chili	108.1	107.9	54.2	54.4
Chine (République populaire de)	D	D	D	D
Chypre	98.0	100.5	49.0	50.7
Colombie	12.8	13.8	6.8	7.3
Corée	24.4	26.7	13.4	14.7
Costa Rica	19.7	19.9	9.6	9.7
Croatie	101.9	106.1	44.7	46.4
Danemark	174.3	174.0	90.7	90.5
Espagne	105.5	106.8	52.0	52.4
Estonie	115.1	129.9	61.4	69.0
États-Unis	92.4	92.9	46.8	46.9
Finlande	199.3	198.8	99.1	98.7
France	168.9	168.9	76.6	76.6
Géorgie	63.3	63.4	34.7	34.6
Grèce	186.1	182.5	83.3	81.3
Hong Kong (Chine)	78.3	80.2	41.7	42.2
Hongrie	106.2	107.2	51.4	51.8
Inde	12.0	12.7	4.3	4.6
Indonésie	D	D	D	D
Irlande	155.2	157.5	76.1	77.1
Islande	144.5	143.8	87.2	86.7
Israël	128.8	129.0	59.5	59.6
Italie	109.3	110.9	47.1	47.7
Japon	D	D	D	D
Kenya	35.7	41.9	16.0	19.0
Lettonie	91.4	92.7	47.5	47.6
Lituanie	95.4	91.1	50.1	47.7
Luxembourg	D	D	D	D
Malaisie	50.9	52.2	24.9	25.6
Malte	137.5	144.9	66.8	70.2

Juridiction	Contribuables actifs inscrits au registre de l'IRPP en pourcentage de : Population active 2018	Population active 2019	Population 2018	Population 2019
Maroc	5.8	6.4	1.9	2.1
Mexique	124.0	131.8	55.3	59.0
Norvège	171.5	167.4	90.4	88.2
Nouvelle-Zélande	90.1	146.0	50.7	82.1
Pays-Bas	131.8	134.3	70.6	71.9
Pérou	32.0	31.9	18.4	18.5
Pologne	106.6	114.1	51.6	54.9
Portugal	101.6	104.0	52.0	53.0
République slovaque	D	D	D	D
République tchèque	39.2	40.0	20.1	20.4
Roumanie	D	D	D	D
Royaume-Uni	90.9	91.5	46.9	47.3
Russie	10.9	11.7	5.6	5.9
Singapour	D	D	D	D
Slovénie	149.1	151.2	74.6	74.9
Suède	144.3	142.9	76.7	76.0
Suisse	D	D	D	D
Thaïlande	29.5	28.5	16.5	16.0
Turquie	14.3	14.3	5.7	5.7

StatLink https://dx.doi.org/10.1787/888934302424

Formule	Contribuables actifs inscrits au registre de l'IRPP [A.20] / Population active [E.1] * 100	Contribuables actifs inscrits au registre de l'IRPP [A.20] / Population [E.1] * 100

Tableau D.11 **Pourcentage de contribuables inactifs inscrits aux registres**

	Pourcentage de contribuables inactifs inscrits aux registres									
	Au registre de l'IRPP		Au registre de l'IS		Au registre de la TVA		Au registre des impôts à la source prélevés par les employeurs		Au registre des droits d'accises	
Juridiction	**2018**	**2019**	**2018**	**2019**	**2018**	**2019**	**2018**	**2019**	**2018**	**2019**
Afrique du Sud	4.6	4.5	28.3	55.5	20.5	20.3	21.1	21.0	18.0	17.3
Allemagne	0.0	0.0	0.0	0.0	0.0	0.0	0.0	0.0		
Arabie saoudite			11.8	8.6	9.9	16.7			0.0	0.0
Argentine	24.0	23.8	12.2	17.0	36.2	38.0	D	D	85.5	84.2
Australie	27.4	27.7	56.8	57.0	24.3	25.1	27.7	28.8	20.5	18.4
Autriche	0.0	0.0	0.0	0.0	0.0	0.0	0.0	0.0		
Belgique	24.8	25.8	0.0	0.0	0.0	0.0	D	D		
Brésil	4.3	6.6	33.7	41.5	D	D	D	D	D	D
Bulgarie	D	D	47.7	49.4	0.0	0.0	D	D		
Canada	12.6	12.9	D	D	7.6	7.2	D	D	D	D
Chili	4.5	4.8	29.1	29.7	33.6	34.2	0.0	0.0	0.0	0.0
Chine (République populaire de)	D	D	14.1	14.7	11.2	11.2	D	D	18.0	17.7
Chypre	0.0	0.0	32.6	38.2	0.9	1.0	0.0	0.0		
Colombie	8.8	4.7	57.8	61.4	66.5	67.6	D	D	0.0	8.2
Corée	6.1	0.6	9.3	9.9	3.8	3.5	D	D	0.0	0.0
Costa Rica	0.0	0.0	0.0	0.0	0.0	0.0	0.0	0.0	0.0	0.0
Croatie	0.0	0.0	0.0	0.0	0.0	0.0	0.0	0.0		
Danemark	0.0	0.0	4.9	4.9	0.0	0.0	16.1	10.2	0.0	0.0
Espagne	0.0	0.0	0.0	0.0	0.0	0.0	0.0	0.0	0.0	0.0
Estonie	0.0	0.0	0.0	0.0	0.0	0.0	0.0	0.0	0.0	0.0
États-Unis	D	D	D	D			D	D	D	D
Finlande	0.0	0.0	0.0	0.0	0.0	0.0	0.0	0.0	D	D
France	0.0	0.0	2.5	1.5	33.7	35.9		D		
Géorgie	D	D	60.3	67.3	41.4	46.6	74.1	76.6	0.8	5.3
Grèce	26.4	28.9	41.2	41.6	28.1	28.7	14.2	21.0	74.6	75.1
Hong Kong (Chine)	18.9	17.9	61.6	57.2						
Hongrie	0.0	0.0	4.6	3.4	0.0	0.0	3.3	3.4	0.0	0.0
Inde	26.1	28.1	28.5	34.3			D	D		
Indonésie	D	D	D	D	D	D	D	D		
Irlande	0.1	0.5	3.1	3.3	3.2	6.4	12.4	4.0	0.0	0.0
Islande	0.0	0.0	27.4	27.2	0.0	0.0	0.0	0.0		
Israël	D	D	D	D	D	D	D	D	D	D
Italie	0.0	0.0	0.0	0.0	46.4	47.9	0.0	0.0		
Japon	D	D	D	D	D	D	D	D		
Kenya	5.2	0.0	41.5	0.0	5.2	0.0	7.3	0.0	9.1	0.0
Lettonie	0.0	0.0	0.0	0.0	0.0	0.0	D	D	0.0	0.0
Lituanie	26.2	42.6	21.8	23.1	0.0	0.0	2.6	4.1	0.9	0.9
Luxembourg	D	D	D	D	7.3	7.3	D	D		

	Pourcentage de contribuables inactifs inscrits aux registres									
	Au registre de l'IRPP		Au registre de l'IS		Au registre de la TVA		Au registre des impôts à la source prélevés par les employeurs		Au registre des droits d'accises	
Juridiction	2018	2019	2018	2019	2018	2019	2018	2019	2018	2019
Malaisie	40.1	39.6	32.9	33.2			29.3	28.7		
Malte	44.4	42.9	43.3	41.1	7.4	7.5	41.1	45.7		
Maroc	D	D	D	D	D	D	D	D		
Mexique	10.1	9.8	22.8	22.4	0.0	0.0	0.0	0.0	0.0	0.0
Norvège	2.1	5.2	5.9	5.3	0.0	0.0	0.0	0.0	0.0	0.0
Nouvelle-Zélande	64.8	44.1	28.4	32.2	2.5	2.5	3.3	4.0		
Pays-Bas	1.8	1.7	19.5	18.7	24.3	27.4	0.0	0.0		
Pérou	23.7	27.8	11.0	18.3	30.6	32.9	26.1	28.1	18.7	20.4
Pologne	37.9	34.5	22.0	24.4	1.2	1.2	34.6	35.2	D	D
Portugal	47.9	47.1	0.0	0.0	0.0	0.0	D	D	D	D
République slovaque	D	D	D	D	D	D	D	D		
République tchèque	39.4	39.3	1.3	1.3	35.1	35.3	20.7	21.0		
Roumanie	D	D	61.1	56.4	0.1	0.2	8.4	8.5	19.9	19.9
Royaume-Uni	D	D	18.8	17.1	5.7	4.7	D	D	D	D
Russie	D	D	17.1	14.0	14.5	12.4	D	D	D	D
Singapour	D	D	D	D	D	D				
Slovénie	44.1	44.7	0.0	0.0	0.0	0.0	0.0	0.0	0.0	0.0
Suède	D	D	D	D	D	D	D	D	D	D
Suisse	D	D	D	D	0.0	0.0	D	D		
Thaïlande	D	D	D	D	49.0	50.1	D	D		
Turquie	69.5	70.1	63.7	63.8	75.2	75.2	72.2	72.3	88.7	91.2

StatLink https://dx.doi.org/10.1787/888934302443

Formule	(Total des contribuables redevables de l'IRPP [A.20] - Contribuables actifs redevables de l'IRPP [A.20]) / Total des contribuables redevables de l'IRPP [A.20] * 100	(Total des contribuables redevables de l'IS [A.20] - Contribuables actifs redevables de l'IS [A.20]) / Total des contribuables redevables de l'IS [A.20] * 100	(Total des contribuables redevables de la TVA [A.21] - Contribuables actifs redevables de la TVA [A.21]) / Total des contribuables redevables de la TVA [A.21] * 100	(Total des contribuables redevables des impôts à la source prélevés par les employeurs [A.21] - Contribuables actifs redevables des impôts à la source prélevés par les employeurs [A.21]) / Total des contribuables redevables des impôts à la source prélevés par les employeurs [A.21] * 100	(Total des contribuables redevables des droits d'accises [A.21] - Contribuables actifs redevables des droits d'accises [A.21]) / Total des contribuables redevables des droits d'accises [A.21] * 100

Tableau D.12 **Respect des délais de dépôt**

	Respect des délais de dépôt							
	Respect des délais de dépôt de l'IS		Respect des délais de dépôt de l'IRPP		Respect des délais de dépôt des impôts à la source prélevés par les employeurs		Respect des délais de dépôt de la TVA	
Juridiction	**2018**	**2019**	**2018**	**2019**	**2018**	**2019**	**2018**	**2019**
Afrique du Sud	13.7	29.5	67.2	61.8	59.0	58.5	52.1	52.0
Allemagne	80.4	79.4	82.7	81.7	D	D	80.1	79.2
Arabie saoudite	74.9	72.9					76.8	96.1
Argentine	41.2	34.5	60.2	56.6	86.9	87.3	80.3	81.1
Australie	76.3	78.7	83.1	83.8	79.9	79.2	76.6	76.0
Autriche	D	D	D	D	D	D	85.8	85.8
Belgique	81.5	83.9	93.4	93.5	D	D	99.2	99.2
Brésil	D	D	97.5	95.8	D	D	D	D
Bulgarie	95.1	95.1	90.7	93.7	D	D	99.5	98.3
Canada	85.4	86.6	91.0	94.9	91.1	92.8	60.7	59.5
Chili	80.7	80.7	D	D	93.0	94.5	76.3	77.2
Chine (République populaire de)	97.3	97.0	D	D	D	D	97.1	97.8
Chypre	56.8	55.1	75.4	67.2	D	D	86.1	86.3
Colombie	52.3	51.2	102.1	100.2	D	D	D	D
Corée	D	D	97.8	97.1	D	D	D	D
Costa Rica	75.4	77.8	70.8	66.7	28.9	31.9	78.0	68.6
Croatie	83.8	83.7	88.6	95.1	D	D	88.4	87.8
Danemark	85.3	83.2	99.2	98.2	97.9	96.7	85.7	86.2
Espagne	D	D	D	D	D	D	D	D
Estonie	D	D	93.8	98.1	94.4	93.3	91.7	90.7
États-Unis	103.2	99.7	100.2	99.7	100.4	100.6		
Finlande	86.4	90.3	88.4	87.2	93.2	78.0	90.1	90.2
France	94.8	95.0	96.1	95.8		D	91.4	91.1
Géorgie	D	67.2	D	64.7	D	58.5	91.7	90.4
Grèce	97.6	97.9	99.4	99.6	94.4	93.8	66.5	66.3
Hong Kong (Chine)	65.4	67.2	76.5	74.5				
Hongrie	75.8	72.1	D	D	91.3	91.3	86.2	85.4
Inde	89.3	93.7	95.7	95.1	90.1	80.4		
Indonésie	D	D	D	D	D	D	D	D
Irlande	D	D	82.6	82.6	87.4	94.4	89.2	86.9
Islande	81.8	85.8	93.4	93.7	D	D	95.4	94.2
Israël	85.8	87.9	91.7	92.0	99.3	98.4	96.9	97.1
Italie	D	D	D	D	D	D	D	D
Japon	D	D	D	D	D	D	D	D
Kenya	56.6	46.5	42.6	32.7	55.1	54.4	80.7	80.3
Lettonie	78.3	98.1	94.0	93.7	85.3	87.3	90.2	91.2
Lituanie	49.7	51.2	78.8	75.8	94.6	94.4	97.1	92.9
Luxembourg	D	D	D	D	D	D	89.5	84.9

	Respect des délais de dépôt							
	Respect des délais de dépôt de l'IS		Respect des délais de dépôt de l'IRPP		Respect des délais de dépôt des impôts à la source prélevés par les employeurs		Respect des délais de dépôt de la TVA	
Juridiction	**2018**	**2019**	**2018**	**2019**	**2018**	**2019**	**2018**	**2019**
Malaisie	79.7	78.2	77.0	67.9	92.3	86.8		
Malte	68.2	D	77.3	D	74.1	77.8	71.3	65.1
Maroc	90.3	93.2	81.4	97.7	97.8	100.0	90.1	91.8
Mexique	46.2	47.7	29.3	31.9	D	D	D	D
Norvège	96.1	95.5	99.7	99.6	82.5	81.2	90.0	89.7
Nouvelle-Zélande	88.7	88.9	88.2	87.3	92.9	92.0	92.7	92.3
Pays-Bas	94.4	96.7	98.6	99.0	99.1	99.1	95.6	95.6
Pérou	84.1	86.7	69.0	79.0	98.2	97.2	87.2	87.9
Pologne	89.9	90.0	98.8	95.8	97.2	96.9	97.3	97.7
Portugal	97.5	98.9	97.0	97.1	97.5	97.6	95.5	95.4
République slovaque	77.8	77.7	99.0	99.2	D	D	103.5	104.7
République tchèque	78.3	81.8	96.0	96.5	89.7	90.0	95.3	96.7
Roumanie	86.7	90.9	D	D	95.2	95.6	93.4	93.4
Royaume-Uni [1]	71.0	71.0	93.7	96.7	D	D	84.8	84.1
Russie	75.7	73.7	115.0	98.3	103.3	103.2	D	D
Singapour	84.3	84.3	97.0	97.3			95.8	96.0
Slovénie	88.2	93.8	65.3	65.8	96.3	97.7	84.2	85.7
Suède	D	D	D	D	D	D	D	D
Suisse	D	D	D	D	D	D	77.6	75.9
Thaïlande	D	D	D	D	D	D	D	D
Turquie	89.2	89.6	92.8	92.2	94.2	92.6	87.4	86.9

StatLink https://dx.doi.org/10.1787/888934302462

1. Royaume-Uni : La méthodologie de l'IS a changé par rapport aux exercices précédents.

Formule	Nb de déclarations déposées dans les délais [A.22] / Nb de déclarations attendues [A.22] * 100	Nb de déclarations déposées dans les délais [A.23] / Nb de déclarations attendues [A.23] * 100	Nb de déclarations déposées dans les délais [A.24] / Nb de déclarations attendues [A.24] * 100	Nb de déclarations déposées dans les délais [A.25] / Nb de déclarations attendues [A.25] * 100

Tableau D.13 **Dépôt électronique**

Juridiction	Dépôt électronique: Pourcentage de déclarations déposées par voie électronique – IS 2018	2019	Pourcentage de déclarations déposées par voie électronique – IRPP 2018	2019	Pourcentage de déclarations déposées par voie électronique – TVA 2018	2019
Afrique du Sud	99.6	99.8	99.7	96.5	88.6	86.0
Allemagne	91.8	69.3	68.3	71.3	91.6	92.6
Arabie saoudite	100.0	100.0			100.0	100.0
Argentine	100.0	100.0	100.0	100.0	100.0	100.0
Australie	D	D	D	D	D	D
Autriche	96.4	96.2	79.1	81.3	92.4	92.3
Belgique	99.2	99.4	89.5	91.4	98.6	98.9
Brésil	100.0	100.0	100.0	100.0	100.0	100.0
Bulgarie	100.0	100.0	41.3	46.9	100.0	100.0
Canada	90.0	91.2	87.4	88.3	89.2	91.3
Chili	99.7	99.7	99.9	99.9	99.5	99.8
Chine (République populaire de)	D	D	D	D	D	D
Chypre	96.9	96.5	94.1	98.5	94.3	95.9
Colombie	99.8	100.0	91.5	92.6	100.0	100.0
Corée	99.2	99.3	97.3	98.3	D	D
Costa Rica	100.0	100.0	100.0	100.0	100.0	100.0
Croatie	96.3	97.2	64.0	70.1	99.5	99.7
Danemark	100.0	100.0	100.0	100.0	100.0	100.0
Espagne	100.0	100.0	74.8	75.9	100.0	100.0
Estonie	99.8	99.8	96.0	94.6	99.5	99.7
États-Unis	63.4	65.1	87.8	89.1		
Finlande	90.5	93.4	95.7	96.6	95.1	96.2
France	97.7	94.4	60.7	66.5	97.7	97.8
Géorgie	100.0	100.0	100.0	100.0	100.0	100.0
Grèce	99.7	99.8	98.7	98.8	99.6	99.6
Hong Kong (Chine)	0.8	0.6	20.5	21.8		
Hongrie	99.4	99.7	79.7	84.6	99.9	100.0
Inde	100.0	100.0	99.2	99.8		
Indonésie	D	D	D	D	D	D
Irlande	99.9	99.9	95.2	94.5	99.7	99.7
Islande	99.5	99.5	99.3	99.4	99.3	99.4
Israël	98.4	99.1	71.0	72.6	69.5	77.0
Italie	100.0	100.0	100.0	100.0	100.0	100.0
Japon	73.5	77.4	47.5	51.6	D	D
Kenya	100.0	100.0	100.0	100.0	100.0	100.0
Lettonie	99.3	99.6	80.1	84.9	100.0	100.0
Lituanie	100.0	100.0	98.7	99.9	100.0	100.0
Luxembourg	88.2	89.5	90.9	88.4	95.1	98.0
Malaisie	100.0	100.0	96.6	98.2		

	Dépôt électronique					
	Pourcentage de déclarations déposées par voie électronique – IS		Pourcentage de déclarations déposées par voie électronique – IRPP		Pourcentage de déclarations déposées par voie électronique – TVA	
Juridiction	**2018**	**2019**	**2018**	**2019**	**2018**	**2019**
Malte	D	D	D	D	D	D
Maroc	99.9	99.9	67.7	59.3	97.7	100.0
Mexique	100.0	100.0	100.0	100.0	D	D
Norvège	97.4	98.5	98.0	98.4	100.0	100.0
Nouvelle-Zélande	93.6	95.2	98.3	D	86.5	90.7
Pays-Bas	100.0	100.0	97.9	98.1	100.0	100.0
Pérou	100.0	100.0	100.0	100.0	100.0	100.0
Pologne	72.8	94.3	85.5	91.9	98.3	99.6
Portugal	100.0	100.0	100.0	100.0	100.0	100.0
République slovaque	93.0	93.7	40.7	43.6	99.9	100.0
République tchèque	92.3	92.6	20.3	21.4	99.9	99.8
Roumanie	93.3	95.1	26.4	71.9	98.3	98.9
Royaume-Uni	99.1	99.2	88.9	90.4	99.4	99.3
Russie	D	D	D	D	D	D
Singapour	69.5	78.1	98.4	98.4	99.4	99.5
Slovénie	100.0	100.0	8.4	13.0	100.0	100.0
Suède	45.4	50.2	72.8	81.8	71.7	77.8
Suisse	D	D	D	D	D	D
Thaïlande	45.3	50.9	80.2	82.1	53.8	58.1
Turquie	99.9	99.9	99.9	99.9	99.7	99.7

StatLink https://dx.doi.org/10.1787/888934302481

Formule	(Entièrement pré-remplies, acceptation présumée [A.44] + Entièrement pré-remplies, confirmation requise [A.44] + Partiellement pré-remplies [A.44] + Non pré-remplies [A.44]) / Total [A.43] * 100	(Entièrement pré-remplies, acceptation présumée [A.45] + Entièrement pré-remplies, confirmation requise [A.45] + Partiellement pré-remplies [A.45] + Non pré-remplies [A.45]) / Total [A.43] * 100	(Entièrement pré-remplies, acceptation présumée [A.46] + Entièrement pré-remplies, confirmation requise [A.46] + Partiellement pré-remplies [A.46] + Non pré-remplies [A.46]) / Total [A.43] * 100

Tableau D.14 **Part des déclarations par canal : IS**

Juridiction	Pourcentage de déclarations relatives à l'IS reçues au moyen des canaux ci-dessous									
	Déclarations papier – IS		Déclarations électroniques – entièrement pré-remplies, acceptation présumée – IS		Déclarations électroniques – entièrement pré-remplies, confirmation requise – IS		Déclarations électroniques – partiellement pré-remplies ou non pré-remplies – IS		Autres - IS	
	2018	2019	2018	2019	2018	2019	2018	2019	2018	2019
Afrique du Sud	0.4	0.2	0.0	0.0	0.0	0.0	99.6	99.8	0.0	0.0
Allemagne	8.2	30.7	0.0	0.0	0.0	0.0	91.8	69.3	0.0	0.0
Arabie saoudite	0.0	0.0	0.0	0.0	1.2	34.1	98.8	65.9	0.0	0.0
Argentine	0.0	0.0	0.0	0.0	0.0	0.0	100.0	100.0	0.0	0.0
Australie	D	D	D	D	D	D	D	D	D	D
Autriche	3.6	3.8	0.0	0.0	0.0	0.0	96.4	96.2	0.0	0.0
Belgique	0.8	0.6	0.0	0.0	0.0	0.0	99.2	99.4	0.0	0.0
Brésil	0.0	0.0	0.0	0.0	0.0	0.0	100.0	100.0	0.0	0.0
Bulgarie	0.0	0.0	0.0	0.0	0.0	0.0	100.0	100.0	0.0	0.0
Canada	10.0	8.8	0.0	0.0	0.0	0.0	90.0	91.2	0.0	0.0
Chili	0.3	0.3	0.0	0.0	0.0	0.0	99.7	99.7	0.0	0.0
Chine (République populaire de)	D	D	D	D	D	D	D	D	D	D
Chypre	3.1	3.5	0.0	0.0	0.0	0.0	96.9	96.5	0.0	0.0
Colombie	0.2	0.0	0.0	0.0	0.0	0.0	99.8	100.0	0.0	0.0
Corée	0.8	0.7	0.0	0.0	0.0	0.0	99.2	99.3	0.0	0.0
Costa Rica	0.0	0.0	0.0	0.0	0.0	0.0	100.0	100.0	0.0	0.0
Croatie	3.7	2.8	0.0	0.0	0.0	0.0	96.3	97.2	0.0	0.0
Danemark	0.0	0.0	0.0	0.0	0.0	0.0	100.0	100.0	0.0	0.0
Espagne	0.0	0.0	0.0	0.0	0.0	0.0	100.0	100.0	0.0	0.0
Estonie	0.2	0.2	0.0	0.0	0.0	0.0	99.8	99.8	0.0	0.0
États-Unis	36.6	34.9	0.0	0.0	0.0	0.0	63.4	65.1	0.0	0.0
Finlande	9.5	6.6	0.0	0.0	0.0	0.0	90.5	93.4	0.0	0.0
France	2.3	5.6	0.0	0.0	0.0	0.0	97.7	94.4	0.0	0.0
Géorgie	0.0	0.0	0.0	0.0	0.0	0.0	100.0	100.0	0.0	0.0
Grèce	0.3	0.2	0.0	0.0	0.0	0.0	99.7	99.8	0.0	0.0
Hong Kong (Chine)	99.2	99.4	0.0	0.0	0.0	0.0	0.8	0.6	0.0	0.0
Hongrie	0.6	0.3	0.0	0.0	0.0	0.0	99.4	99.7	0.0	0.0
Inde	0.0	0.0	0.0	0.0	0.0	0.0	100.0	100.0	0.0	0.0
Indonésie	D	D	D	D	D	D	D	D	D	D
Irlande	0.1	0.1	0.0	0.0	0.0	0.0	99.9	99.9	0.0	0.0
Islande	0.5	0.5	0.0	0.0	0.0	0.0	99.5	99.5	0.0	0.0
Israël	1.6	0.9	0.0	0.0	0.0	0.0	98.4	99.1	0.0	0.0
Italie	0.0	0.0	0.0	0.0	0.0	0.0	100.0	100.0	0.0	0.0
Japon	D	D	D	D	D	D	D	D	D	D
Kenya	0.0	0.0	0.0	0.0	0.0	0.0	100.0	100.0	0.0	0.0
Lettonie	0.7	0.4	0.0	0.0	0.0	0.0	99.3	99.6	0.0	0.0
Lituanie	0.0	0.0	0.0	0.0	0.0	0.0	100.0	100.0	0.0	0.0

	Pourcentage de déclarations relatives à l'IS reçues au moyen des canaux ci-dessous									
	Déclarations papier – IS		Déclarations électroniques – entièrement pré-remplies, acceptation présumée – IS		Déclarations électroniques – entièrement pré-remplies, confirmation requise – IS		Déclarations électroniques – partiellement pré-remplies ou non pré-remplies – IS		Autres - IS	
Juridiction	2018	2019	2018	2019	2018	2019	2018	2019	2018	2019
Luxembourg	11.8	10.5	0.0	0.0	0.0	0.0	88.2	89.5	0.0	0.0
Malaisie	0.0	0.0	0.0	0.0	0.0	0.0	100.0	100.0	0.0	0.0
Malte	D	D	D	D	D	D	D	D	D	D
Maroc	0.1	0.1	0.0	0.0	0.0	0.0	99.9	99.9	0.0	0.0
Mexique	0.0	0.0	0.0	0.0	0.0	0.0	100.0	100.0	0.0	0.0
Norvège	2.6	1.5	0.0	0.0	0.0	0.0	97.4	98.5	0.0	0.0
Nouvelle-Zélande	6.4	4.8	0.0	0.0	0.0	0.0	93.6	95.2	0.0	0.0
Pays-Bas	0.0	0.0	0.0	0.0	0.0	0.0	100.0	100.0	0.0	0.0
Pérou	0.0	0.0	0.0	0.0	0.0	0.0	100.0	100.0	0.0	0.0
Pologne [1]	27.2	5.7	0.0	0.0	0.0	0.0	72.8	94.3	0.0	0.0
Portugal	0.0	0.0	0.1	0.0	0.0	0.0	99.9	100.0	0.0	0.0
République slovaque	7.0	6.3	0.0	0.0	0.0	0.0	93.0	93.7	0.0	0.0
République tchèque	7.7	7.4	0.0	0.0	0.0	0.0	92.3	92.6	0.0	0.0
Roumanie	6.7	4.9	0.0	0.0	0.0	0.0	93.3	95.1	0.0	0.0
Royaume-Uni [2]	0.9	0.8	0.0	0.0	0.0	0.0	99.1	99.2	0.0	0.0
Russie	D	D	D	D	D	D	D	D	D	D
Singapour	30.5	21.9	0.0	0.0	0.0	0.0	69.5	78.1	0.0	0.0
Slovénie	0.0	0.0	0.0	0.0	0.0	0.0	100.0	100.0	0.0	0.0
Suède [3]	54.6	49.8	0.0	0.0	0.0	0.0	45.4	50.2	0.0	0.0
Suisse	D	D	D	D	D	D	D	D	D	D
Thaïlande	54.7	49.1	0.0	0.0	0.0	0.0	45.3	50.9	0.0	0.0
Turquie	0.1	0.1	0.0	0.0	0.0	0.0	99.9	99.9	0.0	0.0

StatLink https://dx.doi.org/10.1787/888934302500

1. Pologne : Toutes les déclarations électroniques sont incluses dans la catégorie « Partiellement pré-remplies » car il n'est pas possible d'établir une distinction entre les différentes catégories de déclarations électroniques.
2. Royaume-Uni : Toutes les déclarations électroniques sont incluses dans la catégorie « Partiellement pré-remplies » car il n'est pas possible d'établir une distinction entre les différentes catégories de déclarations électroniques.
3. Suède : Toutes les déclarations électroniques sont incluses dans la catégorie « Partiellement pré-remplies » car il n'est pas possible d'établir une distinction entre les différentes catégories de déclarations électroniques.

Formule	Déclarations papier [A.44] / Total [A.43] * 100	Entièrement pré-remplies, acceptation présumée [A.44] / Total [A.43] * 100	Entièrement pré-remplies, confirmation requise [A.44] / Total [A.43] * 100	(Partiellement pré-remplies [A.44] + Non pré-remplies [A.44]) / Total [A.43] * 100	Autre [A.44] / Total [A.43] * 100

Tableau D.15 **Part des déclarations par canal : IRPP**

	Pourcentage de de déclarations relatives à l'IRPP reçues au moyen des canaux ci-dessous											
	Déclarations papier – IRPP		Déclarations électroniques – entièrement pré-remplies, acceptation présumée – IRPP		Déclarations électroniques – entièrement pré-remplies, confirmation requise – IRPP		Déclarations électroniques – partiellement pré-remplies ou non pré-remplies – IRPP		Autres – IRPP		Pourcentage de déclarations relatives à l'IRPP contenant des informations sur les revenus pré-remplies	
Juridiction	**2018**	**2019**	**2018**	**2019**	**2018**	**2019**	**2018**	**2019**	**2018**	**2019**	**2018**	**2019**
Afrique du Sud	0.3	0.3	0.0	0.0	99.7	96.5	0.0	0.0	0.0	0.0	99.7	96.5
Allemagne	31.7	28.7	0.0	0.0	0.0	0.0	68.3	71.3	0.0	0.0	68.3	71.3
Arabie saoudite												
Argentine	0.0	0.0	0.0	0.0	0.0	0.0	100.0	100.0	0.0	0.0	0.0	0.0
Australie	D	D	D	D	D	D	D	D	D	D	D	D
Autriche	20.9	18.7	20.9	23.8	0.0	0.0	58.2	57.5	0.0	0.0	50.0	53.7
Belgique	10.0	8.2	35.1	34.6	0.0	0.0	54.4	56.8	0.5	0.4	89.5	91.4
Brésil	0.0	0.0	0.0	0.0	0.0	0.0	100.0	100.0	0.0	0.0	0.0	0.0
Bulgarie	58.7	53.1	0.0	0.0	0.0	0.0	41.3	46.9	0.0	0.0	0.0	0.0
Canada	12.6	11.7	0.0	0.0	0.0	0.0	87.4	88.3	0.0	0.0	0.0	0.0
Chili	0.1	0.1	0.0	0.0	94.3	94.9	5.5	4.9	0.0	0.0	94.3	94.9
Chine (République populaire de)	D	D	D	D	D	D	D	D	D	D	D	D
Chypre	5.9	1.5	0.0	0.0	0.0	0.0	94.1	98.5	0.0	0.0	0.0	0.0
Colombie	8.5	7.4	0.0	0.0	0.0	0.0	91.5	92.6	0.0	0.0	10.7	43.7
Corée	2.7	1.7	0.0	0.0	16.0	19.1	81.3	79.3	0.0	0.0	97.3	98.3
Costa Rica	0.0	0.0	0.0	0.0	0.0	0.0	100.0	100.0	0.0	0.0	0.0	0.0
Croatie	36.0	29.9	0.0	0.0	0.0	0.0	64.0	70.1	0.0	0.0	0.0	0.0
Danemark	0.0	0.0	100.0	100.0	0.0	0.0	0.0	0.0	0.0	0.0	100.0	100.0
Espagne	1.9	0.4	0.0	0.0	24.6	26.3	50.2	49.6	23.3	23.7	74.8	75.9
Estonie	4.0	5.4	0.0	0.0	41.6	49.7	54.4	44.9	0.0	0.0	96.0	94.6
États-Unis	12.2	10.9	0.0	0.0	0.0	0.0	87.8	89.1	0.0	0.0	0.0	0.0
Finlande	4.3	3.4	74.4	76.0	21.3	20.5	0.0	0.0	0.0	0.0	95.7	96.6
France[1]	39.3	33.5	0.0	0.0	0.0	0.0	60.7	66.5	0.0	0.0	D	D
Géorgie	0.0	0.0	0.0	0.0	0.0	0.0	100.0	100.0	0.0	0.0	0.0	0.0
Grèce	1.3	1.2	0.0	0.0	0.0	0.0	98.7	98.8	0.0	0.0	98.7	98.8
Hong Kong (Chine)	79.5	78.2	0.0	0.0	0.0	0.0	20.5	21.8	0.0	0.0	20.2	21.5
Hongrie	20.3	15.4	40.7	41.7	16.4	18.3	22.6	24.6	0.0	0.0	66.3	73.1
Inde	0.8	0.2	0.0	0.0	0.0	0.0	99.2	99.8	0.0	0.0	0.0	0.0
Indonésie	D	D	D	D	D	D	D	D	D	D	D	D
Irlande	4.8	5.5	0.0	0.0	0.0	0.0	95.2	94.5	0.0	0.0	95.2	94.5
Islande	0.7	0.6	0.0	0.0	99.3	99.4	0.0	0.0	0.0	0.0	99.3	99.4
Israël	29.0	27.4	0.0	0.0	0.0	0.0	71.0	72.6	0.0	0.0	0.0	0.0
Italie	0.0	0.0	0.0	0.0	9.9	11.0	90.1	89.0	0.0	0.0	9.9	11.0
Japon	D	D	D	D	D	D	D	D	D	D	D	D
Kenya	0.0	0.0	0.0	0.0	0.0	0.0	100.0	100.0	0.0	0.0	0.0	0.0
Lettonie	19.9	15.1	0.0	0.0	0.0	0.0	80.1	84.9	0.0	0.0	80.1	84.9

	Pourcentage de de déclarations relatives à l'IRPP reçues au moyen des canaux ci-dessous											
	Déclarations papier – IRPP		Déclarations électroniques – entièrement pré-remplies, acceptation présumée – IRPP		Déclarations électroniques – entièrement pré-remplies, confirmation requise – IRPP		Déclarations électroniques – partiellement pré-remplies ou non pré-remplies – IRPP		Autres – IRPP		Pourcentage de déclarations relatives à l'IRPP contenant des informations sur les revenus pré-remplies	
Juridiction	**2018**	**2019**	**2018**	**2019**	**2018**	**2019**	**2018**	**2019**	**2018**	**2019**	**2018**	**2019**
Lituanie	0.1	0.1	29.2	40.9	29.2	40.9	40.3	18.0	1.3	0.0	94.1	99.9
Luxembourg	9.1	11.6	0.0	0.0	0.0	0.0	90.9	88.4	0.0	0.0	0.0	0.0
Malaisie	3.4	1.8	0.0	0.0	0.0	0.0	96.6	98.2	0.0	0.0	96.6	98.2
Malte	D	D	D	D	D	D	D	D	D	D	D	D
Maroc	32.3	40.7	0.0	0.0	0.0	0.0	67.7	59.3	0.0	0.0	0.0	0.0
Mexique	0.0	0.0	0.0	0.0	9.8	12.7	90.2	87.3	0.0	0.0	100.0	100.0
Norvège	2.0	1.6	67.8	60.9	21.8	29.7	8.3	7.8	0.0	0.0	98.0	98.4
Nouvelle-Zélande	1.7	D	0.0	D	76.2	D	22.1	D	0.0	D	76.2	D
Pays-Bas	2.1	1.9	0.0	0.0	0.0	0.0	97.9	98.1	0.0	0.0	97.9	98.1
Pérou	0.0	0.0	0.0	0.0	0.0	0.0	100.0	100.0	0.0	0.0	100.0	100.0
Pologne[2]	14.5	8.1	0.0	0.0	0.0	0.0	85.5	91.9	0.0	0.0	D	D
Portugal	0.0	0.0	2.2	1.9	30.5	30.1	67.3	68.1	0.0	0.0	100.0	100.0
République slovaque	59.3	56.4	0.0	0.0	0.0	0.0	40.7	43.6	0.0	0.0	0.0	0.0
République tchèque	79.7	78.6	0.0	0.0	0.0	0.0	20.3	21.4	0.0	0.0	0.0	0.0
Roumanie	73.6	28.1	0.0	0.0	0.0	0.0	26.4	71.9	0.0	0.0	0.0	0.0
Royaume-Uni[3]	11.1	9.6	0.0	0.0	0.0	0.0	88.9	90.4	0.0	0.0	D	D
Russie	D	D	D	D	D	D	D	D	D	D	D	D
Singapour	1.6	1.6	62.6	63.2	0.0	0.0	35.9	35.2	0.0	0.0	98.4	98.4
Slovénie	91.6	87.0	0.0	0.0	0.0	0.0	8.4	13.0	0.0	0.0	8.4	13.0
Suède	27.2	18.2	0.0	0.0	58.4	65.7	14.4	16.1	0.0	0.0	72.8	81.8
Suisse	D	D	D	D	D	D	D	D	D	D	D	D
Thaïlande	19.8	17.9	0.0	0.0	0.0	0.0	80.2	82.1	0.0	0.0	0.0	0.0
Turquie	0.1	0.1	0.0	0.0	0.0	0.0	99.9	99.9	0.0	0.0	13.1	11.2

StatLink https://dx.doi.org/10.1787/888934302519

1. France : Toutes les déclarations électroniques sont incluses dans la catégorie « Partiellement pré-remplies » car il n'est pas possible d'établir une distinction entre les différentes catégories de déclarations électroniques.
2. Pologne : Toutes les déclarations électroniques sont incluses dans la catégorie « Partiellement pré-remplies » car il n'est pas possible d'établir une distinction entre les différentes catégories de déclarations électroniques.
3. Royaume-Uni : Toutes les déclarations électroniques sont incluses dans la catégorie « Partiellement pré-remplies » car il n'est pas possible d'établir une distinction entre les différentes catégories de déclarations électroniques.

Formule	Déclarations papier [A.45] / Total [A.43] * 100	Entièrement pré-remplies, acceptation présumée [A.45] / Total [A.43] * 100	Entièrement pré-remplies, confirmation requise [A.45] / Total [A.43] * 100	(Partiellement pré-remplies [A.45] + Non pré-remplies [A.45]) / Total [A.43] * 100	Autres [A.45] / Total [A.43] * 100	(Entièrement pré-remplies, acceptation réputée [A.45] + Entièrement pré-remplies, confirmation requise [A.45] + Partiellement pré-remplies [A.45]) / Total [A.43] * 100

Tableau D.16 **Part des déclarations par canal : TVA**

	Pourcentage de de déclarations relatives à la TVA reçues au moyen des canaux ci-dessous									
	Déclarations papier – TVA		Déclarations électroniques – entièrement pré-remplies, acceptation présumée – TVA		Déclarations électroniques – entièrement pré-remplies, confirmation requise – TVA		Déclarations électroniques – partiellement pré-remplies ou non pré-remplies – TVA		Autres – TVA	
Juridiction	2018	2019	2018	2019	2018	2019	2018	2019	2018	2019
Afrique du Sud	11.4	14.0	0.0	0.0	0.0	0.0	88.6	86.0	0.0	0.0
Allemagne	8.4	7.4	0.0	0.0	0.0	0.0	91.6	92.6	0.0	0.0
Arabie saoudite	0.0	0.0	0.0	0.0	0.0	0.0	100.0	100.0	0.0	0.0
Argentine	0.0	0.0	0.0	0.0	0.0	0.3	100.0	99.7	0.0	0.0
Australie	D	D	D	D	D	D	D	D	D	D
Autriche	7.6	7.7	0.0	0.0	0.0	0.0	92.4	92.3	0.0	0.0
Belgique	1.4	1.1	0.0	0.0	0.0	0.0	98.6	98.9	0.0	0.0
Brésil	0.0	0.0	0.0	0.0	0.0	0.0	100.0	100.0	0.0	0.0
Bulgarie	0.0	0.0	0.0	0.0	0.0	0.0	100.0	100.0	0.0	0.0
Canada	10.8	8.7	0.0	0.0	0.0	0.0	89.2	91.3	0.0	0.0
Chili	0.5	0.2	0.0	0.0	60.9	65.4	38.6	34.3	0.0	0.0
Chine (République populaire de)	D	D	D	D	D	D	D	D	D	D
Chypre	5.7	4.1	0.0	0.0	0.0	0.0	94.3	95.9	0.0	0.0
Colombie	0.0	0.0	0.0	0.0	0.0	0.0	100.0	100.0	0.0	0.0
Corée	D	D	D	D	D	D	D	D	D	D
Costa Rica	0.0	0.0	0.0	0.0	0.0	0.0	100.0	100.0	0.0	0.0
Croatie	0.5	0.3	0.0	0.0	0.0	0.0	99.5	99.7	0.0	0.0
Danemark	0.0	0.0	0.0	0.0	0.0	0.0	100.0	100.0	0.0	0.0
Espagne	0.0	0.0	0.0	0.0	0.0	0.0	100.0	100.0	0.0	0.0
Estonie	0.5	0.3	0.0	0.0	0.0	0.0	99.5	99.7	0.0	0.0
États-Unis										
Finlande	4.9	3.8	0.0	0.0	0.0	0.0	95.1	96.2	0.0	0.0
France	2.3	2.2	0.0	0.0	0.0	0.0	97.7	97.8	0.0	0.0
Géorgie	0.0	0.0	0.0	0.0	0.0	0.0	100.0	100.0	0.0	0.0
Grèce	0.4	0.4	0.0	0.0	0.0	0.0	99.6	99.6	0.0	0.0
Hong Kong (Chine)										
Hongrie	0.1	0.0	0.0	0.0	0.0	0.0	99.9	100.0	0.0	0.0
Inde										
Indonésie	D	D	D	D	D	D	D	D	D	D
Irlande	0.3	0.3	0.0	0.0	0.0	0.0	99.7	99.7	0.0	0.0
Islande	0.7	0.6	0.0	0.0	0.0	0.0	99.3	99.4	0.0	0.0
Israël	30.5	23.0	0.0	0.0	0.0	0.0	69.5	77.0	0.0	0.0
Italie	0.0	0.0	0.0	0.0	0.0	0.0	100.0	100.0	0.0	0.0
Japon	D	D	D	D	D	D	D	D	D	D
Kenya	0.0	0.0	0.0	0.0	0.0	0.0	100.0	100.0	0.0	0.0
Lettonie	0.0	0.0	0.0	0.0	0.0	0.0	100.0	100.0	0.0	0.0

	Pourcentage de de déclarations relatives à la TVA reçues au moyen des canaux ci-dessous									
	Déclarations papier – TVA		Déclarations électroniques – entièrement pré-remplies, acceptation présumée – TVA		Déclarations électroniques – entièrement pré-remplies, confirmation requise – TVA		Déclarations électroniques – partiellement pré-remplies ou non pré-remplies – TVA		Autres – TVA	
Juridiction	2018	2019	2018	2019	2018	2019	2018	2019	2018	2019
Lituanie	0.0	0.0	0.0	0.0	0.0	0.0	100.0	100.0	0.0	0.0
Luxembourg	4.9	2.0	0.0	0.0	0.0	0.0	95.1	98.0	0.0	0.0
Malaisie										
Malte	D	D	D	D	D	D	D	D	D	D
Maroc	2.3	0.0	0.0	0.0	0.0	0.0	97.7	100.0	0.0	0.0
Mexique	D	D	D	D	D	D	D	D	D	D
Norvège	0.0	0.0	0.0	0.0	0.0	0.0	100.0	100.0	0.0	0.0
Nouvelle-Zélande	13.5	9.3	0.0	0.0	0.0	0.0	86.5	90.7	0.0	0.0
Pays-Bas	0.0	0.0	0.0	0.0	0.0	0.0	100.0	100.0	0.0	0.0
Pérou	0.0	0.0	0.0	0.0	0.0	0.0	100.0	100.0	0.0	0.0
Pologne [1]	1.7	0.4	0.0	0.0	0.0	0.0	98.3	99.6	0.0	0.0
Portugal	0.0	0.0	0.0	0.0	0.0	0.0	100.0	100.0	0.0	0.0
République slovaque	0.1	0.0	0.0	0.0	0.0	0.0	99.9	100.0	0.0	0.0
République tchèque	0.1	0.2	0.0	0.0	0.0	0.0	99.9	99.8	0.0	0.0
Roumanie	1.7	1.1	0.0	0.0	0.0	0.0	98.3	98.9	0.0	0.0
Royaume-Uni [2]	0.6	0.7	0.0	0.0	0.0	0.0	99.4	99.3	0.0	0.0
Russie	D	D	D	D	D	D	D	D	D	D
Singapour	0.6	0.5	0.0	0.0	0.0	0.0	99.4	99.5	0.0	0.0
Slovénie	0.0	0.0	0.0	0.0	0.0	0.0	100.0	100.0	0.0	0.0
Suède	28.3	22.2	0.0	0.0	0.0	0.0	71.7	77.8	0.0	0.0
Suisse	D	D	D	D	D	D	D	D	D	D
Thaïlande	46.2	41.9	0.0	0.0	0.0	0.0	53.8	58.1	0.0	0.0
Turquie	0.3	0.3	0.0	0.0	0.0	0.0	99.7	99.7	0.0	0.0

StatLink https://dx.doi.org/10.1787/888934302538

1. Pologne : Toutes les déclarations électroniques sont incluses dans la catégorie « Partiellement pré-remplies » car il n'est pas possible d'établir une distinction entre les différentes catégories de déclarations électroniques.
2. Royaume-Uni : Toutes les déclarations électroniques sont incluses dans la catégorie « Partiellement pré-remplies » car il n'est pas possible d'établir une distinction entre les différentes catégories de déclarations électroniques.

Formule	Déclarations papier [A.46] / Total [A.43] * 100	Entièrement pré-remplies, acceptation présumée [A.46] / Total [A.43] * 100	Entièrement pré-remplies, confirmation requise [A.46] / Total [A.43] * 100	(Partiellement pré-remplies [A.46] + Non pré-remplies [A.46]) / Total [A.43] * 100	Autres [A.46] / Total [A.43] * 100

Tableau D.17 **Respect des délais de paiement**

	Taux de respect des délais de paiement (%)							
	IRPP		IS		Impôts à la source prélevés par les employeurs		TVA	
Juridiction	**2018**	**2019**	**2018**	**2019**	**2018**	**2019**	**2018**	**2019**
Afrique du Sud	51.5	44.6	28.3	41.0	96.5	96.8	92.2	91.5
Allemagne	D	D	D	D	D	D	D	D
Arabie saoudite			53.2	38.2			88.6	89.5
Argentine	55.3	57.8	86.9	86.5	82.2	83.2	84.3	83.8
Australie	69.5	71.2	85.8	88.1	95.0	95.0	88.4	88.7
Autriche	90.7	90.7	97.1	97.2	99.4	99.5	96.9	97.0
Belgique	71.6	71.4	80.3	64.4	99.3	99.5	98.5	98.5
Brésil	96.4	96.3	96.7	95.9	98.1	98.2	97.3	97.4
Bulgarie	85.2	87.0	85.3	86.5	84.9	86.7	85.2	86.1
Canada	94.0	94.0	85.7	86.6	D	D	D	D
Chili	D	D	D	D	D	D	D	D
Chine (République populaire de)	D	D	D	D	D	D	D	D
Chypre	D	D	D	D	D	D	D	D
Colombie	D	D	D	D	D	D	98.5	98.7
Corée	D	D	D	D	D	D	D	D
Costa Rica	72.8	56.9	25.6	46.3	0.1	0.1	8.1	19.5
Croatie	D	D	D	D	D	D	D	D
Danemark	D	D	93.4	91.2	96.5	96.6	91.0	91.9
Espagne	96.5	95.9	91.8	93.3	99.7	99.7	94.5	94.4
Estonie	75.1	79.8	74.4	82.8	79.5	79.9	78.1	77.9
États-Unis	D	D	D	D	D	D		
Finlande	88.6	76.9	90.7	89.8	95.9	95.7	90.5	90.2
France	93.8	90.1	D	D		99.5	96.5	96.0
Géorgie	97.0	96.8	93.8	91.2	98.6	99.3	97.1	96.1
Grèce	67.9	68.3	88.3	88.8	94.0	94.1	86.8	88.2
Hong Kong (Chine)	92.2	92.0	94.2	94.2				
Hongrie	D	D	D	D	D	D	D	D
Inde	D	D	D	D	D	D		
Indonésie	83.6	80.2	87.7	89.6	84.8	80.9	80.4	78.8
Irlande	98.4	98.1	99.3	98.1	98.9	98.6	98.1	98.0
Islande	D	D	D	D	D	D	D	D
Israël	101.5	99.9	103.0	100.3	97.1	99.0	90.1	89.9
Italie	D	D	D	D	D	D	D	D
Japon	D	D	D	D	D	D	D	D
Kenya	100.0	100.0	100.0	100.0	100.0	100.0	100.0	100.0
Lettonie	D	D	D	D	D	D	D	D
Lituanie	89.9	88.1	96.8	90.3	90.3	88.7	99.1	96.5
Luxembourg	D	D	D	D	D	D	D	D
Malaisie	74.5	78.3	70.2	86.1	D	D		

Taux de respect des délais de paiement (%)								
	IRPP		IS		Impôts à la source prélevés par les employeurs		TVA	
Juridiction	2018	2019	2018	2019	2018	2019	2018	2019
Malte	70.9	72.6	75.6	80.7	97.1	94.2	72.3	61.9
Maroc	D	D	D	D	D	D	D	D
Mexique	D	D	D	D	D	D	D	D
Norvège	76.9	77.8	90.1	92.1	95.8	95.3	88.4	88.3
Nouvelle-Zélande	94.4	92.1	97.9	71.2	98.7	98.3	96.4	96.7
Pays-Bas	95.1	95.3	97.9	97.9	99.1	99.0	98.2	98.5
Pérou	44.0	45.2	87.0	87.9	96.9	97.1	87.5	93.0
Pologne	79.1	78.1	92.9	92.1	96.2	95.9	87.9	87.7
Portugal	D	D	D	D	99.2	95.5	97.1	97.8
République slovaque	93.4	79.2	88.0	95.9	94.4	95.0	88.6	91.2
République tchèque	83.4	82.6	94.6	94.2	D	D	92.2	91.8
Roumanie	86.2	86.9	87.3	89.5	85.7	86.7	86.2	85.4
Royaume-Uni	D	D	D	D	D	D	82.7	82.5
Russie	99.0	99.2	98.6	98.7	99.0	99.2	96.3	96.4
Singapour	90.1	91.2	84.9	84.3			89.9	90.4
Slovénie	90.9	91.4	91.7	92.7	91.9	92.6	91.0	90.4
Suède	D	D	D	D	D	D	D	D
Suisse	D	D	D	D	D	D	D	D
Thaïlande	D	D	D	D	D	D	D	D
Turquie	D	D	D	D	D	D	D	D

StatLink https://dx.doi.org/10.1787/888934302557

Formule				
	Valeur des paiements reçus dans les délais [A.26] / Valeur des paiements attendus à la date d'échéance [A.26] * 100	Valeur des paiements reçus dans les délais [A.27] / Valeur des paiements attendus à la date d'échéance [A.27] * 100	Valeur des paiements reçus dans les délais [A.28] / Valeur des paiements attendus à la date d'échéance [A.28] * 100	Valeur des paiements reçus dans les délais [A.29] / Valeur des paiements attendus à la date d'échéance [A.29] * 100

Tableau D.18 **Part des paiements électroniques et retenue à la source par des tiers**

	Part des paiements électroniques et retenue à la source par des tiers					
	Pourcentage de paiements électroniques par nombre de paiements		Pourcentage de paiements électroniques par valeur de paiements		Pourcentage estimé de l'impôt sur le revenu des personnes physiques prélevé à la source par des tiers et reversé à l'administration	
Juridiction	2018	2019	2018	2019	2018	2019
Afrique du Sud	85.5	98.5	84.1	99.9	95.5	95.8
Allemagne	100.0	100.0	100.0	100.0	D	D
Arabie saoudite	98.3	99.0	98.0	99.0	0.0	0.0
Argentine	77.2	76.8	98.0	98.1	81.7	84.7
Australie	D	D	D	D	D	D
Autriche	98.0	98.0	D	D	87.6	86.5
Belgique	100.0	100.0	100.0	100.0	93.2	92.6
Brésil	64.1	67.7	77.6	81.4	77.8	77.8
Bulgarie	100.0	100.0	100.0	100.0	88.0	89.0
Canada	82.1	83.8	89.1	89.5	D	D
Chili	D	D	D	D	86.1	88.7
Chine (République populaire de)	84.0	88.0	79.0	81.0	80.0	85.0
Chypre	37.6	52.5	29.9	35.8	50.0	41.0
Colombie	23.0	29.0	33.0	37.0	84.0	89.0
Corée	68.9	75.7	45.6	50.4	D	D
Costa Rica	99.5	99.6	99.5	99.6	12.2	10.4
Croatie	D	D	D	D	D	D
Danemark	100.0	100.0	100.0	100.0	95.0	95.0
Espagne	100.0	100.0	100.0	100.0	84.1	67.9
Estonie	98.1	98.1	100.0	100.0	96.2	95.9
États-Unis	D	D	D	D	78.7	79.1
Finlande	100.0	100.0	100.0	100.0	89.2	89.0
France	D	D	90.3	92.8	D	79.0
Géorgie	100.0	100.0	100.0	100.0	92.8	92.9
Grèce	86.6	88.7	87.8	89.3	74.0	75.0
Hong Kong (Chine)	55.4	55.5	23.2	20.7	D	D
Hongrie	86.5	86.6	99.3	99.3	93.3	95.4
Inde	D	D	D	D	48.0	51.0
Indonésie	100.0	100.0	100.0	100.0	54.1	66.1
Irlande	94.6	96.9	93.9	94.4	95.6	95.1
Islande	D	D	D	D	D	D
Israël	34.0	41.0	36.0	42.0	70.6	67.0
Italie	66.0	67.0	96.0	96.0	89.0	89.0
Japon	23.2	25.6	D	D	84.0	84.0
Kenya	75.0	80.0	60.0	58.4	72.7	71.1
Lettonie	100.0	100.0	100.0	100.0	86.0	83.0
Lituanie	100.0	100.0	100.0	100.0	99.0	97.7
Luxembourg	100.0	100.0	100.0	100.0	41.0	40.0

Part des paiements électroniques et retenue à la source par des tiers						
	Pourcentage de paiements électroniques par nombre de paiements		Pourcentage de paiements électroniques par valeur de paiements		Pourcentage estimé de l'impôt sur le revenu des personnes physiques prélevé à la source par des tiers et reversé à l'administration	
Juridiction	**2018**	**2019**	**2018**	**2019**	**2018**	**2019**
Malaisie	43.7	56.0	47.4	52.3	22.1	18.1
Malte	16.0	21.0	17.0	19.0	83.4	83.3
Maroc	55.5	64.2	80.8	85.2	75.0	80.0
Mexique	34.0	35.0	94.0	93.0	42.9	43.7
Norvège	100.0	100.0	100.0	100.0	93.7	93.5
Nouvelle-Zélande [1]	91.0	93.0	97.0	97.0	86.4	86.0
Pays-Bas	100.0	100.0	100.0	100.0	99.2	98.3
Pérou	51.6	54.5	76.4	77.8	99.3	99.4
Pologne	98.9	98.4	99.9	99.9	73.8	72.2
Portugal	84.0	86.0	89.0	91.0	84.1	84.1
République slovaque	100.0	100.0	100.0	100.0	97.8	97.3
République tchèque	87.1	87.9	99.6	99.6	96.0	96.0
Roumanie	47.2	53.9	84.0	86.3	83.0	81.1
Royaume-Uni	95.0	95.7	98.1	98.6	D	D
Russie	D	D	D	D	94.8	94.4
Singapour	97.1	97.7	83.5	86.1	D	D
Slovénie	100.0	100.0	100.0	100.0	82.8	81.3
Suède	100.0	100.0	100.0	100.0	D	D
Suisse	D	D	D	D	D	D
Thaïlande	D	44.4	D	59.6	90.3	90.4
Turquie	62.5	63.1	81.3	80.5	D	D

StatLink https://dx.doi.org/10.1787/888934302576

1. Nouvelle-Zélande : Les pourcentages de paiements électroniques concernent uniquement la taxe sur les biens et services.

Formule	Pourcentage de paiements électroniques - nombre [A.47]	Pourcentage de paiements électroniques - valeur [A.47]	Pourcentage estimé de l'impôt sur le revenu des personnes physiques prélevé à la source par des tiers et reversé à l'administration [A.26]

Tableau D.19 **Arriérés : stock à la clôture, arriérés recouvrables et arriérés relatifs aux entreprises publiques**

Stock à la clôture des arriérés, des arriérés recouvrables et des arriérés relatifs aux entreprises publiques								
	Stock à la clôture des arriérés en pourcentage du total des recettes collectées[1]		Stock à la clôture des arriérés recouvrables en pourcentage du stock à la clôture des arriérés		Stock à la clôture des arriérés relatifs aux entreprises publiques en pourcentage du stock à la clôture des arriérés		Stock à la clôture des arriérés recouvrables relatifs aux entreprises publiques en pourcentage du stock à la clôture des arriérés relatifs aux entreprises publiques	
Juridiction	2018	2019	2018	2019	2018	2019	2018	2019
Afrique du Sud	11.8	12.5	76.1	81.6	0.6	0.4	14.6	23.6
Allemagne	1.1	1.1	44.4	D	D	D	D	D
Arabie saoudite	D	49.0	D	100.0	D	0.0	D	0.0
Argentine	3.6	3.3	D	D	D	D	D	D
Australie	10.3	10.8	58.7	58.4	0.0	0.1	89.7	97.5
Autriche	7.9	7.6	44.8	42.5	D	D	D	D
Belgique	15.2	15.5	84.3	84.7	0.8	0.1	0.2	0.8
Brésil	156.4	149.1	100.0	100.0	0.0	0.0		
Bulgarie	27.1	23.8	55.6	54.1	0.6	0.4	100.0	100.0
Canada	13.4	13.4	66.6	64.9	D	D	D	D
Chili	105.4	102.1	76.9	85.3	0.2	0.2	95.4	100.0
Chine (République populaire de)	D	D	D	D	D	D	D	D
Chypre	45.5	45.0	43.2	43.2	0.9	1.1	D	D
Colombie	15.6	15.2	62.6	68.9	0.0	0.0		
Corée	7.0	7.3	54.4	52.4	D	D	D	D
Costa Rica	5.4	8.1	70.0	88.0	0.1	0.5	70.0	88.0
Croatie	19.9	16.6	15.7	14.5	D	D	D	D
Danemark	8.0	8.4	52.9	60.7	43.7	45.3	42.3	73.8
Espagne	9.6	9.1	D	D	D	D	D	D
Estonie	6.1	6.3	85.1	87.8	D	D	D	D
États-Unis	8.2	8.3	41.0	40.4	0.0	0.0		
Finlande[2]	5.7	5.0	57.3	49.6	D	D	D	D
France	6.6	6.4	D	D	D	D	D	D
Géorgie	57.9	62.0	19.0	21.6	5.0	4.5	54.4	58.0
Grèce[3]	225.7	212.3	81.6	78.6	11.2	10.7	99.6	99.6
Hong Kong (Chine)	12.1	13.3	52.8	56.6	0.0	0.0		
Hongrie	13.8	12.5	29.0	30.8	D	D	D	D
Inde	102.3	140.0	D	D	D	D	D	D
Indonésie	6.1	D	39.6	D	5.2	D	60.9	D
Irlande	6.5	6.0	23.6	21.3	0.3	0.1	62.4	76.2
Islande	20.3	17.2	D	D	D	D	D	D
Israël	20.5	23.9	74.3	71.9	D	D	D	D
Italie	191.6	200.7	5.0	5.0	D	D	D	D
Japon[4]	1.5	1.4	D	D	D	D	D	D
Kenya	23.8	29.7	22.7	23.2	D	10.2	D	D
Lettonie	11.2	8.8	24.9	24.5	0.0	0.0	100.0	100.0
Lituanie	5.8	4.8	35.4	40.9	1.4	1.4	17.6	19.8
Luxembourg[5]	11.8	12.8	D	D	D	D	D	D
Malaisie	8.3	7.9	90.9	94.5	0.0	0.0		

Stock à la clôture des arriérés, des arriérés recouvrables et des arriérés relatifs aux entreprises publiques								
	Stock à la clôture des arriérés en pourcentage du total des recettes collectées [1]		Stock à la clôture des arriérés recouvrables en pourcentage du stock à la clôture des arriérés		Stock à la clôture des arriérés relatifs aux entreprises publiques en pourcentage du stock à la clôture des arriérés		Stock à la clôture des arriérés recouvrables relatifs aux entreprises publiques en pourcentage du stock à la clôture des arriérés relatifs aux entreprises publiques	
Juridiction	**2018**	**2019**	**2018**	**2019**	**2018**	**2019**	**2018**	**2019**
Malte	102.4	117.6	8.8	10.1	D	D	D	D
Maroc	D	D	D	D	D	D	D	D
Mexique	23.5	21.3	89.1	89.3	0.2	0.2	99.4	99.5
Norvège	2.9	2.8	84.6	85.0	D	D	D	D
Nouvelle-Zélande	6.1	6.6	74.5	80.8	D	D	D	D
Pays-Bas	5.1	6.1	56.5	44.0	D	D	D	D
Pérou	129.9	120.4	29.2	35.3	2.7	2.7	77.3	83.0
Pologne	31.3	31.0	D	D	0.0	0.0	100.0	99.8
Portugal	36.8	37.1	31.7	29.7	0.0	0.5	0.0	0.0
République slovaque	28.2	27.4	7.3	7.4	0.0	0.0	9.1	0.0
République tchèque	16.8	16.8	28.8	23.0	D	D		
Roumanie	44.4	43.0	15.6	17.5	12.8	13.3	3.7	10.2
Royaume-Uni	2.4	2.5	83.6	82.5	D	D	D	D
Russie	7.0	6.1	99.4	99.7	D	D	D	D
Singapour	1.7	1.6	D	D	D	D	D	D
Slovénie	7.3	6.8	56.8	53.9	0.1	0.3	4.4	54.4
Suède [6]	0.2	0.1	D	D	D	D	D	D
Suisse	D	D	D	D	D	D	D	D
Thaïlande	24.3	25.2	65.4	56.4	D	D	D	D
Turquie	D	D	D	D	D	D	D	D

StatLink https://dx.doi.org/10.1787/888934302595

1. Note : Afin de faciliter la comparaison avec les données et indicateurs des éditions précédentes de l'enquête ISORA, la TVA (importations brutes) a été supprimée du total des recettes collectées nettes.
2. Finlande : La TVA (importations brutes) ne peut pas être séparée de la TVA (intérieure brute). Par conséquent, le total des recettes collectées nettes inclut la TVA (importations brutes).
3. Grèce : Les arriérés n'incluent pas les intérêts ni les pénalités.
4. Japon : La TVA (importations brutes) ne peut pas être séparée de la TVA (intérieure brute). Par conséquent, le total des recettes collectées nettes inclut la TVA (importations brutes).
5. Luxembourg : La TVA (importations brutes) ne peut pas être séparée de la TVA (intérieure brute). Par conséquent, le total des recettes collectées nettes inclut la TVA (importations brutes).
6. Suède : La TVA (importations brutes) ne peut pas être séparée de la TVA (intérieure brute). Par conséquent, le total des recettes collectées nettes inclut la TVA (importations brutes).

Formule	Stock à la clôture des arriérés en fin d'exercice [A.31] / (Total des recettes collectées nettes [A.2] - TVA (importations brutes) [A.5]) * 100	(Stock à la clôture des arriérés en fin d'exercice [A.31] - Stock à la clôture des arriérés considérés comme irrécouvrables en fin d'exercice [A.31]) / Stock à la clôture des arriérés en fin d'exercice [A.31]	Total des arriérés relatifs aux entreprises publiques [A.31] / Stock à la clôture des arriérés en fin d'exercice [A.31]	(Total des arriérés relatifs aux entreprises publiques [A.31] - Arriérés relatifs aux entreprises publiques considérés comme irrécouvrables [A.31]) / Total des arriérés relatifs aux entreprises publiques [A.31]

Tableau D.20 **Arriérés recouvrés par type d'impôt**

Juridiction	Arriérés recouvrés par type d'impôt							
	Arriérés d'IS en pourcentage de l'IS collecté		Arriérés d'IRPP en pourcentage de l'IRPP collecté		Arriérés d'impôts à la source prélevés par les employeurs en pourcentage de l'IRPP collecté		Arriérés de TVA en pourcentage de la TVA collectée	
	2018	2019	2018	2019	2018	2019	2018	2019
Afrique du Sud	16.3	15.8	7.0	7.2	9.2	10.4	5.0	5.4
Allemagne	D	D	D	D	D	D	D	D
Arabie saoudite	0.0	0.0					0.0	0.0
Argentine	1.9	2.0	4.1	3.4	21.8	15.6	3.1	3.2
Australie	9.7	9.9	5.1	5.1	3.0	3.2	8.7	8.7
Autriche	9.6	8.9	3.9	3.7	0.8	0.8	8.7	8.0
Belgique	41.8	42.9	4.9	5.0	1.1	1.1	18.7	19.2
Brésil	250.5	218.6	34.0	26.3	91.9	79.0	111.0	123.6
Bulgarie[1]	23.4	22.0	19.1	17.3	D	D	20.1	18.4
Canada	21.7	22.1	11.3	11.2	1.3	1.3	22.6	23.4
Chili	70.3	72.5	171.9	128.4	D	D	80.3	79.3
Chine (République populaire de)	D	D	D	D	D	D	D	D
Chypre	80.9	84.7	29.3	28.6	21.3	21.9	29.6	29.1
Colombie	7.1	7.6	11.1	12.3	D	D	5.6	5.9
Corée	1.0	1.0	2.8	2.9	0.3	0.3	5.5	5.8
Costa Rica	7.9	9.6	5.8	6.2	0.5	1.0	4.0	8.8
Croatie[2]	7.7	8.9	23.7	19.8	D	D	11.9	10.1
Danemark	10.2	10.4	8.1	8.2	4.9	5.2	5.1	5.2
Espagne	18.7	18.8	3.2	3.1	2.1	1.8	11.2	10.5
Estonie	5.3	4.8	0.7	0.6	1.2	1.1	6.7	6.3
États-Unis	19.1	19.2	13.1	13.3	D	D		
Finlande	13.2	6.9	2.2	2.2	2.0	2.0	9.6	8.6
France	D	D	D	D		D	D	D
Géorgie	D	D	D	D	D	D	D	D
Grèce[3]	365.9	309.3	102.0	80.2	2.6	2.3	159.1	150.2
Hong Kong (Chine)	24.7	24.0	8.8	9.1				
Hongrie	13.3	13.6	7.1	6.1	3.7	3.2	15.9	13.1
Inde	86.2	120.9	129.9	170.3	0.8	0.9		
Indonésie	2.7	D	1.1	D	0.8	D	4.4	D
Irlande	24.6	26.1	3.0	2.1	1.8	1.0	3.7	3.4
Islande	9.3	5.6	12.9	11.5	D	D	21.4	16.0
Israël	D	D	D	D	8.1	8.0	12.5	16.8
Italie	D	D	D	D	D	D	D	D
Japon	0.8	0.7	1.3	1.2	0.7	0.6	1.9	1.8
Kenya	D	D	D	D	D	D	D	D
Lettonie	23.9	127.3	12.3	10.6	12.9	9.8	18.1	12.4
Lituanie	2.7	3.3	3.7	2.2	0.4	0.2	4.0	3.7
Luxembourg	26.5	31.4	3.4	3.2	D	D	18.8	17.2

Arriérés recouvrés par type d'impôt								
	Arriérés d'IS en pourcentage de l'IS collecté		Arriérés d'IRPP en pourcentage de l'IRPP collecté		Arriérés d'impôts à la source prélevés par les employeurs en pourcentage de l'IRPP collecté		Arriérés de TVA en pourcentage de la TVA collectée	
Juridiction	**2018**	**2019**	**2018**	**2019**	**2018**	**2019**	**2018**	**2019**
Malaisie	7.4	6.0	10.5	12.4	D	D		
Malte	70.3	66.0	31.5	30.2	14.9	16.4	293.8	369.9
Maroc	D	D	D	D	D	D	D	D
Mexique	37.4	39.0	5.6	5.0	4.3	4.4	14.6	13.4
Norvège	7.2	7.3	5.1	4.9	0.1	0.1	2.1	2.1
Nouvelle-Zélande[4]	D	D	4.4	4.0	1.0	1.2	2.9	4.0
Pays-Bas	18.5	28.4	6.1	5.8	2.3	2.5	5.9	5.6
Pérou	104.1	99.1	26.6	22.2	14.8	15.0	63.6	61.3
Pologne	14.2	12.5	11.0	9.9	1.6	1.5	51.4	52.3
Portugal	84.2	88.6	16.8	17.0	0.4	0.7	41.1	40.1
République slovaque	19.1	20.1	2.7	3.3	0.7	0.6	36.8	33.7
République tchèque	3.4	1.2	1.4	1.2	0.4	0.3	6.7	5.1
Roumanie	93.6	85.5	22.9	24.8	D	D	71.5	66.6
Royaume-Uni	3.7	4.2	2.4	2.5	1.2	1.4	2.3	2.6
Russie	5.1	4.2	0.9	0.8	2.3	2.0	18.9	14.5
Singapour	0.8	0.7	2.1	2.1			2.9	3.1
Slovénie	7.0	6.5	11.6	11.2	13.8	11.8	11.1	10.5
Suède	D	D	D	D	D	D	D	D
Suisse	D	D	D	D	D	D	D	D
Thaïlande	8.0	8.0	35.6	36.1	D	D	28.1	32.1
Turquie	D	D	D	D	D	D	D	D

StatLink https://dx.doi.org/10.1787/888934302614

1. Bulgarie : Les arriérés d'IRPP incluent les arriérés d'impôts à la source prélevés par les employeurs.
2. Croatie : Les arriérés d'IRPP incluent les arriérés d'impôts à la source prélevés par les employeurs.
3. Grèce : Les arriérés n'incluent pas les intérêts ni les pénalités.
4. Nouvelle-Zélande : Les arriérés d'impôt sur les sociétés sont inclus dans les arriérés d'impôt sur les revenus des personnes physiques.

Formule	Total des arriérés d'IS à la fin de l'exercice [A.32] / Impôt sur les sociétés et autres entités [A.3] * 100	Total des arriérés d'IRPP à la fin de l'exercice [A.32] / Impôt sur le revenu des personnes physiques [A.3] * 100	Total des arriérés d'impôts prélevés à la source sur les salariés par les employeurs à la fin de l'exercice [A.32] / Impôt sur le revenu des personnes physiques [A.3] * 100	Total des arriérés de TVA à la fin de l'exercice [A.32] / Taxe sur la valeur ajoutée [A.4] * 100

Tableau D.21 **Évolution des arriérés entre 2018 et 2019**

Juridiction	Total des arriérés en fin d'exercice 2019 / Total des arriérés en fin d'exercice 2018 (dont arriérés irrécouvrables) (en %)	Total des arriérés en fin d'exercice 2019 / Total des arriérés en fin d'exercice 2018 (hors arriérés irrécouvrables) (en %)
Afrique du Sud	110.5	118.6
Allemagne	111.1	D
Arabie saoudite	D	D
Argentine	127.4	D
Australie	112.4	111.7
Autriche	98.6	93.5
Belgique	101.0	101.5
Brésil	100.0	100.0
Bulgarie	99.8	97.3
Canada	106.0	103.3
Chili	97.4	108.0
Chine (République populaire de)	D	D
Chypre	110.0	109.9
Colombie	105.9	116.7
Corée	105.6	101.6
Costa Rica	165.3	207.8
Croatie	88.9	82.6
Danemark	107.7	123.6
Espagne	96.0	D
Estonie	109.8	113.2
États-Unis	104.1	102.4
Finlande	90.1	78.1
France	92.5	D
Géorgie	114.2	129.9
Grèce	101.2	97.5
Hong Kong (Chine)	114.7	122.8
Hongrie	98.8	104.8
Inde	155.3	D
Indonésie	D	D
Irlande	98.5	88.9
Islande	86.1	D
Israël	121.1	117.1
Italie	107.0	107.0
Japon	95.2	D
Kenya	136.0	138.9
Lettonie	82.8	81.5
Lituanie	103.9	120.1
Luxembourg	116.2	D
Malaisie	99.5	103.4
Malte	123.4	140.9
Maroc	D	D

Juridiction	Total des arriérés en fin d'exercice 2019 / Total des arriérés en fin d'exercice 2018 (dont arriérés irrécouvrables) (en %)	Total des arriérés en fin d'exercice 2019 / Total des arriérés en fin d'exercice 2018 (hors arriérés irrécouvrables) (en %)
Mexique	95.4	95.6
Norvège	104.4	104.9
Nouvelle-Zélande	117.7	127.7
Pays-Bas	127.0	99.1
Pérou	99.7	120.3
Pologne	104.5	D
Portugal	105.7	98.9
République slovaque	102.9	103.7
République tchèque	106.6	85.1
Roumanie	107.6	120.6
Royaume-Uni	109.6	108.1
Russie	94.0	94.3
Singapour	102.2	D
Slovénie	98.0	93.1
Suède	62.2	D
Suisse	D	D
Thaïlande	107.5	92.6
Turquie	D	D

StatLink https://dx.doi.org/10.1787/888934302633

Formule	Stock à la clôture des arriérés en fin d'exercice 2019 [A.31] / Stock à la clôture des arriérés en fin d'l'exercice 2018 [A.31] * 100	(Stock à la clôture des arriérés en fin d'exercice 2019 [A.31] - Stock à la clôture des arriérés considérés comme irrécouvrables en fin d'exercice 2019 [A.31]) / Stock à la clôture des arriérés en fin d'exercice 2018 [A.31] - Stock à la clôture des arriérés considérés comme irrécouvrables en fin d'exercice 2018 [A.31]) *100

Tableau D.22 **Vérifications : taux de succès et redressements établis**

Taux de succès des vérifications et redressements établis [1]								
	Taux de succès des vérifications		Redressements établis suite aux vérifications en pourcentage de l'impôt collecté		Redressements établis suite aux vérifications de conformité électroniques en pourcentage de l'impôt collecté		Redressements établis suite à l'ensemble des activités de contrôle et de vérification en pourcentage de l'impôt collecté	
Juridiction	**2018**	**2019**	**2018**	**2019**	**2018**	**2019**	**2018**	**2019**
Afrique du Sud	43.6	71.4	0.8	1.3	2.6	2.1	3.4	3.4
Allemagne	73.4	72.7	2.6	2.7	0.0	0.0	2.6	2.7
Arabie saoudite	48.5	70.3	16.3	9.3	0.0	0.0	16.3	9.3
Argentine	63.7	65.3	2.3	2.4	D	D	D	D
Australie	10.6	12.3	4.3	3.6	D	D	D	D
Autriche	27.5	27.5	1.7	1.4	0.4	0.3	2.1	1.8
Belgique	29.3	27.6	7.7	6.5	D	D	D	D
Brésil	99.6	99.7	22.1	22.8	0.0	0.0	22.1	22.8
Bulgarie	88.8	88.1	9.0	7.4	D	D	D	D
Canada	58.0	58.6	4.6	4.5	D	D	D	D
Chili	22.4	21.1	5.2	5.1	3.1	2.9	8.3	8.0
Chine (République populaire de)	D	D	D	D	D	D	D	D
Chypre	D	D	10.8	11.9	D	D	D	D
Colombie	87.2	78.7	1.5	1.5	D	D	D	D
Corée	D	D	2.8	2.8	D	D	D	D
Costa Rica	71.2	55.4	6.7	4.8	0.0	0.0	6.7	4.8
Croatie	57.0	70.0	1.7	1.7	D	D	D	D
Danemark	66.4	69.3	1.0	0.6	D	D	D	D
Espagne	D	D	7.7	7.9	0.0	0.0	7.7	7.9
Estonie	28.1	32.5	1.1	0.6	22.6	23.1	23.7	23.7
États-Unis	96.0	97.0	1.4	0.9	0.0	0.0	1.4	0.9
Finlande	D	D	D	D	D	D	D	D
France	D	D	5.1	4.4	D	D	D	D
Géorgie	92.7	67.9	11.4	20.2	0.1	0.0	11.5	20.3
Grèce	46.4	47.9	4.5	3.6	1.1	1.2	5.7	4.7
Hong Kong (Chine)	29.4	35.8	0.9	0.9	D	D	D	D
Hongrie	56.5	61.0	2.8	2.3	0.2	0.3	3.0	2.7
Inde	D	D	18.0	40.7	D	D	D	D
Indonésie	50.8	34.3	9.4	7.2	0.0	0.0	9.4	7.2
Irlande	27.9	21.7	1.0	0.9	0.1	0.1	1.1	1.0
Islande	D	D	D	D	D	D	D	D
Israël	71.9	74.8	7.0	7.5	0.1	0.1	7.1	7.6
Italie	90.4	90.2	8.4	8.2	0.1	0.1	8.5	8.3
Japon	D	D	D	D	D	D	D	D
Kenya	74.9	81.5	2.2	5.7	0.6	0.4	2.7	6.1
Lettonie	83.1	76.2	2.0	1.2	D	D	D	D
Lituanie	22.4	22.8	0.7	0.7	D	D	D	D
Luxembourg [2]	D	D	0.6	0.6	D	D	D	D
Malaisie	26.8	35.5	8.6	14.0	0.0	0.0	8.6	14.0

Taux de succès des vérifications et redressements établis[1]								
	Taux de succès des vérifications		Redressements établis suite aux vérifications en pourcentage de l'impôt collecté		Redressements établis suite aux vérifications de conformité électroniques en pourcentage de l'impôt collecté		Redressements établis suite à l'ensemble des activités de contrôle et de vérification en pourcentage de l'impôt collecté	
Juridiction	**2018**	**2019**	**2018**	**2019**	**2018**	**2019**	**2018**	**2019**
Malte	58.1	63.0	1.4	1.9	0.4	0.5	1.8	2.4
Maroc	98.4	98.4	5.7	5.2	5.6	4.0	11.3	9.2
Mexique	D	D	D	D	D	D	8.2	9.3
Norvège	4.6	5.2	3.0	2.8	D	D	D	D
Nouvelle-Zélande	D	D	D	D	D	D	D	D
Pays-Bas[3]	25.4	24.9	2.7	2.4	0.3	0.2	3.0	2.6
Pérou	61.5	62.1	5.4	6.4	0.0	0.0	5.4	6.4
Pologne	D	D	5.6	4.7	D	D	D	D
Portugal	64.5	62.6	3.6	3.2	0.0	0.0	3.6	3.2
République slovaque	69.1	75.5	6.0	7.0	D	D	D	D
République tchèque[4]	44.6	44.6	1.7	1.2	0.1	0.1	1.8	1.3
Roumanie	88.8	87.7	4.3	3.2	D	D	D	D
Royaume-Uni	D	D	5.9	6.8	D	D	D	D
Russie	97.7	96.2	1.5	1.3	0.0	0.0	1.5	1.3
Singapour	D	D	D	D	D	D	D	D
Slovénie	8.8	12.1	D	D	D	D	D	D
Suède[5]	60.6	65.9	0.5	0.5	D	D	D	D
Suisse	D	D	D	D	D	D	D	D
Thaïlande	35.9	40.2	1.7	1.8	D	D	D	D
Turquie	45.2	44.5	5.7	6.2	0.0	0.0	5.7	6.2

StatLink https://dx.doi.org/10.1787/888934302652

1. Note : Afin de faciliter la comparaison avec les données et indicateurs des éditions précédentes de l'enquête ISORA, la TVA (importations brutes) a été supprimée du total des recettes collectées nettes.
2. Luxembourg : La TVA (importations brutes) ne peut pas être séparée de la TVA (intérieure brute). Par conséquent, le total des recettes collectées nettes inclut la TVA (importations brutes).
3. Pays-Bas : La valeur des redressements établis n'inclut pas les pénalités et les intérêts.
4. République tchèque : La valeur des redressements établis n'inclut pas les pénalités et les intérêts. Seule la TVA est indiquée en ce qui concerne les vérifications de conformité électroniques.
5. Suède : La TVA (importations brutes) ne peut pas être séparée de la TVA (intérieure brute). Par conséquent, le total des recettes collectées nettes inclut la TVA (importations brutes).

Formule	Nb de contrôles ayant donné lieu à un redressement [A.33] / Nb de contrôles réalisés [A.33] * 100	Valeur des redressements établis suite à tous les contrôles (à l'exclusion des vérifications de conformité électroniques) au cours de l'exercice fiscal [A.34] / (Total des recettes nettes perçues [A.2] - TVA (importations brutes) [A.5] - Recettes non fiscales [A.6] - Cotisations de sécurité sociale [A.6]) * 100	Valeur des redressements établis suite aux vérifications de conformité électroniques au cours de l'exercice fiscal [A.34] / (Total des recettes nettes perçues [A.2] - TVA (importations brutes) [A.5] - Recettes non fiscales [A.6] - Cotisations de sécurité sociale [A.6]) * 100	Valeur totale des redressements établis au cours de l'exercice fiscal [A.34] / (Total des recettes nettes perçues [A.2] - TVA (importations brutes) [A.5] - Recettes non fiscales [A.6] - Cotisations de sécurité sociale [A.6]) * 100

Tableau D.23 **Vérifications : redressements établis par type d'impôt**

	Redressements établis suite aux vérifications par type d'impôt							
	Redressements d'IS en pourcentage de l'IS collecté		Redressements d'IRPP en pourcentage de l'IRPP collecté		Redressements d'impôts à la source prélevés par les employeurs en pourcentage de l'IRPP collecté		Redressements de TVA en pourcentage de la TVA collectée	
Juridiction	2018	2019	2018	2019	2018	2019	2018	2019
Afrique du Sud	2.13	4.84	0.39	0.18	0.19	0.18	0.23	0.58
Allemagne	2.64	3.77	0.87	0.80	0.26	0.25	1.51	1.35
Arabie saoudite	67.56	26.89					4.80	6.72
Argentine	3.25	2.94	1.40	1.30	4.67	5.49	1.20	1.32
Australie	D	D	D	D	D	D	D	D
Autriche	3.17	2.81	0.49	0.49	0.23	0.14	1.75	1.22
Belgique	19.31	15.74	8.26	6.66	D	D	2.69	3.31
Brésil	46.90	51.67	2.56	3.87	12.31	6.81	9.52	10.67
Bulgarie	9.89	5.66	1.00	0.67	0.49	0.41	7.09	6.88
Canada	12.05	11.94	1.56	1.47	0.07	0.07	10.15	9.98
Chili	8.81	7.94	0.61	0.73	D	D	1.35	1.68
Chine (République populaire de)	D	D	D	D	D	D	D	D
Chypre	39.40	41.87	D	D	D	D	1.62	3.27
Colombie	2.66	2.48	0.98	0.63	0.83	0.44	0.21	0.61
Corée	6.38	6.14	1.80	1.94	D	D	0.43	0.48
Costa Rica	20.98	15.65	3.11	0.63	D	D	0.50	1.08
Croatie	0.71	2.79	1.45	1.72	D	D	0.87	0.95
Danemark	6.08	-0.04	0.51	0.49	D	D	1.47	1.15
Espagne	D	D	D	D	D	D	D	D
Estonie	D	D	D	D	D	D	D	D
États-Unis	7.10	3.64	0.57	0.43	0.05	0.07		
Finlande	D	D	D	D	D	D	D	D
France[1]	13.34	9.03	3.30	2.48		D	2.05	1.98
Géorgie	21.13	12.19	2.49	4.48	D	D	3.82	7.48
Grèce	17.76	11.98	3.71	2.96	0.03	0.05	3.86	3.14
Hong Kong (Chine)	1.61	1.41	1.04	1.17				
Hongrie	0.91	7.74	0.30	0.32	0.56	0.57	6.05	4.18
Inde	23.32	50.21	11.61	28.11	D	D		
Indonésie	6.62	D	0.42	D	1.01	D	8.01	D
Irlande	0.78	0.73	0.65	0.55	0.63	0.40	0.89	0.65
Islande	D	D	D	D	D	D	D	D
Israël	12.10	11.92	5.12	5.78	1.06	1.21	4.57	5.07
Italie	31.43	34.90	3.76	3.20	0.66	0.53	15.76	16.63
Japon	1.62	1.58	0.50	0.48	0.16	0.19	0.64	0.69
Kenya	6.29	31.59	0.35	0.67	0.46	0.16	3.63	4.30
Lettonie	6.42	16.93	0.14	0.12	1.28	0.44	2.75	1.98
Lituanie	0.85	1.75	0.59	0.72	D	D	0.95	0.73

	Redressements établis suite aux vérifications par type d'impôt							
	Redressements d'IS en pourcentage de l'IS collecté		Redressements d'IRPP en pourcentage de l'IRPP collecté		Redressements d'impôts à la source prélevés par les employeurs en pourcentage de l'IRPP collecté		Redressements de TVA en pourcentage de la TVA collectée	
Juridiction	2018	2019	2018	2019	2018	2019	2018	2019
Luxembourg	D	D	D	D	D	D	2.25	2.24
Malaisie	9.27	15.80	8.31	12.24	0.57	0.45		
Malte	2.25	2.76	1.11	11.65	D	D	1.12	1.97
Maroc	8.87	8.12	1.47	1.79	3.83	2.21	1.92	2.26
Mexique	D	D	D	D	D	D	D	D
Norvège[2]	19.63	24.84	3.25	1.68	0.12	0.10	0.30	0.24
Nouvelle-Zélande	D	D	D	D	D	D	D	D
Pays-Bas[3]	9.28	9.57	2.08	1.24	0.09	0.13	1.56	1.45
Pérou	13.20	10.85	2.29	2.08	0.00	0.00	1.11	4.44
Pologne	3.52	3.46	2.46	2.28	D	D	9.24	7.56
Portugal	11.87	12.76	0.98	0.69	0.38	0.33	3.98	3.22
République slovaque	5.27	11.50	0.27	1.36	0.00	0.02	7.32	6.00
République tchèque[4]	1.33	1.23	0.06	0.06	0.03	0.04	2.78	1.86
Roumanie	9.68	6.75	0.56	0.60	2.90	2.05	4.66	3.45
Royaume-Uni	6.99	5.34	2.30	2.63	0.62	0.71	6.78	10.27
Russie	2.94	1.86	0.09	0.04	0.12	0.05	4.07	2.29
Singapour	0.54	0.59	0.37	0.44			1.79	1.61
Slovénie	D	D	D	D	D	D	D	D
Suède	D	D	D	D	D	D	D	D
Suisse	D	D	D	D	D	D	D	D
Thaïlande	0.71	1.33	3.39	2.30	D	D	1.41	1.28
Turquie	2.88	3.58	0.41	0.34	0.51	0.27	9.62	12.75

StatLink https://dx.doi.org/10.1787/888934302671

1. France : La valeur des redressements établis n'inclut pas les pénalités et les intérêts.
2. Norvège : La valeur des redressements d'IS et d'IRPP n'inclut pas les pénalités et les intérêts.
3. Pays-Bas : La valeur des redressements établis n'inclut pas les pénalités et les intérêts.
4. République tchèque : La valeur des redressements établis n'inclut pas les pénalités et les intérêts.

Formule	Total des redressements au titre de l'IS établis suite aux contrôles au cours de l'exercice [A.35] / Impôt sur les sociétés et autres entités [A.3] * 100	Total des redressements au titre de l'IRPP établis suite aux contrôles au cours de l'exercice [A.35] / Impôt sur le revenu des personnes physiques [A.3] * 100	Total des redressements au titre des retenues à la source sur les salariés effectuées par les employeurs établis suite aux contrôles au cours de l'exercice [A.35] / Impôt sur le revenu des personnes physiques [A.3] * 100	Total des redressements au titre de la TVA établis suite aux contrôles au cours de l'exercice [A.35] / Taxe sur la valeur ajoutée [A.4] * 100

Tableau D.24 **Recours administratif et procédures judiciaires**

	Recours administratif et procédures judiciaires					
	Nombre de nouveaux dossiers en interne au cours de l'exercice fiscal pour 1 000 contribuables actifs (IRPP et IS)		Ratio des recours indépendants sur les recours internes		Nombre de recours tranchés en faveur de l'administration par une juridiction d'appel de niveau supérieur en pourcentage des recours résolus	
Juridiction	**2018**	**2019**	**2018**	**2019**	**2018**	**2019**
Afrique du Sud	22.91	27.69	0.02	0.03	84.62	92.86
Allemagne	54.68	54.72	D	D	D	D
Arabie saoudite[1]	4781.01	11158.50			54.34	
Argentine	0.03	0.03	9.67	15.98	69.88	71.54
Australie	0.87	0.98	0.12	0.10	73.33	75.00
Autriche	10.71	10.22	0.82	0.90	D	D
Belgique	5.74	6.36	0.04	0.06	80.41	91.33
Brésil	2.19	2.34	0.48	0.44	D	D
Bulgarie	0.83	0.57	0.45	0.30	77.71	82.90
Canada	D	D	0.08	0.10	42.93	94.59
Chili	0.40	0.30	1.08	0.95	76.40	68.55
Chine (République populaire de)	D	D	D	D	D	D
Chypre	13.23	16.70	0.02	0.02	55.56	73.91
Colombie	0.70	0.60	2.31	1.93		
Corée	0.42	0.44	3.01	3.48	34.91	30.09
Costa Rica	D	D	D	D	45.53	45.12
Croatie	3.98	3.77			63.48	51.64
Danemark					D	D
Espagne	8.94	8.50	7.57	6.59	64.71	64.08
Estonie	0.24	0.17	13.18	21.00	87.67	88.24
États-Unis	0.60	0.55	D	D	3.62	5.28
Finlande	19.38	25.64	D	D	D	D
France	53.25	56.66	0.16	0.16	68.26	60.20
Géorgie	6.45	6.11	8.61	3.65	63.33	52.83
Grèce	0.82	0.76	5.47	6.48	27.27	42.86
Hong Kong (Chine)	22.40	25.69	0.00	0.00	50.00	0.00
Hongrie	0.81	0.78	1.55	2.25	78.60	75.68
Inde	0.41	0.42	0.30	0.27	D	D
Indonésie	D	D	11.25	7.51	22.81	24.34
Irlande	0.00	0.00	3459.00	842.50	0.00	60.00
Islande	65.32	D	D	D	D	D
Israël	0.24	0.26			D	D
Italie	3.60	3.23	8.09	6.23	9.78	6.71
Japon	D	D	0.07	0.07	92.45	97.37
Kenya	0.02	0.05	25.44	11.80		
Lettonie	0.66	0.55			D	D
Lituanie	0.15	0.12	0.55	0.45	51.49	73.97
Luxembourg	D	D	D	D	D	D

	Recours administratif et procédures judiciaires					
	Nombre de nouveaux dossiers en interne au cours de l'exercice fiscal pour 1 000 contribuables actifs (IRPP et IS)		Ratio des recours indépendants sur les recours internes		Nombre de recours tranchés en faveur de l'administration par une juridiction d'appel de niveau supérieur en pourcentage des recours résolus	
Juridiction	2018	2019	2018	2019	2018	2019
Malaisie	0.05	0.03	5.81	4.39	75.00	47.62
Malte	0.03	0.06	0.74	0.77	69.23	57.89
Maroc	97.03	66.91	0.05	0.02	32.57	27.39
Mexique	0.18	0.15	16.04	13.11	24.38	27.13
Norvège	2.34	1.40	1.54	1.27	81.63	88.57
Nouvelle-Zélande	0.01	0.01	4.00	7.43	88.89	50.00
Pays-Bas	45.17	39.86	0.07	0.08	84.06	78.91
Pérou	3.39	3.79	1.08	0.74	78.62	69.76
Pologne	6.67	D	D	D	D	D
Portugal	9.47	10.03	3.30	3.46	50.00	48.37
République slovaque	D	D	0.22	0.43	74.10	68.10
République tchèque	2.23	1.82	0.71	0.70	47.32	44.17
Roumanie	D	D	4.79	11.48	64.89	67.17
Royaume-Uni	0.84	0.63	7.20	12.54	7.19	4.16
Russie	6.01	6.22	D	D	83.61	83.74
Singapour	D	D	D	D	66.67	66.67
Slovénie	11.58	12.46	0.82	0.82	79.13	73.84
Suède	18.31	18.22	0.57	0.64	D	D
Suisse	D	D	D	D	D	D
Thaïlande	0.07	0.09			D	D
Turquie	D	D	D	D	D	D

StatLink https://dx.doi.org/10.1787/888934302690

1. Arabie saoudite : le nombre de nouveaux dossiers en interne au cours de l'exercice fiscal pour 1 000 contribuables actifs (IRPP et IS) est aussi élevé parce que le nombre de recours sous-jacents inclut les contribuables redevables de la zakat, qui ne font pas partie de la base des contribuables redevables de l'IRPP et de l'IS.

Formule	Nb de nouveaux dossiers au cours de l'exercice fiscal [A.38] / (Contribuables actifs redevables de l'IRPP [A.20] + Contribuables actifs redevables de l'IS [A.20]) * 1000	Nb de recours indépendants à la fin de l'exercice examinés par des organismes externes [A.38] / Nb de recours internes à la fin de l'exercice [A.38]	Nb de recours tranchés en faveur de l'administration au cours de l'exercice fiscal [A.38] / Nb de recours résolus au cours de l'exercice fiscal [A.38] * 100

Tableau A.1. **Catégories de recettes dont l'administration assume la responsabilité et retenue à la source par l'employeur**

Juridiction	Catégories de recettes dont l'administration fiscale assume la responsabilité																										Employeurs prélevant des impôts pour le compte de leurs salariés		En coopération avec les Douanes ?	
	Impôt sur le revenu								Autres impôts																					
	Personnes physiques		Sociétés et autres entités		Taxe sur la valeur ajoutée		Droits d'accise – intérieurs		Taxes sur les véhicules à moteur		Impôts fonciers		Impôts sur la fortune		Impôts sur les mutations par décès, les successions et les donations		Autres impôts sur les biens et services		Autre		Cotisations de sécurité sociale		Recettes non fiscales					
	2018	2019	2018	2019	2018	2019	2018	2019	2018	2019	2018	2019	2018	2019	2018	2019	2018	2019	2018	2019	2018	2019	2018	2019	2018	2019	2018	2019
Afrique du Sud	■	■	■	■	■	■	■	■							■	■	■	■	■	■	■	■	■	■	■	■	■	■
Allemagne	■	■	■	■	■	■					■	■	■	■	■	■	■	■	■	■					■	■	□	□
Arabie saoudite			■	■	■	■	■	■											■	■					□	□	□	□
Argentine	■	■	■	■	■	■	■	■					■	■			■	■	■	■	■	■	■	■	■	■	■	■
Australie	■	■	■	■	■	■	■	■	■	■							■	■	■	■			■	■	■	■	□	□
Autriche	■	■	■	■	■	■			■	■									■	■					■	■	■	■
Belgique	■	■	■	■	■	■			■	■	■	■			■	■	■	■	■	■			■	■	■	■	■	■
Brésil	■	■	■	■	■	■	■	■			■	■					■	■	■	■	■	■			■	■	■	■
Bulgarie	■	■	■	■	■	■											■	■	■	■	■	■	■	■	■	■	□	□
Canada	■	■	■	■	■	■	■	■											■	■	■	■	■	■	■	■	□	□
Chili	■	■	■	■	■	■	■	■	■	■	■	■			■	■			■	■					■	■	□	□
Chine (République populaire de)	■	■	■	■	■	■	■	■	■	■	■	■							■	■	■	■	■	■	■	■	□	□
Chypre	■	■	■	■	■	■									■	■			■	■					■	■	□	□
Colombie	■	■	■	■	■	■	■	■					■	■			■	■	■	■					■	■	■	■
Corée	■	■	■	■	■	■	■	■							■	■			■	■			■	■	■	■	□	□
Costa Rica	■	■	■	■	■	■	■	■	■	■	■	■	■	■											■	■	□	□
Croatie	■	■	■	■	■	■			■	■					■	■	■	■	■	■	■	■	■	■	■	■	□	□
Danemark	■	■	■	■	■	■	■	■	■	■	■	■			■	■	■	■	■	■	■	■			■	■	■	■
Espagne	■	■	■	■	■	■	■	■											■	■			■	■	■	■	■	■
Estonie	■	■	■	■	■	■	■	■	■	■	■	■								■	■	■	■	■	■	■	■	■
États-Unis	■	■	■	■			■	■	■	■					■	■			■	■	■	■			■	■	□	□

Tableau A.1. **Catégories de recettes dont l'administration assume la responsabilité et retenue à la source par l'employeur** *(suite)*

Juridiction	Catégories de recettes dont l'administration fiscale assume la responsabilité																										Employeurs prélevant des impôts pour le compte de leurs salariés		En coopération avec les Douanes ?	
	Impôt sur le revenu								Autres impôts																					
	Personnes physiques		Sociétés et autres entités		Taxe sur la valeur ajoutée		Droits d'accise – intérieurs		Taxes sur les véhicules à moteur		Impôts fonciers		Impôts sur la fortune		Impôts sur les mutations par décès, les successions et les donations		Autres impôts sur les biens et services		Autre		Cotisations de sécurité sociale		Recettes non fiscales					
	2018	2019	2018	2019	2018	2019	2018	2019	2018	2019	2018	2019	2018	2019	2018	2019	2018	2019	2018	2019	2018	2019	2018	2019	2018	2019	2018	2019
Finlande	■	■	■	■	■	■	■	■	■	■	■	■			■	■			■	■	■	■			■	■	□	□
France	■	■	■	■	■	■			■	■	■	■	■	■	■	■	■	■	■	■			■	■	□	■	□	□
Géorgie	■	■	■	■	■	■	■	■											■	■					■	■	■	■
Grèce	■	■	■	■	■	■	■	■	■	■	■	■			■	■	■	■					■	■	■	■	■	■
Hong Kong (Chine)	■	■	■	■							■	■			■	■			■	■					□	□	□	□
Hongrie	■	■	■	■	■	■	■	■							■	■	■	■	■	■	■	■			■	■	■	■
Inde	■	■	■	■															■	■					■	■	□	□
Indonésie	■	■	■	■	■	■													■	■					■	■	□	□
Irlande	■	■	■	■	■	■	■	■	■	■	■	■			■	■	■	■			■	■	■	■	■	■	■	■
Islande	■	■	■	■	■	■			■	■					■	■	■	■	■	■	■	■			■	■	□	□
Israël	■	■	■	■	■	■	■	■	■	■	■	■	■	■			■	■	■	■					■	■	■	■
Italie	■	■	■	■	■	■									■	■			■	■					■	■	□	□
Japon	■	■	■	■	■	■			■	■					■	■	■	■							■	■	□	□
Kenya	■	■	■	■	■	■	■	■	■	■	■	■	■	■	■	■	■	■	■	■			■	■	■	■	■	■
Lettonie	■	■	■	■	■	■	■	■	■	■									■	■	■	■	■	■	■	■	■	■
Lituanie	■	■	■	■	■	■	■	■	■	■	■	■	■	■	■	■	■	■					■	■	■	■	□	□
Luxembourg	■	■	■	■	■	■					■	■	■	■	■	■	■	■	■	■			■	■	■	■	□	□
Malaisie	■	■	■	■							■	■							■	■			■	■	■	■	□	□
Malte	■	■	■	■	■	■			■	■					■	■			■	■	■	■	■	■	■	■	□	□
Maroc	■	■	■	■	■	■			■	■									■	■					■	■	□	□
Mexique	■	■	■	■	■	■	■	■	■	■									■	■			■	■	■	■	■	■
Norvège	■	■	■	■	■	■	■	■	■	■			■	■	■	■			■	■	■	■	■	■	■	■	□	□

Tableau A.1. **Catégories de recettes dont l'administration assume la responsabilité et retenue à la source par l'employeur** *(suite)*

	Catégories de recettes dont l'administration fiscale assume la responsabilité																										Employeurs prélevant des impôts pour le compte de leurs salariés		En coopération avec les Douanes ?	
	Impôt sur le revenu								Autres impôts																					
	Personnes physiques		Sociétés et autres entités		Taxe sur la valeur ajoutée		Droits d'accise – intérieurs		Taxes sur les véhicules à moteur		Impôts fonciers		Impôts sur la fortune		Impôts sur les mutations par décès, les successions et les donations		Autres impôts sur les biens et services		Autre		Cotisations de sécurité sociale		Recettes non fiscales					
Juridiction	**2018**	**2019**	**2018**	**2019**	**2018**	**2019**	**2018**	**2019**	**2018**	**2019**	**2018**	**2019**	**2018**	**2019**	**2018**	**2019**	**2018**	**2019**	**2018**	**2019**	**2018**	**2019**	**2018**	**2019**	**2018**	**2019**	**2018**	**2019**
Nouvelle-Zélande	■	■	■	■	■	■													■	■			■	■	■	■	□	□
Pays-Bas	■	■	■	■	■	■			■	■					■	■	■	■	■	■	■	■	■	■	■	■	■	■
Pérou	■	■	■	■	■	■	■	■					■	■			■	■	■	■	■	■	■	■	■	■	■	■
Pologne	■	■	■	■	■	■	■	■							■	■			■	■			■	■	■	■	■	■
Portugal	■	■	■	■	■	■	■	■	■	■	■	■					■	■	■	■			■	■	■	■	■	■
République slovaque	■	■	■	■	■	■			■	■									■	■			■	■	■	■	■	■
République tchèque	■	■	■	■	■	■			■	■	■	■			■	■			■	■			■	■	■	■	□	□
Roumanie	■	■	■	■	■	■	■	■									■	■	■	■	■	■	■	■	■	■	■	■
Royaume-Uni	■	■	■	■	■	■	■	■			■	■			■	■			■	■	■	■	■	■	■	■	■	■
Russie	■	■	■	■	■	■	■	■	■	■	■	■					■	■	■	■	■	■	■	■	■	■	□	□
Singapour	■	■	■	■	■	■					■	■			■	■			■	■					□	□	□	□
Slovénie	■	■	■	■	■	■	■	■	■	■	■	■	■	■	■	■	■	■	■	■	■	■	■	■	■	■	■	■
Suède	■	■	■	■	■	■	■	■			■	■							■	■	■	■			■	■	□	□
Suisse	■	■	■	■	■	■													■	■					■	■	□	□
Thaïlande	■	■	■	■	■	■									■	■	■	■	■	■					■	■	□	□
Turquie	■	■	■	■	■	■	■	■	■	■					■	■	■	■	■	■					■	■	□	□

StatLink https://dx.doi.org/10.1787/888934302709

■ Oui

□ Non

Tableau A.2. **Recettes nettes perçues par l'administration fiscale : Total**

Juridiction	Recettes nettes totales perçues par l'administration fiscale (en milliers, monnaie locale)	
	2018	2019
Afrique du Sud	1 242 532 034	1 315 832 020
Allemagne	694 669 721	717 839 394
Arabie saoudite	106 388 180	116 234 218
Argentine	3 462 304 673	4 874 496 097
Australie	397 074 515	425 921 153
Autriche	88 203 598	90 893 296
Belgique	114 575 457	113 458 533
Brésil	1 316 295 267	1 382 159 058
Bulgarie	25 489 824	28 136 975
Canada	430 332 316	457 219 829
Chili	33 267 370 025	33 601 031 194
Chine (République populaire de)	19 972 493 850	21 655 987 550
Chypre	3 790 106	4 171 883
Colombie	131 167 827 955	144 051 179 389
Corée	284 575 023 000	285 417 077 154
Costa Rica	3 912 622 030	4 235 491 540
Croatie	122 231 868	129 130 431
Danemark	987 502 183	1 008 791 833
Espagne	208 684 965	212 807 546
Estonie	8 912 494	9 517 829
États-Unis	3 001 581 900	3 112 480 051
Finlande	68 580 900	70 359 600
France	436 506 197	423 956 009
Géorgie	9 996 895	10 809 293
Grèce	48 963 935	55 154 353
Hong Kong (Chine)	328 619 251	341 441 564
Hongrie	14 252 497 700	15 525 090 100
Inde	10 027 384 100	11 377 184 800
Indonésie	1 313 241 933 247	1 353 193 198 130
Irlande	68 709 752	74 141 881
Islande	746 459 000	762 421 000
Israël	297 279 590	307 232 273
Italie	390 159 122	398 434 860
Japon	55 302 941 000	56 513 359 000
Kenya	1 435 499 531	1 580 061 751
Lettonie	9 407 234	9 916 386
Lituanie	8 147 039	10 114 906
Luxembourg	15 265 262	16 348 259
Malaisie	130 033 803	135 710 172
Malte	3 662 891	3 946 598
Maroc	206 072 018	207 571 668

Tableau A.2. **Recettes nettes perçues par l'administration fiscale : Total** *(suite)*

	Recettes nettes totales perçues par l'administration fiscale (en milliers, monnaie locale)	
Juridiction	**2018**	**2019**
Mexique	3 895 571 909	4 032 677 446
Norvège	1 063 221 536	1 150 722 109
Nouvelle-Zélande	82 398 124	89 736 482
Pays-Bas	258 132 142	273 762 311
Pérou	120 487 417	127 755 318
Pologne	378 241 754	398 669 754
Portugal	49 222 338	51 038 048
République slovaque	13 273 826	13 943 257
République tchèque	861 204 471	915 312 947
Roumanie	242 453 717	269 242 114
Royaume-Uni	605 819 649	627 895 776
Russie	27 745 338 778	29 776 006 488
Singapour	50 226 143	52 426 642
Slovénie	16 613 623	17 572 564
Suède	2 232 679 151	2 297 116 531
Suisse	55 773 586	58 020 393
Thaïlande	1 697 720 659	1 750 490 173
Turquie	621 536 356	673 447 075

StatLink https://dx.doi.org/10.1787/888934302728

Tableau A.3. **Recettes nettes perçues par l'administration fiscale, par type d'impôt : Impôt sur le revenu**

Juridiction	Recettes nettes perçues par l'administration fiscale (en milliers, monnaie locale)			
	Impôt sur le revenu – personnes physiques		Impôt sur le revenu – sociétés et autres entités	
	2018	2019	2018	2019
Afrique du Sud	462 903 133	493 828 780	220 238 556	214 388 377
Allemagne	309 596 394	324 564 130	97 323 882	94 517 904
Arabie saoudite			16 523 302	17 203 921
Argentine	230 577 489	366 639 687	511 474 897	729 881 547
Australie	206 992 959	223 672 881	100 379 667	109 705 626
Autriche	34 530 000	36 396 000	9 162 800	9 384 700
Belgique	45 969 575	44 764 239	19 528 820	19 294 371
Brésil	136 602 438	156 666 573	202 743 290	213 480 928
Bulgarie	3 234 852	3 525 607	2 345 701	2 593 207
Canada	224 820 635	238 216 391	70 113 418	75 238 874
Chili	2 701 415 791	2 937 532 164	11 679 440 540	11 295 293 429
Chine (République populaire de)	1 387 196 780	1 038 852 860	3 549 016 220	3 751 557 550
Chypre	583 488	609 415	831 821	891 190
Colombie	12 215 962 644	12 888 179 508	51 827 965 170	54 630 320 332
Corée	84 572 734 471	83 700 611 278	71 395 611 764	72 597 278 072
Costa Rica	483 644 600	535 412 200	915 283 600	955 908 500
Croatie	13 371 647	14 618 499	8 518 878	9 303 537
Danemark	471 536 819	491 671 189	61 712 192	67 091 098
Espagne	82 858 655	86 892 207	24 837 777	23 732 923
Estonie	1 411 185	1 531 587	517 859	509 096
États-Unis	1 574 238 805	1 587 059 261	202 652 958	225 765 409
Finlande	30 288 800	30 818 000	5 949 400	6 057 100
France	73 009 838	71 743 458	27 386 290	33 465 562
Géorgie	3 247 089	3 482 794	736 624	866 289
Grèce	8 077 512	10 440 190	3 007 572	3 631 507
Hong Kong (Chine)	75 270 013	75 519 924	133 459 326	160 833 150
Hongrie	2 177 428 400	2 424 565 200	380 435 300	303 310 900
Inde	4 082 026 800	4 616 517 200	5 712 018 700	6 635 716 200
Indonésie	146 679 023 552	162 699 392 092	602 351 573 533	609 746 704 458
Irlande	21 297 619	22 938 254	10 386 589	10 887 287
Islande	183 396 000	195 301 000	70 981 000	65 883 000
Israël	85 728 191	88 756 246	65 633 662	68 645 229
Italie	168 142 000	171 997 000	29 171 000	30 366 000
Japon	18 881 565 000	19 900 578 000	11 995 304 000	12 318 027 000
Kenya	364 103 622	392 692 649	160 059 236	168 783 463
Lettonie	1 723 614	1 946 718	304 004	44 777
Lituanie	1 840 347	3 446 158	691 249	759 147
Luxembourg	5 618 025	5 866 391	3 437 040	3 921 156
Malaisie	33 050 179	37 902 221	89 435 944	89 604 538
Malte	907 145	1 020 169	665 998	745 632

Tableau A.3. **Recettes nettes perçues par l'administration fiscale, par type d'impôt : Impôt sur le revenu** *(suite)*

	Recettes nettes perçues par l'administration fiscale (en milliers, monnaie locale)			
	Impôt sur le revenu – personnes physiques		Impôt sur le revenu – sociétés et autres entités	
Juridiction	**2018**	**2019**	**2018**	**2019**
Maroc	43 804 100	44 335 300	52 119 900	51 741 100
Mexique	855 114 357	884 186 968	809 833 508	803 643 118
Norvège	335 965 927	351 798 241	79 244 443	83 677 486
Nouvelle-Zélande	37 480 821	40 339 972	15 547 822	17 725 793
Pays-Bas	60 184 377	65 772 951	23 655 463	25 949 389
Pérou	13 454 072	14 747 162	26 134 664	27 693 389
Pologne	59 558 738	65 444 928	34 640 853	39 984 713
Portugal	13 315 923	13 587 605	6 810 424	6 840 275
République slovaque	3 217 628	3 534 474	2 787 700	2 700 721
République tchèque	219 894 386	246 640 294	181 278 572	190 874 958
Roumanie	22 576 352	23 115 795	18 150 641	20 544 061
Royaume-Uni	186 000 000	194 000 000	53 300 000	53 500 000
Russie	3 652 985 684	3 955 215 621	4 600 274 067	5 116 741 571
Singapour	10 732 223	11 716 204	16 495 817	17 649 927
Slovénie	2 455 425	2 626 656	845 734	997 088
Suède	761 085 553	751 596 905	191 955 598	223 092 626
Suisse	11 156 566	11 454 534	11 289 311	11 813 348
Thaïlande	319 200 641	336 508 070	727 222 345	794 351 650
Turquie	138 992 395	162 704 018	78 673 314	78 828 983

StatLink https://dx.doi.org/10.1787/888934302747

Tableau A.4. **Recettes nettes perçues par l'administration fiscale, par type d'impôt : taxe sur la valeur ajoutée, droits d'accise (intérieurs) et autres impôts**

Juridiction	Recettes nettes perçues par l'administration fiscale (en milliers, monnaie locale)					
	Taxe sur la valeur ajoutée (y compris TVA brute sur les importations même recouvrée par les douanes)		Droits d'accise (intérieurs)		Autres impôts	
	2018	2019	2018	2019	2018	2019
Afrique du Sud	297 997 587	324 765 977	37 355 875	40 829 690	197 968 724	213 877 416
Allemagne	234 800 469	243 255 526			52 948 976	55 501 834
Arabie saoudite	55 334 639	58 178 098	12 524 076	14 078 179	22 006 163	26 774 020
Argentine	1 104 580 290	1 532 596 903	75 323 825	95 832 298	361 106 722	561 616 982
Australie	63 265 148	65 269 562	22 702 968	23 300 321	3 279 220	3 888 221
Autriche	29 347 098	30 046 196			15 163 700	15 066 400
Belgique	31 024 414	31 463 399			13 773 602	13 989 095
Brésil	305 318 938	290 821 547	11 938 879	11 992 776	248 448 880	272 766 839
Bulgarie	9 966 988	10 969 736			266 213	265 862
Canada[1]	42 940 492	43 631 505	3 708 749	3 998 776	14 391 599	16 065 543
Chili	16 211 646 000	16 348 943 000	2 106 535 000	2 222 532 000	568 332 694	796 730 601
Chine (République populaire de)	7 767 086 820	7 756 789 830	1 080 010 830	1 269 305 890	3 138 892 360	3 315 924 800
Chypre	1 822 626	2 039 102			552 171	632 176
Colombie	55 879 110 000	61 938 202 371	3 881 439 487	4 404 758 275	7 363 350 654	10 189 718 903
Corée	70 009 108 134	70 828 267 830	32 738 617 979	31 332 093 839	24 819 395 491	25 954 392 040
Costa Rica	1 487 620 010	1 634 985 940	414 622 020	411 399 470	611 451 800	697 785 430
Croatie	51 767 412	54 966 285			3 612 471	3 746 204
Danemark	217 497 897	234 197 010	115 933 595	107 211 508	29 598 742	13 441 432
Espagne	70 176 790	71 537 923	20 528 164	21 379 728	6 199 684	5 069 108
Estonie	2 312 620	2 454 652	1 040 641	1 066 056	90 720	94 125
États-Unis	0	0	72 402 321	79 185 812	22 943 348	16 636 554
Finlande	17 760 300	18 950 900	7 414 100	7 197 600	6 407 500	6 637 600
France	171 081 069	174 803 989			73 530 000	68 082 000
Géorgie	3 917 490	4 630 474	176 043	143 169	1 919 649	1 686 567
Grèce	14 292 841	15 692 216	7 101 847	7 122 319	12 065 045	9 654 155
Hong Kong (Chine)	0	0			119 889 912	105 088 490
Hongrie	3 928 685 800	4 532 379 000	1 111 884 800	1 176 375 700	2 005 474 500	2 061 159 700
Inde	0	0			233 338 600	124 951 400
Indonésie	537 433 094 789	551 777 415 176			26 778 241 373	28 969 686 404
Irlande	14 207 813	15 167 341	5 433 001	5 865 295	3 307 489	3 453 879
Islande	231 406 000	242 715 000			164 112 000	161 028 000
Israël	97 876 300	100 818 000	19 223 000	19 796 000	28 818 437	29 216 798
Italie[2]	89 034 000	91 906 000			103 812 122	104 165 860
Japon	16 043 390 000	15 825 677 000			8 382 682 000	8 469 077 000
Kenya	356 776 808	409 526 230	84 535 089	107 275 130	374 934 332	396 395 461
Lettonie	2 456 969	2 648 347	1 029 214	1 064 055	243 934	238 842
Lituanie	3 540 087	3 775 878	1 420 854	1 465 544	225 255	231 280

Tableau A.4. **Recettes nettes perçues par l'administration fiscale, par type d'impôt : taxe sur la valeur ajoutée, droits d'accise (intérieurs) et autres impôts** *(suite)*

	Recettes nettes perçues par l'administration fiscale (en milliers, monnaie locale)					
	Taxe sur la valeur ajoutée (y compris TVA brute sur les importations même recouvrée par les douanes)		Droits d'accise (intérieurs)		Autres impôts	
Juridiction	**2018**	**2019**	**2018**	**2019**	**2018**	**2019**
Luxembourg	3 723 926	3 948 031			2 299 968	2 420 361
Malaisie	0	0			7 544 968	8 194 950
Malte	927 970	944 741			192 531	189 349
Maroc	88 720 018	88 494 268			21 428 000	23 001 000
Mexique	922 238 289	933 326 766	347 435 486	460 495 587	127 712 373	120 998 282
Norvège	295 120 775	305 885 892	92 602 554	90 109 171	111 043 798	162 463 794
Nouvelle-Zélande	28 108 931	29 650 306			425 603	420 784
Pays-Bas	52 342 283	56 472 736			24 889 535	27 610 143
Pérou	48 031 594	48 444 996	3 508 245	4 964 961	13 460 953	14 911 655
Pologne	174 947 071	180 891 751	72 108 486	72 395 920	8 098 695	8 573 408
Portugal	17 414 498	18 628 206	5 170 385	5 443 130	6 212 200	6 224 383
République slovaque	6 316 156	6 830 155			715 918	749 655
République tchèque	413 312 379	431 607 415			40 516 236	41 408 038
Roumanie	59 606 124	65 417 176	27 193 167	30 243 891	3 069 747	4 797 468
Royaume-Uni	128 619 649	135 595 776	20 300 000	21 300 000	83 000 000	84 900 000
Russie	3 761 173 371	4 481 741 841	1 493 162 933	1 277 474 684	7 634 597 641	7 672 476 987
Singapour	10 962 571	11 140 464			12 035 532	11 920 047
Slovénie	3 756 848	3 871 523	1 559 767	1 543 292	856 723	894 898
Suède	445 643 000	459 887 000	134 295 000	137 940 000	0	0
Suisse	22 697 291	22 591 343			10 630 418	12 161 168
Thaïlande	574 750 139	540 273 945			76 547 534	79 356 508
Turquie	178 616 022	180 316 251	133 906 012	147 134 147	91 348 613	104 463 676

StatLink https://dx.doi.org/10.1787/888934302766

1. Canada : La TVA n'inclut pas la TVA brute sur les importations.
2. Italie : La TVA n'inclut pas la TVA brute sur les importations.

Tableau A.5. **Composition de la taxe sur la valeur ajoutée collectée par l'administration fiscale**

	Composition de la taxe sur la valeur ajoutée collectée par l'administration fiscale (en milliers, monnaie locale)					
	Taxe sur la valeur ajoutée (intérieure brute)		Taxe sur la valeur ajoutée (importations brutes) même recouvrée par les douanes		Remboursements de la taxe sur la valeur ajoutée	
Juridiction	2018	2019	2018	2019	2018	2019
Afrique du Sud	336 206 554	378 732 651	152 861 677	175 184 585	191 070 644	229 151 259
Allemagne[1]	175 437 173	183 112 738	59 363 296	60 142 788	0	0
Arabie saoudite	38 311 184	47 341 498	21 853 081	24 400 669	4 829 626	13 564 069
Argentine	767 719 275	1 097 201 136	360 261 015	481 095 767	23 400 000	45 700 000
Australie	119 142 148	125 075 562	3 900 000	4 200 000	59 777 000	64 006 000
Autriche	42 720 890	44 570 270	287 844	276 502	13 661 636	14 800 576
Belgique	46 166 428	47 155 974	455 805	468 730	15 597 819	16 161 305
Brésil	252 235 912	239 132 993	58 957 294	63 250 337	5 874 268	11 561 783
Bulgarie	12 472 423	13 817 983	4 466 758	4 266 867	6 972 193	7 115 114
Canada[2]	42 940 492	43 631 505	D	D	0	0
Chili	14 420 539 000	15 457 314 000	8 413 733 000	8 622 479 000	6 622 626 000	7 730 850 000
Chine (République populaire de)[3]	6 143 038 350	6 242 326 130	1 624 048 470	1 514 463 700	0	0
Chypre	1 831 180	1 943 285	478 336	490 848	486 890	395 031
Colombie	40 856 077 708	44 390 408 427	19 061 511 770	22 032 861 844	4 038 479 478	4 485 067 900
Corée[4]	25 283 853 896	28 278 557 991	44 725 254 238	42 549 709 839	0	0
Costa Rica[5]	779 416 350	958 750 120	708 203 660	676 235 820	0	0
Croatie	53 851 845	57 879 819	9 208 577	8 439 537	11 293 010	11 353 071
Danemark	511 118 807	547 524 113	-547 088	-750 609	293 073 822	312 576 494
Espagne	79 671 246	82 359 627	16 484 357	17 281 728	25 978 813	28 103 432
Estonie	2 038 155	2 180 894	280 934	281 522	6 469	7 764
États-Unis						
Finlande[6]	30 901 200	32 141 100	0	0	13 140 900	13 190 200
France	198 354 470	203 105 810	27 653 527	31 295 856	54 926 928	59 597 677
Géorgie	1 076 847	1 515 661	3 350 062	3 723 360	509 419	608 547
Grèce	13 489 141	12 381 294	2 730 893	5 411 144	1 927 193	2 100 222
Hong Kong (Chine)						
Hongrie	6 654 796 300	7 385 481 100	276 725 600	298 930 100	3 002 836 100	3 152 032 200
Inde						
Indonésie	428 576 029 238	457 342 570 305	190 522 489 882	176 100 269 202	81 665 424 331	81 665 424 331
Irlande	17 434 671	18 926 454	1 905 539	2 008 117	5 132 397	5 767 230
Islande	76 879 000	83 201 000	175 577 000	183 120 000	21 050 000	23 606 000
Israël	85 889 000	91 349 000	45 889 300	46 455 000	33 902 000	36 986 000
Italie	119 367 000	122 990 000	D	D	30 333 000	31 084 000
Japon[7]	22 233 872 000	22 446 204 000	0	0	6 190 482 000	6 620 527 000
Kenya	219 499 363	244 748 287	151 677 445	179 177 943	14 400 000	14 400 000
Lettonie	3 268 105	3 472 386	76 067	72 976	887 203	897 015
Lituanie	4 728 954	4 972 425	36 812	36 254	1 225 679	1 232 801
Luxembourg[8]	5 347 663	5 614 888	0	0	1 623 737	1 666 857

Tableau A.5. **Composition de la taxe sur la valeur ajoutée collectée par l'administration fiscale** *(suite)*

	Composition de la taxe sur la valeur ajoutée collectée par l'administration fiscale (en milliers, monnaie locale)					
	Taxe sur la valeur ajoutée (intérieure brute)		Taxe sur la valeur ajoutée (importations brutes) même recouvrée par les douanes		Remboursements de la taxe sur la valeur ajoutée	
Juridiction	**2018**	**2019**	**2018**	**2019**	**2018**	**2019**
Malaisie						
Malte	986 273	1 060 621	131 689	154 546	189 992	270 426
Maroc	38 877 000	41 339 000	54 792 800	54 229 200	4 949 782	7 073 932
Mexique	934 305 675	953 802 962	714 696 806	680 779 401	726 764 192	701 255 597
Norvège	393 509 089	414 407 679	1 820 214	1 712 327	100 208 528	110 234 114
Nouvelle-Zélande	31 774 795	33 397 969	9 420 487	10 257 202	13 086 351	14 004 865
Pays-Bas	83 659 332	89 947 796	846 663	843 523	32 163 712	34 318 583
Pérou	35 124 963	37 891 702	25 541 126	25 612 562	12 634 495	15 059 268
Pologne	256 692 275	278 182 217	14 959 551	15 825 185	96 704 755	113 115 651
Portugal	22 444 119	23 883 993	947 982	523 492	5 977 603	5 779 279
République slovaque	10 301 542	10 954 630	2 673 078	2 694 428	6 658 464	6 818 903
République tchèque	732 291 617	765 811 384	299 811	296 338	319 279 049	334 500 307
Roumanie	67 727 188	75 223 143	8 285 721	8 984 038	16 406 785	18 790 005
Royaume-Uni	184 799 962	194 534 329	30 263 271	32 811 765	86 443 584	91 750 318
Russie[9]	3 574 613 815	4 257 770 868	186 559 556	223 970 973	0	0
Singapour	14 670 703	15 086 779	5 563 684	5 961 804	9 271 816	9 908 119
Slovénie	5 645 985	5 836 718	129 152	124 324	2 018 289	2 089 519
Suède[10]	674 535 000	704 180 000	0	0	228 892 000	244 293 000
Suisse	21 483 112	21 614 500	10 898 311	10 918 883	9 684 132	9 942 040
Thaïlande	469 972 530	473 551 483	323 026 080	326 116 763	218 248 471	259 394 301
Turquie	128 359 938	144 851 653	122 301 655	124 888 514	72 045 571	89 423 916

StatLink https://dx.doi.org/10.1787/888934302785

D Données non disponibles

1. Allemagne : La TVA (intérieure brute) inclut les remboursements de TVA.
2. Canada : La TVA (intérieure brute) inclut les remboursements de TVA.
3. Chine (République populaire de) : La TVA (intérieure brute) inclut les remboursements de TVA.
4. Corée : La TVA (intérieure brute) inclut les remboursements de TVA.
5. Costa Rica : La TVA (intérieure brute) inclut les remboursements de TVA.
6. Finlande : La TVA (intérieure brute) inclut la TVA (sur les importations).
7. Japon : La TVA (intérieure brute) inclut la TVA (sur les importations).
8. Luxembourg : La TVA (intérieure brute) inclut la TVA (sur les importations).
9. Russie : La TVA (intérieure brute) inclut les remboursements de TVA.
10. Suède : La TVA (intérieure brute) inclut la TVA (sur les importations).

Tableau A.6. **Recettes nettes perçues par l'administration fiscale, par type d'impôt : CSS et recettes non fiscales**

	Recettes nettes perçues par l'administration fiscale (en milliers, monnaie locale)			
	Cotisations de sécurité sociale		Recettes non fiscales	
Juridiction	2018	2019	2018	2019
Afrique du Sud	18 271 131	19 116 523	7 797 028	9 025 257
Allemagne				
Arabie saoudite				
Argentine	905 447 455	1 212 552 621	273 793 995	375 376 059
Australie			454 553	84 542
Autriche				
Belgique			4 279 046	3 947 429
Brésil	411 242 842	436 430 395		
Bulgarie	9 277 149	10 332 067	398 921	450 496
Canada	70 047 286	73 986 222	4 310 137	6 082 518
Chili				
Chine (République populaire de)	2 554 761 830	3 889 792 470	495 529 010	633 764 150
Chypre				
Colombie				
Corée			1 039 555 161	1 004 434 095
Costa Rica				
Croatie	44 923 758	46 452 490	37 702	43 416
Danemark	91 222 938	95 179 596		
Espagne			4 083 895	4 195 657
Estonie	3 383 640	3 705 927	155 829	156 386
États-Unis	1 129 344 468	1 203 833 015		
Finlande	760 800	698 400		
France			91 499 000	75 861 000
Géorgie				
Grèce			4 419 118	8 613 966
Hong Kong (Chine)				
Hongrie	4 648 588 900	5 027 299 600		
Inde				
Indonésie				
Irlande	11 155 104	12 252 225	2 922 137	3 577 600
Islande	96 564 000	97 494 000		
Israël				
Italie				
Japon				
Kenya			95 090 444	105 388 818
Lettonie	3 204 464	3 509 877	445 035	463 770
Lituanie			429 247	436 899
Luxembourg			186 303	192 320
Malaisie			2 712	8 463

Tableau A.6. **Recettes nettes perçues par l'administration fiscale, par type d'impôt : CSS et recettes non fiscales** *(suite)*

	Recettes nettes perçues par l'administration fiscale (en milliers, monnaie locale)			
	Cotisations de sécurité sociale		Recettes non fiscales	
Juridiction	**2018**	**2019**	**2018**	**2019**
Malte	967 830	1 046 139	1 417	568
Maroc				
Mexique			833 237 896	830 026 725
Norvège	141 693 806	147 759 046	7 550 233	9 028 479
Nouvelle-Zélande			834 947	1 599 627
Pays-Bas	91 532 696	91 230 072	5 527 788	6 727 020
Pérou	14 816 264	15 478 438	1 081 625	1 514 717
Pologne			28 887 911	31 379 034
Portugal			298 908	314 449
République slovaque			236 424	128 252
République tchèque			6 202 898	4 782 242
Roumanie	97 782 107	111 556 689	14 075 579	13 567 034
Royaume-Uni	130 500 000	135 000 000	4 100 000	3 600 000
Russie	6 416 843 367	7 038 733 168	186 301 715	233 622 616
Singapour				
Slovénie	7 034 924	7 530 764	104 202	108 343
Suède	699 700 000	724 600 000		
Suisse				
Thaïlande				
Turquie				

StatLink https://dx.doi.org/10.1787/888934302804

Tableau A.7. **Dépenses de l'administration fiscale**

Juridiction	Dépenses de l'administration fiscale (en milliers, monnaie locale)[1]							
	Dépenses de fonctionnement		Salaires		Technologies de l'information et de la communication (TIC)		Dépenses d'investissement	
	2018	2019	2018	2019	2018	2019	2018	2019
Afrique du Sud	8 205 145	8 032 382	5 649 829	5 623 829	72 324	62 329	26 959	49 018
Allemagne	9 669 547	10 029 757	8 081 300	8 340 986	879 254	975 035	287 700	277 336
Arabie saoudite	1 042 386	1 526 861	552 265	810 483	102 195	202 187	82 135	91 394
Argentine	38 742 701	54 665 678	36 676 060	51 833 002	131 337	585 716	63 629	624 413
Australie	3 581 480	3 630 168	1 977 679	1 953 172	465 956	443 669	201 685	144 866
Autriche	586 078	601 182	503 745	517 671	130 000	140 000	632	517
Belgique	922 789	909 649	743 517	736 560	41 513	39 233	D	D
Brésil	5 900 217	5 810 120	4 274 939	4 231 599	170 373	179 543	2 669	2 222
Bulgarie	207 787	230 552	177 190	196 754	6 868	40 213	9 606	35 005
Canada	4 915 828	5 115 836	3 651 742	3 784 269	706 104	831 423	89 687	71 606
Chili	222 346 081	222 886 291	198 201 025	200 334 499	19 971 852	22 181 328	5 631 037	5 441 472
Chine (République populaire de)	D	110 564 273	D	65 293 499	D	1 759 569	D	3 686 407
Chypre	38 648	39 898	30 712	32 375	607	585	24	76
Colombie	1 048 964 985	1 131 507 943	870 920 283	945 635 574	52 358 259	78 890 651	104 928 785	121 888 289
Corée	1 613 431 330	1 669 286 179	1 171 131 137	1 213 281 278	93 617 638	104 081 637	25 401 141	42 871 005
Costa Rica	48 162 090	48 182 732	22 750 263	22 174 921	10 812 977	11 045 717	1 132 057	1 210 983
Croatie	791 721	821 315	506 903	523 355	150 816	147 514	41 994	63 066
Danemark	6 885 052	8 449 573	3 556 589	3 913 153	1 515 696	2 168 439	1 497 846	1 808 020
Espagne	1 076 214	1 138 158	878 625	942 578	59 080	57 550	30 709	24 629
Estonie[2]	27 169	28 199	19 997	20 447	58	77	304	100
États-Unis	11 202 194	11 204 900	8 172 955	8 328 385	2 772 321	2 821 332	544 254	620 342
Finlande	414 448	422 753	258 124	265 664	98 479	100 993	86	28
France	3 580 419	3 422 846	3 093 061	3 054 018	203 098	196 546	D	D
Géorgie	37 651	40 853	30 522	33 742	902	1 327	998	2 272
Grèce[3]	320 346	315 645	279 197	276 288	223	1 317	412	1 498
Hong Kong (Chine)	1 539 230	1 605 078	1 340 026	1 393 159	166 876	171 366	77 070	61 289
Hongrie	161 126 093	188 858 773	106 940 802	108 716 387	D	D	D	D

Tableau A.7. **Dépenses de l'administration fiscale** *(suite)*

Juridiction	Dépenses de l'administration fiscale (en milliers, monnaie locale)[1]							
	Dépenses de fonctionnement		Salaires		Technologies de l'information et de la communication (TIC)		Dépenses d'investissement	
	2018	2019	2018	2019	2018	2019	2018	2019
Inde	60 876 480	70 758 899	36 392 489	39 464 346	6 661 290	8 680 778	1 816 771	2 440 458
Indonésie	6 192 874 803	6 504 839 684	2 400 520 431	2 683 779 258	103 062 389	29 001 042	541 494 885	433 184 402
Irlande	342 545	342 474	244 311	242 957	7 615	7 354	1 645	1 729
Islande	3 162 188	3 686 179	2 456 194	2 793 807	422 417	504 272	191 080	372 114
Israël	2 800 192	2 896 099	1 659 226	1 710 062	336 448	357 385	97 732	100 144
Italie	3 111 672	3 027 825	1 782 871	1 824 105	286 300	286 531	95 530	11 775
Japon	700 416 000	702 647 000	559 804 000	550 548 000	48 820 000	49 561 000	D	D
Kenya	10 060 326	9 504 340	8 916 003	8 342 550	21 067	36 546	124 244	1 326
Lettonie	82 467	79 964	53 393	53 965	11 574	10 654	8 734	4 992
Lituanie	52 653	59 128	43 941	50 116	7 453	9 393	3 959	6 235
Luxembourg	123 580	136 306	106 000	113 731	2 231	2 756	563	394
Malaisie	2 261 698	2 361 110	1 614 301	1 644 104	158 170	153 919	116 151	59 678
Malte	D	D	7 791 021	9 102 754	2 400	2 050	D	D
Maroc	843 071	885 120	690 462	706 191	91 493	84 961	64 314	89 514
Mexique	12 754 449	10 673 737	10 060 723	8 468 185	602 950	525 149	0	4 961
Norvège	6 055 634	6 102 977	4 505 882	4 571 936	1 169 212	1 256 595	529 263	523 352
Nouvelle-Zélande	543 676	563 235	268 386	278 173	57 725	73 851	70 286	73 112
Pays-Bas	1 899 427	2 224 396	1 403 654	1 450 171	377 450	510 747	49 497	50 578
Pérou	1 132 110	1 110 398	777 272	772 443	123 883	130 290	70 644	90 710
Pologne	4 014 933	4 389 223	3 283 641	3 687 739	42 515	47 129	4 694	4 054
Portugal	502 548	535 315	394 849	423 923	26 029	30 355	24 225	18 558
République slovaque	203 359	241 725	124 578	144 904	14 301	10 032	5 452	12 210
République tchèque	11 695 399	12 197 041	7 217 945	7 559 634	1 138 606	1 285 034	401 244	455 590
Roumanie	2 290 384	2 410 453	2 054 316	2 215 332	D	D	D	D
Royaume-Uni	3 361 694	3 624 556	2 116 159	2 299 303	580 816	605 108	273 270	353 478
Russie	141 400 000	159 100 000	112 500 000	130 500 000	19 792 369	18 161 976	3 700 000	4 100 000
Singapour	424 259	421 950	257 418	258 719	113 345	111 234	16 576	16 191

Tableau A.7. **Dépenses de l'administration fiscale** *(suite)*

	Dépenses de l'administration fiscale (en milliers, monnaie locale)[1]							
	Dépenses de fonctionnement		Salaires		Technologies de l'information et de la communication (TIC)		Dépenses d'investissement	
Juridiction	**2018**	**2019**	**2018**	**2019**	**2018**	**2019**	**2018**	**2019**
Slovénie	118 873	127 168	98 911	104 783	11 055	12 939	9 829	11 884
Suède	8 488 562	8 612 181	6 228 075	6 188 971	1 793 000	1 656 000	291 264	311 079
Suisse	265 824	261 273	165 407	169 308	54 451	41 316	1 806	494
Thaïlande	9 280 645	9 634 815	6 892 408	7 209 961	495 000	495 000	332 914	53 105
Turquie	3 226 727	3 672 736	2 708 687	3 243 681	137 490	149 477	152 213	159 848

StatLink https://dx.doi.org/10.1787/888934302823

D Données non disponibles

1. Note : Les chiffres relatifs aux dépenses ont été estimés par certaines administrations.
2. Estonie : Les dépenses TIC sont communiquées par le « Centre des technologies de l'information du ministère des Finances ». L'ensemble des dépenses et des investissements sont gérés par ce Centre.
3. Grèce : Les dépenses TIC n'incluent pas les salaires du personnel TIC.

Tableau A.8. Personnel de l'administration fiscale : total et par fonction

Juridiction	Total des ETP de l'administration fiscale[1]		ETP par fonction[1] – Enregistrement, services aux contribuables, traitement des déclarations et des paiements		ETP par fonction[1] – Contrôles, enquêtes et autres vérifications		ETP par fonction[1] – Recouvrement de créances et fonctions connexes		ETP par fonction[1] – Autres fonctions		Pourcentage du personnel affecté à des fonctions centrales[1]	
	2018	2019	2018	2019	2018	2019	2018	2019	2018	2019	2018	2019
Afrique du Sud	10 169	9 510	3 670	3 299	2 225	2 097	1 173	1 034	3 101	3 080	7.0	8.0
Allemagne	110 071	109 769	24 639	24 533	39 897	38 183	8 199	8 143	37 336	38 910	6.4	6.7
Arabie saoudite	2 876	2 839	181	404	1 421	1 394	7	91	1 267	950	68.0	70.0
Argentine	14 743	15 389	982	969	3 986	4 094	3 425	3 535	6 350	6 791	15.0	17.0
Australie	18 236	17 412	2 581	2 107	5 277	5 337	1 321	1 259	9 057	8 709	11.0	11.0
Autriche	7 880	7 904	1 857	1 880	4 009	3 981	394	401	1 620	1 642	2.8	2.8
Belgique	15 735	15 548	6 303	6 290	6 156	6 012	1 517	1 489	1 759	1 757	12.0	12.0
Brésil	12 875	11 540	3 765	3 375	3 228	2 894	2 476	2 220	3 406	3 051	7.3	5.5
Bulgarie	7 886	7 886	373	365	3 621	3 577	769	771	3 123	3 173	21.0	22.0
Canada	39 765	41 075	8 611	9 201	9 757	9 962	10 074	10 699	11 323	11 213	27.6	27.7
Chili	4 978	5 014	823	828	2 281	2 291	0	0	1 874	1 895	23.0	23.0
Chine (République populaire de)	740 196	720 258	D	D	D	D	D	D	D	D	0.2	0.2
Chypre	760	745	269	264	275	270	127	124	89	87	16.0	16.0
Colombie	6 813	7 360	1 610	1 739	2 707	2 924	1 010	1 091	1 486	1 606	17.5	17.5
Corée	20 368	20 874	10 897	11 314	4 430	4 496	1 298	1 253	3 743	3 811	4.3	4.5
Costa Rica	958	935	100	102	452	420	109	112	297	301	26.0	28.0
Croatie	3 949	3 899	2 075	2 037	799	787	520	514	555	561	8.0	9.0
Danemark	8 010	8 540	1 688	1 741	1 632	1 687	1 494	1 577	3 196	3 535	8.4	8.0
Espagne	20 317	20 730	3 276	3 331	8 984	9 178	4 076	4 207	3 981	4 014	18.2	18.6
Estonie	773	742	290	234	335	360	52	56	96	92	17.6	17.6
États-Unis	73 519	73 554	27 671	28 644	20 782	19 742	8 662	8 454	16 404	16 714	6.3	6.4
Finlande	4 978	4 998	905	898	1 157	1 156	114	109	2 802	2 835	15.0	17.0
France	45 800	44 739	12 966	12 834	11 227	10 944	8 842	8 478	12 765	12 483	3.7	3.8
Géorgie	1 920	2 030	447	485	854	878	63	60	556	607	6.0	9.0

Tableau A.8. **Personnel de l'administration fiscale : total et par fonction** *(suite)*

Juridiction	Total des ETP de l'administration fiscale[1]		ETP par fonction[1] – Enregistrement, services aux contribuables, traitement des déclarations et des paiements		ETP par fonction[1] – Contrôles, enquêtes et autres vérifications		ETP par fonction[1] – Recouvrement de créances et fonctions connexes		ETP par fonction[1] – Autres fonctions		Pourcentage du personnel affecté à des fonctions centrales[1]	
	2018	2019	2018	2019	2018	2019	2018	2019	2018	2019	2018	2019
Grèce	8 216	8 532	D	D	D	D	D	D	D	D	14.3	11.3
Hong Kong (Chine)	2 852	2 889	1 828	1 845	239	239	222	222	563	583	10.9	10.8
Hongrie	14 132	13 702	3 335	3 278	4 927	4 700	3 320	3 223	2 550	2 501	41.2	43.6
Inde	42 229	42 153	D	D	D	D	D	D	D	D	D	D
Indonésie	45 341	46 517	10 383	10 887	7 028	7 853	700	677	27 230	27 100	14.4	13.3
Irlande	4 928	5 040	1 926	2 210	1 799	2 003	516	565	687	262	32.4	30.4
Islande[2]	226	253	128	123	37	43	0	29	61	58	72.0	61.0
Israël	6 422	6 720	1 744	1 794	1 539	1 706	461	467	2 678	2 753	21.0	20.0
Italie	37 853	35 625	11 554	10 957	13 650	12 893	987	913	11 662	10 862	6.2	6.1
Japon	55 667	55 724	D	D	D	D	D	D	D	D	1.7	1.8
Kenya	2 671	2 861	534	572	1 336	1 431	801	858	0	0	30.0	40.0
Lettonie	2 679	2 678	1 178	1 108	787	826	225	223	489	521	D	D
Lituanie[3]	2 837	2 659	1 425	976	766	1 039	172	166	474	478	47.0	50.0
Luxembourg	1 128	1 153	142	153	681	690	72	71	233	239	19.9	19.7
Malaisie	12 889	13 211	3 736	4 136	3 831	3 834	1 205	1 217	4 117	4 024	14.8	14.4
Malte	368	368	D	D	144	145	87	87	D	D	15.5	17.1
Maroc	5 085	4 939	2 486	2 408	621	598	685	640	1 293	1 293	11.0	11.0
Mexique	35 202	33 058	3 424	3 373	10 462	9 855	6 186	5 523	15 130	14 307	12.0	12.0
Norvège	5 880	6 054	1 038	978	2 135	2 633	308	288	2 399	2 155	6.4	10.2
Nouvelle-Zélande	5 135	4 888	1 545	878	747	136	547	1 128	2 296	2 746	28.0	29.0
Pays-Bas	19 736	20 390	3 419	3 318	7 172	7 318	1 606	1 531	7 539	8 223	2.4	2.1
Pérou	6 929	6 821	1 245	1 274	2 517	2 422	898	940	2 269	2 185	15.0	15.1
Pologne	45 976	46 561	13 509	13 612	4 183	4 249	7 132	7 199	21 152	21 501	2.5	2.5
Portugal	9 660	9 869	5 195	5 431	1 835	1 830	1 141	1 137	1 489	1 471	18.4	18.1
République slovaque	5 715	5 596	2 326	2 317	1 510	1 491	285	285	1 594	1 503	6.6	6.4

Tableau A.8. **Personnel de l'administration fiscale : total et par fonction** *(suite)*

			ETP par fonction[1]									
	Total des ETP de l'administration fiscale[1]		Enregistrement, services aux contribuables, traitement des déclarations et des paiements		Contrôles, enquêtes et autres vérifications		Recouvrement de créances et fonctions connexes		Autres fonctions		Pourcentage du personnel affecté à des fonctions centrales[1]	
Juridiction	**2018**	**2019**	**2018**	**2019**	**2018**	**2019**	**2018**	**2019**	**2018**	**2019**	**2018**	**2019**
République tchèque	15 540	15 232	6 686	6 598	3 256	3 185	1 028	1 008	4 570	4 441	1.0	1.0
Roumanie	20 527	19 732	5 063	4 832	5 522	5 073	2 837	2 904	7 105	6 923	10.9	10.4
Royaume-Uni	58 670	54 072	18 165	15 940	16 025	16 366	4 753	4 331	19 727	17 435	9.0	11.0
Russie	145 584	145 299	24 187	23 798	78 594	78 348	16 728	17 012	26 075	26 141	10.9	11.1
Singapour	1 911	1 898	784	764	387	390	203	208	537	536	28.0	28.0
Slovénie	3 148	3 128	1 260	1 276	686	672	492	483	710	697	14.4	14.1
Suède	9 566	9 356	3 714	3 569	2 401	3 031	221	214	3 230	2 542	6.3	7.5
Suisse	1 056	1 091	78	85	264	275	63	65	651	666	22.4	22.8
Thaïlande	22 093	21 726	6 115	5 957	5 461	5 472	1 701	1 666	8 816	8 631	10.4	10.5
Turquie	38 507	38 019	D	D	D	D	D	D	D	D	1.2	1.9

StatLink https://dx.doi.org/10.1787/888934302842

D Données non disponibles

1. Notes : Les chiffres relatifs aux ETP et au personnel ont été estimés par certaines administrations.
2. Islande : Le 1er mai 2019, le recouvrement des créances a été transféré de la Direction des douanes à la Direction des impôts.
3. Lituanie : En 2019, l'administration fiscale a connu une transformation structurelle de grande ampleur qui s'est traduite par le transfert d'un certain nombre d'agents exerçant des fonctions de services aux contribuables à des fonctions de vérification.

Tableau A.9. **Solutions des technologies de l'information et de la communication (TIC) dont sont dotées les administrations fiscales**

	Les solutions TIC opérationnelles de l'administration sont...					
	Personnalisées		Produits logiciels du commerce (PLC) sur site		Logiciels-services (SaaS, c'est-à-dire en nuage)	
Juridiction	**2018**	**2019**	**2018**	**2019**	**2018**	**2019**
Argentine	■	■	□	□	□	□
Afrique du Sud	■	■	■	■	■	■
Allemagne	■	■	■	■	■	■
Arabie saoudite	■	■	■	■	■	■
Australie	■	■	■	■	■	■
Autriche	■	■	□	□	□	□
Belgique	■	■	■	■	■	■
Brésil	■	■	■	■	■	■
Bulgarie	■	■	■	■	□	□
Canada	■	■	■	■	■	■
Chili	■	■	■	■	■	■
Chine (République populaire de)	■	■	■	■	■	■
Chypre	■	■	□	□	□	□
Colombie	■	■	□	□	■	■
Corée	■	■	□	□	□	□
Costa Rica	□	□	□	□	□	■
Croatie	■	■	□	□	□	□
Danemark	■	■	■	■	■	■
Espagne	■	■	□	□	□	□
Estonie	■	■	■	■	■	■
États-Unis	■	■	■	■	■	■
Finlande	■	■	■	■	■	■
France	■	■	□	□	■	■
Géorgie	■	■	□	□	□	□
Grèce	■	■	■	■	□	□
Hong Kong (Chine)	■	■	■	■	□	□
Hongrie	■	■	□	□	□	□
Inde	■	■	□	□	■	■
Indonésie	■	■	■	■	■	■
Irlande	■	■	■	■	□	□
Islande	■	■	■	■	□	□
Israël	■	■	■	■	□	□
Italie	■	■	■	■	□	□
Japon	■	■	□	□	□	□
Kenya	■	■	■	■	□	□
Lettonie	■	■	■	■	□	□
Lituanie	■	■	■	■	□	□
Luxembourg	■	■	□	□	□	□

Tableau A.9. Solutions des technologies de l'information et de la communication (TIC) dont sont dotées les administrations fiscales *(suite)*

	Les solutions TIC opérationnelles de l'administration sont...					
	Personnalisées		Produits logiciels du commerce (PLC) sur site		Logiciels-services (SaaS, c'est-à-dire en nuage)	
Juridiction	2018	2019	2018	2019	2018	2019
Malaisie	■	■	■	■	■	■
Malte	□	□	□	□	□	□
Maroc	■	■	□	□	□	□
Mexique	■	■	■	■	■	■
Norvège	■	■	■	■	■	■
Nouvelle-Zélande	■	■	■	■	■	■
Pays-Bas	■	■	■	■	□	□
Pérou	■	■	□	□	■	■
Pologne	■	■	□	□	□	□
Portugal	■	■	□	□	□	□
République slovaque	■	■	■	■	■	■
République tchèque	■	■	□	□	□	□
Roumanie	■	■	□	□	□	□
Royaume-Uni	■	■	■	■	■	■
Russie	■	■	□	□	□	□
Singapour	■	■	■	■	■	■
Slovénie	■	■	■	■	■	■
Suède	■	■	□	□	■	■
Suisse	■	■	■	■	■	■
Thaïlande	■	■	■	■	□	□
Turquie	■	■	□	□	□	□

StatLink https://dx.doi.org/10.1787/888934302861

■ Oui

□ Non

Tableau A.10. **Indicateurs relatifs au personnel : Niveaux des effectifs**

	Niveaux des effectifs[1]							
	Effectifs en début d'année		Départs pendant l'année		Recrutements pendant l'année		Effectifs en fin d'année	
Juridiction	**2018**	**2019**	**2018**	**2019**	**2018**	**2019**	**2018**	**2019**
Afrique du Sud	13 583	13 379	1 279	1 190	1 075	555	13 379	12 744
Allemagne	105 241	110 071	D	D	D	D	110 071	109 769
Arabie saoudite	2 518	2 876	96	165	454	128	2 876	2 839
Argentine	21 756	20 838	1 045	619	127	1 742	20 838	21 961
Australie	20 682	20 350	1 928	2 297	1 596	1 104	20 350	19 157
Autriche	9 374	9 408	392	447	426	258	9 408	9 219
Belgique	21 421	20 712	1 466	1 217	757	1 230	20 712	20 725
Brésil	21 797	20 878	919	2 146	0	5	20 878	18 737
Bulgarie	7 686	7 886	527	640	727	640	7 886	7 886
Canada	43 216	44 632	5 851	5 471	7 267	7 659	44 632	46 820
Chili	4 971	4 978	172	104	179	140	4 978	5 014
Chine (République populaire de)[2]	397 491	740 196	49 186	38 736	391 891	18 798	740 196	720 258
Chypre	773	748	40	27	15	36	748	757
Colombie	9 704	9 797	286	344	379	1 131	9 797	10 584
Corée	20 175	20 602	D	D	D	D	20 602	20 804
Costa Rica	947	961	60	65	74	46	961	942
Croatie	3 998	3 934	190	176	126	119	3 934	3 877
Danemark	7 144	8 417	688	829	1 961	1 419	8 417	9 007
Espagne	25 152	24 939	1 114	1 007	901	1 468	24 939	25 400
Estonie	1 459	1 436	98	161	75	109	1 436	1 384
États-Unis	81 310	78 748	9 522	9 292	6 960	8 548	78 748	78 004
Finlande	5 150	5 133	349	306	332	300	5 133	5 127
France	106 492	104 112	4 832	4 734	2 452	2 177	104 112	101 555
Géorgie	3 318	3 513	138	114	316	320	3 496	3 719
Grèce	11 971	11 942	276	249	247	653	11 942	12 346
Hong Kong (Chine)	2 772	2 813	186	209	227	207	2 813	2 811
Hongrie	20 043	19 313	987	1 081	257	506	19 313	18 738
Inde	D	D	D	D	D	D	D	D
Indonésie	43 052	45 341	858	821	3 147	1 997	45 341	46 517
Irlande	6 007	6 110	499	528	602	1 037	6 110	6 619
Islande[3]	221	227	18	15	24	64	227	276
Israël	5 760	5 871	168	356	261	577	5 853	6 092
Italie	38 661	36 771	1 990	2 726	163	340	36 834	34 385
Japon	55 253	55 695	D	D	2 106	2 234	D	D
Kenya	5 196	6 911	219	350	829	1 427	6 911	7 988
Lettonie	3 639	3 636	235	280	232	256	3 636	3 612
Lituanie	3 062	2 813	400	319	151	173	2 813	2 667
Luxembourg	1 164	1 251	67	55	154	77	1 251	1 273
Malaisie	12 985	12 889	710	461	614	783	12 889	13 211

Tableau A.10. **Indicateurs relatifs au personnel : Niveaux des effectifs** *(suite)*

	Niveaux des effectifs[1]							
	Effectifs en début d'année		Départs pendant l'année		Recrutements pendant l'année		Effectifs en fin d'année	
Juridiction	**2018**	**2019**	**2018**	**2019**	**2018**	**2019**	**2018**	**2019**
Malte	371	368	15	17	12	17	368	368
Maroc	5 190	5 085	145	185	40	39	5 085	4 939
Mexique	35 898	35 202	3 953	5 139	3 257	2 995	35 202	33 058
Norvège[4]	6 581	6 509	507	555	435	445	6 509	6 399
Nouvelle-Zélande	5 401	5 135	861	651	595	404	5 135	4 888
Pays-Bas	32 271	32 967	1 457	1 789	2 153	3 553	32 967	34 731
Pérou	10 742	10 689	1 027	1 598	974	1 456	10 689	10 547
Pologne	52 467	54 778	2 167	2 335	4 478	3 047	54 778	55 490
Portugal	10 995	11 015	1 654	1 774	1 674	2 002	11 015	11 243
République slovaque	9 097	9 058	621	676	582	543	9 058	8 925
République tchèque	15 465	15 571	1 233	1 340	1 339	1 036	15 571	15 267
Roumanie	24 342	23 736	1 562	1 794	956	1 136	23 736	23 078
Royaume-Uni	68 722	64 785	8 341	6 886	4 404	6 052	64 785	63 951
Russie	145 580	145 584	24 613	24 915	24 617	24 630	145 584	145 299
Singapour	1 903	1 911	126	176	134	163	1 911	1 898
Slovénie	3 647	3 630	152	162	135	153	3 630	3 621
Suède	10 486	10 746	1 423	1 615	1 683	1 012	10 746	10 143
Suisse	1 104	1 153	115	99	164	124	1 153	1 178
Thaïlande	21 503	22 093	1 273	1 358	1 863	991	22 093	21 726
Turquie	38 983	38 507	2 080	1 983	1 604	1 495	38 507	38 019

StatLink http://dx.doi.org/10.1787/888934302880

D Données non disponibles

1. Note : L'enquête ISORA permettait aux administrations fiscales et douanières intégrées d'indiquer leurs effectifs totaux en réponse aux questions qui sous-tendent ce tableau.
2. Chine (République populaire de) : En 2018, l'administration fiscale de l'État et les administrations fiscales locales ont été fusionnées. Le personnel des administrations fiscales locales qui a été absorbé par l'Administration fiscale de l'État est comptabilisé en tant que recrutements en 2018.
3. Islande : Le 1er mai 2019, le recouvrement des créances a été transféré de la Direction des douanes à la Direction des impôts. Le personnel qui a été absorbé par l'administration fiscale est comptabilisé en tant que recrutements en 2019.
4. Norvège : En 2018, l'administration fiscale norvégienne a repris des fonctions auparavant exercées par l'Agence nationale pour l'emploi et la protection sociale, y compris 170 agents qui sont comptabilisés comme des recrutements en 2018.

Tableau A.11. **Indicateurs relatifs au personnel : Niveau d'études**

Juridiction	Niveau d'études (effectifs à la fin de l'année)[1]			
	Maîtrise (ou supérieur) ou équivalent		Licence ou équivalent	
	2018	2019	2018	2019
Afrique du Sud	474	498	3 524	3 666
Allemagne	23 676	23 964	39 025	38 867
Arabie saoudite	140	309	1 613	1 971
Argentine	916	971	11 901	12 896
Australie	3 201	3 076	5 404	5 174
Autriche	929	932	328	334
Belgique	6 510	6 860	7 147	7 140
Brésil	145	160	15 840	14 852
Bulgarie	6 089	6 087	869	866
Canada	D	D	D	D
Chili	816	833	3 026	3 046
Chine (République populaire de)	46 834	48 675	501 517	497 207
Chypre	142	162	276	277
Colombie	293	345	7 469	7 980
Corée	665	659	17 841	18 170
Costa Rica	102	77	760	731
Croatie	2 194	2 183	640	645
Danemark	D	D	D	D
Espagne	D	D	15 743	15 609
Estonie	365	341	161	170
États-Unis	10 953	11 212	22 882	22 234
Finlande	1 591	1 617	1 053	1 100
France	23 389	22 793	29 780	28 243
Géorgie	1 224	1 286	2 272	2 433
Grèce	2 977	3 564	4 694	4 658
Hong Kong (Chine)	96	93	1 016	1 093
Hongrie[2]	D	D	12 694	12 571
Inde	D	D	D	D
Indonésie	6 120	6 411	15 745	15 942
Irlande	398	431	2 355	2 595
Islande	60	78	86	96
Israël	1 162	1 217	2 064	2 322
Italie	16 907	16 432	1 216	1 176
Japon	D	D	D	D
Kenya	680	719	3 731	7 269
Lettonie	1 099	1 092	949	992
Lituanie	1 426	1 636	1 387	1 031
Luxembourg	93	102	110	108
Malaisie	653	643	5 293	5 553
Malte	38	38	22	23

Tableau A.11. **Indicateurs relatifs au personnel : Niveau d'études** *(suite)*

Juridiction	Niveau d'études (effectifs à la fin de l'année)[1]			
	Maîtrise (ou supérieur) ou équivalent		Licence ou équivalent	
	2018	2019	2018	2019
Maroc	2 881	2 812	590	580
Mexique	432	1 604	10 511	21 122
Norvège	1 995	2 038	3 582	3 489
Nouvelle-Zélande	D	D	D	D
Pays-Bas[3]	5 847	6 673	11 961	12 464
Pérou	1 054	1 224	6 553	6 446
Pologne	38 397	39 187	5 812	5 953
Portugal	423	444	5 237	5 264
République slovaque	5 843	5 808	822	790
République tchèque	5 830	5 775	1 432	1 468
Roumanie	9 637	9 622	12 896	12 356
Royaume-Uni	D	D	D	D
Russie	121 182	118 262	16 413	18 859
Singapour	101	108	1 053	1 088
Slovénie	2 209	2 226	1 421	1 395
Suède[4]	D	D	6 204	6 012
Suisse	D	D	D	D
Thaïlande	5 163	5 049	16 930	16 677
Turquie	2 316	2 550	29 193	29 383

StatLink https://dx.doi.org/10.1787/888934302899

D Données non disponibles

1. Note : L'enquête ISORA permettait aux administrations fiscales et douanières intégrées d'indiquer leurs effectifs totaux en réponse aux questions qui sous-tendent ce tableau.
2. Hongrie : Les chiffres dans la catégorie « Licence » correspondent au nombre total d'agents titulaires d'un diplôme universitaire (licence et/ou maîtrise).
3. Pays-Bas : Les chiffres n'incluent pas les agents contractuels.
4. Suède : Les chiffres dans la catégorie « Licence » correspondent au nombre total d'agents titulaires d'un diplôme universitaire (licence et/ou maîtrise).

Tableau A.12. **Indicateurs relatifs au personnel : Structure par âge**

Juridiction	Structure par âge (effectifs à la fin de l'année)[1]											
	Moins de 25 ans		25 à 34 ans		35 à 44 ans		45 à 54 ans		55 à 64 ans		Plus de 64 ans	
	2018	2019	2018	2019	2018	2019	2018	2019	2018	2019	2018	2019
Afrique du Sud	167	104	2 552	2 004	5 580	5 231	3 870	4 094	1 204	1 305	6	6
Allemagne	3 915	4 048	21 357	21 651	22 722	23 222	31 795	30 493	28 011	28 000	2 271	2 355
Arabie saoudite	470	78	1 874	1 675	464	758	65	272	3	53	0	3
Argentine	121	475	1 725	2 510	4 859	4 905	7 786	7 576	5 882	5 933	465	562
Australie	944	850	4 182	3 837	5 141	4 944	6 017	5 603	3 715	3 574	351	349
Autriche	649	629	931	983	1 060	965	3 580	3 325	3 184	3 311	4	6
Belgique	248	450	3 345	3 447	4 157	4 247	6 182	5 995	6 724	6 502	56	84
Brésil	28	14	1 481	1 161	4 572	4 274	6 908	6 280	6 420	5 672	1 469	1 336
Bulgarie	61	48	1 225	1 249	2 215	2 057	2 709	2 811	1 609	1 645	67	76
Canada	2 298	2 764	7 960	8 995	11 146	11 777	13 386	13 125	8 824	9 045	1 018	1 114
Chili	33	32	879	829	1 609	1 533	1 399	1 522	823	847	235	251
Chine (République populaire de)	34 439	23 447	138 499	146 500	158 895	141 987	318 325	298 760	90 038	109 564	0	0
Chypre	0	0	7	22	262	255	211	210	268	270	0	0
Colombie	143	236	1 408	1 847	2 498	2 751	2 740	2 581	2 725	2 885	283	284
Corée	270	239	4 384	4 432	7 909	7 829	6 586	6 776	1 453	1 528	0	0
Costa Rica	10	12	167	140	219	282	248	280	197	218	120	10
Croatie	6	2	298	282	1 289	1 253	1 099	1 102	1 241	1 237	1	1
Danemark	249	275	1 840	2 204	1 581	1 668	2 252	2 259	2 328	2 414	167	187
Espagne	0	17	1 064	1 518	3 236	3 402	9 044	7 948	10 999	11 828	596	687
Estonie	35	48	297	259	361	345	352	361	314	300	77	71
États-Unis	996	1 333	8 104	8 166	16 168	16 582	23 539	22 104	24 108	23 887	5 833	5 932
Finlande	110	131	846	918	1 042	1 061	1 285	1 231	1 786	1 725	64	61
France	891	843	11 163	11 038	21 723	20 798	33 311	32 882	36 287	35 126	737	868
Géorgie	71	94	1 894	1 930	844	930	411	465	220	236	56	64
Grèce	0	0	569	462	2 868	2 804	3 732	3 747	4 534	4 795	239	538
Hong Kong (Chine)	70	73	649	708	602	601	914	855	578	574	0	0
Hongrie	229	287	3 392	2 842	7 414	6 877	5 940	6 423	2 331	2 303	7	6

Tableau A.12. **Indicateurs relatifs au personnel : Structure par âge** *(suite)*

Juridiction	Structure par âge (effectifs à la fin de l'année)[1]											
	Moins de 25 ans		25 à 34 ans		35 à 44 ans		45 à 54 ans		55 à 64 ans		Plus de 64 ans	
	2018	2019	2018	2019	2018	2019	2018	2019	2018	2019	2018	2019
Inde	D	D	D	D	D	D	D	D	D	D	D	D
Indonésie	11 684	12 694	14 505	13 228	10 235	11 342	7 268	7 655	1 649	1 598	0	0
Irlande	58	132	713	899	1 666	1 833	1 578	1 706	2 066	1 996	29	53
Islande	1	1	34	51	49	59	39	49	70	79	34	37
Israël	128	120	1 053	1 243	1 263	1 294	1 583	1 551	1 552	1 576	274	308
Italie	14	13	1 238	1 011	7 891	7 176	10 385	10 251	15 783	14 302	1 523	1 632
Japon	D	D	D	D	D	D	D	D	D	D	D	D
Kenya	178	278	2 675	3 512	2 020	2 196	1 267	1 265	771	734	0	3
Lettonie	38	42	661	604	1 087	1 097	1 047	1 049	769	781	34	39
Lituanie	17	54	394	363	539	564	779	804	1 030	848	54	34
Luxembourg	56	43	295	311	348	357	392	393	159	167	1	2
Malaisie	238	311	3 994	4 490	4 780	4 866	2 261	2 251	1 616	1 293	0	0
Malte	7	3	59	57	88	85	125	124	69	74	20	25
Maroc	34	13	1 831	1 698	1 084	1 141	1 402	1 374	729	708	5	5
Mexique	1 244	1 350	11 935	10 927	9 276	8 708	8 385	7 865	3 677	3 530	685	678
Norvège	15	26	629	629	1 292	1 267	2 328	2 218	1 909	1 969	336	290
Nouvelle-Zélande	442	297	1 105	1 030	1 109	1 104	1 345	1 276	973	1 022	161	159
Pays-Bas[2]	365	516	3 394	4 257	4 651	5 057	7 728	7 327	13 046	13 070	535	756
Pérou	155	125	3 047	2 779	2 856	2 904	2 837	2 754	1 361	1 539	433	446
Pologne	612	699	7 871	7 996	16 502	16 922	18 589	18 950	10 935	10 680	269	243
Portugal	0	1	99	94	1 910	1 538	3 673	3 894	5 085	5 322	248	394
République slovaque	97	105	1 406	1 321	2 631	2 482	2 949	3 014	1 919	1 935	56	68
République tchèque	172	117	1 837	1 711	3 759	3 368	5 637	5 647	3 917	4 116	249	308
Roumanie	76	57	1 508	1 341	6 602	5 898	10 321	10 519	5 191	5 222	38	41
Royaume-Uni	3 232	3 071	11 685	12 116	13 236	13 174	20 346	18 874	15 218	15 495	1 068	1 221
Russie	10 425	9 611	49 879	47 182	46 190	48 391	25 770	26 380	13 296	13 706	24	29
Singapour	15	27	568	526	616	634	374	402	303	277	35	32

Tableau A.12. **Indicateurs relatifs au personnel : Structure par âge** *(suite)*

Juridiction	Structure par âge (effectifs à la fin de l'année)[1]											
	Moins de 25 ans		25 à 34 ans		35 à 44 ans		45 à 54 ans		55 à 64 ans		Plus de 64 ans	
	2018	2019	2018	2019	2018	2019	2018	2019	2018	2019	2018	2019
Slovénie	3	2	241	225	710	697	1 732	1 662	933	1 014	11	21
Suède	151	127	2 214	1 977	2 754	2 597	2 857	2 772	2 613	2 512	157	158
Suisse	96	102	240	256	350	331	393	415	73	73	1	1
Thaïlande	362	344	3 769	3 680	7 250	6 828	7 675	7 726	3 037	3 148	0	0
Turquie	246	151	11 847	11 710	7 300	7 107	12 666	11 137	6 435	7 779	13	135

StatLink https://dx.doi.org/10.1787/888934302918

D Données non disponibles

1. Note : L'enquête ISORA permettait aux administrations fiscales et douanières intégrées d'indiquer leurs effectifs totaux en réponse aux questions qui sous-tendent ce tableau.
2. Pays-Bas : Les chiffres n'incluent pas les agents contractuels.

Tableau A.13. **Indicateurs relatifs au personnel : Ancienneté**

Juridiction	Ancienneté (effectifs à la fin de l'année)[1]							
	Moins de 5 ans		5 à 9 ans		10 à 19 ans		Plus de 19 ans	
	2018	2019	2018	2019	2018	2019	2018	2019
Afrique du Sud	1 986	1 581	2 218	1 694	5 149	5 236	4 026	4 233
Allemagne	D	D	D	D	D	D	D	D
Arabie saoudite[2]	2 876	2 839	0	0	0	0	0	0
Argentine	1 845	3 187	2 762	894	4 637	6 762	11 594	11 118
Australie	5 338	4 892	3 633	3 523	8 207	7 694	3 172	3 048
Autriche	1 179	1 213	738	713	838	855	6 653	6 438
Belgique	2 801	3 429	2 440	2 345	4 588	4 343	10 883	10 608
Brésil	D	D	D	D	D	D	D	D
Bulgarie	434	395	815	836	2 340	2 262	4 297	4 393
Canada	15 299	17 646	7 557	7 063	12 416	13 056	9 360	9 055
Chili	1 298	1 286	635	596	1 626	1 655	1 419	1 477
Chine (République populaire de)	96 399	87 747	62 055	66 069	82 811	82 546	498 931	483 896
Chypre	44	69	82	46	259	295	363	347
Colombie	4 686	4 636	1 044	1 347	152	348	3 915	4 253
Corée	5 383	5 123	3 010	2 713	6 418	7 152	5 791	5 816
Costa Rica	182	188	120	111	276	275	383	368
Croatie	172	182	187	128	1 082	1 110	2 493	2 457
Danemark	3 996	4 734	127	269	2 794	2 508	1 500	1 496
Espagne	1 074	1 106	1 369	2 466	3 994	4 036	18 502	17 792
Estonie	225	237	189	199	452	407	570	541
États-Unis	13 093	15 620	14 366	10 621	24 629	26 282	26 660	25 481
Finlande	1 503	1 580	471	608	1 063	1 043	2 096	1 896
France	16 512	17 346	14 223	13 178	33 209	31 858	40 168	39 173
Géorgie	495	766	1 755	1 767	901	840	345	346
Grèce	1 490	1 801	982	1 231	4 041	3 237	5 429	6 077
Hong Kong (Chine)	654	686	387	404	167	199	1 605	1 522
Hongrie	1 806	1 441	3 905	3 672	7 095	6 855	6 507	6 770
Inde	D	D	D	D	D	D	D	D
Indonésie	15 833	15 181	5 266	5 848	13 156	13 597	11 086	11 891
Irlande	1 187	1 791	226	325	1 852	1 668	2 845	2 835
Islande	82	102	27	33	54	66	64	75
Israël	983	1 194	826	863	1 001	1 064	3 043	2 971
Italie	2 594	1 799	2 592	3 533	9 326	7 827	22 322	21 226
Japon	D	D	D	D	D	D	D	D
Kenya	3 003	4 151	541	650	1 931	1 841	1 475	1 346
Lettonie	644	618	302	399	1 562	1 434	1 128	1 161
Lituanie	697	682	716	741	598	676	802	568
Luxembourg	D	388	D	100	D	307	D	478
Malaisie	2 835	3 300	1 782	1 989	4 583	4 560	3 689	3 362
Malte	83	76	53	65	97	94	135	133

Tableau A.13. **Indicateurs relatifs au personnel : Ancienneté** *(suite)*

Juridiction	Ancienneté (effectifs à la fin de l'année)[1]							
	Moins de 5 ans		5 à 9 ans		10 à 19 ans		Plus de 19 ans	
	2018	2019	2018	2019	2018	2019	2018	2019
Maroc	1 016	881	1 335	1 299	857	921	1 877	1 838
Mexique	12 114	10 999	6 995	7 293	9 790	7 165	6 303	7 601
Norvège	1 053	1 087	1 287	1 079	1 440	1 609	2 729	2 624
Nouvelle-Zélande	1 728	1 461	858	1 550	1 554	991	995	886
Pays-Bas[3]	4 352	5 527	1 610	2 556	6 054	5 775	17 703	17 125
Pérou	3 571	3 158	1 762	1 849	1 856	1 879	3 500	3 661
Pologne	3 677	3 978	4 326	4 644	14 309	14 591	32 466	32 277
Portugal	26	44	384	373	3 201	2 430	7 404	8 396
République slovaque	1 781	1 819	1 397	1 381	2 264	2 058	3 616	3 667
République tchèque	3 866	3 504	1 887	2 024	4 328	4 269	5 490	5 470
Roumanie	3 596	2 954	1 344	1 876	8 026	7 004	10 770	11 244
Royaume-Uni	13 623	15 760	4 440	3 270	18 527	17 800	28 195	27 121
Russie	44 857	43 224	27 396	26 182	45 797	47 424	27 534	28 469
Singapour	353	367	380	366	489	497	689	668
Slovénie	130	138	160	164	511	517	2 829	2 802
Suède	3 605	3 176	1 987	2 079	2 716	2 514	2 438	2 374
Suisse	337	554	241	297	325	78	250	249
Thaïlande	3 730	3 849	2 674	2 481	5 803	5 953	9 886	9 443
Turquie	7 354	6 757	5 964	7 790	4 341	4 132	20 848	19 340

StatLink https://dx.doi.org/10.1787/888934302937

D Données non disponibles

1. Note : L'enquête ISORA permettait aux administrations fiscales et douanières intégrées d'indiquer leurs effectifs totaux en réponse aux questions qui sous-tendent ce tableau.
2. Arabie saoudite : En raison de la transformation de la GAZT achevée en 2019 et au vu des nouveaux contrats de travail, l'ancienneté est calculée à compter de la mise en place de la nouvelle structure.
3. Pays-Bas : Les chiffres n'incluent pas les agents contractuels.

Tableau A.14. **Indicateurs relatifs au personnel : Répartition hommes-femmes**

Juridiction	Répartition hommes-femmes (effectifs à la fin de l'année)[1]											
	Ensemble du personnel						Cadres uniquement					
	Hommes		Femmes		Autre		Hommes		Femmes		Autre	
	2018	2019	2018	2019	2018	2019	2018	2019	2018	2019	2018	2019
Afrique du Sud	5 080	4 911	8 299	7 833	0	0	2 023	2 049	1 954	1 993	0	0
Allemagne	47 459	46 985	62 612	62 784	0	0	D	D	D	D	D	D
Arabie saoudite	2 636	2 205	240	634	0	0	56	89	18	31	0	0
Argentine	11 449	11 949	9 389	10 012	0	0	83	77	29	41	0	0
Australie	8 686	8 199	11 658	10 951	6	7	2 404	2 256	2 285	2 175	0	0
Autriche	4 989	4 817	4 419	4 402	0	0	605	580	263	270	0	0
Belgique	9 911	9 925	10 801	10 800	0	0	1 350	1 254	796	774	0	0
Brésil	13 111	11 971	7 767	6 766	0	0	138	130	26	24	0	0
Bulgarie	2 036	2 002	5 850	5 884	0	0	2	2	2	2	0	0
Canada	17 934	19 029	26 698	27 791	0	0	217	215	208	210	0	0
Chili	2 379	2 386	2 599	2 628	0	0	269	270	237	233	0	0
Chine (République populaire de)	457 603	446 647	282 593	273 611	0	0	31 336	30 370	3 900	3 616	0	0
Chypre	200	204	548	553	0	0	3	3	1	1	0	0
Colombie	4 264	4 601	5 533	5 983	0	0	34	38	33	32	0	0
Corée	8 459	8 792	12 143	12 012	0	0	37	34	0	1	0	0
Costa Rica	395	390	566	552	0	0	53	51	75	81	0	0
Croatie	957	921	2 977	2 956	0	0	122	118	264	279	0	0
Danemark	3 068	3 279	5 349	5 728	0	0	41	42	25	26	0	0
Espagne	11 697	11 924	13 242	13 476	0	0	99	97	16	49	0	0
Estonie	389	375	1 047	1 009	0	0	30	32	31	37	0	0
États-Unis	27 077	27 217	51 671	50 787	0	0	2 986	2 927	4 341	4 333	0	0
Finlande	1 334	1 348	3 799	3 779	0	0	19	21	21	21	0	0
France	42 232	41 599	61 880	59 956	0	0	138	135	48	50	0	0
Géorgie	1 761	1 868	1 735	1 851	0	0	242	253	65	71	0	0
Grèce	4 450	4 557	7 492	7 789	0	0	589	607	651	665	0	0
Hong Kong (Chine)	896	894	1 917	1 917	0	0	12	11	10	12	0	0

Tableau A.14. **Indicateurs relatifs au personnel : Répartition hommes-femmes** *(suite)*

Juridiction	Répartition hommes-femmes (effectifs à la fin de l'année)[1]											
	Ensemble du personnel						Cadres uniquement					
	Hommes		Femmes		Autre		Hommes		Femmes		Autre	
	2018	2019	2018	2019	2018	2019	2018	2019	2018	2019	2018	2019
Hongrie	7 022	6 885	12 291	11 853	0	0	52	46	24	29	0	0
Inde	D	D	D	D	D	D	D	D	D	D	D	D
Indonésie	29 841	30 112	15 500	16 405	0	0	49	50	6	6	0	0
Irlande	2 391	2 583	3 719	4 036	0	0	401	323	283	325	0	0
Islande	83	97	144	179	0	0	5	6	5	4	0	0
Israël	2 857	3 215	2 996	2 877	0	0	71	69	33	36	0	0
Italie	18 536	17 136	18 298	17 249	0	0	685	1 119	301	530	0	0
Japon	D	D	D	D	D	D	D	D	D	D	D	D
Kenya	3 862	4 450	3 049	3 538	0	0	89	90	37	42	0	0
Lettonie	931	929	2 705	2 683	0	0	147	154	363	362	0	0
Lituanie	1 298	734	1 515	1 933	0	0	150	41	281	86	0	0
Luxembourg	646	651	605	622	0	0	77	76	38	41	0	0
Malaisie	5 369	5 464	7 520	7 747	0	0	167	166	123	129	0	0
Malte	196	193	172	175	0	0	16	19	9	11	0	0
Maroc	2 654	2 551	2 431	2 388	0	0	449	457	113	108	0	0
Mexique	16 214	15 274	18 988	17 784	0	0	65	81	29	48	0	0
Norvège	2 486	2 471	4 023	3 928	0	0	250	174	309	259	0	0
Nouvelle-Zélande	1 859	1 758	3 274	3 122	2	8	39	39	20	32	0	0
Pays-Bas[2]	17 824	18 188	11 895	12 795	0	0	910	1 017	497	609	0	0
Pérou	6 108	5 970	4 581	4 577	0	0	660	649	369	399	0	0
Pologne	15 489	15 471	39 289	40 019	0	0	1 133	1 343	2 399	2 643	0	0
Portugal	4 505	4 497	6 510	6 746	0	0	157	154	113	113	0	0
République slovaque	3 194	3 119	5 864	5 806	0	0	491	469	372	362	0	0
République tchèque	3 008	2 949	12 563	12 318	0	0	82	84	54	54	0	0
Roumanie	7 796	7 469	15 940	15 609	0	0	877	836	1 138	1 113	0	0
Royaume-Uni	29 015	29 209	35 770	34 742	0	0	205	200	160	175	0	0

Tableau A.14. **Indicateurs relatifs au personnel : Répartition hommes-femmes** *(suite)*

	Répartition hommes-femmes (effectifs à la fin de l'année)[1]											
	Ensemble du personnel						Cadres uniquement					
	Hommes		Femmes		Autre		Hommes		Femmes		Autre	
Juridiction	2018	2019	2018	2019	2018	2019	2018	2019	2018	2019	2018	2019
Russie	23 288	23 368	122 296	121 931	0	0	3 995	4 011	2 563	2 585	0	0
Singapour	513	519	1 398	1 379	0	0	8	8	12	11	0	0
Slovénie	1 238	1 224	2 392	2 397	0	0	107	107	234	230	0	0
Suède	3 565	3 423	7 181	6 720	0	0	248	228	457	436	0	0
Suisse	659	678	494	500	0	0	19	19	2	2	0	0
Thaïlande	4 826	4 679	17 267	17 047	0	0	76	79	97	109	0	0
Turquie	23 259	22 912	15 248	15 107	0	0	1 236	1 215	415	414	0	0

StatLink https://dx.doi.org/10.1787/888934302956

D Données non disponibles

1. Note : L'enquête ISORA permettait aux administrations fiscales et douanières intégrées d'indiquer leurs effectifs totaux en réponse aux questions qui sous-tendent ce tableau.

2. Pays-Bas : Les chiffres n'incluent pas les agents contractuels.

Tableau A.15. **Service/programme dédié aux gros contribuables : existence et fonctions**

Juridiction	Il existe un service/ programme des gros contribuables		Fonctions de l'administration fiscale exercées par le service/programme des gros contribuables											
			Enregistrement		Traitement des déclarations et des paiements		Services aux contribuables		Audits, enquêtes et autres vérifications		Recouvrement de créances et fonctions connexes		Règlement des différends	
	2018	2019	2018	2019	2018	2019	2018	2019	2018	2019	2018	2019	2018	2019
Afrique du Sud	■	■	■	■	■	■	■	■	■	■	■	■	■	■
Allemagne	■	■							■	■			■	
Arabie saoudite	■	■					■	■	■	■	■			
Argentine	■	■			■	■	■	■	■	■	■	■	■	■
Australie	■	■					■	■	■	■			■	■
Autriche	■	■							■	■				
Belgique	■	■			■	■	■	■	■	■			■	■
Brésil	■	■					■	■	■	■	■	■		
Bulgarie	■	■	■	■	■	■	■	■	■	■	■	■	■	■
Canada	■	■							■	■				
Chili	■	■					■	■	■	■	■	■	■	■
Chine (République populaire de)	■	■					■	■	■	■			■	■
Chypre	■	■					■	■	■	■			■	■
Colombie	■	■					■	■	■	■	■	■	■	■
Corée	□	□												
Costa Rica	■	■	■	■	■	■	■	■	■	■	■	■	■	■
Croatie	■	■			■	■	■	■	■	■	■	■		
Danemark	■	■					■	■	■	■			■	■
Espagne	■	■	■	■	■	■	■	■	■	■	■	■	■	■
Estonie	□	□												
États-Unis	■	■					■	■	■	■				
Finlande	■	■					■	■	■	■			■	■
France	■	■							■	■				
Géorgie	■	■			■	■	■	■	■	■				
Grèce	■	■			■	■			■	■	■	■		

Tableau A.15. **Service/programme dédié aux gros contribuables : existence et fonctions** *(suite)*

Juridiction	Il existe un service/ programme des gros contribuables		Fonctions de l'administration fiscale exercées par le service/programme des gros contribuables													
			Enregistrement		Traitement des déclarations et des paiements		Services aux contribuables		Audits, enquêtes et autres vérifications		Recouvrement de créances et fonctions connexes		Règlement des différends	
	2018	2019	2018	2019	2018	2019	2018	2019	2018	2019	2018	2019	2018	2019
Hong Kong (Chine)[1]	□	□												
Hongrie	■	■	■	■	■	■	■	■	■	■	■	■	■	■
Inde	■	■					■	■	■	■	■	■		
Indonésie	■	■			■	■	■	■	■	■	■	■	■	■
Irlande	■	■	■	■	■	■	■	■	■	■	■	■	■	■
Islande	□	□												
Israël	■	■	■	■	■	■	■	■	■	■	■	■	■	■
Italie	■	■	■	■	■	■	■	■	■	■	■	■	■	■
Japon	■	■					■	■	■	■			■	■
Kenya	■	■	■	■	■	■	■	■	■	■	■	■		
Lettonie	■	■	■	■	■	■	■	■						
Lituanie	■	■					■	■	■	■				
Luxembourg	□	□												
Malaisie	■	■	■	■	■	■	■	■	■	■	■	■	■	■
Malte	■	■	■	■	■	■	■	■	■	■	■	■	■	■
Maroc	■	■	■	■	■	■	■	■	■	■	■	■	■	■
Mexique	■	■					■	■	■	■	■	■	■	■
Norvège	■	■					■	■	■	■			■	■
Nouvelle-Zélande	■	■	■	■	■	■	■	■	■	■	■	■	■	■
Pays-Bas	■	■					■	■	■	■	■	■	■	■
Pérou	■	■	■	■	■	■	■	■	■	■	■	■	■	■
Pologne	■	■	■	■	■	■	■	■	■	■	■	■	■	■
Portugal	■	■	■	■	■	■	■	■	■	■	■	■	■	■
République slovaque	■	■	■	■	■	■	■	■	■	■	■	■	■	■
République tchèque	■	■	■	■	■	■	■	■	■	■	■	■	■	■

Tableau A.15. **Service/programme dédié aux gros contribuables : existence et fonctions** *(suite)*

Juridiction	Fonctions de l'administration fiscale exercées par le service/programme des gros contribuables													
	Il existe un service/ programme des gros contribuables		Enregistrement		Traitement des déclarations et des paiements		Services aux contribuables		Audits, enquêtes et autres vérifications		Recouvrement de créances et fonctions connexes		Règlement des différends	
	2018	2019	2018	2019	2018	2019	2018	2019	2018	2019	2018	2019	2018	2019
Roumanie	■	■	■	■	■	■	■	■	■	■	■	■	■	■
Royaume-Uni	■	■					■	■	■	■			■	■
Russie	■	■	■	■	■	■	■	■	■	■	■	■	■	■
Singapour	■	■					■	■	■	■			■	■
Slovénie	■	■	■	■	■	■	■	■	■	■	■	■	■	■
Suède	■	■	■	■	■	■	■	■	■	■			■	■
Suisse	□	□												
Thaïlande	■	■					■	■	■	■	■	■	■	■
Turquie	■	■	■	■	■	■	■	■	■	■	■	■	■	■

StatLink https://dx.doi.org/10.1787/888934302975

■ Oui

□ Non

1. Hong Kong (Chine) : Un Service des gros contribuables a été mis en place pendant l'année 2020.

Tableau A.16. **Service/programme dédié aux gros contribuables : Effectifs, contribuables et recettes perçues**

Juridiction	Nombre d'ETP employés dans les services/programmes dédiés aux gros contribuables				Nombre de contribuables gérés par le service/programme dédié aux gros contribuables				Part (réelle ou estimée) des recettes nettes gérées par des services/ programmes dédiés aux gros contribuables par rapport aux recettes nettes totales recouvrées par l'administration fiscale	
	Total		Affectés aux contrôles, enquêtes et autres fonctions de vérification		Entreprises		Particuliers			
	2018	2019	2018	2019	2018	2019	2018	2019	2018	2019
Afrique du Sud[1]	379	359	208	196	16 323	16 812	1 513	1 513	35.6	30.5
Allemagne	D	D	D	D	D	D	D	D	D	D
Arabie saoudite[2]	0	273	0	197	0	7 723			82.0	81.0
Argentine	454	464	244	234	622	764	815	835	45.5	49.1
Australie	1 359	1 378	829	867	29 000	30 000	0	0	D	D
Autriche	478	490	430	434	8 977	9 421	894	934	56.2	55.8
Belgique	355	361	226	236	15 647	12 916	0	0	52.7	49.5
Brésil	164	166	164	166	8 969	6 777	30 700	27 446	64.0	64.0
Bulgarie	144	144	88	79	1 360	1 433	0	0	33.0	34.0
Canada	1 308	1 343	1 308	1 343	18 300	18 200	D	D	D	D
Chili	220	220	187	186	891	970	0	0	44.7	43.0
Chine (République populaire de)	7 300	15 570	4 380	9 340	275 000	275 000	0	0	45.0	45.0
Chypre	25	25	25	25	816	874	0	0	30.2	28.0
Colombie	316	349	163	177	3 535	3 542	57	49	67.3	63.1
Corée										
Costa Rica	61	63	56	57	461	448	0	0	67.0	62.0
Croatie	101	99	49	53	701	750	0	0	37.3	36.7
Danemark	260	260	240	240	10 000	10 000	0	0	40.0	40.0
Espagne	776	768	596	588	3 099	3 114	248	240	35.3	33.2
Estonie										
États-Unis	3 423	3 071	3 423	3 071	352 768	368 350	49 949	56 342	6.5	7.1
Finlande	166	174	D	D	2 982	2 948	0	0	28.0	28.0
France	D	D	502	502	D	D	D	D	D	D
Géorgie	17	55	D	38	265	267	0	0	31.0	33.0

Tableau A.16. **Service/programme dédié aux gros contribuables : Effectifs, contribuables et recettes perçues** *(suite)*

Juridiction	Nombre d'ETP employés dans les services/programmes dédiés aux gros contribuables				Nombre de contribuables gérés par le service/programme dédié aux gros contribuables				Part (réelle ou estimée) des recettes nettes gérées par des services/ programmes dédiés aux gros contribuables par rapport aux recettes nettes totales recouvrées par l'administration fiscale	
	Total		Affectés aux contrôles, enquêtes et autres fonctions de vérification		Entreprises		Particuliers			
	2018	2019	2018	2019	2018	2019	2018	2019	2018	2019
Grèce	185	182	113	111	1 285	2 415	0	0	D	D
Hong Kong (Chine)										
Hongrie	463	444	123	121	1 059	1 066	0	0	35.3	34.8
Inde	D	D	D	D	7 246	7 246	9 466	9 466	0.2	0.2
Indonésie	684	664	240	181	2 714	2 792	1 315	1 309	31.9	30.0
Irlande	260	270	224	234	12 300	12 500	D	D	51.0	51.0
Islande										
Israël	73	80	41	48	8 305	9 228	1 323	1 311	29.0	28.1
Italie	588	622	422	429	3 648	3 732	0	0	28.2	28.0
Japon	2 325	2 326	0	0	32 000	33 000	0	0	56.0	55.0
Kenya	200	215	140	150	1 820	1 783	0	0	38.5	37.9
Lettonie	47	46	D	D	1 247	1 270	0	0	59.1	60.5
Lituanie	44	42	28	26	508	473	0	0	45.0	41.0
Luxembourg										
Malaisie	490	454	293	279	49 178	49 721	3 743	4 801	31.0	33.2
Malte	28	34	25	30	1 410	1 679	9 880	10 583	20.0	20.0
Maroc	119	133	62	60	8 268	8 459	0	0	70.0	70.0
Mexique	59	69	59	69	8 952	9 135	D	D	60.5	59.3
Norvège	338	330	294	285	15 571	15 996	0	0	D	D
Nouvelle-Zélande	320	316	183	173	985	995	0	0	30.0	30.0
Pays-Bas[3]	2 096	2 224	1 596	1 713	14 500	14 100	44 800	44 300	68.4	67.3
Pérou	859	908	719	727	15 082	16 608	13	10	76.2	74.8
Pologne	2 050	2 108	615	632	2 561	2 746	0	0	70.0	70.0
Portugal	217	221	98	101	2 609	2 735	758	758	45.7	44.8

Tableau A.16. **Service/programme dédié aux gros contribuables : Effectifs, contribuables et recettes perçues** *(suite)*

	Nombre d'ETP employés dans les services/programmes dédiés aux gros contribuables				Nombre de contribuables gérés par le service/programme dédié aux gros contribuables				Part (réelle ou estimée) des recettes nettes gérées par des services/ programmes dédiés aux gros contribuables par rapport aux recettes nettes totales recouvrées par l'administration fiscale	
	Total		Affectés aux contrôles, enquêtes et autres fonctions de vérification		Entreprises		Particuliers			
Juridiction	2018	2019	2018	2019	2018	2019	2018	2019	2018	2019
République slovaque	151	159	105	105	809	865	4	5	43.0	41.5
République tchèque	365	352	186	188	2 044	2 086	0	0	37.0	37.0
Roumanie[4]	548	527	342	332	2 700	2 700	0	0	42.2	41.8
Royaume-Uni	2 395	2 367	D	D	2 043	1 945	D	D	40.0	40.0
Russie	3 339	3 523	2 295	2 352	2 895	2 881	0	0	43.5	46.1
Singapour	81	81	73	72	1 900	2 000	0	0	D	D
Slovénie	70	73	62	65	704	705	0	0	25.0	25.0
Suède	981	1 038	220	460	37 135	39 491	0	0	49.4	49.5
Suisse										
Thaïlande	530	530	314	314	3 920	3 920	0	0	45.9	46.3
Turquie	250	263	13	14	800	793	0	0	19.0	20.0

StatLink https://dx.doi.org/10.1787/888934302994

D Données non disponibles

1. Afrique du Sud : Les effectifs du service des gros contribuables indiqués pour l'année 2018 sont ceux du mois de décembre 2018 (début du rétablissement du service des gros contribuables grâce à des détachements de personnel d'autres composantes de l'administration). Les deux années, le nombre d'entreprises relevant du service des gros contribuables ne tient pas compte des dossiers inactifs.
2. Arabie saoudite : Le nombre d'entreprise inclut les contribuables qui paient la « Zakat ».
3. Pays-Bas : En termes de nombre d'entreprises gérées, le service des gros contribuables administre 14 500 (2018) / 14 100 (2019) entreprises qui peuvent se composer de plusieurs entités.
4. Roumanie : Concernant le pourcentage des recettes nettes gérées par le service/programme des gros contribuables, le pourcentage indiqué correspond aux performances du service en lien avec les recettes nettes déclarées dans l'enquête ISORA (hors douanes), de sorte que le chiffre indiqué peut légèrement différer du même chiffre figurant dans les rapports de performance de l'institution.

Tableau A.17. Service/programme dédié aux gros contribuables : Vérifications

Juridiction	Vérifications entreprises par le service/programme dédié aux gros contribuables (hors contrôles électroniques de la conformité)			
	Nombre total de vérifications effectuées		Valeur totale des redressements (pénalités et intérêts compris) (en milliers, monnaie locale)	
	2018	2019	2018	2019
Afrique du Sud	605	533	6 685 907	7 309 689
Allemagne	D	D	D	D
Arabie saoudite	5 662	6 407	1 257 311	2 545 904
Argentine	2 206	1 536	10 674 972	8 654 356
Australie	44	56	3 003 875	1 529 418
Autriche	3 670	3 556	726 900	565 800
Belgique	6 566	5 364	2 285 765	1 524 348
Brésil	1 466	1 511	146 436 503	156 924 162
Bulgarie	64	53	79 388	13 352
Canada	3 605	3 252	7 442 200	7 707 228
Chili	464	361	803 370 000	735 372 000
Chine (République populaire de)	2 051	34 836	D	D
Chypre	896	839	312 232	364 009
Colombie	1 064	1 031	371 702 762	427 977 243
Corée				
Costa Rica	50	61	159 453	118 647
Croatie	78	117	183 317	244 399
Danemark	4 100	3 900	D	D
Espagne	541	512	1 817 730	1 327 650
Estonie				
États-Unis	7 189	5 697	10 420 924	6 581 555
Finlande	D	D	D	D
France	1 244	1 096	3 540 640	2 762 994
Géorgie	79	96	39 180	90 500
Grèce	417	455	672 225	297 480
Hong Kong (Chine)				
Hongrie	1 516	1 265	15 516 138	22 228 590
Inde	299	416	23 504 112	32 407 614
Indonésie	1 842	1 616	47 030 924 714	19 222 561 979
Irlande	2 949	3 080	166 702	209 012
Islande				
Israël	840	767	3 614 356	4 953 599
Italie	304	292	2 367 000	2 982 000
Japon	2 538	2 422	82 207 345	80 355 344
Kenya	1 190	1 040	7 792 239	37 588 646
Lettonie	84	64	46 862	32 231
Lituanie	45	41	1 287	8 930
Luxembourg				
Malaisie	19 139	25 515	5 751 478	10 970 766

Tableau A.17. **Service/programme dédié aux gros contribuables : Vérifications** *(suite)*

Juridiction	Vérifications entreprises par le service/programme dédié aux gros contribuables (hors contrôles électroniques de la conformité) – Nombre total de vérifications effectuées		Valeur totale des redressements (pénalités et intérêts compris) (en milliers, monnaie locale)	
	2018	2019	2018	2019
Malte	10	12	6 000	8 000
Maroc	573	426	5 762 428	4 406 785
Mexique	1 182	1 093	D	D
Norvège	502	287	12 002 943	14 183 041
Nouvelle-Zélande	541	625	167 000	312 000
Pays-Bas[1]	99 767	82 804	2 172 285	2 449 277
Pérou	2 529	2 105	3 956 631	4 981 735
Pologne	D	D	D	D
Portugal	215	225	594 711	660 289
République slovaque	52	41	37 919	96 305
République tchèque	174	172	2 512 059	1 644 880
Roumanie	262	303	1 496 436	1 000 869
Royaume-Uni	2 637	1 906	8 726 608	12 258 257
Russie	669	436	81 559 028	135 222 587
Singapour	D	D	D	D
Slovénie[2]	37 710	11 979	8 973	77 024
Suède	258	211	4 707 262	6 944 290
Suisse				
Thaïlande	2 954	3 208	12 253 000	18 439 000
Turquie	76	27	22 456	11 686

StatLink https://dx.doi.org/10.1787/888934303013

D Données non disponibles

1. Pays-Bas : La valeur des redressements exclut les intérêts et pénalités.
2. Slovénie : La valeur des redressements exclut les pénalités.

Tableau A.18. **Programmes de gestion des particuliers fortunés**

Juridiction	Il existe un programme de gestion des particuliers fortunés 2018	Il existe un programme de gestion des particuliers fortunés 2019	Le programme de gestion des particuliers fortunés fait partie du programme dédiés aux gros contribuables 2018	Le programme de gestion des particuliers fortunés fait partie du programme dédiés aux gros contribuables 2019	Pourcentage des recettes nettes gérées par le programme en charge des contribuables fortunés rapporté au total des recettes recouvrées par l'administration fiscale 2018	Pourcentage des recettes nettes gérées par le programme en charge des contribuables fortunés rapporté au total des recettes recouvrées par l'administration fiscale 2019
Afrique du Sud	■	■	■	■	1.21	0.97
Allemagne	■	■	■	■	D	D
Arabie saoudite	□	□				
Argentine	■	■	■	■	D	D
Australie	■	■	■	■	4.70	4.50
Autriche	□	□				
Belgique	□	□				
Brésil	■	■	■	■	5.00	6.00
Bulgarie	□	□				
Canada	■	■	□	□	D	D
Chili	■	■	□	□	4.10	4.87
Chine (République populaire de)	□	□				
Chypre	□	□				
Colombie	□	□				
Corée	□	□				
Costa Rica	■	■	■	■	D	D
Croatie	□	□				
Danemark	□	□				
Espagne	■	■	■	■	D	D
Estonie	□	□				
États-Unis	■	■	■	■	4.44	4.50
Finlande	■	■	□	□	D	D
France	□	□				
Géorgie	□	□				
Grèce	■	■	□	□	D	D
Hong Kong (Chine)	□	□				
Hongrie	□	□				
Inde	□	□				
Indonésie	■	■	■	■	0.90	0.90
Irlande	■	■	□	□	0.50	0.50
Islande	□	□				
Israël	□	□				
Italie	■	■	□	□	D	D
Japon	■	■	□	□	D	D
Kenya	■	■	□	□	0.06	0.05
Lettonie	□	□				
Lituanie	■	■	□	□	2.28	D

Tableau A.18. **Programmes de gestion des particuliers fortunés** *(suite)*

Juridiction	Il existe un programme de gestion des particuliers fortunés		Le programme de gestion des particuliers fortunés fait partie du programme dédiés aux gros contribuables		Pourcentage des recettes nettes gérées par le programme en charge des contribuables fortunés rapporté au total des recettes recouvrées par l'administration fiscale	
	2018	2019	2018	2019	2018	2019
Luxembourg	□	□				
Malaisie	■	■	■	■	1.08	1.11
Malte	■	■	□	□	20.00	20.00
Maroc	□	□				
Mexique	□	□				
Norvège	□	□				
Nouvelle-Zélande	■	■	■	■	1.31	1.21
Pays-Bas	■	■	■	■	D	D
Pérou	□	□				
Pologne	□	□				
Portugal	■	■	■	■	D	D
République slovaque	□	□				
République tchèque	□	□				
Roumanie	■	■	□	□	D	D
Royaume-Uni	■	■	□	□	9.00	13.00
Russie	□	□				
Singapour	□	□				
Slovénie	□	□				
Suède	□	□				
Suisse	□	□				
Thaïlande	□	□				
Turquie	□	□				

StatLink https://dx.doi.org/10.1787/888934303032

■ Oui

□ Non

D Données non disponibles

Tableau A.19. **Petites et moyennes entreprises (PME) et petits contribuables**

Juridiction	Il existe des services spécifiquement axés sur les PME		Il existe un régime simplifié d'impôt sur le revenu en faveur des petits contribuables	
	2018	2019	2018	2019
Afrique du Sud	■	■	■	■
Allemagne	□	□	□	□
Arabie saoudite	■	■	□	□
Argentine	■	■	■	■
Australie	■	■	■	■
Autriche	□	□	■	■
Belgique	□	□	■	■
Brésil	■	■	■	■
Bulgarie	□	□	■	■
Canada	■	■	□	□
Chili	■	■	■	■
Chine (République populaire de)	■	■	■	■
Chypre	□	□	□	□
Colombie	□	□	□	■
Corée	■	■	■	■
Costa Rica	■	■	■	■
Croatie	■	■	■	■
Danemark	■	■	□	□
Espagne	■	■	■	■
Estonie	□	□	□	■
États-Unis	■	■	□	□
Finlande	□	□	□	□
France	■	■	■	■
Géorgie	■	■	■	■
Grèce	■	■	□	□
Hong Kong (Chine)	□	□	□	□
Hongrie	■	■	■	■
Inde	□	□	■	■
Indonésie	■	■	■	■
Irlande	□	□	□	□
Islande	■	■	□	□
Israël	■	■	■	■
Italie	■	■	■	■
Japon	□	□	□	□
Kenya	■	■	■	■
Lettonie	□	□	■	■
Lituanie	■	■	■	■
Luxembourg	□	□	□	□
Malaisie	■	■	□	□
Malte	□	□	□	□

Tableau A.19. **Petites et moyennes entreprises (PME) et petits contribuables** *(suite)*

Juridiction	Il existe des services spécifiquement axés sur les PME		Il existe un régime simplifié d'impôt sur le revenu en faveur des petits contribuables	
	2018	2019	2018	2019
Maroc	□	□	■	■
Mexique	■	■	■	■
Norvège	□	□	□	□
Nouvelle-Zélande	■	■	□	□
Pays-Bas	■	■	□	□
Pérou	■	■	■	■
Pologne	■	■	■	■
Portugal	■	■	■	■
République slovaque	□	□	■	■
République tchèque	□	□	□	□
Roumanie	□	□	□	□
Royaume-Uni	□	□	■	■
Russie	■	■	■	■
Singapour	■	■	■	■
Slovénie	□	□	■	■
Suède	■	■	■	■
Suisse	□	□	□	□
Thaïlande	■	■	□	□
Turquie	□	□	□	□

StatLink https://dx.doi.org/10.1787/888934303051

■ Oui

□ Non

Tableau A.20. Nombre de contribuables par type d'impôt : Impôt sur le revenu des personnes physiques et impôt sur les bénéfices des sociétés

Juridiction	Nombre de contribuables par type d'impôt							
	Impôt sur le revenu des personnes physiques				Impôt sur les bénéfices des sociétés			
	Contribuables enregistrés		Contribuables actifs		Contribuables enregistrés		Contribuables actifs	
	2018	2019	2018	2019	2018	2019	2018	2019
Afrique du Sud	22 121 177	23 217 721	21 104 375	22 170 513	4 464 488	4 545 046	3 202 007	2 020 759
Allemagne	39 988 839	41 495 682	39 988 839	41 495 682	1 561 705	1 588 524	1 561 705	1 588 524
Arabie saoudite					7 103	7 436	6 265	6 795
Argentine[1]	4 085 714	4 368 350	3 106 873	3 330 771	410 082	441 530	360 030	366 272
Australie	30 763 272	31 566 781	22 325 930	22 823 877	10 512 549	10 847 850	4 538 779	4 669 944
Autriche	8 247 467	8 565 293	8 247 467	8 565 293	189 619	197 396	189 619	197 396
Belgique	9 470 257	9 637 209	7 119 341	7 151 559	555 959	572 143	555 959	572 143
Brésil	30 109 336	32 120 750	28 800 842	30 011 981	8 206 785	8 408 032	5 442 886	4 918 187
Bulgarie	D	D	3 136 523	3 125 755	698 035	742 786	364 744	375 829
Canada	34 431 166	35 088 821	30 087 051	30 567 800	3 590 417	3 721 194	D	D
Chili	10 626 784	10 841 072	10 150 899	10 317 528	2 061 517	2 164 526	1 460 920	1 521 022
Chine (République populaire de)	D	D	D	D	24 964 324	29 603 184	21 440 319	25 244 714
Chypre	428 952	450 481	428 952	450 481	183 536	195 458	123 763	120 701
Colombie	3 692 756	3 873 230	3 366 185	3 692 756	1 227 389	1 293 689	518 398	499 986
Corée	7 362 000	7 640 000	6 911 000	7 595 000	816 370	874 245	740 215	787 438
Costa Rica	482 153	491 225	482 153	491 225	178 706	168 364	178 706	168 364
Croatie	1 829 297	1 887 665	1 829 297	1 887 665	154 119	158 834	154 119	158 834
Danemark	5 253 856	5 267 310	5 253 856	5 267 310	350 000	369 000	333 000	351 000
Espagne	24 341 503	24 685 574	24 341 503	24 685 574	1 806 805	1 926 633	1 806 805	1 926 633
Estonie	812 166	914 783	812 166	914 783	322 933	349 041	322 933	349 041
États-Unis	D	D	152 937 949	154 094 555	D	D	2 127 673	2 146 904
Finlande	5 467 555	5 446 294	5 467 555	5 446 294	450 754	450 998	450 754	450 998
France[2]	51 325 573	51 334 785	51 325 573	51 334 785	2 390 000	2 519 000	2 330 000	2 480 000
Géorgie	D	D	1 291 310	1 288 122	266 799	290 021	105 890	94 954
Grèce	12 147 933	12 257 519	8 941 081	8 715 110	442 593	461 034	260 255	269 323
Hong Kong (Chine)	3 830 000	3 860 000	3 105 761	3 170 111	1 272 000	1 261 000	488 468	540 034
Hongrie	5 027 227	5 061 292	5 027 227	5 061 292	483 521	480 919	461 367	464 365

Tableau A.20. **Nombre de contribuables par type d'impôt : Impôt sur le revenu des personnes physiques et impôt sur les bénéfices des sociétés** *(suite)*

	Nombre de contribuables par type d'impôt							
	Impôt sur le revenu des personnes physiques				Impôt sur les bénéfices des sociétés			
	Contribuables enregistrés		Contribuables actifs		Contribuables enregistrés		Contribuables actifs	
Juridiction	**2018**	**2019**	**2018**	**2019**	**2018**	**2019**	**2018**	**2019**
Inde	79 477 324	87 235 122	58 723 101	62 701 418	1 179 525	1 273 633	843 552	836 349
Indonésie	D	D	D	D	D	D	D	D
Irlande	3 706 581	3 828 203	3 701 950	3 809 154	209 603	218 827	203 094	211 628
Islande	307 699	313 338	307 699	313 338	62 633	64 110	45 492	46 652
Israël[3]	D	D	5 283 445	5 394 358	D	D	227 279	242 471
Italie	28 460 000	28 767 000	28 460 000	28 767 000	1 359 000	1 361 000	1 359 000	1 361 000
Japon	D	D	D	D	3 106 000	3 132 000	D	D
Kenya	8 684 796	10 013 954	8 231 851	10 013 954	665 741	505 216	389 703	505 216
Lettonie	914 463	911 291	914 463	911 291	117 599	115 348	117 599	115 348
Lituanie	1 903 993	2 312 467	1 404 288	1 328 259	193 974	202 830	151 600	156 006
Luxembourg	295 491	296 799	D	D	98 292	100 273	D	D
Malaisie	13 085 395	13 553 460	7 836 371	8 186 427	1 198 516	1 254 333	804 049	838 245
Malte	582 552	617 366	323 967	352 780	88 503	95 026	50 163	55 972
Maroc	D	D	687 797	775 897	D	D	419 903	475 342
Mexique	77 595 276	83 484 527	69 743 073	75 298 562	2 659 546	2 763 497	2 052 832	2 143 999
Norvège	4 906 890	4 974 894	4 802 810	4 717 769	337 828	350 829	317 742	332 060
Nouvelle-Zélande	6 971 947	7 216 889	2 453 828	4 036 414	1 140 458	1 179 010	816 993	799 388
Pays-Bas	12 387 606	12 669 575	12 165 559	12 457 331	976 652	1 002 183	785 926	814 757
Pérou	7 704 084	8 335 852	5 875 212	6 015 294	1 159 195	1 341 080	1 032 167	1 095 947
Pologne	31 585 596	31 832 783	19 611 875	20 843 290	789 178	831 127	615 631	628 321
Portugal	10 276 617	10 295 909	5 351 618	5 446 716	501 428	507 940	501 428	507 940
République slovaque	665 801	686 048	D	D	322 235	340 389	D	D
République tchèque	3 525 175	3 582 707	2 136 634	2 176 238	646 186	667 978	637 968	659 327
Roumanie	D	D	D	D	267 056	266 302	103 993	115 987
Royaume-Uni	D	D	31 200 000	31 600 000	4 161 866	4 336 819	3 378 871	3 595 291
Russie	D	D	8 064 548	8 508 037	4 085 035	3 744 617	3 386 702	3 219 939

Tableau A.20. **Nombre de contribuables par type d'impôt : Impôt sur le revenu des personnes physiques et impôt sur les bénéfices des sociétés** *(suite)*

	Nombre de contribuables par type d'impôt							
	Impôt sur le revenu des personnes physiques				Impôt sur les bénéfices des sociétés			
	Contribuables enregistrés		Contribuables actifs		Contribuables enregistrés		Contribuables actifs	
Juridiction	**2018**	**2019**	**2018**	**2019**	**2018**	**2019**	**2018**	**2019**
Singapour	2 532 034	2 591 238	D	D	325 256	344 658	D	D
Slovénie	2 768 150	2 830 393	1 547 325	1 564 197	112 408	112 393	112 408	112 393
Suède	D	D	7 806 350	7 814 069	D	D	686 563	713 607
Suisse	D	D	D	D	D	D	D	D
Thaïlande	D	D	11 460 408	11 124 159	D	D	664 058	704 018
Turquie	15 356 631	16 006 467	4 677 791	4 778 268	2 220 462	2 347 386	806 622	848 904

StatLink https://dx.doi.org/10.1787/888934303070

D Données non disponibles

1. Argentine : le nombre de contribuables enregistrés et actifs inclut 2 013 319 (pour 2018) / 2 264 478 (pour 2019) salariés dont l'IRPP était prélevé directement sur leur salaire par leurs employeurs. Ces contribuables ne sont pas obligés de s'enregistrer à l'IRPP.
2. France : le nombre de contribuables soumis à l'IRPP est une estimation.
3. Israël : le nombre de contribuables actifs soumis à l'IRPP est une estimation.

Tableau A.21. **Nombre de contribuables par type d'impôt : employeurs effectuant une retenue à la source sur les salaires, taxe sur la valeur ajoutée et droits d'accises**

	Nombre de contribuables par type d'impôt											
	Employeurs effectuant une retenue à la source sur les salaires				Taxe sur la valeur ajoutée				Droits d'accise (fabricants/producteurs nationaux)			
	Employeurs immatriculés		Employeurs en activité		Contribuables enregistrés		Contribuables en activité		Contribuables enregistrés		Contribuables en activité	
Juridiction	**2018**	**2019**	**2018**	**2019**	**2018**	**2019**	**2018**	**2019**	**2018**	**2019**	**2018**	**2019**
Afrique du Sud	660 446	699 942	520 918	552 611	973 243	1 007 943	773 783	802 957	3 524	3 690	2 888	3 051
Allemagne	2 559 853	2 564 642	2 559 853	2 564 642	6 083 972	6 087 993	6 083 972	6 087 993				
Arabie saoudite					158 194	229 645	142 513	191 311	19	43	19	43
Argentine	D	D	41 394	40 212	1 685 471	1 744 652	1 075 583	1 081 931	16 291	17 033	2 366	2 697
Australie	1 608 812	1 646 059	1 163 164	1 172 049	2 606 991	2 680 991	1 973 983	2 009 357	2 913	3 184	2 316	2 599
Autriche	402 898	407 688	402 898	407 688	922 887	949 532	922 887	949 532				
Belgique	D	D	D	D	983 287	974 910	983 287	974 910				
Brésil	D	D	D	D	D	D	D	D	D	D	D	D
Bulgarie	D	D	D	D	297 464	310 709	297 464	310 709				
Canada	D	D	D	D	3 542 783	3 930 551	3 272 236	3 646 941	D	D	D	D
Chili	358 206	369 381	358 206	369 381	1 615 685	1 697 568	1 073 225	1 117 247	115	104	115	104
Chine (République populaire de)	D	D	D	D	53 018 817	62 177 487	47 060 866	55 194 001	220 222	257 526	180 660	211 824
Chypre	127 926	136 879	127 926	136 879	95 280	99 023	94 438	98 031				
Colombie	D	D	D	D	1 323 244	1 406 341	443 837	455 671	34 192	37 194	34 192	34 126
Corée	D	D	D	D	6 731 117	7 001 193	6 478 314	6 753 201	2 416	2 571	2 416	2 571
Costa Rica	23 590	21 643	23 590	21 643	103 120	548 798	103 120	548 798	277	576	277	576
Croatie	102 831	117 248	102 831	117 248	147 794	154 717	147 794	154 717				
Danemark	226 803	215 200	190 198	193 337	521 160	522 915	521 160	522 915	19 473	19 300	19 473	19 300
Espagne	2 514 918	2 546 286	2 514 918	2 546 286	7 301 485	7 107 361	7 301 485	7 107 361	78 608	80 504	78 608	80 504
Estonie	63 997	73 387	63 997	73 387	96 670	100 157	96 670	100 157	590	584	590	584
États-Unis	D	D	6 884 725	6 905 030					D	D	1 049 493	1 073 183
Finlande	242 182	238 622	242 182	238 622	529 130	611 470	529 130	611 470	D	D	D	D
France		D		1 050 000	6 020 000	6 400 000	3 990 000	4 100 000				
Géorgie	619 383	743 853	160 116	173 898	120 502	134 138	70 609	71 669	842	2 125	835	2 012

Tableau A.21. **Nombre de contribuables par type d'impôt : employeurs effectuant une retenue à la source sur les salaires, taxe sur la valeur ajoutée et droits d'accises** *(suite)*

	Nombre de contribuables par type d'impôt											
	Employeurs effectuant une retenue à la source sur les salaires				Taxe sur la valeur ajoutée				Droits d'accise (fabricants/producteurs nationaux)			
	Employeurs immatriculés		Employeurs en activité		Contribuables enregistrés		Contribuables en activité		Contribuables enregistrés		Contribuables en activité	
Juridiction	2018	2019	2018	2019	2018	2019	2018	2019	2018	2019	2018	2019
Grèce	329 285	346 366	282 526	273 730	1 393 626	1 415 624	1 002 257	1 009 293	3 709	3 782	943	943
Hong Kong (Chine)												
Hongrie	512 192	523 922	495 189	506 028	530 833	512 520	530 833	512 520	4 151	4 180	4 151	4 180
Inde	754 837	681 261	D	D								
Indonésie	D	D	D	D	D	D	D	D				
Irlande	226 958	210 766	198 781	202 298	268 874	273 365	260 359	255 949	33 910	35 015	33 910	35 015
Islande	38 040	39 286	38 040	39 286	33 267	33 690	33 267	33 690				
Israël	D	D	356 075	337 547	D	D	847 247	886 573	D	D	51 801	53 798
Italie	4 122 000	4 080 000	4 122 000	4 080 000	8 920 000	9 018 000	4 785 000	4 700 000				
Japon	3 536 000	3 532 000	D	D	D	D	3 345 000	3 377 000				
Kenya	118 791	134 097	110 099	134 097	205 719	215 051	195 060	215 051	960	1 083	873	1 083
Lettonie	D	D	D	D	83 554	78 897	83 554	78 897	7 111	7 050	7 111	7 050
Lituanie	106 543	108 763	103 774	104 313	86 848	90 015	86 848	90 015	1 592	1 709	1 577	1 693
Luxembourg	37 258	38 939	D	D	82 868	85 492	76 854	79 238				
Malaisie	1 069 623	1 134 315	755 742	809 086								
Malte	48 412	51 803	28 514	28 133	76 885	89 846	71 168	83 071				
Maroc	D	D	366 320	376 812	D	D	619 615	680 482				
Mexique	195 103	206 534	195 103	206 534	9 314 967	9 728 920	9 314 967	9 728 920	118 261	128 294	118 261	128 294
Norvège	248 452	250 384	248 452	250 384	365 263	368 416	365 263	368 416	2 068	2 084	2 068	2 084
Nouvelle-Zélande	222 606	223 590	215 184	214 753	658 770	665 981	642 242	649 080				
Pays-Bas	695 659	715 929	695 659	715 929	2 519 892	2 751 620	1 906 705	1 997 205				
Pérou	557 588	591 919	412 259	425 771	1 282 602	1 431 370	890 600	960 968	1 358	1 387	1 104	1 104
Pologne	1 998 951	2 053 067	1 307 676	1 329 463	2 140 286	2 166 399	2 114 367	2 141 182	D	D	D	D
Portugal	D	D	432 896	448 643	1 435 236	1 644 535	1 435 236	1 644 535	D	D	1 647	1 800
République slovaque	270 568	272 854	D	D	221 190	232 703	D	D				

Tableau A.21. **Nombre de contribuables par type d'impôt : employeurs effectuant une retenue à la source sur les salaires, taxe sur la valeur ajoutée et droits d'accises** *(suite)*

	Nombre de contribuables par type d'impôt											
	Employeurs effectuant une retenue à la source sur les salaires				Taxe sur la valeur ajoutée				Droits d'accise (fabricants/producteurs nationaux)			
	Employeurs immatriculés		Employeurs en activité		Contribuables enregistrés		Contribuables en activité		Contribuables enregistrés		Contribuables en activité	
Juridiction	**2018**	**2019**	**2018**	**2019**	**2018**	**2019**	**2018**	**2019**	**2018**	**2019**	**2018**	**2019**
République tchèque	716 380	727 114	568 338	574 351	907 815	934 068	588 813	604 740				
Roumanie	583 998	603 306	535 089	551 926	404 921	423 892	404 713	423 134	2 668	2 702	2 137	2 163
Royaume-Uni	D	D	D	D	2 331 730	2 352 250	2 199 382	2 240 672	D	D	D	D
Russie	D	D	3 745 630	3 881 721	1 644 214	1 514 258	1 406 517	1 326 821	D	D	D	D
Singapour					100 243	101 293	D	D				
Slovénie	96 453	97 579	96 453	97 579	112 661	116 380	112 661	116 380	1 103	1 595	1 103	1 595
Suède	D	D	460 211	456 948	D	D	1 131 219	1 152 580	D	D	72 300	71 840
Suisse	D	D	D	D	386 662	395 036	386 662	395 036				
Thaïlande	D	D	192 854	207 439	1 175 400	1 244 776	599 662	620 720				
Turquie	10 655 887	11 116 258	2 964 862	3 082 199	11 525 277	11 981 727	2 856 889	2 965 674	70 990	77 890	7 991	6 850

StatLink https://dx.doi.org/10.1787/888934303089

D Données non disponibles

Tableau A.22. **Respect des délais pour le dépôt des déclarations : Impôt sur les bénéfices des sociétés**

	Respect des délais pour le dépôt des déclarations			
	Impôts sur les bénéfices des sociétés			
	Nombre de déclarations attendues		Nombre de déclarations déposées dans les délais	
Juridiction	**2018**	**2019**	**2018**	**2019**
Afrique du Sud	2 733 331	1 555 435	375 819	458 271
Allemagne	1 351 895	1 391 483	1 087 199	1 105 498
Arabie saoudite	6 101	6 238	4 567	4 545
Argentine	370 202	380 856	152 620	131 393
Australie[1]	D	D	D	D
Autriche	189 619	197 396	D	D
Belgique	555 959	572 143	452 933	479 959
Brésil	D	D	1 333 482	1 282 372
Bulgarie	375 000	390 000	356 544	370 976
Canada	1 018 980	1 084 546	870 060	939 424
Chili	1 142 323	1 118 271	922 297	902 813
Chine (République populaire de)	20 183 179	23 633 394	19 637 409	22 924 492
Chypre	123 763	120 701	70 259	66 554
Colombie	868 053	889 314	454 175	455 721
Corée	D	D	D	D
Costa Rica	178 706	168 364	134 698	130 935
Croatie	154 123	158 835	129 107	132 949
Danemark	333 000	351 000	284 000	292 000
Espagne	D	D	1 605 088	1 597 585
Estonie	D	D	D	D
États-Unis	2 062 100	2 154 300	2 127 673	2 146 904
Finlande	294 900	300 500	254 800	271 400
France	2 330 000	2 480 000	2 210 000	2 356 000
Géorgie	D	1 031 188	D	693 256
Grèce	247 404	259 193	241 503	253 770
Hong Kong (Chine)	488 468	540 034	319 464	362 867
Hongrie	483 521	480 919	366 587	346 510
Inde	843 552	836 349	753 226	783 284
Indonésie	D	D	D	D
Irlande	202 795	212 630	D	D
Islande	45 492	46 652	37 197	40 019
Israël	198 870	275 646	170 593	242 250
Italie	D	D	1 488 000	1 599 000
Japon	D	D	D	D
Kenya	389 703	505 216	220 698	235 067
Lettonie	102 449	107 338	80 230	105 299
Lituanie	193 974	202 830	96 309	103 901
Luxembourg	D	D	D	D
Malaisie	484 690	511 059	386 447	399 866

Tableau A.22. **Respect des délais pour le dépôt des déclarations : Impôt sur les bénéfices des sociétés** *(suite)*

	Respect des délais pour le dépôt des déclarations			
	Impôts sur les bénéfices des sociétés			
	Nombre de déclarations attendues		Nombre de déclarations déposées dans les délais	
Juridiction	**2018**	**2019**	**2018**	**2019**
Malte	50 163	55 972	34 196	D
Maroc	271 008	265 294	244 655	247 163
Mexique	1 653 993	1 713 156	763 925	817 999
Norvège	321 955	338 503	309 329	323 306
Nouvelle-Zélande	817 069	799 419	725 030	710 953
Pays-Bas	785 926	814 757	742 219	788 231
Pérou	741 194	753 153	623 404	652 963
Pologne	591 653	587 407	532 138	528 574
Portugal	500 026	509 121	487 590	503 517
République slovaque	322 235	340 389	250 762	264 432
République tchèque	557 634	554 082	436 431	453 088
Roumanie	408 014	357 478	353 686	324 811
Royaume-Uni[2]	3 550 648	3 780 543	2 520 013	2 685 303
Russie	9 104 993	8 434 059	6 893 546	6 216 986
Singapour	219 966	230 744	185 375	194 606
Slovénie	112 408	112 393	99 133	105 390
Suède	D	D	D	D
Suisse	D	D	D	D
Thaïlande	D	D	D	D
Turquie	4 033 110	4 244 520	3 596 031	3 804 085

StatLink https://dx.doi.org/10.1787/888934303108

D Données non disponibles

1. Australie : le pourcentage de déclarations déposées dans les délais pour l'impôt sur les bénéfices des sociétés ressort à respectivement 76.29% en 2018 et 78.74% en 2019
2. Royaume-Uni : la méthodologie pour l'impôt sur les bénéfices des sociétés a changé par rapport aux années précédentes.

Tableau A.23. **Respect des délais pour le dépôt des déclarations : impôt sur le revenu des personnes physiques**

	Respect des délais pour le dépôt des déclarations			
	Impôt sur le revenu des personnes physiques			
	Nombre de déclarations attendues		Nombre de déclarations déposées dans les délais	
Juridiction	**2018**	**2019**	**2018**	**2019**
Afrique du Sud	3 364 765	3 929 213	2 261 105	2 427 511
Allemagne	21 121 312	21 664 714	17 468 727	17 697 816
Arabie saoudite				
Argentine	1 309 209	1 285 831	788 764	727 841
Australie [1]	D	D	D	D
Autriche	8 247 467	8 565 293	D	D
Belgique	7 119 341	7 151 559	6 647 691	6 685 912
Brésil	28 800 000	30 500 000	28 086 790	29 232 838
Bulgarie	650 000	670 000	589 364	627 639
Canada	27 847 908	27 153 000	25 340 128	25 780 047
Chili	D	D	1 764 619	1 827 604
Chine (République populaire de)	D	D	D	D
Chypre	360 180	394 634	271 500	265 292
Colombie	3 062 456	3 140 302	3 127 050	3 147 901
Corée	6 911 000	7 595 000	6 759 000	7 373 000
Costa Rica	482 153	491 225	341 168	327 589
Croatie	117 487	125 055	104 128	118 883
Danemark	5 252 671	5 267 310	5 208 947	5 171 850
Espagne	D	D	19 920 599	20 635 885
Estonie	752 944	755 272	706 028	741 026
États-Unis	152 558 000	154 601 100	152 937 949	154 094 555
Finlande	1 712 900	1 489 200	1 513 500	1 298 000
France	39 037 176	39 394 542	37 533 908	37 734 067
Géorgie	D	2 517 599	D	1 629 075
Grèce	6 368 152	6 447 321	6 327 119	6 422 078
Hong Kong (Chine)	3 105 761	3 170 111	2 374 882	2 361 122
Hongrie	D	D	D	D
Inde	58 723 101	62 701 418	56 201 805	59 624 154
Indonésie	D	D	D	D
Irlande	674 359	673 860	557 021	556 460
Islande	307 699	313 338	287 534	293 528
Israël	1 136 152	1 223 998	1 041 994	1 125 573
Italie	D	D	29 258 000	30 123 000
Japon	D	D	D	D
Kenya	8 231 851	10 013 954	3 503 551	3 277 406
Lettonie	768 863	961 274	722 633	900 271
Lituanie	770 487	538 417	606 775	408 083
Luxembourg	D	D	D	D
Malaisie	5 401 460	6 294 120	4 157 740	4 275 492

Tableau A.23. **Respect des délais pour le dépôt des déclarations : impôt sur le revenu des personnes physiques** *(suite)*

	Respect des délais pour le dépôt des déclarations			
	Impôt sur le revenu des personnes physiques			
	Nombre de déclarations attendues		Nombre de déclarations déposées dans les délais	
Juridiction	2018	2019	2018	2019
Malte	161 066	78 194	124 546	D
Maroc	307 527	197 867	250 383	193 367
Mexique	10 320 092	12 107 985	3 020 996	3 862 555
Norvège	4 903 431	4 971 693	4 886 621	4 951 602
Nouvelle-Zélande	1 243 624	1 206 998	1 096 806	1 053 295
Pays-Bas	8 072 697	8 324 512	7 961 000	8 243 247
Pérou	568 766	591 818	392 455	467 589
Pologne	24 074 191	24 277 771	23 790 859	23 258 359
Portugal	5 346 422	5 430 582	5 185 648	5 275 003
République slovaque	939 740	948 224	930 221	940 661
République tchèque	2 264 842	2 286 260	2 173 442	2 206 925
Roumanie	757 366	697 850	D	D
Royaume-Uni	11 564 363	11 122 967	10 833 177	10 760 043
Russie	8 064 548	8 508 037	9 272 229	8 367 481
Singapour	2 404 539	2 466 392	2 332 197	2 400 038
Slovénie	18 553	20 588	12 109	13 537
Suède	D	D	D	D
Suisse	D	D	D	D
Thaïlande	D	D	D	D
Turquie	12 230 243	12 504 636	11 345 827	11 531 850

StatLink https://dx.doi.org/10.1787/888934303127

D Données non disponibles

1. Australie : le pourcentage de déclarations déposées dans les délais pour l'impôt sur le revenu des personnes physiques ressort à respectivement 83.14 % en 2018 et 83.77 % en 2019.

Tableau A.24. **Respect des délais pour le dépôt des déclarations : employeurs effectuant une retenue à la source sur les salaires**

	Respect des délais pour le dépôt des déclarations			
	Employeurs effectuant une retenue à la source sur les salaires			
	Nombre de déclarations attendues		Nombre de déclarations déposées dans les délais	
Juridiction	**2018**	**2019**	**2018**	**2019**
Afrique du Sud	5 946 753	6 333 025	3 511 508	3 702 887
Allemagne	D	D	D	D
Arabie saoudite				
Argentine	7 619 631	7 414 025	6 621 829	6 475 253
Australie [1]	D	D	D	D
Autriche	D	D	D	D
Belgique	D	D	D	D
Brésil	D	D	D	D
Bulgarie	D	D	D	D
Canada	1 378 190	1 371 035	1 255 144	1 271 947
Chili	825 630	850 319	767 666	803 614
Chine (République populaire de)	D	D	D	D
Chypre	D	D	D	D
Colombie	D	D	470 663	545 395
Corée	D	D	D	D
Costa Rica	23 590	21 643	6 812	6 902
Croatie	D	D	D	D
Danemark	2 562 077	2 378 271	2 507 420	2 298 600
Espagne	D	D	9 016 484	9 169 869
Estonie	1 351 255	1 264 131	1 275 320	1 179 824
États-Unis	30 833 000	31 380 600	30 942 654	31 566 173
Finlande	1 459 700	1 438 700	1 360 900	1 122 200
France		D		24 820 808
Géorgie	D	1 897 671	D	1 109 856
Grèce	3 292 663	3 414 489	3 108 112	3 201 444
Hong Kong (Chine)				
Hongrie	6 146 304	6 287 064	5 612 460	5 740 044
Inde	2 319 911	2 167 068	2 091 117	1 742 167
Indonésie	D	D	D	D
Irlande	1 809 888	1 650 104	1 581 901	1 558 340
Islande	D	D	D	D
Israël	293 791	298 148	291 688	293 429
Italie	D	D	4 909 000	5 137 000
Japon	D	D	D	D
Kenya	1 321 188	1 609 164	728 405	876 014
Lettonie	1 012 057	1 020 531	863 330	891 153
Lituanie	1 137 066	1 140 706	1 075 479	1 077 236
Luxembourg	D	D	D	D

Tableau A.24. **Respect des délais pour le dépôt des déclarations : employeurs effectuant une retenue à la source sur les salaires** *(suite)*

	Respect des délais pour le dépôt des déclarations			
	Employeurs effectuant une retenue à la source sur les salaires			
	Nombre de déclarations attendues		Nombre de déclarations déposées dans les délais	
Juridiction	**2018**	**2019**	**2018**	**2019**
Malaisie	569 832	591 097	526 221	512 993
Malte	28 514	28 133	21 121	21 881
Maroc	366 320	376 812	358 287	376 812
Mexique	D	D	D	D
Norvège	2 360 790	2 382 092	1 947 856	1 933 387
Nouvelle-Zélande	4 635 245	5 975 107	4 308 232	5 496 107
Pays-Bas	8 149 126	8 271 363	8 071 784	8 197 340
Pérou	918 003	963 610	901 410	936 984
Pologne	1 249 301	1 255 865	1 213 815	1 217 457
Portugal	4 732 224	4 884 537	4 614 631	4 769 191
République slovaque	D	D	2 020 618	2 101 893
République tchèque	367 167	367 760	329 309	331 106
Roumanie	6 190 158	6 303 442	5 891 920	6 028 533
Royaume-Uni	D	D	D	D
Russie	3 745 630	3 881 721	3 867 448	4 007 368
Singapour				
Slovénie	1 752 866	1 805 913	1 687 586	1 765 086
Suède	D	D	D	D
Suisse	D	D	D	D
Thaïlande	D	D	D	D
Turquie	13 842 749	14 256 106	13 039 870	13 201 154

StatLink https://dx.doi.org/10.1787/888934303146

D Données non disponibles

1. Australie : le pourcentage de déclarations déposées dans les délais pour la retenue à la source opérée par les employeurs ressort à respectivement 79.88 % en 2018 et 79.16 % en 2019.

Tableau A.25. **Respect des délais pour le dépôt des déclarations : taxe sur la valeur ajoutée**

	Respect des délais pour le dépôt des déclarations			
	Taxe sur la valeur ajoutée			
	Nombre de déclarations attendues		Nombre de déclarations déposées dans les délais	
Juridiction	**2018**	**2019**	**2018**	**2019**
Afrique du Sud	4 822 639	5 038 532	2 513 243	2 618 867
Allemagne	6 248 248	6 273 200	5 002 316	4 969 003
Arabie saoudite	515 841	722 461	395 955	694 161
Argentine	12 725 465	12 830 502	10 224 633	10 409 639
Australie [1]	D	D	D	D
Autriche	4 807 657	4 920 066	4 126 857	4 222 066
Belgique	3 672 990	3 752 907	3 644 618	3 721 634
Brésil	D	D	12 523 352	12 408 838
Bulgarie	3 570 000	3 750 000	3 553 894	3 686 355
Canada	8 582 129	8 830 463	5 207 495	5 258 387
Chili	11 466 276	12 004 380	8 749 067	9 262 134
Chine (République populaire de)	307 487 616	337 523 421	298 707 077	330 182 109
Chypre	357 063	374 095	307 438	323 005
Colombie	D	D	1 252 111	1 232 272
Corée	D	D	D	D
Costa Rica	1 237 800	2 634 230	964 902	1 806 694
Croatie	1 532 595	1 588 940	1 355 557	1 394 881
Danemark	1 415 525	1 440 487	1 212 678	1 241 610
Espagne	D	D	14 161 892	14 258 233
Estonie	1 073 164	1 111 159	983 684	1 007 687
États-Unis				
Finlande	3 361 200	3 252 100	3 029 500	2 933 000
France	19 000 000	19 416 000	17 370 000	17 690 000
Géorgie	710 141	782 552	651 041	707 645
Grèce	6 866 650	7 034 406	4 566 849	4 663 270
Hong Kong (Chine)				
Hongrie	3 538 744	3 555 392	3 049 428	3 037 724
Inde				
Indonésie	D	D	D	D
Irlande	804 819	866 523	718 217	752 961
Islande	151 074	151 037	144 125	142 277
Israël	4 018 578	4 137 540	3 893 836	4 017 981
Italie	D	D	5 172 000	5 334 000
Japon	D	D	D	D
Kenya	2 340 720	2 580 612	1 888 078	2 071 280
Lettonie	734 511	730 373	662 256	666 409
Lituanie	882 105	909 519	856 440	845 196
Luxembourg	361 595	376 403	323 695	319 528
Malaisie				

Tableau A.25. **Respect des délais pour le dépôt des déclarations : taxe sur la valeur ajoutée** *(suite)*

	Respect des délais pour le dépôt des déclarations			
	Taxe sur la valeur ajoutée			
	Nombre de déclarations attendues		Nombre de déclarations déposées dans les délais	
Juridiction	**2018**	**2019**	**2018**	**2019**
Malte	200 645	214 898	143 066	139 978
Maroc	1 909 391	1 901 918	1 721 166	1 745 725
Mexique	D	D	D	D
Norvège	1 484 145	1 532 797	1 335 022	1 374 949
Nouvelle-Zélande	3 029 671	3 068 416	2 807 854	2 832 962
Pays-Bas	8 725 822	9 123 881	8 343 926	8 726 006
Pérou	11 323 819	11 839 980	9 875 600	10 404 054
Pologne	17 284 643	17 939 022	16 817 286	17 530 948
Portugal	3 682 012	3 827 648	3 514 789	3 653 118
République slovaque	1 757 762	1 836 299	1 818 568	1 922 312
République tchèque	4 423 626	4 590 598	4 215 950	4 441 265
Roumanie	3 030 907	3 157 346	2 830 736	2 950 465
Royaume-Uni	8 828 318	8 945 228	7 490 372	7 523 893
Russie	D	D	7 990 646	7 341 333
Singapour	386 816	385 541	370 411	369 997
Slovénie	848 592	889 313	714 461	761 725
Suède	D	D	D	D
Suisse	1 261 442	1 287 632	979 475	977 549
Thaïlande	599 662	620 720	D	D
Turquie	34 282 668	35 588 088	29 975 283	30 939 217

StatLink https://dx.doi.org/10.1787/888934303165

D Données non disponibles

1. Australie : le pourcentage de déclarations déposées dans les délais pour l'impôt sur le revenu des personnes physiques ressort à respectivement 76.63 % en 2018 et 75.97 % en 2019.

Tableau A.26. **Impôt sur le revenu des personnes physiques prélevé à la source par des tiers, et respect des délais de paiements : impôt sur le revenu des personnes physiques**

Juridiction	Pourcentage estimé de l'impôt sur le revenu des personnes physiques prélevé à la source par des tiers et reversé à l'administration		Respect des délais de paiement – Impôt sur le revenu des personnes physiques – Valeur des paiements attendus à la date d'échéance (en milliers, monnaie locale)		Valeur des paiements effectués dans les délais (en milliers, monnaie locale)	
	2018	2019	2018	2019	2018	2019
Afrique du Sud	95.5	95.8	24 041 023	26 487 713	12 379 582	11 813 658
Allemagne	D	D	D	D	D	D
Arabie saoudite	0.0	0.0				
Argentine	81.7	84.7	45 794 768	64 369 299	25 324 994	37 216 348
Australie	D	D	45 133 387	49 309 629	31 362 796	35 098 867
Autriche	87.6	86.5	8 280 237	9 016 937	7 512 477	8 176 558
Belgique	93.2	92.6	4 607 023	5 041 543	3 299 444	3 599 171
Brésil	77.8	77.8	151 944 124	163 467 772	146 535 778	157 377 081
Bulgarie	88.0	89.0	3 453 032	3 740 072	2 941 827	3 254 757
Canada	D	D	182 156 456	189 592 933	171 191 477	178 286 878
Chili	86.1	88.7	D	D	319 296 456	445 140 291
Chine (République populaire de)	80.0	85.0	D	D	D	D
Chypre	50.0	41.0	D	D	48 698	59 443
Colombie	84.0	89.0	D	D	12 215 962 644	12 888 179 508
Corée	D	D	D	D	D	D
Costa Rica	12.2	10.4	63 225 084	69 626 560	46 002 501	39 603 241
Croatie	D	D	D	D	D	D
Danemark	95.0	95.0	D	D	D	D
Espagne	84.1	67.9	40 808 853	41 623 363	39 392 024	39 908 400
Estonie	96.2	95.9	53 538	62 230	40 214	49 641
États-Unis	78.7	79.1	D	D	3 051 554 159	3 137 078 983
Finlande	89.2	89.0	3 607 400	3 459 600	3 195 200	2 659 500
France	D	79.0	81 203 259	10 466 643	76 149 292	9 429 048
Géorgie	92.8	92.9	63 967	58 271	62 064	56 404
Grèce	74.0	75.0	3 629 250	3 702 422	2 465 912	2 530 241
Hong Kong (Chine)	D	D	76 877 828	78 609 555	70 905 278	72 342 966
Hongrie	93.3	95.4	D	D	D	D
Inde	48.0	51.0	4 981 308 211	5 206 791 615	D	D
Indonésie	54.1	66.1	135 302 740 515	149 246 057 762	113 141 456 576	119 686 696 088
Irlande	95.6	95.1	3 470 541	3 657 398	3 415 715	3 589 135
Islande	D	D	189 297 000	199 295 000	D	D
Israël	70.6	67.0	19 227 000	21 395 375	19 524 890	21 380 816
Italie	89.0	89.0	D	D	D	D
Japon	84.0	84.0	D	D	D	D
Kenya	72.7	71.1	345 597 569	367 954 259	345 597 569	367 954 259
Lettonie	86.0	83.0	1 705 908	1 930 489	D	D

Tableau A.26. **Impôt sur le revenu des personnes physiques prélevé à la source par des tiers, et respect des délais de paiements : impôt sur le revenu des personnes physiques** *(suite)*

Juridiction	Pourcentage estimé de l'impôt sur le revenu des personnes physiques prélevé à la source par des tiers et reversé à l'administration		Respect des délais de paiement – Impôt sur le revenu des personnes physiques – Valeur des paiements attendus à la date d'échéance (en milliers, monnaie locale)		Valeur des paiements effectués dans les délais (en milliers, monnaie locale)	
	2018	2019	2018	2019	2018	2019
Lituanie	99.0	97.7	1 854 310	3 510 383	1 666 124	3 093 481
Luxembourg	41.0	40.0	D	D	D	D
Malaisie	22.1	18.1	3 350 328	3 828 553	2 495 169	2 997 127
Malte	83.4	83.3	570 644	697 086	404 842	506 057
Maroc	75.0	80.0	D	D	7 563 560	9 731 760
Mexique	42.9	43.7	D	D	D	D
Norvège	93.7	93.5	57 247 863	59 467 468	44 045 240	46 288 514
Nouvelle-Zélande	86.4	86.0	5 000 655	5 128 911	4 722 650	4 724 180
Pays-Bas	99.2	98.3	17 249 589	18 675 959	16 401 685	17 791 409
Pérou	99.3	99.4	2 223 211	2 260 937	978 238	1 022 431
Pologne	73.8	72.2	42 325 496	48 931 820	33 468 543	38 223 315
Portugal	84.1	84.1	D	D	1 751 101	1 796 742
République slovaque	97.8	97.3	240 655	296 409	224 866	234 622
République tchèque	96.0	96.0	20 695 216	23 129 364	17 250 201	19 111 363
Roumanie	83.0	81.1	20 480 424	21 804 471	17 663 271	18 949 681
Royaume-Uni	D	D	D	D	D	D
Russie	94.8	94.4	191 842 229	224 347 868	189 978 347	222 459 709
Singapour[1]	D	D	D	D	D	D
Slovénie	82.8	81.3	2 480 506	2 636 252	2 255 709	2 408 272
Suède	D	D	D	D	D	D
Suisse	D	D	D	D	D	D
Thaïlande	90.3	90.4	D	D	D	D
Turquie	D	D	D	D	D	D

StatLink https://dx.doi.org/10.1787/888934303184

D Données non disponibles

1. Singapour : le taux de respect des délais de paiement pour l'impôt sur le revenu des personnes physiques est de 90.1 % en 2018 et 91.2 % en 2019.

Tableau A.27. Respect des délais de paiement : impôt sur les bénéfices des sociétés

	Respect des délais de paiement			
	Impôt sur les bénéfices des sociétés			
	Montant des paiements attendus à la date d'échéance (en milliers, monnaie locale)		Montant des paiements effectués dans les délais (en milliers, monnaie locale)	
Juridiction	**2018**	**2019**	**2018**	**2019**
Afrique du Sud	50 123 194	54 746 579	14 177 432	22 445 126
Allemagne	D	D	D	D
Arabie saoudite	16 120 000	17 000 000	8 580 000	6 500 000
Argentine	214 131 200	288 592 233	186 068 241	249 679 466
Australie	90 818 000	102 645 098	77 894 408	90 460 258
Autriche	11 939 943	12 548 199	11 587 715	12 199 359
Belgique	7 324 317	5 821 383	5 883 051	3 749 077
Brésil	125 258 607	146 252 157	121 120 559	140 195 214
Bulgarie	2 580 822	2 594 642	2 201 828	2 244 157
Canada	84 769 898	88 913 605	72 683 445	76 974 391
Chili	D	D	1 991 254 174	2 579 276 884
Chine (République populaire de)	D	D	D	D
Chypre	D	D	628 568	676 271
Colombie	D	D	55 844 952 795	58 773 414 489
Corée	D	D	D	D
Costa Rica	1 181 986 602	1 255 188 533	302 272 025	581 167 917
Croatie	D	D	D	D
Danemark	113 200 000	107 500 000	105 700 000	98 000 000
Espagne	25 973 853	24 782 175	23 846 753	23 112 091
Estonie	519 352	510 176	386 373	422 336
États-Unis	D	D	262 742 024	277 057 735
Finlande	5 947 300	5 965 900	5 395 900	5 357 800
France	D	D	60 852 000	64 654 000
Géorgie	802 181	972 701	752 524	887 255
Grèce	4 241 172	4 493 881	3 744 509	3 991 410
Hong Kong (Chine)	147 891 243	175 508 094	139 345 001	165 272 607
Hongrie	D	D	D	D
Inde	7 688 196 344	6 776 629 941	D	D
Indonésie	266 257 585 543	260 580 703 229	233 465 633 411	233 391 743 824
Irlande	17 177 393	19 925 557	17 051 868	19 542 219
Islande	75 702 000	67 802 000	D	D
Israël	48 001 000	50 425 295	49 446 229	50 579 914
Italie	D	D	D	D
Japon	D	D	D	D
Kenya	145 427 380	152 051 119	145 427 380	152 051 119
Lettonie	146 532	198 616	D	D
Lituanie	686 592	753 465	664 821	680 070
Luxembourg	D	D	D	D
Malaisie	63 410 659	62 733 412	44 517 176	54 007 692

Tableau A.27. **Respect des délais de paiement : impôt sur les bénéfices des sociétés** *(suite)*

	Respect des délais de paiement			
	Impôt sur les bénéfices des sociétés			
	Montant des paiements attendus à la date d'échéance (en milliers, monnaie locale)		Montant des paiements effectués dans les délais (en milliers, monnaie locale)	
Juridiction	2018	2019	2018	2019
Malte	463 310	605 520	350 426	488 483
Maroc	D	D	46 892 971	46 912 714
Mexique	D	D	D	D
Norvège	83 897 037	90 661 376	75 557 431	83 514 088
Nouvelle-Zélande	12 658 170	9 903 232	12 396 428	7 051 688
Pays-Bas	24 954 535	27 449 967	24 438 715	26 876 958
Pérou	19 127 365	19 451 966	16 635 761	17 091 455
Pologne	47 322 975	54 950 843	43 943 133	50 629 613
Portugal	D	D	5 123 909	6 576 806
République slovaque	4 447 193	4 299 359	3 911 711	4 124 978
République tchèque	164 630 385	172 441 027	155 662 541	162 508 930
Roumanie	14 613 522	16 108 170	12 761 274	14 417 123
Royaume-Uni	D	D	D	D
Russie	4 664 268 342	5 181 538 288	4 600 274 067	5 116 741 571
Singapour [1]	D	D	D	D
Slovénie	848 619	996 207	777 991	923 104
Suède	D	D	D	D
Suisse	D	D	D	D
Thaïlande	D	D	D	D
Turquie	D	D	D	D

StatLink https://dx.doi.org/10.1787/888934303203

D Données non disponibles

1. Singapour : le taux de respect des délais de paiement pour l'impôt sur les bénéfices des sociétés est de 84.9% en 2018 et 84.3 % en 2019.

Tableau A.28. **Respect des délais de paiement : employeurs effectuant une retenue à la source sur les salaires**

	Respect des délais de paiement			
	Employeurs effectuant une retenue à la source sur les salaires			
	Montant des paiements attendus à la date d'échéance (en milliers, monnaie locale)		Montant des paiements effectués dans les délais (en milliers, monnaie locale)	
Juridiction	**2018**	**2019**	**2018**	**2019**
Afrique du Sud	438 544 773	473 107 982	423 077 222	457 740 313
Allemagne	D	D	D	D
Arabie saoudite				
Argentine	854 106 894	1 137 409 865	702 413 829	945 795 040
Australie	197 898 177	210 583 569	187 928 695	199 989 642
Autriche	27 022 222	28 313 954	26 867 211	28 178 047
Belgique	45 401 762	45 033 009	45 072 746	44 801 931
Brésil	213 713 134	227 406 407	209 551 857	223 302 283
Bulgarie	9 251 296	10 302 734	7 852 132	8 933 568
Canada	D	D	D	D
Chili	D	D	3 081 379 357	3 384 757 357
Chine (République populaire de)	D	D	D	D
Chypre	D	D	450 527	503 397
Colombie	D	D	D	D
Corée	D	D	D	D
Costa Rica	324 750 536	306 981 152	209 433	198 468
Croatie	D	D	D	D
Danemark	520 100 000	499 400 000	502 000 000	482 400 000
Espagne	73 384 314	77 406 906	73 158 596	77 160 624
Estonie	4 837 812	5 358 843	3 845 104	4 280 614
États-Unis	D	D	2 402 897 198	2 480 089 706
Finlande	29 014 800	29 274 500	27 827 600	28 006 700
France		59 636 000		59 332 000
Géorgie	3 252 185	3 506 971	3 205 819	3 481 411
Grèce	6 436 980	6 143 249	6 050 112	5 782 241
Hong Kong (Chine)				
Hongrie	D	D	D	D
Inde	2 438 764 109	2 670 304 905	D	D
Indonésie	120 516 131 378	133 865 351 353	102 234 098 044	108 300 898 219
Irlande	25 576 878	28 091 280	25 299 484	27 708 577
Islande	D	D	D	D
Israël	100 723 884	103 872 650	97 775 171	102 852 857
Italie	D	D	D	D
Japon	D	D	D	D
Kenya	362 627 562	395 206 680	362 627 562	395 206 680
Lettonie	1 728 756	2 034 459	D	D
Lituanie	1 834 586	3 422 255	1 656 453	3 034 608
Luxembourg	D	D	D	D
Malaisie	D	D	26 262 002	30 309 428

Tableau A.28. **Respect des délais de paiement : employeurs effectuant une retenue à la source sur les salaires** *(suite)*

	Respect des délais de paiement			
	Employeurs effectuant une retenue à la source sur les salaires			
	Montant des paiements attendus à la date d'échéance (en milliers, monnaie locale)		Montant des paiements effectués dans les délais (en milliers, monnaie locale)	
Juridiction	**2018**	**2019**	**2018**	**2019**
Malte	671 976	765 238	652 343	720 791
Maroc	D	D	30 406 485	30 439 015
Mexique	D	D	D	D
Norvège	461 500 490	481 364 225	442 153 417	458 915 101
Nouvelle-Zélande	31 188 619	33 258 826	30 773 099	32 705 221
Pays-Bas	153 029 885	156 998 869	151 669 493	155 430 268
Pérou	10 280 325	10 893 369	9 958 399	10 577 791
Pologne	80 723 408	87 822 771	77 654 768	84 207 187
Portugal	16 207 452	16 980 692	16 072 718	16 210 520
République slovaque	2 985 502	3 156 856	2 819 545	2 999 604
République tchèque	D	D	D	D
Roumanie	17 109 189	17 733 281	14 665 151	15 372 795
Royaume-Uni	D	D	D	D
Russie	3 496 982 975	3 764 438 217	3 463 007 337	3 732 755 912
Singapour				
Slovénie	7 040 694	7 526 982	6 471 426	6 971 982
Suède	D	D	D	D
Suisse	D	D	D	D
Thaïlande	D	D	D	D
Turquie	D	D	D	D

StatLink https://dx.doi.org/10.1787/888934303222

D Données non disponibles

Tableau A.29. **Respect des délais de paiement : taxe sur la valeur ajoutée**

	Respect des délais de paiement			
	Taxe sur la valeur ajoutée			
	Montant des paiements attendus à la date d'échéance (en milliers, monnaie locale)		Montant des paiements effectués dans les délais (en milliers, monnaie locale)	
Juridiction	**2018**	**2019**	**2018**	**2019**
Afrique du Sud	333 806 396	375 196 740	307 614 240	343 462 125
Allemagne	D	D	D	D
Arabie saoudite	45 668 834	47 465 837	40 455 601	42 489 194
Argentine	418 094 665	582 014 138	352 427 643	487 624 049
Australie	128 435 514	132 144 486	113 520 240	117 173 823
Autriche	47 526 507	49 738 801	46 029 600	48 271 506
Belgique	41 559 169	42 555 693	40 932 355	41 931 852
Brésil	264 160 417	270 794 568	256 933 481	263 736 256
Bulgarie	13 897 447	15 305 150	11 836 397	13 181 541
Canada	D	D	D	D
Chili	D	D	10 152 127 139	11 154 889 150
Chine (République populaire de)	D	D	D	D
Chypre	D	D	1 306 604	1 378 375
Colombie	41 462 842 233	44 946 735 365	40 856 075 768	44 349 481 098
Corée	D	D	D	D
Costa Rica	2 113 986 069	2 395 626 317	170 386 369	467 682 865
Croatie	D	D	D	D
Danemark	403 300 000	416 000 000	366 900 000	382 400 000
Espagne	34 696 975	37 218 555	32 799 364	35 146 552
Estonie	3 630 775	3 836 208	2 836 575	2 990 070
États-Unis				
Finlande	30 803 400	32 057 900	27 861 700	28 916 700
France	210 883 000	220 370 000	203 572 000	211 492 000
Géorgie	2 643 645	2 985 113	2 568 111	2 868 694
Grèce	18 507 711	18 165 537	16 064 369	16 022 168
Hong Kong (Chine)				
Hongrie	D	D	D	D
Inde				
Indonésie	561 152 348 365	574 547 310 683	451 030 881 526	452 698 709 419
Irlande	16 766 054	18 372 413	16 439 407	18 011 161
Islande	237 368 000	242 216 000	D	D
Israël	87 476 607	82 115 840	78 816 718	73 848 017
Italie	D	D	D	D
Japon	D	D	D	D
Kenya	137 957 201	198 608 615	137 957 201	198 608 615
Lettonie	2 423 762	2 571 306	D	D
Lituanie	3 182 471	3 453 702	3 154 529	3 332 595
Luxembourg	D	D	D	D
Malaisie				

Tableau A.29. **Respect des délais de paiement : taxe sur la valeur ajoutée** *(suite)*

	Respect des délais de paiement			
	Taxe sur la valeur ajoutée			
	Montant des paiements attendus à la date d'échéance (en milliers, monnaie locale)		Montant des paiements effectués dans les délais (en milliers, monnaie locale)	
Juridiction	**2018**	**2019**	**2018**	**2019**
Malte	1 007 821	1 164 711	728 918	720 791
Maroc	D	D	91 102 221	92 775 157
Mexique	D	D	D	D
Norvège	373 681 551	399 256 872	330 275 201	352 435 843
Nouvelle-Zélande	31 254 859	32 980 692	30 142 354	31 880 993
Pays-Bas	82 322 587	88 651 554	80 866 383	87 279 098
Pérou	26 206 245	26 013 269	22 926 529	24 192 738
Pologne	258 565 039	285 382 587	227 285 777	250 406 974
Portugal	22 765 635	24 043 766	22 116 379	23 525 167
République slovaque	11 322 337	11 603 641	10 034 021	10 579 057
République tchèque	721 390 269	752 058 375	665 275 969	690 245 632
Roumanie	72 359 442	80 832 391	62 369 281	69 055 584
Royaume-Uni	99 014 313	104 813 926	81 855 477	86 471 933
Russie	3 904 068 142	4 647 804 170	3 761 173 371	4 481 741 841
Singapour [1]	D	D	D	D
Slovénie	3 797 957	3 963 632	3 455 924	3 584 254
Suède	D	D	D	D
Suisse	D	D	D	D
Thaïlande	D	D	D	D
Turquie	D	D	D	D

StatLink https://dx.doi.org/10.1787/888934303241

D Données non disponibles

1. Singapour : le taux de respect des délais de paiement pour la TVA est de 89.9 % en 2018 et 90.4 % en 2019.

Tableau A.30. **Remboursements de TVA**

Juridiction	Traitement des remboursements de TVA approuvés		Montant total des « crédits de TVA » en fin d'année (en milliers, monnaie locale)	
	2018	2019	2018	2019
Afrique du Sud	Versé automatiquement	Versé automatiquement		
Allemagne	Versé automatiquement	Versé automatiquement		
Arabie saoudite	Montant du « crédit » calculé, remboursé sur demande	Montant du « crédit » calculé, remboursé sur demande	1 059 931	3 700 000
Argentine	Montant du « crédit » calculé, remboursé sur demande	Montant du « crédit » calculé, remboursé sur demande	D	D
Australie	Versé automatiquement	Versé automatiquement		
Autriche	Montant du « crédit » calculé, remboursé sur demande	Montant du « crédit » calculé, remboursé sur demande	D	D
Belgique	Montant du « crédit » calculé, remboursé sur demande	Montant du « crédit » calculé, remboursé sur demande	14 780	15 339
Brésil	Versé automatiquement	Versé automatiquement		
Bulgarie	Versé automatiquement	Versé automatiquement		
Canada	Versé automatiquement	Versé automatiquement		
Chili	Versé automatiquement	Versé automatiquement		
Chine (République populaire de)	Montant du « crédit » calculé, remboursé sous réserve de disponibilité des fonds	Montant du « crédit » calculé, remboursé sur demande	0	0
Chypre	Montant du « crédit » calculé, remboursé sur demande	Montant du « crédit » calculé, remboursé sur demande	157 379	184 950
Colombie	Montant du « crédit » calculé, remboursé sur demande	Montant du « crédit » calculé, remboursé sur demande	0	0
Corée	Versé automatiquement	Versé automatiquement		
Costa Rica	Versé automatiquement	Versé automatiquement		
Croatie	Versé automatiquement	Versé automatiquement		
Danemark	Versé automatiquement	Versé automatiquement		
Espagne	Montant du « crédit » calculé, remboursé sur demande	Montant du « crédit » calculé, remboursé sur demande	D	D
Estonie	Montant du « crédit » calculé, remboursé sur demande	Montant du « crédit » calculé, remboursé sur demande	D	D
États-Unis				
Finlande	Montant du « crédit » calculé, remboursé sur demande	Montant du « crédit » calculé, remboursé sur demande	721 209	767 668
France	Versé automatiquement	Versé automatiquement		
Géorgie	Montant du « crédit » calculé, remboursé sur demande	Montant du « crédit » calculé, remboursé sur demande	538 877	426 877
Grèce	Versé automatiquement	Versé automatiquement		
Hong Kong (Chine)				
Hongrie	Versé automatiquement	Versé automatiquement		
Inde				
Indonésie	Versé automatiquement	Versé automatiquement		
Irlande	Versé automatiquement	Versé automatiquement		
Islande	Versé automatiquement	Versé automatiquement		
Israël	Versé automatiquement	Versé automatiquement		

Tableau A.30. **Remboursements de TVA** *(suite)*

Juridiction	Traitement des remboursements de TVA approuvés		Montant total des « crédits de TVA » en fin d'année (en milliers, monnaie locale)	
	2018	2019	2018	2019
Italie	Versé automatiquement	Versé automatiquement		
Japon				
Kenya	Montant du « crédit » calculé, remboursé sous réserve de disponibilité des fonds	Montant du « crédit » calculé, remboursé sous réserve de disponibilité des fonds	2 284	3 649
Lettonie	Versé automatiquement	Versé automatiquement		
Lituanie	Montant du « crédit » calculé, remboursé sur demande	Montant du « crédit » calculé, remboursé sur demande	10	216
Luxembourg	Versé automatiquement	Versé automatiquement		
Malaisie				
Malte	Versé, sous réserve de disponibilité des fonds	Versé, sous réserve de disponibilité des fonds	D	D
Maroc	Montant du « crédit » calculé, remboursé sur demande	Montant du « crédit » calculé, remboursé sur demande	37 955 600	14 033 400
Mexique [1]	Montant du « crédit » calculé, remboursé sur demande	Montant du « crédit » calculé, remboursé sur demande	281 561	1 120 437
Norvège	Versé automatiquement	Versé automatiquement		
Nouvelle-Zélande	Versé automatiquement	Versé automatiquement		
Pays-Bas	Versé automatiquement	Versé automatiquement		
Pérou	Montant du « crédit » calculé, remboursé sur demande	Montant du « crédit » calculé, remboursé sur demande	57 370	169 187
Pologne	Montant du « crédit » calculé, remboursé sur demande	Montant du « crédit » calculé, remboursé sur demande	D	D
Portugal	Montant du « crédit » calculé, remboursé sur demande	Montant du « crédit » calculé, remboursé sur demande	92 704	113 701
République slovaque	Versé automatiquement	Versé automatiquement		
République tchèque	Versé automatiquement	Versé automatiquement		
Roumanie	Montant du « crédit » calculé, remboursé sous réserve de disponibilité des fonds	Montant du « crédit » calculé, remboursé sous réserve de disponibilité des fonds	5 603	6 187
Royaume-Uni	Versé automatiquement	Versé automatiquement		
Russie	Versé automatiquement	Versé automatiquement		
Singapour	Versé automatiquement	Versé automatiquement		
Slovénie	Montant du « crédit » calculé, remboursé sur demande	Montant du « crédit » calculé, remboursé sur demande	223 759	296 312
Suède	Versé automatiquement	Versé automatiquement		
Suisse	Versé automatiquement	Versé automatiquement		
Thaïlande	Montant du « crédit » calculé, remboursé sur demande	Montant du « crédit » calculé, remboursé sur demande	186 029 090	2 055 397 490
Turquie	Montant du « crédit » calculé, remboursé sur demande	Montant du « crédit » calculé, remboursé sur demande	72 005 175	89 402 791

StatLink https://dx.doi.org/10.1787/888934303260

Versé automatiquement	les remboursements de TVA sont effectués de façon automatique et immédiate
Versé, sous réserve de disponibilité des fonds	les remboursements de TVA sont effectués immédiatement sous réserve de disponibilité des fonds
Montant du « crédit » calculé, remboursé sur demande	les remboursements de TVA sont portés au crédit du compte du contribuable, jusqu'au moment où le contribuable peut légalement en demander le paiement
Montant du « crédit » calculé, remboursé sous réserve de disponibilité des fonds	les remboursements de TVA sont portés au crédit du compte du contribuable, jusqu'au moment où le contribuable peut légalement en demander le paiement, sous réserve de disponibilité des fonds

D Données non disponibles

1. Mexique : les remboursements de TVA sont effectués de façon automatique pour tous les contribuables, à l'exception des gros contribuables, pour lesquels les remboursements de TVA sont portés au crédit du compte du contribuable, jusqu'au moment où il peut légalement en demander le paiement. Le montant des « crédits de TBA « en fin d'année fait renvoie aux gros contribuables.

Tableau A.31. **Stock à la clôture des arriérés : montant total et montant non recouvrable**

Juridiction	Stock à la clôture des arriérés en fin d'exercice par type d'impôt (en milliers, en monnaie locale)							
	Montant total des arriérés		Arriérés considérés comme irrécouvrables		Montant total des arriérés relatifs aux entreprises publiques		Montant total des arriérés relatifs aux entreprises publiques considérés comme irrécouvrables	
	2018	2019	2018	2019	2018	2019	2018	2019
Afrique du Sud	128 716 919	142 272 706	30 823 941	26 138 130	809 720	592 566	691 515	452 621
Allemagne	6 678 907	7 417 583	3 715 971	D	D	D	D	D
Arabie saoudite	D	45 000 000	D	0	D	0	D	0
Argentine	112 172 014	142 954 574	D	D	D	D	D	D
Australie	40 400 259	45 397 768	16 679 501	18 899 549	8 138	35 815	841	894
Autriche	6 955 329	6 855 855	3 841 172	3 944 503	D	D	D	D
Belgique	17 358 788	17 539 139	2 732 689	2 687 153	136 072	10 313	135 777	10 234
Brésil	1 966 420 000	1 966 420 000	0	0	0	0	0	0
Bulgarie[1]	5 690 208	5 679 764	2 528 937	2 604 514	36 866	23 654	0	0
Canada	57 801 415	61 267 625	19 332 516	21 529 589	D	D	D	D
Chili	26 187 706 000	25 506 902 000	6 044 782 000	3 759 126 354	42 644 105	44 806 608	1 974 271	3 810
Chine (République populaire de)	D	D	D	D	D	D	D	D
Chypre[2]	1 506 994	1 657 089	856 036	941 934	13 449	18 851	D	D
Colombie	17 476 121 760	18 513 822 555	6 538 509 076	5 749 085 359	0	0	0	0
Corée	16 787 184 138	17 721 573 899	7 647 754 618	8 437 145 513	D	D	D	D
Costa Rica	173 795 054	287 332 155	52 138 516	34 479 859	257 344	1 535 472	77 203	184 257
Croatie	22 540 146	20 042 390	19 010 418	17 127 643	D	D	D	D
Danemark	78 899 000	84 981 000	37 189 000	33 426 000	34 500 000	38 500 000	19 900 000	10 100 000
Espagne	18 476 910	17 732 940	D	D	D	D	D	D
Estonie	529 793	581 555	78 868	71 092	D	D	D	D
États-Unis	246 771 138	256 973 778	145 498 000	153 226 000	0	0	0	0
Finlande	3 906 000	3 521 000	1 669 000	1 774 000	D	D	D	D
France	27 120 512	25 080 187	D	D	D	D	D	D
Géorgie	3 846 966	4 392 885	3 116 323	3 443 867	192 040	197 192	87 587	82 769
Grèce[3]	104 365 020	105 617 906	19 254 238	22 635 089	11 678 987	11 286 684	48 882	48 067
Hong Kong (Chine)	39 690 439	45 512 352	18 716 963	19 752 459	0	0	0	0

Tableau A.31. **Stock à la clôture des arriérés : montant total et montant non recouvrable** *(suite)*

Juridiction	Stock à la clôture des arriérés en fin d'exercice par type d'impôt (en milliers, en monnaie locale)							
	Montant total des arriérés		Arriérés considérés comme irrécouvrables		Montant total des arriérés relatifs aux entreprises publiques		Montant total des arriérés relatifs aux entreprises publiques considérés comme irrécouvrables	
	2018	2019	2018	2019	2018	2019	2018	2019
Hongrie	1 928 488 140	1 905 160 537	1 368 567 786	1 318 547 967	D	D	D	D
Inde	10 257 608 000	15 926 346 000	D	D	D	D	D	D
Indonésie	68 090 740 726	D	41 098 667 933	D	3 513 544 753	D	1 372 244 761	D
Irlande	4 368 088	4 301 132	3 335 912	3 383 708	11 954	6 385	4 496	1 520
Islande	115 871 000	99 773 000	D	D	D	D	D	D
Israël	51 472 604	62 321 516	13 234 591	17 529 009	D	D	D	D
Italie	747 393 639	799 526 756	710 023 957	759 550 418	D	D	D	D
Japon	853 060 000	811 788 000	D	D	D	D	D	D
Kenya	305 909 000	415 948 513	236 399 000	319 406 000	D	42 529 000	D	D
Lettonie	1 044 219	865 037	784 047	653 123	141	237	0	0
Lituanie	470 491	488 799	304 033	288 850	6 358	6 917	5 241	5 550
Luxembourg	1 803 187	2 096 012	D	D	D	D	D	D
Malaisie	10 778 838	10 721 290	983 762	590 985	0	0	0	0
Malte	3 615 593	4 460 900	3 295 695	4 010 133	D	D	D	D
Maroc	D	D	D	D	D	D	D	D
Mexique	747 177 371	712 490 139	81 762 541	76 246 205	1 684 696	1 625 864	9 947	7 885
Norvège	30 684 641	32 022 871	4 738 302	4 805 075	D	D	D	D
Nouvelle-Zélande	4 425 976	5 210 539	1 130 285	1 001 322	D	D	D	D
Pays-Bas	13 007 259	16 525 305	5 662 158	9 248 730	D	D	D	D
Pérou	123 344 656	122 969 986	87 304 168	79 611 890	3 379 213	3 327 534	765 633	565 348
Pologne	113 649 847	118 728 471	D	D	17 777	18 037	3	28
Portugal	17 745 713	18 753 835	12 112 902	13 182 493	6 339	93 307	6 339	93 270
République slovaque	2 993 239	3 081 078	2 774 048	2 853 733	22	20	20	20
République tchèque	144 558 063	154 038 458	102 938 164	118 638 321	D	D	D	D
Roumanie	103 954 956	111 885 072	87 755 900	92 351 319	13 304 081	14 845 772	12 814 883	13 330 642
Royaume-Uni	13 742 155	15 061 367	2 247 726	2 638 774	D	D	D	D

Tableau A.31. **Stock à la clôture des arriérés : montant total et montant non recouvrable** *(suite)*

Juridiction	Stock à la clôture des arriérés en fin d'exercice par type d'impôt (en milliers, en monnaie locale)							
	Montant total des arriérés		Arriérés considérés comme irrécouvrables		Montant total des arriérés relatifs aux entreprises publiques		Montant total des arriérés relatifs aux entreprises publiques considérés comme irrécouvrables	
	2018	2019	2018	2019	2018	2019	2018	2019
Russie	1 916 637 504	1 800 859 424	11 838 987	5 500 721	D	D	D	D
Singapour	737 077	753 641	D	D	D	D	D	D
Slovénie	1 204 717	1 180 361	520 694	543 774	1 492	3 059	1 426	1 394
Suède	5 522 923	3 437 289	D	D	D	D	D	D
Suisse	D	D	D	D	D	D	D	D
Thaïlande	334 452 730	359 600 453	115 588 970	156 899 810	D	D	D	D
Turquie	D	D	D	D	D	D	D	D

StatLink https://dx.doi.org/10.1787/888934303279

D Données non disponibles

1. Bulgarie : le stock à la clôture des arriérés correspond aux arriérés relatifs aux déclarations uniquement.
2. Chypre : le montant total des arriérés correspond à la somme des arriérés d'IRPP, d'IS, de TVA et d'impôt prélevé à la source par les employeurs.
3. Grèce : les arriérés ne comprennent pas les intérêts et les pénalités.

Tableau A.32. Stock à la clôture des arriérés : par type d'impôt

Juridiction	Stock à la clôture des arriérés en fin d'année par type d'impôt (en milliers, en monnaie locale)							
	Impôt sur les bénéfices des sociétés		Impôt sur le revenu des personnes physiques		Taxe sur la valeur ajoutée		Retenue à la source effectuée par l'employeur	
	2018	2019	2018	2019	2018	2019	2018	2019
Afrique du Sud	35 969 654	33 925 795	32 544 456	35 533 913	15 012 587	17 498 251	42 372 005	51 159 950
Allemagne	D	D	D	D	D	D	D	D
Arabie saoudite	0	0			0	0		
Argentine	9 822 322	14 740 155	9 437 333	12 367 046	33 811 091	49 465 594	50 297 152	57 258 725
Australie	9 691 947	10 905 847	10 553 940	11 312 477	5 529 227	5 667 982	6 237 551	7 230 710
Autriche	875 734	838 610	1 357 108	1 343 330	2 553 672	2 417 015	283 533	274 755
Belgique	8 160 181	8 283 592	2 240 240	2 236 836	5 809 190	6 027 157	493 750	484 631
Brésil	507 790 000	466 690 000	46 460 000	41 190 000	338 910 000	359 340 000	125 480 000	123 790 000
Bulgarie[1]	548 465	569 702	616 681	609 002	2 005 414	2 014 332	D	D
Canada	15 220 263	16 658 862	25 442 071	26 667 140	9 687 947	10 200 938	2 968 065	3 123 056
Chili	8 211 660 734	8 186 561 410	4 644 923 280	3 771 441 997	13 014 692 369	12 962 144 040	D	D
Chine (République populaire de)	D	D	D	D	D	D	D	D
Chypre	672 644	755 014	170 795	174 063	538 997	594 292	124 558	133 720
Colombie	3 696 815 106	4 164 968 917	1 354 065 180	1 590 138 599	3 118 408 989	3 655 373 514	D	D
Corée	696 090 559	739 891 298	2 374 816 950	2 445 131 840	3 874 844 053	4 113 977 482	244 446 202	226 367 022
Costa Rica	72 301 520	91 628 892	27 888 382	33 200 912	58 995 773	143 440 076	2 253 632	5 451 769
Croatie[2]	655 556	831 527	3 175 267	2 896 329	6 141 992	5 536 779	D	D
Danemark	6 317 000	6 984 000	38 353 000	40 238 000	11 020 000	12 066 000	23 208 000	25 693 000
Espagne	4 642 210	4 451 750	2 636 600	2 691 000	7 863 640	7 500 540	1 738 490	1 599 360
Estonie	27 551	24 250	10 368	9 591	154 177	154 390	16 491	17 601
États-Unis	38 719 087	43 343 385	206 013 190	211 372 233			D	D
Finlande	786 300	418 000	671 400	693 400	1 698 800	1 636 500	607 800	615 500
France	D	D	D	D	D	D	D	D
Géorgie	D	D	D	D	D	D	D	D
Grèce[3]	11 005 725	11 230 929	8 237 070	8 376 154	22 746 714	23 572 817	210 977	244 711
Hong Kong (Chine)	33 029 515	38 637 697	6 660 924	6 874 655				
Hongrie	50 722 319	41 255 540	155 526 189	147 345 878	623 357 499	595 971 942	80 050 362	78 633 352

Tableau A.32. **Stock à la clôture des arriérés : par type d'impôt** *(suite)*

Juridiction	Stock à la clôture des arriérés en fin d'année par type d'impôt (en milliers, en monnaie locale)							
	Impôt sur les bénéfices des sociétés		Impôt sur le revenu des personnes physiques		Taxe sur la valeur ajoutée		Retenue à la source effectuée par l'employeur	
	2018	2019	2018	2019	2018	2019	2018	2019
Inde	4 922 468 000	8 021 103 000	5 301 890 000	7 861 532 000			33 250 000	43 710 000
Indonésie	16 109 153 823	D	1 583 276 185	D	23 743 183 930	D	1 179 013 937	D
Irlande	2 558 808	2 842 735	634 077	487 156	527 599	517 378	375 203	233 199
Islande	6 590 000	3 680 000	23 715 000	22 384 000	49 465 000	38 853 000	D	D
Israël	D	D	D	D	12 274 442	16 982 699	6 918 968	7 060 172
Italie	D	D	D	D	D	D	D	D
Japon[4]	91 273 000	91 843 000	254 304 000	245 545 000	302 781 000	290 411 000	130 476 000	117 583 000
Kenya	D	D	D	D	D	D	D	D
Lettonie	72 592	56 980	212 792	206 921	445 009	329 495	222 127	190 995
Lituanie	18 614	25 258	67 776	75 259	142 175	138 632	6 976	6 564
Luxembourg	912 019	1 230 066	191 116	188 090	700 052	677 856	D	D
Malaisie	6 658 418	5 352 274	3 467 796	4 715 656			D	D
Malte	468 509	491 882	285 457	307 776	2 726 688	3 494 233	134 937	167 008
Maroc	D	D	D	D	D	D	D	D
Mexique	303 179 606	313 414 527	48 065 267	44 406 658	135 105 714	124 948 032	36 635 799	38 481 652
Norvège	5 678 595	6 092 972	17 030 820	17 241 192	6 076 770	6 483 730	194 194	196 441
Nouvelle-Zélande[5]	D	D	1 651 300	1 609 800	814 909	1 180 600	374 896	465 900
Pays-Bas	4 364 927	7 370 765	3 665 518	3 788 839	3 102 059	3 145 207	1 398 889	1 675 755
Pérou	27 210 053	27 454 937	3 573 242	3 275 030	30 528 375	29 685 541	1 985 154	2 215 475
Pologne	4 920 271	4 981 494	6 548 448	6 479 229	89 975 907	94 521 978	967 503	1 011 427
Portugal	5 736 694	6 062 657	2 236 861	2 304 069	7 162 698	7 469 982	54 229	93 256
République slovaque	532 602	542 396	87 907	117 414	2 324 177	2 298 722	23 786	22 902
République tchèque	6 186 080	2 262 709	3 111 173	2 898 163	27 497 486	22 087 076	896 173	819 620
Roumanie	16 987 270	17 570 732	5 176 871	5 737 808	42 590 492	43 568 602	D	D
Royaume-Uni	1 982 289	2 228 121	4 413 294	4 774 069	3 022 304	3 569 287	2 185 828	2 657 336
Russie	233 894 966	214 541 475	31 403 043	31 775 230	709 304 555	649 935 620	83 789 531	79 740 168
Singapour	139 681	115 209	225 958	244 250	314 496	342 250		

Tableau A.32. **Stock à la clôture des arriérés : par type d'impôt** *(suite)*

	Stock à la clôture des arriérés en fin d'année par type d'impôt (en milliers, en monnaie locale)							
	Impôt sur les bénéfices des sociétés		Impôt sur le revenu des personnes physiques		Taxe sur la valeur ajoutée		Retenue à la source effectuée par l'employeur	
Juridiction	**2018**	**2019**	**2018**	**2019**	**2018**	**2019**	**2018**	**2019**
Slovénie	58 894	64 600	285 767	295 068	417 339	406 630	338 613	309 038
Suède	D	D	D	D	D	D	D	D
Suisse	D	D	D	D	D	D	D	D
Thaïlande	57 850 740	63 646 230	113 724 690	121 330 090	161 709 530	173 591 290	D	D
Turquie	D	D	D	D	D	D	D	D

StatLink https://dx.doi.org/10.1787/888934303298

D Données non disponibles

1. Bulgarie : le stock de clôture des arriérés correspond aux arriérés provenant des déclarations d'impôt uniquement. L'impôt sur le revenu des personnes physiques comprend les retenues à la source effectuées par les employeurs.
2. Croatie : l'impôt sur le revenu des personnes physiques comprend les retenues à la source sur les revenus des salariés effectuées par les employeurs.
3. Grèce : les arriérés ne comprennent pas les intérêts et les pénalités.
4. Japon : les retenues à la source effectuées par les employeurs ne se limitent pas aux seuls revenus salariaux.
5. Nouvelle-Zélande : les arriérés d'impôt sur le les sociétés sont inclus dans les arriérés d'impôt sur le revenu des personnes physiques.

Tableau A.33. **Contrôles fiscaux et activités de vérification : ensemble des contrôles (à l'exception des contrôles de conformité par des moyens électroniques)**

	Informations relatives à tous les contrôles et activités de vérification entrepris (à l'exception des contrôles de conformité par des moyens électroniques)			
	Nombre de contrôles réalisés		Nombre de contrôles ayant donné lieu à un redressement	
Juridiction	2018	2019	2018	2019
Afrique du Sud	26 302	9 436	11 461	6 737
Allemagne	372 266	355 802	273 200	258 739
Arabie saoudite	17 498	53 990	8 485	37 969
Argentine	98 173	94 055	62 515	61 387
Australie	3 400 000	4 300 000	361 107	530 508
Autriche	72 517	69 905	19 966	19 214
Belgique	1 774 290	2 128 531	519 523	587 103
Brésil	345 926	482 893	344 662	481 572
Bulgarie	7 985	7 544	7 094	6 645
Canada	4 011 848	3 817 540	2 327 792	2 237 933
Chili	46 601	60 320	10 439	12 733
Chine (République populaire de)	D	D	D	D
Chypre	78 047	73 610	D	D
Colombie	21 972	21 439	19 168	16 872
Corée	16 306	16 008	D	D
Costa Rica	6 439	2 830	4 586	1 569
Croatie	2 690	2 393	1 533	1 675
Danemark	63 012	61 261	41 831	42 454
Espagne	1 516 764	1 511 359	D	D
Estonie	75 614	35 954	21 282	11 698
États-Unis	991 168	771 095	951 521	747 962
Finlande	D	D	D	D
France	1 364 423	1 222 615	D	D
Géorgie	4 061	4 847	3 765	3 293
Grèce	26 364	27 058	12 236	12 968
Hong Kong (Chine)	48 079	51 666	14 128	18 510
Hongrie	17 063	11 917	9 638	7 268
Inde	272 178	408 793	D	D
Indonésie	160 247	158 042	81 406	54 209
Irlande	86 008	68 388	23 998	14 865
Islande	D	D	D	D
Israël	26 548	23 757	19 083	17 767
Italie	558 868	510 486	505 373	460 708
Japon	D	D	D	D
Kenya	35 018	26 159	26 230	21 324
Lettonie	899	709	747	540
Lituanie	8 058	7 023	1 801	1 598
Luxembourg	33 920	45 964	D	D

Tableau A.33. **Contrôles fiscaux et activités de vérification : ensemble des contrôles (à l'exception des contrôles de conformité par des moyens électroniques)** *(suite)*

Juridiction	Informations relatives à tous les contrôles et activités de vérification entrepris (à l'exception des contrôles de conformité par des moyens électroniques)			
	Nombre de contrôles réalisés		Nombre de contrôles ayant donné lieu à un redressement	
	2018	2019	2018	2019
Malaisie	2 019 431	2 152 451	540 649	764 496
Malte	3 100	4 050	1 800	2 550
Maroc	7 622	7 481	7 498	7 363
Mexique	D	D	D	D
Norvège	1 269 931	1 001 850	58 817	51 959
Nouvelle-Zélande	D	D	D	D
Pays-Bas	867 343	775 243	219 939	192 850
Pérou	9 138	7 611	5 619	4 724
Pologne	1 888 814	1 804 636	D	D
Portugal	32 975	30 932	21 284	19 378
République slovaque	7 916	10 261	5 469	7 745
République tchèque	33 674	30 364	15 013	13 540
Roumanie[1]	17 675	18 391	15 700	16 124
Royaume-Uni	474 490	390 917	D	D
Russie	14 167	9 332	13 847	8 975
Singapour	D	D	D	D
Slovénie	610 104	226 381	53 469	27 382
Suède	2 502	2 151	1 515	1 417
Suisse	D	D	D	D
Thaïlande	77 318	76 897	27 794	30 894
Turquie[2]	135 103	128 420	61 061	57 159

StatLink https://dx.doi.org/10.1787/888934303317

D Données non disponibles

1. Roumanie : les données communiquées concernent les activités conduites par l'inspection des impôts et pas celles de la cellule de lutte contre la fraude
2. Turquie : la direction de l'inspection fiscale est un organisme indépendant qui ne relève pas de l'administration fiscale. Elle est chargée de procéder aux contrôles fiscaux, et dispose de 8 262 agents pour mener sa mission. La direction de l'inspection fiscale n'a fourni aucune donnée dans le cadre de l'enquête ISORA, à l'exception des chiffres relatifs aux vérifications figurant dans les tableaux A.33 à A.35.

Tableau A.34. **Contrôles fiscaux et activités de vérification : valeur des redressements, par type de contrôle et d'activité de vérification**

Juridiction	Valeur des redressements établis suite aux contrôles et activités de vérification (pénalités et intérêts compris) (en milliers, monnaie locale)					
	Ensemble des contrôles (à l'exclusion des vérifications de conformité électroniques)		Vérifications de conformité électroniques		Total	
	2018	2019	2018	2019	2018	2019
Afrique du Sud	8 114 887	14 017 497	27 992 928	23 823 889	36 107 815	37 841 386
Allemagne	16 245 291	17 579 664	0	0	16 245 291	17 579 664
Arabie saoudite	13 819 890	8 533 284	0	0	13 819 890	8 533 284
Argentine	43 830 901	66 594 706	D	D	D	D
Australie	16 894 195	15 369 447	D	D	D	D
Autriche	1 504 096	1 299 387	318 230	312 922	1 822 326	1 612 309
Belgique	8 404 243	7 057 243	D	D	D	D
Brésil	186 935 941	201 105 677	0	0	186 935 941	201 105 677
Bulgarie	1 019 141	965 016	D	D	D	D
Canada	16 477 212	17 021 044	D	D	D	D
Chili	1 298 391 748	1 268 004 709	767 709 000	723 587 000	2 066 100 748	1 991 591 709
Chine (République populaire de)	D	D	D	D	D	D
Chypre	357 209	439 751	D	D	D	D
Colombie	1 716 457 662	1 864 993 799	D	D	D	D
Corée	6 718 444 711	6 772 528 399	D	D	D	D
Costa Rica	214 522 709	170 746 806	0	0	214 522 709	170 746 806
Croatie	1 146 552	1 235 125	D	D	D	D
Danemark	9 342 672	5 069 527	D	D	D	D
Espagne	14 489 000	15 101 000	0	0	14 489 000	15 101 000
Estonie	56 424	31 131	1 148 455	1 243 602	1 204 879	1 274 733
États-Unis	26 514 334	17 282 170	0	0	26 514 334	17 282 170
Finlande	D	D	D	D	D	D
France	16 151 326	13 868 799	D	D	D	D
Géorgie	757 760	1 432 490	3 416	2 976	761 176	1 435 466
Grèce	1 898 377	1 466 349	465 673	476 601	2 364 050	1 942 950
Hong Kong (Chine)	2 930 617	3 154 728	D	D	D	D
Hongrie	264 314 438	237 231 999	17 401 879	34 673 731	281 716 317	271 905 730
Inde	1 805 980 000	4 629 920 000	D	D	D	D
Indonésie	105 227 767 539	84 986 514 986	0	0	105 227 767 539	84 986 514 986
Irlande	533 031	488 776	31 901	51 757	564 932	540 533
Islande	D	D	D	D	D	D
Israël	17 707 041	19 498 769	160 323	218 797	17 867 364	19 717 566
Italie	32 606 117	32 586 479	490 257	489 714	33 096 374	33 076 193
Japon	D	D	D	D	D	D
Kenya	25 973 692	74 191 691	6 633 369	5 366 362	32 607 061	79 558 053
Lettonie	112 169	71 147	D	D	D	D
Lituanie	57 318	67 598	D	D	D	D

Tableau A.34. **Contrôles fiscaux et activités de vérification : valeur des redressements, par type de contrôle et d'activité de vérification** *(suite)*

Juridiction	Valeur des redressements établis suite aux contrôles et activités de vérification (pénalités et intérêts compris) (en milliers, monnaie locale)					
	Ensemble des contrôles (à l'exclusion des vérifications de conformité électroniques)		Vérifications de conformité électroniques		Total	
	2018	2019	2018	2019	2018	2019
Luxembourg	92 427	97 239	D	D	D	D
Malaisie	11 229 591	18 965 703	0	0	11 229 591	18 965 703
Malte	35 400	51 100	10 100	13 500	45 500	64 600
Maroc	8 647 427	7 969 701	8 415 909	6 065 872	17 063 336	14 035 573
Mexique[1]	D	D	D	D	191 563 500	233 481 700
Norvège	27 794 233	27 768 720	D	D	D	D
Nouvelle-Zélande	D	D	D	D	D	D
Pays-Bas[2]	4 318 819	4 207 156	444 142	299 498	4 762 961	4 506 654
Pérou	4 289 705	5 460 557	0	0	4 289 705	5 460 557
Pologne	18 857 958	16 551 048	D	D	D	D
Portugal	1 706 044	1 630 727	0	0	1 706 044	1 630 727
République slovaque	618 611	776 149	D	D	D	D
République tchèque[3]	14 370 659	10 916 679	746 888	689 010	15 117 547	11 605 689
Roumanie[4]	5 314 834	4 257 215	D	D	D	D
Royaume-Uni	26 129 964	31 176 539	D	D	D	D
Russie	314 772 113	298 523 811	0	0	314 772 113	298 523 811
Singapour	D	D	D	D	D	D
Slovénie	D	D	D	D	D	D
Suède	6 927 074	7 923 197	D	D	D	D
Suisse	D	D	D	D	D	D
Thaïlande	24 038 379	25 211 453	D	D	D	D
Turquie[5]	28 585 413	33 929 863	10 986	18 521	28 596 399	33 948 384

StatLink https://dx.doi.org/10.1787/888934303336

D Données non disponibles

1. Mexique : la colonne Total correspond aux contrôles traditionnels (comme les contrôles exhaustifs et les vérifications sur pièces), et les vérifications de conformité électroniques dans les domaines suivants : gros contribuables, commerce extérieur, hydrocarbures et petits et moyens contribuables. Le montant total comprend les paiements reçus par l'administration ainsi que ceux qui ont été compensés par des crédits d'impôt.
2. Pays-Bas : la valeur des redressements exclut les pénalités et les intérêts.
3. République tchèque : la valeur des redressements exclut les pénalités et les intérêts. Les vérifications de conformité électroniques ne portent que sur la TVA.
4. Roumanie : les données communiquées concernent les activités conduites par l'inspection des impôts et pas celles de la cellule de lutte contre la fraude.
5. Turquie : la direction de l'inspection fiscale est un organisme indépendant qui ne relève pas de l'administration fiscale. Elle est chargée de procéder aux contrôles fiscaux, et dispose de 8 262 agents pour mener sa mission. La direction de l'inspection fiscale n'a fourni aucune donnée dans le cadre de l'enquête ISORA, à l'exception des chiffres relatifs aux vérifications figurant dans les tableaux A.33 à A.35.

Tableau A.35. **Contrôles fiscaux et activités de vérification : valeur des redressements, par type d'impôt**

Juridiction	Valeur des redressements découlant des contrôles et activités de vérification, par type d'impôt (pénalités et intérêts compris) (en milliers, monnaie locale)							
	Impôt sur les bénéfices des sociétés		Impôt sur le revenu des personnes physiques		Taxe sur la valeur ajoutée		Retenues à la source effectuées par les employeurs	
	2018	2019	2018	2019	2018	2019	2018	2019
Afrique du Sud	4 699 491	10 366 303	1 823 697	888 751	694 239	1 874 527	897 460	887 916
Allemagne	2 565 691	3 559 405	2 697 630	2 581 691	3 534 851	3 288 610	793 400	810 200
Arabie saoudite	11 162 566	4 626 547			2 657 324	3 906 737		
Argentine	16 620 859	21 468 165	3 221 014	4 749 290	13 220 965	20 251 514	10 768 063	20 125 737
Australie	D	D	D	D	D	D	D	D
Autriche	290 689	263 381	168 682	177 834	513 374	367 054	79 798	49 714
Belgique	3 770 687	3 036 076	3 798 397	2 979 308	835 159	1 041 859	D	D
Brésil	95 087 080	110 312 640	3 498 918	6 055 983	29 061 194	31 032 126	16 817 019	10 671 970
Bulgarie	231 972	146 728	32 284	23 577	706 837	754 473	15 820	14 628
Canada	8 448 341	8 987 079	3 518 366	3 505 785	4 356 627	4 352 539	153 878	175 641
Chili	1 028 812 451	896 326 597	16 350 472	21 575 706	219 582 618	274 312 100	D	D
Chine (République populaire de)	D	D	D	D	D	D	D	D
Chypre	327 720	373 127	D	D	29 489	66 624	D	D
Colombie	1 378 802 057	1 352 258 789	119 895 831	81 125 268	116 531 301	374 946 318	101 228 473	56 663 423
Corée	4 556 630 993	4 459 007 544	1 521 596 542	1 623 158 853	299 587 176	339 460 002	D	D
Costa Rica	192 067 576	149 643 163	15 039 905	3 368 897	7 415 228	17 734 746	D	D
Croatie	60 496	259 827	193 554	250 840	448 257	519 583	D	D
Danemark	3 753 509	-28 847	2 390 518	2 404 581	3 198 645	2 693 793	D	D
Espagne	D	D	D	D	D	D	D	D
Estonie	D	D	D	D	D	D	D	D
États-Unis	14 380 571	8 225 478	9 050 651	6 897 890			795 419	1 077 302
Finlande	D	D	D	D	D	D	D	D
France[1]	3 652 331	3 020 292	2 411 546	1 781 223	3 507 531	3 456 954		D
Géorgie	155 678	105 642	80 977	156 166	149 692	346 174	D	D
Grèce	534 287	434 964	299 804	309 002	551 293	493 052	2 370	4 798
Hong Kong (Chine)	2 145 442	2 271 762	785 175	882 966				
Hongrie	3 458 712	23 468 355	6 513 379	7 640 009	237 613 354	189 520 305	12 245 685	13 835 666

Tableau A.35. **Contrôles fiscaux et activités de vérification : valeur des redressements, par type d'impôt** *(suite)*

	Valeur des redressements découlant des contrôles et activités de vérification, par type d'impôt (pénalités et intérêts compris) (en milliers, monnaie locale)							
	Impôt sur les bénéfices des sociétés		Impôt sur le revenu des personnes physiques		Taxe sur la valeur ajoutée		Retenues à la source effectuées par les employeurs	
Juridiction	**2018**	**2019**	**2018**	**2019**	**2018**	**2019**	**2018**	**2019**
Inde	1 332 030 000	3 332 070 000	473 950 000	1 297 850 000			D	D
Indonésie	39 891 797 227	D	622 472 674	D	43 044 013 309	D	1 485 550 689	D
Irlande	81 493	79 271	138 676	126 558	125 763	99 046	134 343	92 856
Islande	D	D	D	D	D	D	D	D
Israël	7 940 350	8 181 282	4 388 809	5 132 851	4 473 378	5 111 952	904 504	1 072 684
Italie	9 167 241	10 597 423	6 326 224	5 509 998	14 029 428	15 284 947	1 114 751	919 576
Japon[2]	194 800 000	194 300 000	94 700 000	96 100 000	102 100 000	109 900 000	30 400 000	37 000 000
Kenya	10 071 755	53 313 212	1 291 868	2 628 313	12 943 701	17 602 723	1 666 367	647 441
Lettonie	19 506	7 582	2 470	2 386	67 449	52 451	22 012	8 484
Lituanie	5 865	13 310	10 870	24 816	33 720	27 752	D	D
Luxembourg	D	D	D	D	83 838	88 343	D	D
Malaisie	8 294 312	14 156 455	2 745 644	4 638 882			189 635	170 365
Malte	15 000	20 600	10 050	118 850	10 350	18 650	D	D
Maroc	4 624 079	4 198 861	642 235	793 177	1 705 461	1 997 700	1 675 652	979 963
Mexique	D	D	D	D	D	D	D	D
Norvège[3]	15 553 869	20 785 714	10 922 677	5 901 497	898 285	730 131	419 402	351 348
Nouvelle-Zélande	D	D	D	D	D	D	D	D
Pays-Bas[4]	2 194 749	2 484 295	1 251 660	815 867	817 102	818 640	55 308	88 354
Pérou	3 448 833	3 005 151	308 463	306 650	532 409	2 148 756	0	0
Pologne	1 220 467	1 381 560	1 466 841	1 494 497	16 170 649	13 674 990	D	D
Portugal	808 187	872 846	130 026	93 875	692 800	600 752	50 607	45 321
République slovaque	146 858	310 596	8 842	48 108	462 227	409 921	100	607
République tchèque[5]	2 405 483	2 353 852	128 035	150 840	11 484 195	8 024 262	67 638	88 450
Roumanie[6]	1 757 488	1 385 769	126 880	138 743	2 775 698	2 257 736	654 766	474 966
Royaume-Uni	3 725 304	2 856 491	4 286 072	5 101 656	8 726 473	13 927 774	1 146 643	1 373 581
Russie	135 382 080	95 337 497	3 146 661	1 745 584	153 197 359	102 847 718	4 496 218	1 997 549
Singapour	89 334	103 814	40 111	51 483	195 839	179 822		

Tableau A.35. **Contrôles fiscaux et activités de vérification : valeur des redressements, par type d'impôt** *(suite)*

	Valeur des redressements découlant des contrôles et activités de vérification, par type d'impôt (pénalités et intérêts compris) (en milliers, monnaie locale)							
	Impôt sur les bénéfices des sociétés		Impôt sur le revenu des personnes physiques		Taxe sur la valeur ajoutée		Retenues à la source effectuées par les employeurs	
Juridiction	**2018**	**2019**	**2018**	**2019**	**2018**	**2019**	**2018**	**2019**
Slovénie	D	D	D	D	D	D	D	D
Suède	D	D	D	D	D	D	D	D
Suisse	D	D	D	D	D	D	D	D
Thaïlande	5 138 649	10 574 933	10 820 294	7 740 744	8 079 439	6 895 776	D	D
Turquie[7]	2 262 246	2 820 431	573 266	559 720	17 184 848	22 986 183	706 874	442 870

StatLink https://dx.doi.org/10.1787/888934303355

D Données non disponibles

1. France : la valeur des redressements exclut les pénalités et les intérêts.
2. Japon : les retenues à la source effectuées par les employeurs ne se limitent pas aux seuls revenus salariaux.
3. Norvège : la valeur des redressements au titre de l'impôt sur les bénéfices et de l'impôt sur les revenu des personnes physiques exclut les pénalités et les intérêts.
4. Pays-Bas : la valeur des redressements exclut les pénalités et les intérêts.
5. République tchèque : la valeur des redressements exclut les pénalités et les intérêts.
6. Roumanie : les données communiquées concernent les activités conduites par l'inspection des impôts et pas celles de la cellule de lutte contre la fraude.
7. Turquie : la direction de l'inspection fiscale est un organisme indépendant qui ne relève pas de l'administration fiscale. Elle est chargée de procéder aux contrôles fiscaux, et dispose de 8 262 agents pour mener sa mission. La direction de l'inspection fiscale n'a fourni aucune donnée dans le cadre de l'enquête ISORA, à l'exception des chiffres relatifs aux vérifications figurant dans les tableaux A.33 à A.35.

Tableau A.36. **Enquêtes sur les délits fiscaux : rôle de l'administration et nombre de dossiers**

Juridiction	Rôle de l'administration dans les enquêtes sur les délits fiscaux		Nombre de dossiers sur des délits fiscaux ayant donné lieu à des poursuites au cours de l'exercice (relevant de la compétence de l'administration fiscale)	
	2018	2019	2018	2019
Afrique du Sud	Dirige et conduit les enquêtes	Dirige et conduit les enquêtes	411	459
Allemagne	Dirige et conduit les enquêtes	Dirige et conduit les enquêtes	6 333	6 180
Arabie saoudite	Les enquêtes sont conduites par un autre organisme	Les enquêtes sont conduites par un autre organisme		
Argentine	Les enquêtes sont conduites par un autre organisme	Les enquêtes sont conduites par un autre organisme		
Australie	Dirige et conduit les enquêtes	Dirige et conduit les enquêtes	57	77
Autriche	Conduit les enquêtes, sous la direction d'un autre organisme	Conduit les enquêtes, sous la direction d'un autre organisme	935	775
Belgique	Les enquêtes sont conduites par un autre organisme	Les enquêtes sont conduites par un autre organisme		
Brésil	Les enquêtes sont conduites par un autre organisme	Les enquêtes sont conduites par un autre organisme		
Bulgarie	Les enquêtes sont conduites par un autre organisme	Les enquêtes sont conduites par un autre organisme		
Canada	Dirige et conduit les enquêtes	Dirige et conduit les enquêtes	36	49
Chili	Les enquêtes sont conduites par un autre organisme	Les enquêtes sont conduites par un autre organisme		
Chine (République populaire de)	Les enquêtes sont conduites par un autre organisme	Les enquêtes sont conduites par un autre organisme		
Chypre	Dirige et conduit les enquêtes	Dirige et conduit les enquêtes	35	50
Colombie	Les enquêtes sont conduites par un autre organisme	Les enquêtes sont conduites par un autre organisme		
Corée	Dirige et conduit les enquêtes	Dirige et conduit les enquêtes	336	188
Costa Rica	Les enquêtes sont conduites par un autre organisme	Les enquêtes sont conduites par un autre organisme		
Croatie	Conduit les enquêtes, sous la direction d'un autre organisme	Conduit les enquêtes, sous la direction d'un autre organisme	6	7
Danemark	Les enquêtes sont conduites par un autre organisme	Les enquêtes sont conduites par un autre organisme		
Espagne	Dirige et conduit les enquêtes	Dirige et conduit les enquêtes	177	173
Estonie	Conduit les enquêtes, sous la direction d'un autre organisme	Conduit les enquêtes, sous la direction d'un autre organisme	15	13
États-Unis	Dirige et conduit les enquêtes	Dirige et conduit les enquêtes	2 130	1 893
Finlande	Les enquêtes sont conduites par un autre organisme	Les enquêtes sont conduites par un autre organisme		
France	Les enquêtes sont conduites par un autre organisme	Les enquêtes sont conduites par un autre organisme		
Géorgie	Les enquêtes sont conduites par un autre organisme	Les enquêtes sont conduites par un autre organisme		
Grèce	Dirige et conduit les enquêtes	Dirige et conduit les enquêtes	76	110
Hong Kong (Chine)	Dirige et conduit les enquêtes	Dirige et conduit les enquêtes	4	4
Hongrie	Conduit les enquêtes, sous la direction d'un autre organisme	Conduit les enquêtes, sous la direction d'un autre organisme	1 590	1 436

Tableau A.36. **Enquêtes sur les délits fiscaux : rôle de l'administration et nombre de dossiers** *(suite)*

Juridiction	Rôle de l'administration dans les enquêtes sur les délits fiscaux		Nombre de dossiers sur des délits fiscaux ayant donné lieu à des poursuites au cours de l'exercice (relevant de la compétence de l'administration fiscale)	
	2018	2019	2018	2019
Inde	Dirige et conduit les enquêtes	Dirige et conduit les enquêtes	4 527	3 512
Indonésie	Dirige et conduit les enquêtes	Dirige et conduit les enquêtes	124	138
Irlande	Dirige et conduit les enquêtes	Dirige et conduit les enquêtes	13	14
Islande	Les enquêtes sont conduites par un autre organisme	Les enquêtes sont conduites par un autre organisme		
Israël	Dirige et conduit les enquêtes	Dirige et conduit les enquêtes	2 242	2 539
Italie	Les enquêtes sont conduites par un autre organisme	Les enquêtes sont conduites par un autre organisme		
Japon	Dirige et conduit les enquêtes	Dirige et conduit les enquêtes	113	121
Kenya	Dirige et conduit les enquêtes	Dirige et conduit les enquêtes	130	123
Lettonie	Dirige et conduit les enquêtes	Dirige et conduit les enquêtes	221	182
Lituanie	Les enquêtes sont conduites par un autre organisme	Les enquêtes sont conduites par un autre organisme		
Luxembourg	Les enquêtes sont conduites par un autre organisme	Les enquêtes sont conduites par un autre organisme		
Malaisie	Dirige et conduit les enquêtes	Dirige et conduit les enquêtes	24	53
Malte	Conduit les enquêtes, sous la direction d'un autre organisme	Conduit les enquêtes, sous la direction d'un autre organisme	3	6
Maroc	Les enquêtes sont conduites par un autre organisme	Les enquêtes sont conduites par un autre organisme		
Mexique	Les enquêtes sont conduites par un autre organisme	Les enquêtes sont conduites par un autre organisme		
Norvège	Les enquêtes sont conduites par un autre organisme	Les enquêtes sont conduites par un autre organisme		
Nouvelle-Zélande	Dirige et conduit les enquêtes	Dirige et conduit les enquêtes	186	89
Pays-Bas	Conduit les enquêtes, sous la direction d'un autre organisme	Conduit les enquêtes, sous la direction d'un autre organisme	155	141
Pérou	Les enquêtes sont conduites par un autre organisme	Les enquêtes sont conduites par un autre organisme		
Pologne	Conduit les enquêtes, sous la direction d'un autre organisme	Conduit les enquêtes, sous la direction d'un autre organisme	15 048	15 897
Portugal	Conduit les enquêtes, sous la direction d'un autre organisme	Conduit les enquêtes, sous la direction d'un autre organisme	4 352	3 431
République slovaque	Conduit les enquêtes, sous la direction d'un autre organisme	Conduit les enquêtes, sous la direction d'un autre organisme	600	623
République tchèque	Les enquêtes sont conduites par un autre organisme	Les enquêtes sont conduites par un autre organisme		
Roumanie	Les enquêtes sont conduites par un autre organisme	Les enquêtes sont conduites par un autre organisme		
Royaume-Uni	Dirige et conduit les enquêtes	Dirige et conduit les enquêtes	1 007	836
Russie	Les enquêtes sont conduites par un autre organisme	Les enquêtes sont conduites par un autre organisme		
Singapour	Dirige et conduit les enquêtes	Dirige et conduit les enquêtes	25	69

Tableau A.36. **Enquêtes sur les délits fiscaux : rôle de l'administration et nombre de dossiers** *(suite)*

Juridiction	Rôle de l'administration dans les enquêtes sur les délits fiscaux		Nombre de dossiers sur des délits fiscaux ayant donné lieu à des poursuites au cours de l'exercice (relevant de la compétence de l'administration fiscale)	
	2018	2019	2018	2019
Slovénie	Les enquêtes sont conduites par un autre organisme	Les enquêtes sont conduites par un autre organisme		
Suède	Les enquêtes sont conduites par un autre organisme	Les enquêtes sont conduites par un autre organisme		
Suisse	Dirige et conduit les enquêtes	Dirige et conduit les enquêtes	7505	9 898
Thaïlande	Dirige et conduit les enquêtes	Dirige et conduit les enquêtes	139	199
Turquie	Les enquêtes sont conduites par un autre organisme	Les enquêtes sont conduites par un autre organisme		

StatLink https://dx.doi.org/10.1787/888934303374

Dirige et conduit les enquêtes — L'administration fiscale est responsable de la direction et de la conduite des enquêtes sur les délits fiscaux.

Conduit les enquêtes, sous la direction d'un autre organisme — L'administration fiscale est chargée de conduire les enquêtes, sous la direction ou l'autorité d'un autre organisme, comme la police ou le ministère public.

Les enquêtes sont conduites par un autre organisme — Un organisme ne faisant pas partie de l'administration fiscale, comme la police ou le ministère public, est chargé de conduire les enquêtes sur les délits fiscaux.

D Données non disponibles

Tableau A.37. **Règlement des différends : mécanismes d'examen**

	Mécanismes permettant aux contribuables de contester leur avis d'imposition						Les contribuables doivent d'abord solliciter un examen interne lorsqu'une telle possibilité est permise	
	Examen interne par l'administration fiscale		Examen indépendant par un organisme externe		Examen indépendant par une juridiction d'appel de niveau supérieur			
Juridiction	**2018**	**2019**	**2018**	**2019**	**2018**	**2019**	**2018**	**2019**
Afrique du Sud	■	■	■	■	■	■	■	■
Allemagne	■	■	■	■	■	■	■	■
Arabie saoudite	■	■	□	□	■	■	□	□
Argentine	■	■	■	■	■	■	□	□
Australie	■	■	■	■	■	■	■	■
Autriche	■	■	■	■	■	■	■	■
Belgique	■	■	■	■	■	■	■	■
Brésil	■	■	■	■	■	■	□	□
Bulgarie	■	■	■	■	■	■	■	■
Canada	■	■	■	■	■	■	■	■
Chili	■	■	■	■	■	■	□	□
Chine (République populaire de)	■	■	■	■	■	■	■	■
Chypre	■	■	■	■	■	■	■	■
Colombie	■	■	■	■	□	□	□	□
Corée	■	■	■	■	■	■	□	□
Costa Rica	■	■	■	■	■	■	□	□
Croatie	■	■	□	□	■	■	■	■
Danemark [1]	□	□	■	■	■	■		
Espagne	■	■	■	■	■	■	□	□
Estonie	■	■	■	■	■	■	□	□
États-Unis	■	■	■	■	■	■	□	□
Finlande	■	■	■	■	■	■	■	■
France	■	■	■	■	■	■	■	■
Géorgie	■	■	■	■	■	■	■	■
Grèce	■	■	■	■	■	■	■	■
Hong Kong (Chine)	■	■	■	■	■	■	■	■
Hongrie	■	■	■	■	■	■	■	■
Inde	■	■	■	■	■	■	■	■
Indonésie	■	■	■	■	■	■	■	■
Irlande	■	■	■	■	■	■	■	■
Islande	■	■	■	■	■	■	■	■
Israël	■	■	□	□	■	■	■	■
Italie	■	■	■	■	■	■	■	■
Japon	■	■	■	■	■	■	■	■
Kenya	■	■	■	■	□	□	■	■
Lettonie	■	■	□	□	■	■	■	■
Lituanie	■	■	■	■	■	■	■	■

Tableau A.37. **Règlement des différends : mécanismes d'examen** *(suite)*

Juridiction	Mécanismes permettant aux contribuables de contester leur avis d'imposition						Les contribuables doivent d'abord solliciter un examen interne lorsqu'une telle possibilité est permise	
	Examen interne par l'administration fiscale		Examen indépendant par un organisme externe		Examen indépendant par une juridiction d'appel de niveau supérieur			
	2018	2019	2018	2019	2018	2019	2018	2019
Luxembourg	■	■	■	■	■	■	■	■
Malaisie	■	■	■	■	■	■	■	■
Malte	■	■	■	■	■	■	■	■
Maroc	■	■	■	■	■	■	■	■
Mexique	■	■	■	■	■	■	□	□
Norvège	■	■	■	■	■	■	□	□
Nouvelle-Zélande	■	■	■	■	■	■	■	■
Pays-Bas	■	■	■	■	■	■	■	■
Pérou	■	■	■	■	■	■	■	■
Pologne	■	■	■	■	■	■	■	■
Portugal	■	■	■	■	■	■	□	□
République slovaque	■	■	■	■	■	■	■	■
République tchèque	■	■	■	■	■	■	■	■
Roumanie	■	■	■	■	■	■	■	■
Royaume-Uni	■	■	■	■	■	■	□	□
Russie	■	■	■	■	■	■	■	■
Singapour	■	■	■	■	■	■	■	■
Slovénie	■	■	■	■	■	■	■	■
Suède	■	■	■	■	■	■	□	□
Suisse	■	■	□	□	■	■	■	■
Thaïlande	■	■	□	□	■	■	■	■
Turquie	■	■	□	□	■	■	□	□

StatLink https://dx.doi.org/10.1787/888934303393

■ Oui

□ Non

1. Danemark : au Danemark, tous les différends sont traités par une chambre de recours en matière fiscale, organe indépendant de l'administration fiscale danoise mais rattaché au ministère de la Fiscalité.

Tableau A.38. Règlement des différends : nombre de dossiers

Juridiction	Dossiers fiscaux faisant l'objet d'une procédure de contrôle interne				Dossiers fiscaux faisant l'objet d'un examen indépendant par un organisme externe				Dossiers fiscaux faisant l'objet d'un examen indépendant par une juridiction d'appel de niveau supérieur			
	Nombre de nouveaux dossiers au cours de l'exercice		Nombre de dossiers non clôturés à la fin de l'exercice		Nombre de nouveaux dossiers au cours de l'exercice		Nombre de dossiers non clôturés à la fin de l'exercice		Nombre de dossiers clôturés		Nombre de dossiers clôturés en faveur de l'administration au cours de l'exercice	
	2018	2019	2018	2019	2018	2019	2018	2019	2018	2019	2018	2019
Afrique du Sud	556 750	669 810	55 464	55 570	3 948	4 822	1 338	1 496	13	14	11	13
Allemagne	2 272 125	2 357 392	2 357 392	2 465 231	D	D	D	D	D	D	D	D
Arabie saoudite	29 953	75 822	8 523	18 811					357	0	194	65
Argentine	110	127	51	64	493	1 023	493	1 023	1 484	882	1 037	631
Australie	23 483	27 016	4 681	6 174	385	370	575	637	15	12	11	9
Autriche	90 388	89 516	36 863	34 587	1 524	1 489	30 321	31 071	D	D	D	D
Belgique	44 048	49 120	20 133	24 011	1 543	2 780	863	1 497	2 889	2 619	2 323	2 392
Brésil	74 831	81 659	257 960	265 350	25 244	20 570	123 254	117 034	D	D	D	D
Bulgarie	2 902	1 996	883	985	1 214	999	400	298	884	503	687	417
Canada	79 088	68 338	149 155	127 398	4 374	4 417	11 849	12 377	198	111	85	105
Chili	4 656	3 586	1 721	1 778	419	482	1 857	1 686	267	283	204	194
Chine (République populaire de)	1 078	1 063	224	221	822	817	D	D	D	D	D	D
Chypre	7 315	9 538	13 349	12 393	108	67	258	291	36	23	20	17
Colombie	2 708	2 498	1 795	2 274	791	816	4 140	4 394				
Corée[1]	3 245	3 727	535	568	5 090	4 598	1 613	1 975	2 243	2 456	783	739
Costa Rica	D	D	D	D	718	840	330	388	738	707	336	319
Croatie	7 900	7 725	25 075	14 817					1 424	1 801	904	930
Danemark					6 886	6 359	17 350	12 925	D	D	293	160
Espagne	233 797	226 100	37 297	40 688	154 996	145 172	282 253	268 174	14 865	16 616	9 619	10 647
Estonie	272	214	17	9	172	161	224	189	146	136	128	120
États-Unis	92 430	85 286	58 643	70 010	D	D	D	D	359	360	13	19
Finlande	114 700	151 200	68 800	167 400	D	D	D	D	D	D	979	1 080
France[2]	2 857 411	3 049 066	230 305	218 029	21 089	19 549	36 669	35 354	293	294	200	177
Géorgie	9 012	8 444	356	817	637	791	3 066	2 979	120	159	76	84

Tableau A.38. **Règlement des différends : nombre de dossiers** *(suite)*

Juridiction	Dossiers fiscaux faisant l'objet d'une procédure de contrôle interne				Dossiers fiscaux faisant l'objet d'un examen indépendant par un organisme externe				Dossiers fiscaux faisant l'objet d'un examen indépendant par une juridiction d'appel de niveau supérieur			
	Nombre de nouveaux dossiers au cours de l'exercice		Nombre de dossiers non clôturés à la fin de l'exercice		Nombre de nouveaux dossiers au cours de l'exercice		Nombre de dossiers non clôturés à la fin de l'exercice		Nombre de dossiers clôturés		Nombre de dossiers clôturés en faveur de l'administration au cours de l'exercice	
	2018	2019	2018	2019	2018	2019	2018	2019	2018	2019	2018	2019
Grèce	7 552	6 789	2 399	2 050	2 533	4 536	13 116	13 280	11	21	3	9
Hong Kong (Chine)	80 497	95 314	41 303	43 233	54	49	31	41	2	3	1	0
Hongrie	4 472	4 330	630	421	1 015	1 032	974	949	285	185	224	140
Inde	24 125	26 884	304 436	336 088	49 693	50 735	92 766	92 205	D	D	D	D
Indonésie	22 573	23 815	1 586	3 116	11 541	17 840	17 840	23 400	469	2 523	107	614
Irlande	7	12	1	4	1 689	1 495	3 459	3 370	1	5	0	3
Islande	23 069	D	2 907	D	D	D	D	D	D	D	D	D
Israël[3]	1 329	1 474	1 161	953					D	D	1 040	1 150
Italie	107 231	97 221	27 625	31 712	104 322	85 468	223 482	197 611	53 861	55 180	5 267	3 705
Japon	4 767	5 147	3 012	3 086	199	181	199	203	106	76	98	74
Kenya	155	512	39	116	769	1 190	992	1 369				
Lettonie	679	563	114	62					D	D	395	357
Lituanie	237	174	22	22	133	92	12	10	134	146	69	108
Luxembourg	1 730	1 944	D	D	253	302	D	D	57	76	D	D
Malaisie	427	290	144	182	283	169	836	799	12	21	9	10
Malte	11	23	23	31	28	17	17	24	13	19	9	11
Maroc	107 481	83 723	10 052	43 074	1 268	1 219	527	762	175	314	57	86
Mexique	13 163	11 896	3 295	4 167	26 446	23 856	52 860	54 644	68 103	58 499	16 606	15 873
Norvège	12 001	7 073	1 652	2 100	3 077	1 079	2 550	2 673	49	35	40	31
Nouvelle-Zélande	35	44	12	7	26	20	48	52	18	2	16	1
Pays-Bas	585 000	529 000	212 000	215 000	11 500	12 900	14 250	16 270	552	531	464	419
Pérou	23 388	26 937	5 686	7 728	5 115	5 211	6 146	5 743	304	291	239	203
Pologne	134 900	D	D	D	D	D	D	D	D	D	D	D
Portugal	55 448	59 715	6 516	6 127	3 552	3 815	21 531	21 175	362	399	181	193

Tableau A.38. **Règlement des différends : nombre de dossiers** *(suite)*

Juridiction	Dossiers fiscaux faisant l'objet d'une procédure de contrôle interne				Dossiers fiscaux faisant l'objet d'un examen indépendant par un organisme externe				Dossiers fiscaux faisant l'objet d'un examen indépendant par une juridiction d'appel de niveau supérieur			
	Nombre de nouveaux dossiers au cours de l'exercice		Nombre de dossiers non clôturés à la fin de l'exercice		Nombre de nouveaux dossiers au cours de l'exercice		Nombre de dossiers non clôturés à la fin de l'exercice		Nombre de dossiers clôturés		Nombre de dossiers clôturés en faveur de l'administration au cours de l'exercice	
	2018	2019	2018	2019	2018	2019	2018	2019	2018	2019	2018	2019
République slovaque	6 514	6 702	2 632	2 738	978	1 588	573	1 164	444	464	329	316
République tchèque	6 192	5 173	3 351	3 161	1 014	834	2 368	2 205	429	557	203	246
Roumanie	8 438	5 965	2 246	1 062	5 818	5 736	10 765	12 197	3 967	4 070	2 574	2 734
Royaume-Uni	29 014	22 226	3 142	1 650	6 698	6 808	22 625	20 698	1 127	1 202	81	50
Russie	68 803	72 953	4 757	5 043	138 000	147 000	D	D	1 635	1 728	1 367	1 447
Singapour	D	D	D	D	D	D	D	D	3	3	2	2
Slovénie	19 224	20 886	4 130	3 636	4 964	5 217	3 378	2 982	484	558	383	412
Suède	155 481	155 378	14 589	12 525	15 006	13 132	8 313	8 052	2 023	1 955	D	D
Suisse	D	D	D	D					D	D	D	D
Thaïlande	814	1 121	1 121	1 235					D	D	D	D
Turquie	D	D	D	D					D	D	D	D

StatLink https://dx.doi.org/10.1787/888934303412

D Données non disponibles

1. Corée : les chiffres relatifs aux « Dossiers fiscaux faisant l'objet d'un examen indépendant par un organisme externe » ne concernent que les dossiers examinés par le tribunal ayant compétence en matière fiscale. Le nombre de dossiers résolus en faveur de l'administration correspond aux décisions où toutes les questions ont été tranchées en faveur de l'administration fiscale.
2. France : dans le cas de la France, le nombre de dossiers résolus en faveur de l'administration inclut toutes les décisions entièrement ou partiellement favorables à l'administration. Le nombre de décisions partiellement favorables à l'administration était de 31 en 2018 et de 11 en 2019.
3. Israël : s'agissant d'Israël, le nombre de dossiers résolus en faveur de l'administration correspond aux décisions où au moins une question a été tranchée en faveur de l'administration fiscale.

Tableau A.39. Canaux d'enregistrement

Juridiction	Disponibilité des canaux d'enregistrement pour les contribuables [1]											
	En ligne		Téléphone		Courriel		Courrier/poste		En personne		Autres	
	2018	2019	2018	2019	2018	2019	2018	2019	2018	2019	2018	2019
Afrique du Sud	■	■	■	■	■	■	■	■	■	■	□	□
Allemagne	■	■	■	■	■	■	■	■	■	■	□	□
Arabie saoudite	■	■	□	□	□	□	□	□	□	□	□	□
Argentine	■	■	□	□	□	□	□	□	■	■	□	□
Australie	■	■	■	■	□	□	■	■	■	■	□	□
Autriche	■	■	■	■	□	□	■	■	■	■	□	□
Belgique	■	■	■	■	■	■	■	■	■	■	□	□
Brésil	■	■	■	■	■	■	■	■	■	■	■	■
Bulgarie	■	■	□	□	■	■	■	■	■	■	□	□
Canada	■	■	■	■	□	□	■	■	■	■	■	■
Chili	■	■	□	□	□	□	□	□	■	■	□	□
Chine (République populaire de)	■	■	□	□	□	□	□	□	■	■	□	□
Chypre	□	□	□	□	□	□	■	■	■	■	□	□
Colombie	■	■	□	□	■	■	□	□	■	■	■	■
Corée	■	■	■	■	□	□	□	□	■	■	□	□
Costa Rica	■	■	□	□	□	□	□	□	■	■	□	□
Croatie	■	■	■	■	■	■	■	■	■	■	□	□
Danemark	■	■	■	■	■	■	■	■	■	■	□	□
Espagne	■	■	■	■	■	■	■	■	■	■	■	■
Estonie	■	■	■	■	■	■	■	■	■	■	■	■
États-Unis	■	■	■	■	□	□	■	■	■	■	□	□
Finlande	■	■	□	□	□	□	□	□	■	■	□	□
France	■	■	■	■	■	■	■	■	■	■	□	□
Géorgie	□	□	□	□	□	□	■	■	■	■	■	■
Grèce	■	■	■	■	■	■	■	■	■	■	■	■
Hong Kong (Chine)	■	■	■	■	■	■	■	■	■	■	■	■
Hongrie	■	■	□	□	□	□	□	□	■	■	□	□
Inde	■	■	■	■	■	■	■	■	■	■	□	□
Indonésie	■	■	□	□	□	□	■	■	■	■	□	□
Irlande	■	■	■	■	■	■	■	■	■	■	□	□
Islande	■	■	■	■	■	■	■	■	■	■	□	□
Israël	■	■	□	□	□	□	■	■	■	■	□	□
Italie	■	■	□	□	□	□	□	□	■	■	■	■
Japon	■	■	□	□	□	□	■	■	■	■	□	□
Kenya	■	■	■	■	■	■	■	■	■	■	□	□
Lettonie	■	■	■	■	■	■	■	■	■	■	■	■
Lituanie	■	■	■	■	■	■	■	■	□	□	□	□
Luxembourg	■	■	□	□	■	■	■	■	■	■	■	■
Malaisie	■	■	■	■	■	■	■	■	■	■	■	■

Tableau A.39. **Canaux d'enregistrement** *(suite)*

	Disponibilité des canaux d'enregistrement pour les contribuables [1]											
	En ligne		Téléphone		Courriel		Courrier/poste		En personne		Autres	
Juridiction	2018	2019	2018	2019	2018	2019	2018	2019	2018	2019	2018	2019
Malte	■	■	■	■	■	■	■	■	■	■	□	□
Maroc	■	■	■	■	■	■	■	■	■	■	□	□
Mexique	■	■	■	■	□	□	□	□	□	□	■	■
Norvège	■	■	□	□	□	□	□	□	■	□	□	■
Nouvelle-Zélande	■	■	■	■	■	■	■	■	■	■	□	□
Pays-Bas	■	■	□	□	□	□	■	■	■	■	□	□
Pérou	■	■	■	■	□	□	□	□	■	■	□	□
Pologne	■	■	■	■	■	■	■	■	■	■	■	■
Portugal	■	■	■	■	■	■	■	■	■	■	■	■
République slovaque	■	■	□	□	□	□	■	■	■	■	■	■
République tchèque	■	■	□	□	□	□	□	□	■	■	□	□
Roumanie	■	■	□	□	□	□	■	■	■	■	□	□
Royaume-Uni	■	■	■	■	□	□	■	■	□	□	□	□
Russie	■	■	■	■	■	■	■	■	■	■	■	■
Singapour	■	■	■	■	■	■	■	■	■	■	■	■
Slovénie	■	■	□	□	■	■	■	■	■	■	■	■
Suède	■	■	■	■	■	■	■	■	■	■	□	□
Suisse	■	■	■	■	■	■	■	■	■	■	■	■
Thaïlande	■	■	■	■	■	■	■	■	■	■	□	□
Turquie	■	■	□	□	□	□	■	■	■	■	□	□

StatLink https://dx.doi.org/10.1787/888934303431

■ Oui

□ Non

1. Note : les canaux d'enregistrement ne sont pas disponibles pour tous les types d'impôts ou pour tous les segments de contribuables.

Tableau A.40. **Prise de contact avec l'administration : suivi et nombre de contacts par canal (en ligne, assistance numérique, téléphone)**

Juridiction	L'administration suit les prises de contact par ses services		Nombre de contacts par canal – En ligne via le compte du contribuable		Assistance numérique (chatbot, assistant numérique)		Appels téléphoniques	
	2018	2019	2018	2019	2018	2019	2018	2019
Afrique du Sud	■	■	0	0	255 278	199 436	4 638 114	4 347 345
Allemagne	□	□						
Arabie saoudite	■	■	0	89 869	100 684	22 164	851 577	967 882
Argentine	■	■	D	D	16 460	24 410	356 549	357 950
Australie	■	■	D	D	1 544 615	1 460 361	7 820 527	7 810 586
Autriche	■	■	22 400	18 800	0	6 000	5 400 000	4 800 000
Belgique	■	■	8 437 163	12 054 383	0	0	1 947 061	2 193 188
Brésil	■	■	180 309 571	230 356 664	0	49 492	5 208 364	5 315 212
Bulgarie	■	■	24 901 400	25 372 787	D	D	435 941	485 318
Canada	■	■	72 685 049	87 887 084	16 198	17 441	42 229 821	32 009 786
Chili	■	■	1667170	1592702	19 650	62 714	1 296 097	1 262 856
Chine (République populaire de)	■	■	D	D	167 300	10 094 000	52 803 793	62 668 617
Chypre	□	□						
Colombie	■	■	83 827	112 230	443 823	528 727	833 169	1 358 794
Corée	■	■	287 027	360 210	D	D	4 406 554	4 447 252
Costa Rica	■	■	0	0	0	0	76 046	94 826
Croatie	■	■	5 961	8 255	18 018	20 205	28 442	23 101
Danemark	■	■	53 420 000	65 420 000	63 665	106 095	3 003 115	3 489 083
Espagne	■	■	3 909 413	2 970 458	D	D	11 823 078	8 509 019
Estonie	■	■	D	26 361	D	D	258 121	221 594
États-Unis	■	■	440 658 352	531 483 065	0	0	65 606 011	58 613 382
Finlande	■	■	D	19 750 000	289 300	315 300	3 339 300	3 526 600
France	■	■	7 220 376	8 203 596	20 218	89 647	10 483 916	12 657 632
Géorgie	■	■	193 962	232 832	D	D	315 400	351 447
Grèce	■	■	92 719	78 720	0	0	428 654	459 942
Hong Kong (Chine)	■	■	3 521 335	4 350 789	0	0	1 441 615	1 505 263

Tableau A.40. **Prise de contact avec l'administration : suivi et nombre de contacts par canal (en ligne, assistance numérique, téléphone)** *(suite)*

Juridiction	L'administration suit les prises de contact par ses services		Nombre de contacts par canal – En ligne via le compte du contribuable		Assistance numérique (chatbot, assistant numérique)		Appels téléphoniques	
	2018	2019	2018	2019	2018	2019	2018	2019
Hongrie	■	■	13 214 068	13 699 999	D	D	1 040 657	1 022 101
Inde	■	■	24 278	14 387	68 881	19 580	1 295 867	1 198 602
Indonésie	■	■	0	0	49 675	95 187	721 910	702 999
Irlande	■	■	18 907 541	19 432 158	7 280	9 997	2 244 965	2 480 858
Islande[1]	■	■	D	D	D	D	197 771	257 077
Israël	■	■	165 593	359 647	D	D	2 131 491	2 009 532
Italie	■	■	1 286 000	1 400 000	D	D	2 409 000	2 372 000
Japon	■	■	D	D	D	D	5 570 000	5 440 000
Kenya	■	■	D	41 290	47 057	631 863	337 625	294 084
Lettonie	■	■	D	D	0	0	399 776	327 675
Lituanie[2]	■	■	23 744	24 252	831	6 878	978 832	827 223
Luxembourg	□	□						
Malaisie	■	■	134 136	211 600	0	33 051	425 580	499 507
Malte	■	■	D	D	D	D	175 113	220 768
Maroc	■	■	D	D	11 860	15 245	73 351	70 404
Mexique	■	■	D	0	5 092 719	4 261 576	6 012 808	4 345 061
Norvège	■	■	27 779 627	31 979 449	193 575	320 186	2 246 000	2 362 000
Nouvelle-Zélande	■	■	28 530 512	27 034 249	0	0	4 228 286	4 349 209
Pays-Bas[3]	■	■	0	0	0	0	12 963 000	11 704 000
Pérou	■	■	29 544 990	33 946 553	339 238	233 057	3 227 537	3 303 019
Pologne	■	■	0	0	4 925	33 506	1 612 755	1 691 237
Portugal	■	■	471 278	532 813	D	D	1 768 673	1 870 569
République slovaque	■	■	0	0	203 893	758 906	223 292	286 250
République tchèque	■	■	D	D	D	D	13 227	12 173
Roumanie	■	■	D	D	0	0	410 710	402 052
Royaume-Uni	■	■	5 567 939	4 058 969	1 479 386	1 419 856	46 745 705	42 691 993

Tableau A.40. **Prise de contact avec l'administration : suivi et nombre de contacts par canal (en ligne, assistance numérique, téléphone)** *(suite)*

Juridiction	L'administration suit les prises de contact par ses services		Nombre de contacts par canal – En ligne via le compte du contribuable		Assistance numérique (chatbot, assistant numérique)		Appels téléphoniques	
	2018	2019	2018	2019	2018	2019	2018	2019
Russie[4]	■	■	4 654 145	17 213 187	0	0	9 284 076	12 058 795
Singapour	■	■	16 249 146	19 862 453	389 860	511 746	904 287	770 676
Slovénie	□	□						
Suède	■	■	0	0	97 682	436 725	4 997 086	4 940 329
Suisse	■	■	D	D	D	D	D	D
Thaïlande	■	■	D	D	D	D	441 759	377 173
Turquie	■	■	D	D	D	D	932 658	966 902

StatLink https://dx.doi.org/10.1787/888934303450

■ Oui

□ Non

D Données non disponibles

1. Islande : la hausse du nombre d'appels téléphoniques enregistrée en 2019 est le résultat du transfert de la fonction de recouvrement de l'administration des douanes à l'administration fiscale.
2. Lituanie : la catégorie « En ligne via le compte du contribuable » comprend les prises de contact par courrier électronique et par courrier postal.
3. Pays-Bas : les prises de contact concernent l'ensemble de l'administration fiscale (y compris les douanes et les prestations).
4. Russie : pour 2018, la catégorie « En ligne via le compte du contribuable » concerne uniquement la période allant du 10 août au 31 décembre 2018.

Tableau A.41. **Prise de contact avec l'administration : nombre de contacts par canal (courriel, courrier postal, en personne)**

	Nombre de contacts par canal					
	Courriel		Courrier postal		En personne	
Juridiction	2018	2019	2018	2019	2018	2019
Afrique du Sud	758 825	723 749	0	0	4 914 350	6 536 253
Allemagne						
Arabie saoudite	7 241	39 793	0	0	100 025	27 356
Argentine	335 529	292 583	D	D	4 546 497	3 933 620
Australie	D	D	D	D	151 849	114 455
Autriche	D	D	D	D	2 300 000	2 500 000
Belgique [1]	120 808	139 640	D	D	99 539	619 445
Brésil	1 636 315	1 600 570	D	D	14 673 382	13 625 710
Bulgarie	28 695	44 141	D	D	2 444 858	2 346 646
Canada	0	0	142 374	131 828	D	D
Chili	D	D	1 261	1 386	2 060 209	1 660 452
Chine (République populaire de)	D	D	D	D	D	D
Chypre						
Colombie	0	0	D	D	2 507 238	2 441 090
Corée	0	0	0	0	D	D
Costa Rica	34 500	54 486	5 539	8 605	204 360	152 336
Croatie	D	D	D	D	D	D
Danemark	574 387	642 269	11 798	8 121	96 960	98 441
Espagne	D	D	D	D	13 386 481	12 733 067
Estonie	56 863	55 792	15 653	18 383	103 594	108 901
États-Unis	0	0	7 282 176	6 995 510	2 194 650	2 359 217
Finlande	D	D	D	D	658 700	588 600
France	4 704 668	5 810 360	D	D	13 834 812	12 915 008
Géorgie	17 576	12 429	16 777	21 246	298 808	313 582
Grèce	1 517	4 458	D	D	D	D
Hong Kong (Chine)	230 670	207 991	644 928	688 300	243 756	268 299
Hongrie	33 036	30 102	9 961	8 165	2 363 887	2 279 624
Inde	119 263	99 431	916 460	930 493	D	D
Indonésie	56 470	81 408	0	0	0	0
Irlande	1 743 439	1 914 646	1 163 922	1 088 844	410 276	393 168
Islande	D	D	D	D	D	D
Israël	D	D	D	D	D	D
Italie	57 000	69 000	D	D	10 335 000	11 905 000
Japon	410	485	D	D	D	D
Kenya	222 333	239 853	D	D	1 472 785	1 426 575
Lettonie	D	D	D	D	213 536	267 274
Lituanie	D	D	D	D	D	D
Luxembourg						
Malaisie	20 972	40 498	6 863	791	3 413 906	3 504 972

Tableau A.41. **Prise de contact avec l'administration : nombre de contacts par canal (courriel, courrier postal, en personne)** *(suite)*

	Nombre de contacts par canal					
	Courriel		Courrier postal		En personne	
Juridiction	2018	2019	2018	2019	2018	2019
Malte	33 048	58 169	D	D	47 244	56 651
Maroc	117 519	78 696	D	D	D	D
Mexique	D	D	D	D	D	D
Norvège	487 636	555 620	811 274	730 247	485 407	362 934
Nouvelle-Zélande	D	D	474 538	306 454	133 427	111 118
Pays-Bas[2]	0	0	6 222 000	6 091 000	57 000	50 000
Pérou	0	0	0	0	8 510 666	8 773 990
Pologne	28 684	45 127	30 590	30 482	D	D
Portugal	D	D	D	D	9 839 849	9 690 223
République slovaque	95 146	117 597	368	289	20	20
République tchèque	D	D	D	D	D	D
Roumanie	54 106	45 931	7 895	7 221	4 056 928	3 683 811
Royaume-Uni	D	D	18 180 451	19 029 213	D	D
Russie	D	D	14 262 756	12 948 702	D	D
Singapour	473 640	442 246	164 810	92 004	62 491	51 183
Slovénie						
Suède	475 369	463 393	D	D	3 356 718	3 142 528
Suisse	D	D	D	D	D	D
Thaïlande	D	D	D	D	D	D
Turquie	42 626	49 417	D	D	D	D

StatLink https://dx.doi.org/10.1787/888934303469

D Données non disponibles

1. Belgique : pour 2018, les contacts en personne concernent uniquement la période allant de septembre à décembre 2018.
2. Pays-Bas : les prises de contact concernent l'ensemble de l'administration fiscale (y compris les douanes et les prestations).

Tableau A.42. **Préremplissage des déclarations**

Juridiction	L'administration préremplit les déclarations ou les avis		Catégories d'informations provenant de tierces parties utilisées pour préremplir les déclarations ou les avis au titre de l'IRPP: Informations personnelles du contribuables		Salaire et traitement		Retraite		Intérêts		Dividendes		Gains/pertes en capital		Autres revenus		Dépenses fiscalement déductibles (frais de scolarité, dons, etc.)	
	2018	2019	2018	2019	2018	2019	2018	2019	2018	2019	2018	2019	2018	2019	2018	2019	2018	2019
Afrique du Sud	■	■	■	■	■	■	■	■	■	■							■	■
Allemagne	■	■	■	■	■	■	■	■									■	■
Arabie saoudite	□	■		■														
Argentine[1]	□	■																
Australie	■	■	■	■	■	■			■	■	■	■						
Autriche	■	■	■	■	■	■	■	■							■	■	■	■
Belgique	■	■	■	■	■	■	■	■									■	■
Brésil	■	■	■	■	■	■	■	■	■	■	■	■			■	■	■	■
Bulgarie	□	□																
Canada	■	■	■	■	■	■	■	■	■	■	■	■	■	■	■	■		
Chili	■	■	■	■	■	■	■	■	■	■	■	■	■	■	■	■	■	■
Chine (République populaire de)	□	■		■		■										■		
Chypre	■	■	■	■			■	■										
Colombie	■	■	■	■	■	■	■	■		■				■		■		
Corée	■	■	■	■	■	■	■	■	■	■	■	■			■	■	■	■
Costa Rica	□	□																
Croatie	■	■	■	■	■	■	■	■							■	■		
Danemark	■	■	■	■	■	■	■	■	■	■	■	■	■	■	■	■	■	■
Espagne	■	■	■	■	■	■	■	■	■	■	■	■	■	■	■	■	■	■
Estonie	■	■	■	■	■	■	■	■	■	■	■	■	■	■	■	■	■	■
États-Unis	□	□																
Finlande	■	■	■	■	■	■	■	■	■	■	■	■	■	■	■	■		
France	■	■	■	■	■	■	■	■	■	■	■	■				■	■	■
Géorgie	□	□																

Tableau A.42. **Préremplissage des déclarations** *(suite)*

Juridiction	L'administration préremplit les déclarations ou les avis		Catégories d'informations provenant de tierces parties utilisées pour préremplir les déclarations ou les avis au titre de l'IRPP : Informations personnelles du contribuables		Salaire et traitement		Retraite		Intérêts		Dividendes		Gains/pertes en capital		Autres revenus		Dépenses fiscalement déductibles (frais de scolarité, dons, etc.)	
	2018	2019	2018	2019	2018	2019	2018	2019	2018	2019	2018	2019	2018	2019	2018	2019	2018	2019
Grèce	■	■	■	■	■	■	■	■							■	■		
Hong Kong (Chine)	■	■	■	■	■	■	■	■										
Hongrie	■	■	■	■	■	■									■	■		
Inde	■	■	■	■	■	■	■	■	■	■								
Indonésie	■	■	■	■														
Irlande	■	■	■	■	■	■	■	■							■	■	■	■
Islande	■	■	■	■	■	■	■	■	■	■	■	■			■	■	■	■
Israël	■	■	■	■														
Italie	■	■	■	■	■	■	■	■	■	■					■	■	■	■
Japon	□	□																
Kenya	■	■	■	■													■	■
Lettonie	■	■	■	■	■	■	■	■	■	■	■	■	■	■	■	■	■	■
Lituanie	■	■	■	■	■	■	■	■	■	■	■	■	■	■	■	■	■	■
Luxembourg	□	□																
Malaisie	■	■	■	■	■	■											■	■
Malte	■	■	■	■	■	■	■	■	■	■	■	■					■	■
Maroc	□	□																
Mexique	■	■	■	■	■	■	■	■	■	■	■	■			■	■	■	■
Norvège	■	■	■	■	■	■	■	■	■	■	■	■	■	■			■	■
Nouvelle-Zélande	■	■	■	■	■	■	■	■		■								■
Pays-Bas	■	■	■	■	■	■	■	■							■	■	■	■
Pérou	■	■	■	■	■	■									■	■	■	■
Pologne	■	■	■	■	■	■	■	■										
Portugal	■	■	■	■	■	■	■	■									■	■

Tableau A.42. **Préremplissage des déclarations** *(suite)*

Juridiction	L'administration préremplit les déclarations ou les avis		Catégories d'informations provenant de tierces parties utilisées pour préremplir les déclarations ou les avis au titre de l'IRPP: Informations personnelles du contribuables		Salaire et traitement		Retraite		Intérêts		Dividendes		Gains/pertes en capital		Autres revenus		Dépenses fiscalement déductibles (frais de scolarité, dons, etc.)	
	2018	2019	2018	2019	2018	2019	2018	2019	2018	2019	2018	2019	2018	2019	2018	2019	2018	2019
République slovaque	□	□																
République tchèque	■	■	■	■														
Roumanie	□	□																
Royaume-Uni	■	■	■	■	■	■	■	■										
Russie	□	□																
Singapour	■	■	■	■	■	■	■	■			■	■			■	■	■	■
Slovénie	■	■	■	■	■	■	■	■									■	■
Suède	■	■	■	■	■	■	■	■	■	■	■	■	■	■				
Suisse	■	■	■	■														
Thaïlande	□	□																
Turquie	■	■			■	■			■	■	■	■	■	■	■	■		

StatLink https://dx.doi.org/10.1787/888934303488

■ Oui

□ Non

1. Argentine : l'administration a mis en place en 2019 le préremplissage des déclarations mensuelles de TVA pour les petits contribuables (« IVA Listo »).

Tableau A.42 ADD. Catégories de dépenses fiscalement déductibles utilisées pour préremplir les déclarations ou les avis d'imposition au titre de l'IRPP

Juridiction	L'administration préremplit les déclarations avec les dépenses fiscalement déductibles		Catégories de dépenses fiscalement déductibles utilisées pour préremplir les déclarations ou les avis d'imposition au titre de l'IRPP Catégories d'informations provenant de tierces parties utilisées pour préremplir les déclarations ou les avis au titre de l'IRPP															
			Dons		Frais de scolarité et d'études		Garde d'enfants		Primes d'assurance		Dépenses médicales et de santé (autres que primes d'assurance)		Cotisations de retraite et épargne-retraite		Intérêts sur prêts et prêts hypothécaires		Autre	
	2018	2019	2018	2019	2018	2019	2018	2019	2018	2019	2018	2019	2018	2019	2018	2019	2018	2019
Afrique du Sud	■	■									■	■						
Allemagne	■	■							■	■								
Arabie saoudite																		
Argentine																		
Australie																		
Autriche	■	■	■	■					■	■							■	■
Belgique	■	■	■	■			■	■	■	■					■	■		
Brésil	■	■									■	■						
Bulgarie																		
Canada																		
Chili	■	■	■	■	■	■							■	■	■	■	■	■
Chine (République populaire de)																		
Chypre																		
Colombie																		
Corée	■	■			■	■			■	■	■	■	■	■			■	■
Costa Rica																		
Croatie																		
Danemark	■	■	■	■					■	■			■	■	■	■	■	■
Espagne	■	■	■	■					■	■			■	■	■	■	■	■
Estonie	■	■	■	■									■	■	■	■		
États-Unis																		
Finlande																		

Tableau A.42 ADD. **Catégories de dépenses fiscalement déductibles utilisées pour préremplir les déclarations ou les avis d'imposition au titre de l'IRPP** *(suite)*

Juridiction	L'administration préremplit les déclarations avec les dépenses fiscalement déductibles		Catégories de dépenses fiscalement déductibles utilisées pour préremplir les déclarations ou les avis d'imposition au titre de l'IRPP / Catégories d'informations provenant de tierces parties utilisées pour préremplir les déclarations ou les avis au titre de l'IRPP															
			Dons		Frais de scolarité et d'études		Garde d'enfants		Primes d'assurance		Dépenses médicales et de santé (autres que primes d'assurance)		Cotisations de retraite et épargne-retraite		Intérêts sur prêts et prêts hypothécaires		Autre	
	2018	2019	2018	2019	2018	2019	2018	2019	2018	2019	2018	2019	2018	2019	2018	2019	2018	2019
France	■	■															■	■
Géorgie																		
Grèce																		
Hong Kong (Chine)																		
Hongrie																		
Inde																		
Indonésie																		
Irlande	■	■									■	■						
Islande	■	■											■	■			■	■
Israël																		
Italie	■	■	■	■	■	■	■	■	■	■	■	■			■	■	■	■
Japon																		
Kenya	■	■															■	■
Lettonie	■	■			■	■						■	■	■				
Lituanie	■	■			■	■									■	■		
Luxembourg																		
Malaisie	■	■					■	■	■	■							■	■
Malte	■	■			■	■	■	■									■	■
Maroc																		
Mexique	■	■	■	■	■	■			■	■	■	■	■	■	■	■	■	■
Norvège	■	■	■	■			■	■										
Nouvelle-Zélande		■																■
Pays-Bas	■	■							■	■					■	■		

Tableau A.42 ADD. **Catégories de dépenses fiscalement déductibles utilisées pour préremplir les déclarations ou les avis d'imposition au titre de l'IRPP** *(suite)*

	L'administration préremplit les déclarations avec les dépenses fiscalement déductibles		Catégories de dépenses fiscalement déductibles utilisées pour préremplir les déclarations ou les avis d'imposition au titre de l'IRPP Catégories d'informations provenant de tierces parties utilisées pour préremplir les déclarations ou les avis au titre de l'IRPP															
			Dons		Frais de scolarité et d'études		Garde d'enfants		Primes d'assurance		Dépenses médicales et de santé (autres que primes d'assurance)		Cotisations de retraite et épargne-retraite		Intérêts sur prêts et prêts hypothécaires		Autre	
Juridiction	2018	2019	2018	2019	2018	2019	2018	2019	2018	2019	2018	2019	2018	2019	2018	2019	2018	2019
Pérou	■	■							■	■	■	■			■	■	■	■
Pologne																		
Portugal	■	■	■	■	■	■	■	■			■	■	■	■	■	■		
République slovaque																		
République tchèque																		
Roumanie																		
Royaume-Uni																		
Russie																		
Singapour	■	■	■	■														
Slovénie	■	■					■	■	■	■			■	■				
Suède																		
Suisse																		
Thaïlande																		
Turquie																		

StatLink https://dx.doi.org/10.1787/888934303507

■ Oui

Tableau A.43. **Nombre de déclarations reçues par type d'impôt**

	Nombre total de déclarations reçues par type d'impôt					
	Impôt sur les bénéfices des sociétés		Impôt sur le revenu des personnes physiques		Taxe sur la valeur ajoutée	
Juridiction	2018	2019	2018	2019	2018	2019
Afrique du Sud	1 003 823	1 340 952	6 474 665	7 017 599	3 440 647	3 760 303
Allemagne	1 108 000	166 000	27 197 000	28 457 000	5 905 000	5 893 000
Arabie saoudite	856 789	1 733 007			515 841	673 173
Argentine	326 584	261 089	1 172 916	940 260	13 432 257	13 214 411
Australie	1 042 419	1 085 293	14 957 367	15 349 796	10 564 891	10 866 392
Autriche	148 649	154 926	6 015 147	6 295 095	702 109	719 778
Belgique	493 613	507 780	6 900 898	6 964 838	3 635 608	3 710 883
Brésil	1 333 482	1 282 372	28 800 842	30 011 981	12 523 352	12 408 838
Bulgarie	364 745	375 828	649 174	641 382	3 553 894	3 686 355
Canada	2 389 695	2 425 961	31 243 958	29 711 995	7 599 862	7 923 761
Chili	1 399 991	1 406 406	2 685 049	2 718 922	15 673 643	16 186 920
Chine (République populaire de)	19 833 366	23 081 707	D	D	304 220 122	333 828 765
Chypre	118 318	107 277	310 121	305 804	328 618	336 359
Colombie	571 205	500 511	3 366 185	3 692 756	1 408 385	1 451 214
Corée	740 828	787 788	7 445 000	8 094 000	6 478 314	6 753 201
Costa Rica	134 698	130 935	341 168	327 589	964 902	1 806 694
Croatie	139 779	141 356	113 312	119 987	1 523 538	1 588 715
Danemark	311 000	317 000	4 629 575	4 649 747	1 582 150	1 605 347
Espagne	1 653 380	1 682 945	20 636 339	21 137 393	14 215 612	14 473 327
Estonie	1 368 509	1 281 689	667 695	741 621	1 319 959	1 348 578
États-Unis	2 127 673	2 146 904	152 937 949	154 094 555		
Finlande	298 200	311 700	5 409 100	5 429 000	3 940 400	3 968 500
France	2 334 384	2 563 455	38 074 285	38 281 207	24 573 753	25 302 268
Géorgie	673 085	750 320	1 365 603	1 724 593	684 491	736 326
Grèce	250 199	262 277	6 397 748	6 488 325	4 623 961	4 706 999
Hong Kong (Chine)	428 798	497 771	2 960 791	3 021 466		
Hongrie	461 367	445 869	5 123 901	5 152 726	4 101 097	4 240 752
Inde	843 552	836 469	62 346 872	63 973 630		
Indonésie	D	D	D	D	D	D
Irlande	177 270	148 610	599 644	214 818	1 144 666	1 223 368
Islande	37 111	40 019	293 528	293 528	151 074	151 037
Israël	189 646	204 129	1 124 534	1 200 635	4 214 865	4 332 541
Italie	1 488 000	1 599 000	29 258 000	30 123 000	5 172 000	5 334 000
Japon	2 896 000	2 929 000	21 977 000	22 218 000	D	D
Kenya	220 698	235 067	3 503 551	3 277 406	1 888 780	2 071 280
Lettonie	95 055	177 225	906 581	1 056 024	750 772	741 293
Lituanie	201 133	180 899	1 876 841	2 243 408	872 040	899 679
Luxembourg	80 369	100 593	232 389	253 503	353 634	336 211
Malaisie	365 205	377 772	3 491 984	3 710 425		

Tableau A.43. **Nombre de déclarations reçues par type d'impôt** *(suite)*

	Nombre total de déclarations reçues par type d'impôt					
	Impôt sur les bénéfices des sociétés		Impôt sur le revenu des personnes physiques		Taxe sur la valeur ajoutée	
Juridiction	**2018**	**2019**	**2018**	**2019**	**2018**	**2019**
Malte	D	D	D	D	D	D
Maroc	271 008	265 294	307 527	197 867	1 909 391	1 901 918
Mexique	1 105 421	1 195 093	7 951 260	8 460 275	D	D
Norvège	332 884	342 699	4 720 382	4 943 249	1 764 146	1 815 836
Nouvelle-Zélande	365 623	374 058	4 857 489	D	3 073 003	2 985 024
Pays-Bas	785 900	814 800	12 078 000	12 676 000	8 839 000	9 276 000
Pérou	741 194	753 153	568 766	591 818	11 323 819	11 839 980
Pologne	911 148	967 080	57 070 840	59 353 666	25 595 161	26 610 582
Portugal	500 042	509 040	5 356 971	5 412 731	3 682 012	3 827 648
République slovaque	257 886	264 432	948 224	940 661	1 836 299	1 941 083
République tchèque	548 490	559 948	2 371 721	2 404 445	4 508 409	4 735 527
Roumanie	3 844 320	4 063 643	1 012 139	1 308 142	3 003 869	3 136 797
Royaume-Uni	2 752 759	2 950 429	11 846 309	11 879 890	8 605 052	8 703 733
Russie	D	D	D	D	D	D
Singapour	176 822	189 607	2 150 000	2 213 000	407 858	414 892
Slovénie	107 524	107 134	54 966	50 899	843 540	883 484
Suède	744 126	763 533	7 911 356	8 006 184	4 783 441	4 837 355
Suisse	D	D	D	D	D	D
Thaïlande	5 575 193	5 920 140	11 460 408	11 838 170	7 365 532	7 670 424
Turquie	3 685 603	3 890 881	10 918 595	10 935 043	30 584 690	31 481 869

StatLink https://dx.doi.org/10.1787/888934303526

D Données non disponibles

Tableau A.44. **Canaux de réception des déclarations d'impôt : Impôt sur les bénéfices des sociétés**

Juridiction	Nombre de déclarations reçues par type d'impôt et par canal											
	Impôt sur les bénéfices des sociétés											
	Déclarations papier		Déclarations électroniques								Autres	
			Entièrement préremplies, acceptation présumée		Entièrement préremplies, confirmation requise		Partiellement préremplies avec des renseignements sur les revenus et/ou les dépenses		Non préremplies			
	2018	2019	2018	2019	2018	2019	2018	2019	2018	2019	2018	2019
Afrique du Sud	4 231	3 312	0	0	0	0	999 592	1 337 640	0	0	0	0
Allemagne	91 000	51 000	0	0	0	0	1 017 000	115 000	0	0	0	0
Arabie saoudite	0	0	0	0	9 937	590 460	0	0	846 852	1 142 547	0	0
Argentine	0	0	0	0	0	0	0	0	326 584	261 089	0	0
Australie	D	D	D	D	D	D	D	D	D	D	D	D
Autriche	5 392	5 871	0	0	0	0	0	0	143 257	149 055	0	0
Belgique	3 997	3 162	0	0	0	0	0	0	489 616	504 618	0	0
Brésil	0	0	0	0	0	0	0	0	1 333 482	1 282 372	0	0
Bulgarie	0	0	0	0	0	0	0	0	364 745	375 828	0	0
Canada	239 570	214 163	0	0	0	0	0	0	2 150 125	2 211 798	0	0
Chili	4 293	3 660	0	0	0	0	863 206	962 594	532 492	440 152	0	0
Chine (République populaire de)	D	D	D	D	D	D	D	D	D	D	D	D
Chypre	3 672	3 716	0	0	0	0	0	0	114 646	103 561	0	0
Colombie	956	240	0	0	0	0	0	0	570 249	500 271	0	0
Corée	5 745	5 428	0	0	0	0	0	0	735 083	782 360	0	0
Costa Rica	0	0	0	0	0	0	0	0	134 698	130 935	0	0
Croatie	5 233	3 948	0	0	0	0	0	0	134 546	137 408	0	0
Danemark	0	0	0	0	0	0	0	0	311 000	317 000	0	0
Espagne	0	0	0	0	0	0	0	0	1 653 380	1 682 945	0	0
Estonie	2 961	2 210	0	0	0	0	1 365 548	1 279 479	0	0	0	0
États-Unis	778 224	750 031	0	0	0	0	0	0	1 349 449	1 396 873	0	0
Finlande	28 300	20 700	0	0	0	0	269 900	291 000	0	0	0	0
France	52 562	144 610	0	0	0	0	0	0	2 281 822	2 418 845	0	0

Tableau A.44. **Canaux de réception des déclarations d'impôt : Impôt sur les bénéfices des sociétés** *(suite)*

Juridiction	Nombre de déclarations reçues par type d'impôt et par canal											
	Impôt sur les bénéfices des sociétés											
	Déclarations papier		Déclarations électroniques								Autres	
			Entièrement préremplies, acceptation présumée		Entièrement préremplies, confirmation requise		Partiellement préremplies avec des renseignements sur les revenus et/ou les dépenses		Non préremplies			
	2018	2019	2018	2019	2018	2019	2018	2019	2018	2019	2018	2019
Géorgie	0	0	0	0	0	0	0	0	673 085	750 320	0	0
Grèce	676	509	0	0	0	0	0	0	249 523	261 768	0	0
Hong Kong (Chine)	425 274	494 871	0	0	0	0	0	0	3 524	2 900	0	0
Hongrie	2 912	1 317	0	0	0	0	0	0	458 455	444 552	0	0
Inde	0	0	0	0	0	0	0	0	843 552	836 469	0	0
Indonésie	D	D	D	D	D	D	D	D	D	D	D	D
Irlande	177	95	0	0	0	0	177 093	148 515	0	0	0	0
Islande	167	200	0	0	0	0	36 944	39 819	0	0	0	0
Israël	3 091	1 804	0	0	0	0	0	0	186 555	202 325	0	0
Italie	0	0	0	0	0	0	0	0	1 488 000	1 599 000	0	0
Japon	D	D	0	0	0	0	0	0	2 128 054	2 268 473	0	0
Kenya	0	0	0	0	0	0	0	0	220 698	235 067	0	0
Lettonie	647	719	0	0	0	0	94 408	176 506	0	0	0	0
Lituanie	0	0	0	0	0	0	0	0	201 133	180 899	0	0
Luxembourg	9 465	10 540	0	0	0	0	0	0	70 904	90 053	0	0
Malaisie	0	0	0	0	0	0	0	0	365 205	377 772	0	0
Malte	281	0	D	D	D	D	D	D	31 657	11 555	D	D
Maroc	261	239	0	0	0	0	0	0	270 747	265 055	0	0
Mexique	0	0	0	0	0	0	0	0	1 105 421	1 195 093	0	0
Norvège	8 606	5 159	0	0	0	0	0	0	324 278	337 540	0	0
Nouvelle-Zélande	23 263	18 138	0	0	0	0	0	0	342 360	355 920	0	0
Pays-Bas	0	0	0	0	0	0	0	0	785 900	814 800	0	0
Pérou	0	0	0	0	0	0	0	0	741 194	753 153	0	0

Tableau A.44. **Canaux de réception des déclarations d'impôt : Impôt sur les bénéfices des sociétés** *(suite)*

	Nombre de déclarations reçues par type d'impôt et par canal											
	Impôt sur les bénéfices des sociétés											
			Déclarations électroniques									
	Déclarations papier		Entièrement préremplies, acceptation présumée		Entièrement préremplies, confirmation requise		Partiellement préremplies avec des renseignements sur les revenus et/ou les dépenses		Non préremplies		Autres	
Juridiction	2018	2019	2018	2019	2018	2019	2018	2019	2018	2019	2018	2019
Pologne[1]	248 207	55 502	0	0	0	0	662 941	911 578	0	0	0	0
Portugal	0	0	258	206	0	0	499 784	508 834	0	0	0	0
République slovaque	18 075	16 532	0	0	0	0	0	0	239 811	247 900	0	0
République tchèque	42 307	41 321	0	0	0	0	0	0	506 183	518 627	0	0
Roumanie	256 798	200 028	0	0	0	0	0	0	3 587 522	3 863 615	0	0
Royaume-Uni[2]	24 495	23 913	0	0	0	0	0	0	2 728 264	2 926 516	0	0
Russie	D	D	D	D	D	D	D	D	5 705 649	5 316 197	D	D
Singapour	53 914	41 588	0	0	0	0	0	148 019	122 908	0	0	0
Slovénie	2	2	0	0	0	0	0	0	107 522	107 132	0	0
Suède[3]	406 160	380 457	0	0	0	0	337 966	383 076	0	0	0	0
Suisse	D	D	D	D	D	D	D	D	D	D	D	D
Thaïlande	3 048 087	2 908 497	0	0	0	0	0	0	2 527 106	3 011 643	0	0
Turquie	4 557	4 903	0	0	0	0	0	0	3 681 046	3 885 978	0	0

StatLink https://dx.doi.org/10.1787/888934303545

D Données non disponibles

1. Pologne : Toutes les déclarations déposées par voie électronique sont reprises dans la catégorie « Partiellement préremplies », car il n'est pas possible de distinguer les différentes catégories de déclarations électroniques.
2. Royaume-Uni : Toutes les déclarations déposées par voie électronique sont reprises dans la catégorie « Non préremplies », car il n'est pas possible de distinguer les déclarations partiellement préremplies et non préremplies.
3. Suède : Toutes les déclarations déposées par voie électronique sont reprises dans la catégorie « Partiellement préremplies », car il n'est pas possible de distinguer les différentes catégories de déclarations électroniques.

Tableau A.45. **Canaux de réception des déclarations d'impôt : Impôt sur le revenu des personnes physiques**

	Nombre de déclarations reçues par type d'impôt et par canal											
	Impôt sur le revenu des personnes physiques											
			Déclarations électroniques									
	Déclarations papier		Entièrement préremplies, acceptation présumée		Entièrement préremplies, confirmation requise		Partiellement préremplies avec des renseignements sur les revenus et/ou les dépenses		Non préremplies		Autres	
Juridiction	2018	2019	2018	2019	2018	2019	2018	2019	2018	2019	2018	2019
Afrique du Sud	20 710	19 846	0	0	6 453 955	6 769 464	0	0	0	0	0	0
Allemagne	8 624 000	8 171 000	0	0	0	0	18 573 000	20 286 000	0	0	0	0
Arabie saoudite												
Argentine	0	0	0	0	0	0	0	0	1 172 916	940 260	0	0
Australie	D	D	D	D	D	D	D	D	D	D	D	D
Autriche	1 256 652	1 176 482	1 255 936	1 495 799	0	0	1 749 386	1 883 596	1 753 173	1 739 218	0	0
Belgique	691 209	572 646	2 424 000	2 410 506	0	0	3 752 889	3 954 401	0	0	32 800	27 285
Brésil	0	0	0	0	0	0	0	0	28 800 842	30 011 981	0	0
Bulgarie	381 387	340 514	0	0	0	0	0	0	267 787	300 868	0	0
Canada	3 943 400	3 485 808	0	0	0	0	0	0	27 300 558	26 226 187	0	0
Chili	3 931	3 394	0	0	2 532 739	2 581 616	0	0	148 379	133 912	0	0
Chine (République populaire de)	D	D	D	D	D	D	D	D	D	D	D	D
Chypre	18 307	4 640	0	0	0	0	0	0	291 814	301 164	0	0
Colombie	286 709	272 300	0	0	0	0	361 222	1 612 739	2 718 254	1 807 717	0	0
Corée	203 000	135 000	0	0	1 192 000	1 543 000	6 050 000	6 416 000	0	0	0	0
Costa Rica	0	0	0	0	0	0	0	0	341 168	327 589	0	0
Croatie	40 819	35 858	0	0	0	0	0	0	72 493	84 129	0	0
Danemark	0	0	4 629 575	4 649 747	0	0	0	0	0	0	0	0
Espagne	397 340	80 529	0	0	5 067 248	5 552 317	10 366 736	10 493 712	0	0	4 805 015	5 010 835
Estonie	26 622	39 917	0	0	277 905	368 879	363 168	332 825	0	0	0	0
États-Unis	18 640 748	16 852 536	0	0	0	0	0	0	134 297 201	137 242 019	0	0
Finlande	230 200	185 900	4 025 100	4 128 500	1 153 800	1 114 600	0	0	0	0	0	0
France[1]	14 959 433	12 812 962	0	0	0	0	23 114 852	25 468 245	0	0	0	0

Tableau A.45. **Canaux de réception des déclarations d'impôt : Impôt sur le revenu des personnes physiques** *(suite)*

	Nombre de déclarations reçues par type d'impôt et par canal											
	Impôt sur le revenu des personnes physiques											
			Déclarations électroniques									
	Déclarations papier		Entièrement préremplies, acceptation présumée		Entièrement préremplies, confirmation requise		Partiellement préremplies avec des renseignements sur les revenus et/ou les dépenses		Non préremplies		Autres	
Juridiction	**2018**	**2019**	**2018**	**2019**	**2018**	**2019**	**2018**	**2019**	**2018**	**2019**	**2018**	**2019**
Géorgie	0	0	0	0	0	0	0	0	1 365 603	1 724 593	0	0
Grèce	82 136	77 305	0	0	0	0	6 315 612	6 411 020	0	0	0	0
Hong Kong (Chine)	2 353 937	2 362 779	0	0	0	0	598 283	649 867	8 571	8 820	0	0
Hongrie	1 042 661	794 570	2 083 518	2 149 825	838 186	940 841	475 037	676 400	684 499	591 090	0	0
Inde	512 443	103 825	0	0	0	0	0	0	61 834 429	63 869 805	0	0
Indonésie	D	D	D	D	D	D	D	D	D	D	D	D
Irlande	28 530	11 839	0	0	0	0	571 114	202 979	0	0	0	0
Islande	2 011	1 807	0	0	291 517	291 721	0	0	0	0	0	0
Israël	325 562	329 117	0	0	0	0	0	0	798 972	871 518	0	0
Italie	0	0	0	0	2 900 000	3 300 000	0	0	26 358 000	26 823 000	0	0
Japon	D	D	0	0	0	0	0	0	10 430 168	11 472 798	0	0
Kenya	0	0	0	0	0	0	0	0	3 503 551	3 277 406	0	0
Lettonie	180 760	159 659	0	0	0	0	725 821	896 365	0	0	0	0
Lituanie	1 403	1 733	547 860	918 438	547 860	918 438	670 335	404 799	85 702	0	23 681	0
Luxembourg	21 137	29 429	0	0	0	0	0	0	211 252	224 074	0	0
Malaisie	117 166	66 955	0	0	0	0	3 374 818	3 643 470	0	0	0	0
Malte	94 691	52 093	207 984	125 435	D	D	3 702	6 768	D	D	D	D
Maroc	99 445	80 510	0	0	0	0	0	0	208 082	117 357	0	0
Mexique	0	0	0	0	777 085	1 073 891	7 174 175	7 386 384	0	0	0	0
Norvège	96 212	80 498	3 200 867	3 008 432	1 030 293	1 470 284	393 010	384 035	0	0	0	0
Nouvelle-Zélande	84 044	62 476	0	2 500 000	3 700 000	0	0	D	1 073 445	1 071 787	0	0
Pays-Bas	253 000	247 000	0	0	0	0	11 825 000	12 429 000	0	0	0	0
Pérou	0	0	0	0	0	0	568 766	591 818	0	0	0	0

Tableau A.45. **Canaux de réception des déclarations d'impôt : Impôt sur le revenu des personnes physiques** *(suite)*

	Nombre de déclarations reçues par type d'impôt et par canal											
	Impôt sur le revenu des personnes physiques											
			Déclarations électroniques									
	Déclarations papier		Entièrement préremplies, acceptation présumée		Entièrement préremplies, confirmation requise		Partiellement préremplies avec des renseignements sur les revenus et/ou les dépenses		Non préremplies		Autres	
Juridiction	2018	2019	2018	2019	2018	2019	2018	2019	2018	2019	2018	2019
Pologne[2]	8 252 593	4 808 919	0	0	0	0	48 818 247	54 544 747	0	0	0	0
Portugal	0	0	118 933	100 275	1 635 186	1 626 648	3 602 852	3 685 808	0	0	0	0
République slovaque	561 837	530 597	0	0	0	0	0	0	386 387	410 064	0	0
République tchèque	1 890 422	1 888 732	0	0	0	0	0	0	481 299	515 713	0	0
Roumanie	745 136	367 191	0	0	0	0	0	0	267 003	940 951	0	0
Royaume-Uni[3]	1 318 666	1 142 923	0	0	0	0	0	0	10 527 643	10 736 967	0	0
Russie	D	D	D	D	D	D	D	D	3 032 730	3 474 840	D	D
Singapour	34 000	35 000	1 345 000	1 398 000	0	0	771 000	780 000	0	0	0	0
Slovénie	50 325	44 257	0	0	0	0	4 641	6 642	0	0	0	0
Suède	2 153 278	1 456 102	0	0	4 622 585	5 263 952	1 135 493	1 286 130	0	0	0	0
Suisse	D	D	D	D	D	D	D	D	D	D	D	D
Thaïlande	2 270 482	2 115 251	0	0	0	0	0	0	9 189 926	9 722 919	0	0
Turquie	10 274	5 596	0	0	0	0	1 433 002	1 222 779	9 475 319	9 706 668	0	0

StatLink https://dx.doi.org/10.1787/888934303564

D Données non disponibles

1. France : Toutes les déclarations déposées par voie électronique sont reprises dans la catégorie « Partiellement préremplies », car il n'est pas possible de distinguer les différentes catégories de déclarations électroniques.
2. Pologne : Toutes les déclarations déposées par voie électronique sont reprises dans la catégorie « Partiellement préremplies », car il n'est pas possible de distinguer les différentes catégories de déclarations électroniques.
3. Royaume-Uni : Toutes les déclarations déposées par voie électronique sont reprises dans la catégorie « Non préremplies », car il n'est pas possible de distinguer les déclarations partiellement préremplies et non préremplies.

Tableau A.46. **Canaux de réception des déclarations d'impôt : Taxes sur la valeur ajoutée**

Juridiction	Nombre de déclarations reçues par type d'impôt et par canal											
	Taxe sur la valeur ajoutée											
	Déclarations papier		Déclarations électroniques								Autres	
			Entièrement préremplies, acceptation présumée		Entièrement préremplies, confirmation requise		Partiellement préremplies avec des renseignements sur les revenus et/ou les dépenses		Non préremplies			
	2018	2019	2018	2019	2018	2019	2018	2019	2018	2019	2018	2019
Afrique du Sud	393 119	525 454	0	0	0	0	3 047 528	3 234 849	0	0	0	0
Allemagne	498 000	434 000	0	0	0	0	5 407 000	5 459 000	0	0	0	0
Arabie saoudite	0	0	0	0	0	0	0	0	515 841	673 173	0	0
Argentine	0	0	0	0	0	33 092	0	0	13 432 257	13 181 319	0	0
Australie	D	D	D	D	D	D	D	D	D	D	D	D
Autriche	53 149	55 665	0	0	0	0	0	0	648 960	664 113	0	0
Belgique	51 596	39 213	0	0	0	0	0	0	3 584 012	3 671 670	0	0
Brésil	0	0	0	0	0	0	0	0	12 523 352	12 408 838	0	0
Bulgarie	0	0	0	0	0	0	0	0	3 553 894	3 686 355	0	0
Canada	820 565	687 351	0	0	0	0	0	0	6 779 297	7 236 410	0	0
Chili	80 759	33 717	0	0	9 547 578	10 593 124	1 510 433	1 693 612	4 534 873	3 866 467	0	0
Chine (République populaire de)	D	D	D	D	D	D	D	D	D	D	D	D
Chypre	18 894	13 939	0	0	0	0	0	0	309 724	322 420	0	0
Colombie	549	98	0	0	0	0	0	0	1 407 836	1 451 116	0	0
Corée	D	D	D	D	D	D	D	D	D	D	D	D
Costa Rica	0	0	0	0	0	0	0	0	964 902	1 806 694	0	0
Croatie	7 412	5 149	0	0	0	0	0	0	1 516 126	1 583 566	0	0
Danemark	0	0	0	0	0	0	0	0	1 582 150	1 605 347	0	0
Espagne	0	0	0	0	0	0	0	0	14 215 612	14 473 327	0	0
Estonie	6 358	4 672	0	0	0	0	0	0	1 313 601	1 343 906	0	0
États-Unis												
Finlande	192 000	149 000	0	0	0	0	3 748 400	3 819 500	0	0	0	0
France	570 628	548 365	0	0	0	0	0	0	24 003 125	24 753 903	0	0

Tableau A.46. **Canaux de réception des déclarations d'impôt : Taxes sur la valeur ajoutée** *(suite)*

Juridiction	Nombre de déclarations reçues par type d'impôt et par canal											
	Taxe sur la valeur ajoutée											
	Déclarations papier		Déclarations électroniques								Autres	
			Entièrement préremplies, acceptation présumée		Entièrement préremplies, confirmation requise		Partiellement préremplies avec des renseignements sur les revenus et/ou les dépenses		Non préremplies			
	2018	2019	2018	2019	2018	2019	2018	2019	2018	2019	2018	2019
Géorgie	0	0	0	0	0	0	0	0	684 491	736 326	0	0
Grèce	17 626	17 628	0	0	0	0	0	0	4 606 335	4 689 371	0	0
Hong Kong (Chine)												
Hongrie	2 119	1 483	0	0	0	0	0	0	4 098 978	4 239 269	0	0
Inde												
Indonésie	D	D	D	D	D	D	D	D	D	D	D	D
Irlande	3 836	3 524	0	0	0	0	0	0	1 140 830	1 219 844	0	0
Islande	1 029	946	0	0	0	0	0	0	150 045	150 091	0	0
Israël	1 287 618	995 408	0	0	0	0	0	0	2 927 247	3 337 133	0	0
Italie	0	0	0	0	0	0	0	0	5 172 000	5 334 000	0	0
Japon	D	D	0	0	0	0	0	0	2 369 967	2 426 077	0	0
Kenya	0	0	0	0	0	0	0	0	1 888 780	2 071 280	0	0
Lettonie	329	286	0	0	0	0	750 443	741 007	0	0	0	0
Lituanie	53	24	0	0	0	0	37 512	61 823	834 475	837 832	0	0
Luxembourg	17 488	6 619	0	0	0	0	0	0	336 146	329 592	0	0
Malaisie												
Malte	122 041	63 102	D	D	D	D	D	D	41 796	111 878	D	D
Maroc	43 396	0	0	0	0	0	0	0	1 865 995	1 901 918	0	0
Mexique	D	D	D	D	D	D	D	D	D	D	D	D
Norvège	0	0	0	0	0	0	0	0	1 764 146	1 815 836	0	0
Nouvelle-Zélande	416 170	277 193	0	0	0	0	0	0	2 656 833	2 707 831	0	0
Pays-Bas	0	0	0	0	0	0	0	0	8 839 000	9 276 000	0	0
Pérou	0	0	0	0	0	0	0	0	11 323 819	11 839 980	0	0

Tableau A.46. **Canaux de réception des déclarations d'impôt : Taxes sur la valeur ajoutée** *(suite)*

Juridiction	Nombre de déclarations reçues par type d'impôt et par canal											
	Taxe sur la valeur ajoutée											
			Déclarations électroniques									
	Déclarations papier		Entièrement préremplies, acceptation présumée		Entièrement préremplies, confirmation requise		Partiellement préremplies avec des renseignements sur les revenus et/ou les dépenses		Non préremplies		Autres	
	2018	2019	2018	2019	2018	2019	2018	2019	2018	2019	2018	2019
Pologne[1]	423 323	107 204	0	0	0	0	25 171 838	26 503 378	0	0	0	0
Portugal	0	0	0	0	0	0	13 622	209 159	3 668 390	3 618 489	0	0
République slovaque	1 050	706	0	0	0	0	0	0	1 835 249	1 940 377	0	0
République tchèque	5 997	7 398	0	0	0	0	0	0	4 502 412	4 728 129	0	0
Roumanie	49 820	34 283	0	0	0	0	0	0	2 954 049	3 102 514	0	0
Royaume-Uni[2]	52 938	56 712	0	0	0	0	0	0	8 552 114	8 647 021	0	0
Russie	D	D	D	D	D	D	D	D	7 990 646	7 341 333	D	D
Singapour	2 369	1 972	0	0	0	0	0	0	405 489	412 920	0	0
Slovénie	0	0	0	0	0	0	0	0	843 540	883 484	0	0
Suède	1 355 565	1 071 734	0	0	0	0	0	0	3 427 876	3 765 621	0	0
Suisse	901 774	733 349	D	D	D	D	D	D	374 858	D	D	592 385
Thaïlande	3 402 077	3 211 451	0	0	0	0	0	0	3 963 455	4 458 973	0	0
Turquie	83 905	86 510	0	0	0	0	0	0	30 500 785	31 395 359	0	0

StatLink https://dx.doi.org/10.1787/888934303583

D Données non disponibles

1. Pologne : Toutes les déclarations déposées par voie électronique sont reprises dans la catégorie « Partiellement préremplies », car il n'est pas possible de distinguer les différentes catégories de déclarations électroniques.
2. Royaume-Uni : Toutes les déclarations déposées par voie électronique sont reprises dans la catégorie « Non préremplies », car il n'est pas possible de distinguer les déclarations partiellement préremplies et non préremplies.

Tableau A.47. **Paiements électroniques**

Juridiction	Pourcentage de paiements électroniques			
	Par nombre de paiements		Par valeur des paiements	
	2018	2019	2018	2019
Afrique du Sud	85.5	98.5	84.1	99.9
Allemagne	100.0	100.0	100.0	100.0
Arabie saoudite	98.3	99.0	98.0	99.0
Argentine	77.2	76.8	98.0	98.1
Australie	D	D	D	D
Autriche	98.0	98.0	D	D
Belgique	100.0	100.0	100.0	100.0
Brésil	64.1	67.7	77.6	81.4
Bulgarie	100.0	100.0	100.0	100.0
Canada	82.1	83.8	89.1	89.5
Chili	D	D	D	D
Chine (République populaire de)	84.0	88.0	79.0	81.0
Chypre	37.6	52.5	29.9	35.8
Colombie	23.0	29.0	33.0	37.0
Corée	68.9	75.7	45.6	50.4
Costa Rica	99.5	99.6	99.5	99.6
Croatie	D	D	D	D
Danemark	100.0	100.0	100.0	100.0
Espagne	100.0	100.0	100.0	100.0
Estonie	98.1	98.1	100.0	100.0
États-Unis	D	D	D	D
Finlande	100.0	100.0	100.0	100.0
France	D	D	90.3	92.8
Géorgie	100.0	100.0	100.0	100.0
Grèce	86.6	88.7	87.8	89.3
Hong Kong (Chine)	55.4	55.5	23.2	20.7
Hongrie	86.5	86.6	99.3	99.3
Inde	D	D	D	D
Indonésie	100.0	100.0	100.0	100.0
Irlande	94.6	96.9	93.9	94.4
Islande	D	D	D	D
Israël	34.0	41.0	36.0	42.0
Italie	66.0	67.0	96.0	96.0
Japon	23.2	25.6	D	D
Kenya	75.0	80.0	60.0	58.4
Lettonie	100.0	100.0	100.0	100.0
Lituanie	100.0	100.0	100.0	100.0
Luxembourg	100.0	100.0	100.0	100.0
Malaisie	43.7	56.0	47.4	52.3
Malte	16.0	21.0	17.0	19.0

Tableau A.47. **Paiements électroniques** *(suite)*

Juridiction	Pourcentage de paiements électroniques			
	Par nombre de paiements		Par valeur des paiements	
	2018	2019	2018	2019
Maroc	55.5	64.2	80.8	85.2
Mexique	34.0	35.0	94.0	93.0
Norvège	100.0	100.0	100.0	100.0
Nouvelle-Zélande [1]	91.0	93.0	97.0	97.0
Pays-Bas	100.0	100.0	100.0	100.0
Pérou	51.6	54.5	76.4	77.8
Pologne	98.9	98.4	99.9	99.9
Portugal	84.0	86.0	89.0	91.0
République slovaque	100.0	100.0	100.0	100.0
République tchèque	87.1	87.9	99.6	99.6
Roumanie	47.2	53.9	84.0	86.3
Royaume-Uni	95.0	95.7	98.1	98.6
Russie	D	D	D	D
Singapour	97.1	97.7	83.5	86.1
Slovénie	100.0	100.0	100.0	100.0
Suède	100.0	100.0	100.0	100.0
Suisse	D	D	D	D
Thaïlande	D	44.4	D	59.6
Turquie	62.5	63.1	81.3	80.5

StatLink https://dx.doi.org/10.1787/888934303602

D Données non disponibles

1. Nouvelle-Zélande : Les pourcentages concernent uniquement la taxe sur les produits et services.

Tableau A.48. **Techniques et méthodologies pour améliorer la discipline fiscale**

	L'administration utilise des méthodes ou techniques d'analyse comportementale		Tous les contribuables ou certains d'entre eux sont tenus d'utiliser un mécanisme de facturation électronique à des fins fiscales		Certains contribuables sont tenus d'utiliser des dispositifs fiscaux électroniques/ caisses enregistreuses	
Juridiction	**2018**	**2019**	**2018**	**2019**	**2018**	**2019**
Afrique du Sud	□	□	□	□	□	□
Allemagne	■	■	□	□	□	□
Arabie saoudite	□	□	□	□	□	□
Argentine	■	■	■	■	■	■
Australie	■	■	□	□	□	□
Autriche	■	■	□	□	■	■
Belgique	■	■	□	□	■	■
Brésil	□	□	■	■	■	■
Bulgarie	□	□	□	□	■	■
Canada	■	■	□	□	□	□
Chili	■	■	■	■	□	□
Chine (République populaire de)	□	□	□	□	■	■
Chypre	■	■	□	□	■	■
Colombie	■	■	■	■	□	□
Corée	□	□	■	■	■	■
Costa Rica	□	□	■	■	□	□
Croatie	□	□	□	□	■	■
Danemark	■	■	□	□	□	□
Espagne	□	□	■	■	□	□
Estonie	■	■	□	□	□	□
États-Unis	■	■	□	□	□	□
Finlande	□	□	□	□	■	■
France	■	■	□	□	■	■
Géorgie	■	■	■	■	■	■
Grèce	□	□	□	□	■	■
Hong Kong (Chine)	□	□	□	□	□	□
Hongrie	■	■	■	■	■	■
Inde	■	■	□	□	□	□
Indonésie	■	■	■	■	■	■
Irlande	■	■	□	□	□	□
Islande	■	■	□	□	□	□
Israël	■	■	□	□	□	□
Italie	■	■	■	■	■	■
Japon	■	■	□	□	□	□
Kenya	■	■	■	■	■	■
Lettonie	■	■	□	□	■	■
Lituanie	■	■	■	■	■	■
Luxembourg	■	■	□	□	□	□

Tableau A.48. **Techniques et méthodologies pour améliorer la discipline fiscale** *(suite)*

Juridiction	L'administration utilise des méthodes ou techniques d'analyse comportementale		Tous les contribuables ou certains d'entre eux sont tenus d'utiliser un mécanisme de facturation électronique à des fins fiscales		Certains contribuables sont tenus d'utiliser des dispositifs fiscaux électroniques/ caisses enregistreuses	
	2018	2019	2018	2019	2018	2019
Malaisie	■	■	□	□	□	□
Malte	■	■	□	□	■	■
Maroc	■	■	□	□	□	□
Mexique	□	□	■	■	■	■
Norvège	■	■	□	□	■	■
Nouvelle-Zélande	■	■	■	■	□	□
Pays-Bas	■	■	□	□	□	□
Pérou	■	■	■	■	□	□
Pologne	□	□	■	■	■	■
Portugal	■	■	■	■	■	■
République slovaque	■	■	□	□	■	■
République tchèque	□	□	■	■	■	■
Roumanie	□	□	□	□	■	■
Royaume-Uni	■	■	□	□	□	□
Russie	■	■	■	■	■	■
Singapour	■	■	□	□	□	□
Slovénie	■	■	■	■	■	■
Suède	□	□	□	□	■	■
Suisse	□	□	□	□	□	□
Thaïlande	□	□	□	□	□	□
Turquie	□	□	■	■	■	■

StatLink https://dx.doi.org/10.1787/888934303621

■ Oui

□ Non

Tableau A.49. **Programmes de discipline fiscale coopérative**

	Un programme de discipline fiscale coopérative est en place pour...					
	Gros contribuables		Particuliers fortunés		Autres contribuables	
Juridiction	**2018**	**2019**	**2018**	**2019**	**2018**	**2019**
Afrique du Sud	□	□	□	□	□	□
Allemagne	□	□	□	□	□	□
Arabie saoudite	■	■	□	□	□	□
Argentine	□	□	□	□	□	□
Australie	■	■	■	■	□	□
Autriche	■	■	□	□	□	□
Belgique	■	■	□	□	□	□
Brésil	□	□	□	□	□	□
Bulgarie	■	■	□	□	□	□
Canada	□	□	□	□	□	□
Chili	■	■	■	■	■	■
Chine (République populaire de)	■	■	□	□	□	□
Chypre	□	□	□	□	□	□
Colombie	□	□	□	□	□	□
Corée	□	□	□	□	■	■
Costa Rica	□	□	□	□	□	□
Croatie	■	■	□	□	■	■
Danemark	■	■	□	□	□	□
Espagne	■	■	■	■	■	■
Estonie	□	□	□	□	□	□
États-Unis	■	■	□	□	□	□
Finlande	■	■	□	□	□	□
France	■	■	□	□	□	□
Géorgie	□	□	□	□	□	□
Grèce	□	□	□	□	□	□
Hong Kong (Chine)	□	□	□	□	□	□
Hongrie	■	■	■	■	■	■
Inde	■	■	■	■	■	■
Indonésie	■	■	■	■	■	■
Irlande	■	■	□	□	□	□
Islande	□	□	□	□	□	□
Israël	■	■	□	□	■	■
Italie	■	■	□	□	□	□
Japon	■	■	□	□	□	□
Kenya	■	■	■	■	■	■
Lettonie	■	■	□	□	■	■
Lituanie	■	■	□	□	■	■
Luxembourg	□	□	□	□	□	□
Malaisie	□	□	□	□	□	□

Tableau A.49. **Programmes de discipline fiscale coopérative** *(suite)*

Juridiction	Un programme de discipline fiscale coopérative est en place pour...					
	Gros contribuables		Particuliers fortunés		Autres contribuables	
	2018	2019	2018	2019	2018	2019
Malte	□	□	□	□	■	■
Maroc	■	■	□	□	□	□
Mexique	■	■	■	■	■	■
Norvège	■	■	□	■	□	□
Nouvelle-Zélande	■	■	■	■	■	■
Pays-Bas	■	■	■	■	■	■
Pérou	■	■	□	□	□	□
Pologne	□	□	□	□	□	□
Portugal	■	■	■	■	■	■
République slovaque	■	■	□	□	□	□
République tchèque	□	□	□	□	□	□
Roumanie	□	□	□	□	□	□
Royaume-Uni	■	■	■	■	■	■
Russie	■	■	□	□	□	□
Singapour	■	■	□	□	□	□
Slovénie	■	■	□	□	□	□
Suède	■	■	□	□	□	□
Suisse	□	□	□	□	□	□
Thaïlande	□	□	□	□	□	□
Turquie	□	□	□	□	□	□

StatLink https://dx.doi.org/10.1787/888934303640

■ Oui

□ Non

Tableau A.50. **Technologies innovantes : Mise en œuvre et utilisation (Partie 1)**

	Mise en œuvre et utilisation de technologies innovantes							
	Intelligence artificielle (IA), y compris apprentissage automatique		Informatique en nuage		Sciences des données/ analytique		Technologie des registres distribués/ chaînes de blocs	
Juridiction	**2018**	**2019**	**2018**	**2019**	**2018**	**2019**	**2018**	**2019**
Afrique du Sud	Non	PI	Non	Non	Non	U	Non	Non
Allemagne								
Arabie saoudite	Non	Non	U	U	U	U	Non	Non
Argentine	U	U	Non	Non	U	U	Non	Non
Australie	U	U	U	U	U	U	Non	Non
Autriche	U	U	Non	Non	U	U	Non	Non
Belgique	Non	PI	U	U	U	U	Non	PI
Brésil	U	U	Non	Non	U	U	Non	U
Bulgarie	PI	PI	Non	Non	PI	PI	Non	Non
Canada	U	U	U	U	U	U	Non	Non
Chili	Non	PI	PI	PI	U	U	Non	Non
Chine (République populaire de)	PI	PI	U	U	U	U	PI	PI
Chypre	Non	Non	Non	Non	PI	PI	Non	Non
Colombie	PI	U	Non	U	PI	U	Non	Non
Corée	Non	U	Non	Non	Non	U	Non	Non
Costa Rica	Non	Non	Non	U	U	U	Non	Non
Croatie	Non	Non	Non	Non	Non	Non	Non	Non
Danemark	U	U	U	U	U	U	Non	Non
Espagne	U	U	Non	Non	U	U	Non	Non
Estonie	Non	PI	U	U	U	U	Non	Non
États-Unis	U	U	U	U	U	U	Non	Non
Finlande	Non	PI	Non	PI	U	U	Non	Non
France	U	U	Non	Non	U	U	Non	Non
Géorgie	Non	Non	Non	Non	U	U	PI	PI
Grèce	Non	Non	Non	PI	U	U	Non	Non
Hong Kong (Chine)	Non	Non	Non	Non	U	U	Non	Non
Hongrie	Non	PI	U	U	U	U	Non	Non
Inde	PI	PI	U	U	PI	PI	Non	Non
Indonésie	Non	Non	PI	PI	PI	PI	Non	Non
Irlande	Non	Non	U	U	U	U	Non	Non
Islande	U	U	PI	PI	U	U	Non	Non
Israël	PI	PI	Non	Non	U	U	Non	Non
Italie	PI	PI	Non	Non	U	U	Non	Non
Japon	U	U	U	U	U	U	Non	Non
Kenya	PI	PI	U	U	PI	PI	U	U
Lettonie	Non	Non	Non	Non	U	U	Non	Non
Lituanie	Non	PI	U	U	U	U	Non	Non
Luxembourg	Non	PI	Non	Non	U	U	Non	Non

Tableau A.50. **Technologies innovantes : Mise en œuvre et utilisation (Partie 1)** *(suite)*

	Mise en œuvre et utilisation de technologies innovantes							
	Intelligence artificielle (IA), y compris apprentissage automatique		Informatique en nuage		Sciences des données/ analytique		Technologie des registres distribués/ chaînes de blocs	
Juridiction	**2018**	**2019**	**2018**	**2019**	**2018**	**2019**	**2018**	**2019**
Malaisie	U	U	U	U	U	U	Non	Non
Malte	Non	PI	PI	U	Non	PI	Non	Non
Maroc	Non	PI	Non	Non	PI	PI	Non	Non
Mexique	Non	Non	U	U	Non	U	Non	Non
Norvège	PI	PI	U	U	U	U	Non	Non
Nouvelle-Zélande	Non	Non	U	U	U	U	Non	Non
Pays-Bas	U	U	Non	Non	U	U	Non	Non
Pérou	Non	PI	PI	U	PI	U	Non	PI
Pologne	Non	PI	U	U	U	U	Non	Non
Portugal	Non	Non	Non	Non	U	U	Non	Non
République slovaque	U	U	PI	PI	U	U	Non	Non
République tchèque	Non	Non	Non	Non	U	U	Non	Non
Roumanie	Non	U	Non	Non	U	U	Non	Non
Royaume-Uni	U	U	U	U	U	U	Non	Non
Russie	U	U	U	U	U	U	Non	Non
Singapour	U	U	U	U	U	U	Non	Non
Slovénie	U	U	U	U	U	U	Non	Non
Suède	U	U	Non	Non	U	U	Non	Non
Suisse	Non	Non	Non	PI	PI	U	Non	Non
Thaïlande	PI	PI	U	U	PI	PI	Non	PI
Turquie	Non	Non	Non	Non	U	U	Non	Non

StatLink https://dx.doi.org/10.1787/888934303659

U La technologie est mise en œuvre et utilisée

IP La technologie est en phase de mise en œuvre pour une utilisation future

Non La technologie n'est pas utilisée, y compris dans les situations où la mise en œuvre n'a pas débuté

Tableau A.51. **Technologies innovantes : Mise en œuvre et utilisation (Partie 2)**

Juridiction	Mise en œuvre et utilisation de technologies innovantes									
	Interfaces de programmation d'applications (API)		Technologie d'identification numérique (biométrie ou identification vocale, par exemple)		Automatisation robotisée des processus (RPA)		Assistants virtuels (robots conversationnels, par exemple)		Systèmes d'identification à l'échelle de l'ensemble de l'administration	
	2018	2019	2018	2019	2018	2019	2018	2019	2018	2019
Afrique du Sud	U	U	U	U	Non	Non	U	U	Non	Non
Allemagne							U	U		
Arabie saoudite	U	U	U	U	Non	Non	Non	Non	Non	Non
Argentine	Non	Non	Non	Non	Non	Non	Non	Non	Non	Non
Australie	U	U	U	U	PI	PI	U	U	PI	U
Autriche	U	U	Non	Non	U	U	U	U	Non	Non
Belgique	U	U	Non	Non	Non	Non	Non	PI	U	U
Brésil	U	U	U	U	Non	Non	Non	Non	Non	Non
Bulgarie	U	U	Non	Non	Non	Non	Non	Non	U	U
Canada	U	U	Non	Non	PI	PI	PI	U	Non	Non
Chili	U	U	Non	Non	Non	Non	Non	Non	Non	Non
Chine (République populaire de)	U	U	U	U	Non	Non	U	U	Non	Non
Chypre	PI	PI	Non	Non	Non	Non	Non	Non	Non	Non
Colombie	Non	U	Non	PI	Non	PI	PI	U	Non	PI
Corée	Non	Non	Non	Non	Non	Non	Non	U	Non	Non
Costa Rica	Non	U	Non	U	Non	Non	Non	U	U	U
Croatie	Non	Non	Non	Non	Non	Non	Non	Non	U	U
Danemark	U	U	Non	Non	U	U	U	U	U	U
Espagne	U	U	Non	Non	U	U	U	U	U	U
Estonie	U	U	Non	Non	Non	Non	Non	PI	U	U
États-Unis	U	U	PI	PI	PI	PI	PI	PI	Non	Non
Finlande	U	U	Non	Non	PI	U	PI	U	U	U
France	U	U	Non	Non	Non	Non	U	U	Non	Non
Géorgie	U	U	U	U	U	U	Non	Non	Non	Non
Grèce	U	U	Non	Non	Non	Non	Non	Non	U	U
Hong Kong (Chine)	U	U	Non	Non	Non	Non	Non	Non	U	U
Hongrie	U	U	Non	PI	Non	PI	Non	PI	U	U
Inde	U	U	Non	Non	U	U	U	U	Non	Non
Indonésie	PI	PI	Non	Non	Non	Non	Non	Non	Non	Non
Irlande	U	U	Non	Non	U	U	U	U	U	U
Islande	U	U	Non	Non	PI	PI	Non	Non	Non	Non
Israël	U	U	Non	Non	PI	PI	U	U	PI	PI
Italie	U	U	Non	Non	Non	Non	PI	PI	PI	PI
Japon	U	U	U	U	U	U	Non	Non	U	U
Kenya	U	U	U	U	Non	Non	U	U	U	U
Lettonie	Non	PI	U	U	U	U	Non	PI	U	U

Tableau A.51. **Technologies innovantes : Mise en œuvre et utilisation (Partie 2)** *(suite)*

Juridiction	Mise en œuvre et utilisation de technologies innovantes									
	Interfaces de programmation d'applications (API)		Technologie d'identification numérique (biométrie ou identification vocale, par exemple)		Automatisation robotisée des processus (RPA)		Assistants virtuels (robots conversationnels, par exemple)		Systèmes d'identification à l'échelle de l'ensemble de l'administration	
	2018	2019	2018	2019	2018	2019	2018	2019	2018	2019
Lituanie	U	U	Non	Non	Non	Non	U	U	U	U
Luxembourg	U	U	Non	Non	Non	Non	Non	Non	U	U
Malaisie	U	U	Non	Non	Non	Non	PI	U	U	U
Malte	U	U	Non	Non	Non	Non	Non	PI	U	U
Maroc	U	U	Non	Non	Non	Non	Non	PI	Non	Non
Mexique	Non	U	U	U	Non	U	Non	Non	Non	Non
Norvège	U	U	Non	Non	U	U	PI	U	U	U
Nouvelle-Zélande	U	U	U	U	Non	Non	Non	Non	U	U
Pays-Bas	U	U	U	U	PI	PI	Non	Non	U	U
Pérou	Non	PI	Non	PI	Non	Non	PI	U	PI	PI
Pologne	U	U	Non	Non	Non	Non	Non	Non	U	U
Portugal	U	U	Non	Non	Non	Non	U	U	U	U
République slovaque	PI	PI	Non	Non	Non	Non	U	U	Non	Non
République tchèque	U	U	U	U	Non	Non	Non	Non	U	U
Roumanie	U	U	Non	Non	Non	Non	Non	Non	Non	Non
Royaume-Uni	U	U	U	U	U	U	U	U	Non	Non
Russie	U	U	Non	U	Non	Non	Non	PI	U	U
Singapour	U	U	PI	U	U	U	U	U	U	U
Slovénie	U	U	Non	Non	U	U	Non	Non	PI	U
Suède	U	U	Non	Non	PI	U	U	U	Non	Non
Suisse	U	U	Non	Non	Non	Non	Non	PI	U	U
Thaïlande	PI	U	U	U	Non	Non	U	U	PI	PI
Turquie	U	U	Non	Non	U	U	Non	Non	Non	Non

StatLink https://dx.doi.org/10.1787/888934303678

U La technologie est mise en œuvre et utilisée

IP La technologie est en phase de mise en œuvre pour une utilisation future

Non La technologie n'est pas utilisée, y compris dans les situations où la mise en œuvre n'a pas débuté

Tableau E.1. **Variables externes**

	Indicateurs dérivés – Variables externes							
	Population totale[1]		Population active[2]		Produit intérieur brut (en milliers, monnaie locale)[3]		Total des recettes publiques (en milliers, monnaie locale)[4]	
Juridiction	2018	2019	2018	2019	2018	2019	2018	2019
Afrique du Sud	57 779 622	58 558 270	22 947 458	23 300 226	4 873 899 000	5 077 625 000	1 415 555 766	1 475 838 298
Allemagne	82 905 782	83 132 799	43 560 137	43 577 709	3 356 410 000	3 449 050 000	1 553 846 000	1 610 560 000
Arabie saoudite	33 699 947	34 268 528	14 019 589	14 387 604	2 949 456 868	2 973 625 643	905 600 000	926 600 000
Argentine	44 494 502	44 938 712	20 551 682	20 772 672	14 542 722 150	21 447 249 875	4 940 700 447	7 261 829 927
Australie	24 982 688	25 364 307	13 254 463	13 414 956	1 899 460 000	1 994 588 000	676 988 500	689 207 703
Autriche	8 840 521	8 877 067	4 601 213	4 613 292	385 711 900	398 633 100	188 381 595	195 162 964
Belgique	11 427 054	11 484 055	5 089 752	5 101 824	459 531 000	473 085 000	236 500 500	238 598 700
Brésil	209 469 333	211 049 527	105 542 232	106 500 838	6 889 176 000	7 256 927 000	2 143 279 037	2 327 684 350
Bulgarie	7 025 037	6 975 761	3 327 614	3 295 081	109 694 800	118 668 800	37 865 354	42 014 100
Canada	37 057 765	37 589 262	20 344 918	20 583 847	2 223 856 000	2 303 878 000	917 946 000	958 823 000
Chili	18 729 160	18 952 038	9 391 133	9 557 893	191 214 437 897	198 495 061 227	45 693 478 256	46 054 762 407
Chine (République populaire de)	1 392 730 000	1 397 715 000	783 424 134	781 074 570	91 577 425 509	99 492 740 000	25 890 901 000	27 519 459 000
Chypre[5]	875 899	888 005	437 495	448 181	21 432 400	22 286 900	8 471 600	9 256 000
Colombie	49 648 685	50 339 443	26 229 069	26 787 864	985 931 000 000	1 061 730 000 000	296 240 914 300	311 629 082 042
Corée	51 606 633	51 709 098	28 272 711	28 410 822	1 898 192 600 000	1 919 039 800 000	435 558 000 000	441 148 000 000
Costa Rica	4 999 441	5 047 561	2 445 858	2 473 778	34 937 936 000	36 295 619 700	4 766 509 419	5 675 661 012
Croatie	4 087 843	4 067 500	1 794 730	1 778 668	382 964 000	400 102 000	178 139 400	190 116 566
Danemark	5 793 636	5 818 553	3 014 756	3 026 441	2 245 954 000	2 314 507 000	1 154 679 000	1 238 147 000
Espagne	46 797 754	47 076 781	23 065 037	23 120 097	1 202 193 000	1 245 331 000	471 730 000	487 804 000
Estonie	1 321 977	1 326 590	705 816	704 366	25 937 610	28 112 380	10 026 134	10 848 503
États-Unis	326 687 501	328 239 523	165 483 017	165 890 069	20 611 875 000	21 433 225 000	6 097 767 500	6 298 417 700
Finlande	5 515 525	5 520 314	2 742 737	2 739 091	233 662 000	240 557 000	122 686 000	125 882 000
France	66 965 912	67 059 887	30 391 825	30 386 432	2 360 687 000	2 425 708 000	1 260 522 000	1 275 063 000
Géorgie	3 726 549	3 720 382	2 040 890	2 032 911	44 599 343	50 002 147	11 760 969	13 349 759
Grèce	10 732 882	10 716 322	4 804 346	4 776 602	184 714 000	187 456 000	88 279 000	87 661 000
Hong Kong (Chine)	7 451 000	7 507 400	3 964 816	3 953 996	2 835 161 000	2 865 679 000	599 773 679	567 299 410
Hongrie	9 775 564	9 769 949	4 731 877	4 720 629	42 661 805 000	46 786 714 000	18 993 557 050	20 587 566 810

Tableau E.1. **Variables externes** *(suite)*

Juridiction	Indicateurs dérivés – Variables externes							
	Population totale[1]		Population active[2]		Produit intérieur brut (en milliers, monnaie locale)[3]		Total des recettes publiques (en milliers, monnaie locale)[4]	
	2018	2019	2018	2019	2018	2019	2018	2019
Inde	1 352 617 328	1 366 417 754	487 622 021	494 261 426	189 712 400 000	203 398 500 000	38 395 871 530	39 404 582 083
Indonésie	267 663 435	270 625 568	132 737 405	134 776 525	14 838 311 500 000	15 833 943 400 000	2 208 112 528 847	2 240 904 412 722
Irlande	4 867 316	4 941 444	2 385 556	2 418 323	327 241 000	355 904 000	84 166 600	89 134 600
Islande	352 721	361 313	212 899	217 840	2 787 574 000	2 970 076 000	1 275 334 000	1 276 399 000
Israël	8 882 800	9 053 300	4 102 822	4 181 133	1 330 143 000	1 406 749 000	480 914 108	496 802 756
Italie	60 421 760	60 297 396	26 034 264	25 946 128	1 766 168 000	1 787 665 000	818 463 000	841 441 000
Japon	126 529 100	126 264 931	68 358 370	68 139 088	546 851 700 000	553 760 000 000	191 562 600 000	189 992 783 652
Kenya	51 393 010	52 573 973	23 057 935	23 879 160	8 892 110 800	9 740 359 900	1 620 413 773	1 722 105 327
Lettonie	1 927 174	1 912 789	1 000 226	983 102	29 056 050	30 476 087	10 882 903	11 414 355
Lituanie	2 801 543	2 786 844	1 472 661	1 457 292	45 264 400	48 432 800	15 360 900	16 647 400
Luxembourg	607 950	619 896	302 721	310 000	60 053 100	63 516 300	27 248 600	28 441 400
Malaisie	31 528 585	31 949 777	15 381 536	15 673 198	1 447 452 000	1 510 693 000	281 034 000	304 818 015
Malte	484 630	502 653	235 579	243 422	12 490 969	13 390 045	4 771 900	5 045 200
Maroc	36 029 138	36 471 769	11 918 297	12 067 484	1 106 821 937	1 140 271 551	289 763 740	295 218 921
Mexique	126 190 788	127 575 529	56 253 063	57 142 190	23 524 509 625	24 237 619 975	5 519 811 908	5 777 273 619
Norvège	5 311 916	5 347 896	2 799 958	2 818 011	3 530 860 000	3 549 360 000	1 993 522 000	2 079 279 889
Nouvelle-Zélande	4 841 000	4 917 000	2 721 966	2 764 798	297 790 000	311 272 000	112 977 500	116 535 500
Pays-Bas	17 231 624	17 332 850	9 227 941	9 275 661	773 987 000	810 247 000	331 134 000	354 351 000
Pérou	31 989 256	32 510 453	18 346 713	18 864 899	740 420 000	769 963 000	143 784 863	153 458 392
Pologne	37 974 750	37 970 874	18 391 322	18 260 472	2 120 479 500	2 273 556 000	875 423 000	938 668 000
Portugal	10 283 822	10 269 417	5 267 545	5 239 181	204 304 800	212 320 600	87 695 134	91 008 131
République slovaque	5 446 771	5 454 073	2 754 200	2 743 160	89 605 900	94 171 200	36 456 700	38 857 000
République tchèque	10 629 928	10 669 709	5 453 301	5 445 535	5 408 766 000	5 748 668 000	2 245 120 000	2 381 229 000
Roumanie	19 472 545	19 356 544	9 054 882	8 932 844	952 396 800	1 059 803 200	277 451 666	305 947 010
Royaume-Uni	66 460 344	66 834 405	34 329 233	34 530 463	2 144 304 000	2 216 452 000	787 183 000	810 844 000
Russie	144 477 860	144 373 535	73 825 998	73 025 684	104 629 640 000	110 046 050 000	36 916 898 788	39 110 300 769
Singapour	5 638 676	5 703 569	3 493 801	3 527 065	503 395 200	507 567 700	90 152 760	91 775 411

Tableau E.1. **Variables externes** *(suite)*

	Indicateurs dérivés – Variables externes							
	Population totale[1]		Population active[2]		Produit intérieur brut (en milliers, monnaie locale)[3]		Total des recettes publiques (en milliers, monnaie locale)[4]	
Juridiction	**2018**	**2019**	**2018**	**2019**	**2018**	**2019**	**2018**	**2019**
Slovénie	2 073 894	2 087 946	1 037 571	1 034 477	45 754 800	48 006 600	20 300 200	21 202 100
Suède	10 175 214	10 285 453	5 411 383	5 470 074	4 828 306 000	5 021 285 000	2 393 790 000	2 438 396 302
Suisse	8 514 329	8 574 832	4 953 967	4 978 166	689 911 100	700 437 600	234 520 478	239 156 982
Thaïlande	69 428 524	69 625 582	38 907 795	38 989 896	16 365 572 000	16 875 891 000	3 462 565 912	3 530 927 000
Turquie	82 319 724	83 429 615	32 826 049	33 368 843	3 758 315 620	4 320 191 230	1 163 625 876	1 254 683 359

StatLink https://dx.doi.org/10.1787/888934303697

1. Source des données sur la population : Banque mondiale, Indicateur SP.POP.TOTL
2. Source des données sur la population active : Banque mondiale, Indicateur SL.TLF.TOTL.IN
3. Source des données sur le PIB : FMI, Perspectives de l'économie mondiale : produit intérieur brut, prix actuels
4. Source des données sur le total des recettes publiques : FMI, Perspectives de l'économie mondiale : recettes publiques générales
5. Chypre : Données communiquées par le Service statistique de Chypre

Annexe B

Administrations fiscales participantes

Tableau A B.1. **Vue d'ensemble des administrations fiscales incluses dans ce rapport**

Pays	Nom de l'autorité fiscale	Adresse du site Internet	Code monnaie
Afrique du Sud	South African Revenue Service	www.sars.gov.za	ZAR
Allemagne	Ministère fédéral des Finances, Office central fédéral des impôts et Autorités fiscales des Länder	www.bundesfinanzministerium.de	EUR
Arabie saoudite	Autorité générale de la zakat et de l'impôt	https://gazt.gov.sa/	SAR
Argentine	Administration fédérale des recettes publiques (AFIP)	www.afip.gob.ar	ARS
Australie	Australian Taxation Office	www.ato.gov.au	AUD
Autriche	Ministère fédéral des Finances	www.bmf.gv.at	EUR
Belgique	Service public fédéral Finances	https://finances.belgium.be	EUR
Brésil	Administration fiscale brésilienne	https://receita.economia.gov.br/	BRL
Bulgarie	Agence nationale des recettes publiques	https://nap.bg/	BGN
Canada	Agence du revenu du Canada	www.cra-arc.gc.ca	CAD
Chili	Servicio de Impuestos Internos	www.sii.cl	CLP
Chine	Administration d'État des impôts	www.chinatax.gov.cn	CNY
Chypre	Administration fiscale chypriote	www.mof.gov.cy/tax	EUR
Colombie	Administration nationale des impôts et des douanes	www.dian.gov.co	COP
Corée	Service national des impôts	www.nts.go.kr	KRW
Costa Rica	Direction des impôts, ministère des Finances	www.hacienda.go.cr	CRC
Croatie	Administration fiscale, ministère des Finances	www.porezna-uprava.hr	HRK
Danemark	Administration fiscale danoise	www.skatteforvaltningen.dk	DKK
Espagne	Agence fiscale espagnole (AEAT)	www.agenciatributaria.es	EUR
Estonie	Office estonien des impôts et des douanes	www.emta.ee	EUR
États-Unis	Internal Revenue Service	www.irs.gov	USD
Finlande	Administration fiscale finlandaise	www.vero.fi	EUR
France	Direction Générale des Finances Publiques	www.economie.gouv.fr/dgfip	EUR
Géorgie	Service des recettes publiques de Géorgie	www.rs.ge	GEL
Grèce	Autorité indépendante chargée des recettes publiques	www.aade.gr	EUR
Hong Kong (Chine)	Inland Revenue Department	www.ird.gov.hk	HKD
Hongrie	Administration nationale des impôts et des douanes	https://nav.gov.hu	HUF
Inde	Income Tax Department	www.incometaxindia.gov.in	INR
Indonésie	Direction générale des impôts	www.pajak.go.id	IDR
Irlande	Office of the Revenue Commissioners	www.revenue.ie	EUR

Pays	Nom de l'autorité fiscale	Adresse du site Internet	Code monnaie
Islande	Direction des impôts	www.rsk.is	ISK
Israël	Autorité fiscale d'Israël	www.taxes.gov.il	ILS
Italie	Administration fiscale	www.agenziaentrate.gov.it	EUR
Japon	Agence nationale des impôts	www.nta.go.jp	JPY
Kenya	Kenya Revenue Authority	www.kra.go.ke/en/	KES
Lettonie	Service national de l'impôt	www.vid.gov.lv	EUR
Lituanie	Inspection nationale des impôts relevant du ministère des Finances	www.vmi.lt	EUR
Luxembourg	Administration des contributions directes Administration de l'enregistrement et des domaines	www.impotsdirects.public.lu www.aed.public.lu	EUR
Malaisie	Inland Revenue Board of Malaysia	www.hasil.gov.my	MYR
Malte	Office of the Commissioner for Revenue	https://cfr.gov.mt	EUR
Maroc	Direction générale des impôts	www.tax.gov.ma	MAD
Mexique	Service d'administration fiscale	www.sat.gob.mx	MXN
Norvège	Administration fiscale norvégienne	www.skatteetaten.no	NOK
Nouvelle-Zélande	Inland Revenue Department – Te Tari Taake	www.ird.govt.nz	NZD
Pays-Bas	Administration néerlandaise des impôts et des douanes	www.belastingdienst.nl	EUR
Pérou	Superintendencia Nacional de Administración Tributaria (SUNAT)	www.sunat.gob.pe	PEN
Pologne	Administration fiscale nationale	www.finanse.mf.gov.pl	PLN
Portugal	Autorité portugaise des impôts et des douanes	www.portaldasfinancas.gov.pt	EUR
République slovaque	Administration financière de la République slovaque	www.financnasprava.sk	EUR
République tchèque	Administration financière de la République tchèque	www.financnisprava.cz	CZK
Roumanie	Agence nationale de l'administration fiscale	www.anaf.ro	RON
Royaume-Uni	Her Majesty's Revenue and Customs	www.hmrc.gov.uk	GBP
Russie	Service fiscal fédéral de Russie	www.nalog.gov.ru	RUB
Singapour	Inland Revenue Authority of Singapore	www.iras.gov.sg	SGD
Slovénie	Administration financière de la République de Slovénie	www.fu.gov.si	EUR
Suède	Administration fiscale suédoise	www.skatteverket.se	SEK
Suisse	Administration fédérale des finances	www.estv.admin.ch	CHF
Thaïlande	The Revenue Department	www.rd.go.th	THB
Turquie	Administration turque des finances	www.gib.gov.tr	TRY

www.ingramcontent.com/pod-product-compliance
Lightning Source LLC
LaVergne TN
LVHW080635011026
849160LV00014B/1225